엄마의 역사

Mother

엄마의 역사

우리가 몰랐던 제도 밖의 이야기

세라 놋 지음
이진옥 옮김

Mother

An
Unconventional
History

나무옆
의자

K와 M과 V에게 이 책을 바칩니다

차례

일러두기

1. 원서에서 이탤릭체로 강조한 글씨는 고딕체로 표기했다.
2. 대괄호와 소괄호 안에 부연, 첨가한 글은 모두 저자의 것이다.

프롤로그

누리끼리한 서류가 부엌 식탁 위, 새로 태어난 아기의 손이 안 닿는 자리에 있다. 엄마가 가장 최근에 여기 오셨을 때, 내가 엄마의 임신·출산 기록을 보고 싶어 하리라 생각해서 가져오셨다. 서류봉투 겉면에 "본인 외 개봉 금지"라고 인쇄되었고, 맨 밑줄 "주의사항"엔 "반드시 본인이 소지해야 함"이라고 기재되었다. 1970년대 영국의 국립보건기구National Health Service가 환자들에게 위세 부리는 어조를 취하고 있다.

봉투의 누르께한 빛깔은, 역사학자가 직업인 내가 늘 읽는 17~18세기 필사본들과 별반 다르지 않다. 종이는 통상 처음엔 흰색이지만 세월이 지나면서 먼지가 쌓이고 해져 현대의 기록보관소에 놓이게 된다.

국립보건기구의 봉투는 좀 낡긴 했지만, 열어보기에 아직 괜찮은 모양을 유지하고 있다. 바깥쪽엔 엄마의 런던 N14 주소에 줄이 그어져 있고 내가 어릴 적에 살던 에식스 주소가 대신 적혀 있다. 도시의 작은 아파트에서 북해 가까이 있는 한 마을의 침실 세 개짜리 깔끔한 집으로 바뀐 것이었다.

봉투 안의 내용물을 꺼내보고 싶지만, 아기가 내 무릎 위에서 계속 움직이고 눈을 감으면서 내 주의를 끌고 싶어 한다. 좋은 냄새를 풍기며 산만하게 만든다. 고사리손을 둥그런 얼굴 쪽으로 휘저으며 낮잠 시간임을 알린다.

어머니가 된다는 것이 예전에는 어떻게 달랐을까? 17세기 사람들은 임신과 젖먹이 양육을 가리켜 '아이와 함께 가기going with child'라고 일컬었다는데 우리가 이것으로 알 수 있는 것은 무엇일까? 1688년에 한 관찰자는 "아이와 함께 가기란 말하자면 거친 바다 같은 곳에서 임신으로 배가 부른 여자와 그녀의 아이가 아홉 달 동안 떠다니는 것"이라고 보았다. 그리고 "출산은 유일한 항구로서, 위험한 암초투성이고 곧잘 아이와 산모 양쪽 모두에게 위험하다. 도착한 뒤에도 […] 그들을 지키기 위해 여전히 많은 도움이 필요하다." 폭풍이 치고, 형태를 탈바꿈하는, 근심거리와 암초투성이의, 드라마로 가득한 장면이다.[i]

한 시간 반쯤 후에, 현관문에서 달그락거리는 소리가 날 것이고 남편 K가 아이의 시끄러운 형을 데리고 도착할 것이다. 봉투는, 그리고 그 안에 있던 본적지의 증거자료 한 점은 일단 옆으로 치워두는 게 낫겠다.

아기는 잠들어 있고, 비스듬히 기운 햇빛이 봉투 주소의 첫 줄에 인쇄된 "부인Mrs"이란 단어를 비춘다. 20세기 후반 국립보건기구는 임신은 곧 결혼을 가리킨다고 간주했다. 일상의 용어 '미혼모'가 1960년대에 좀 덜 비하적인 표현인 '싱글 마더'로 대체되었지만, 결혼한 전업주부 엄마라는 것이 가족 규범으로 굳건히 유지되고 있었다.

봉투 안에는 "산부인과 환자를 위한 협조 기록장"이라는 문구가 젖먹이의 예방 접종 기록과 함께 맨 위에 찍혀 있다. 1970년대 영국에서 젖먹이를 돌보는 것에 관해 어떤 시각이 지배적이었을까? 출산 전 관리는 임신 3개월 차에, 의사가 임신임을 확인하는 테스트 이후에 시작된다. 12주라고 기록에 씌어 있다. 14주, 18주, 22주…….

그 시절, 런던의 어떤 어머니들은 산부인과에 드나든 경험을 사회학자인 앤 오클리Ann Oakley에게 전했다. "딱 공장의 조립라인 같았어요." 당시 26세의 삽화가였던 질리언 하틀리는 처음 병원에 갔을 때를 그렇게 기억했다. 의료진들이 친절했음에도 "전 언제나 신경 쇠약 상태로 일어났어요." 오클리를 "자기"라고 부른 니나 브래디라는 판매원은, 의사와 만나는 게 너무 당혹스러워 다시는 가고 싶지 않다고 말했다. 브래디는 한 간호사에게, 병원이 쓰레기를 쌓아둔 곳이라고 생각해서 단 한 번도 내원한 적이 없는 여자 얘기를 들려줬다. 26주, 28주, 30주. 당시 20대 후반의 수줍음 많은 간호사였던 나의 어머니는 한 번도 안 빠지고 꼬박꼬박 진료를 받았다.[ii]

'태동quickening'이라는 단어가 드디어 기록에 등장한다. 사람들이 아기의 움직임을 느끼는 첫 순간은 의학적으로 중요하게 여겨졌다. 이 용어는 긴 내력을 갖는다. 17세기 영국 여성들은 태동을 임신의 결정적 증거로 보았다. 북아메리카의 오지브와족 원주민 여성들은 이를 한 생명이 안에서 인간이 되는 순간이라고 했다. 이 용어의 친숙성은 늘 변해왔다. 1917년에 소설가 샬럿 허시Charlotte Hirsch는 임신의 개인적 경험을 최초로 출간했다. 그녀는 익명으로 집필한 이 책에서 태동이라는 단어가 아기가 바깥의 공기를 처음 들이마시는 것을 의미한다고 생각했다. 나의 영국 친구와 친지들은 이 용어를 일상적으로 알고 있다. 내가 주로 머물고 일하는 미국 친구와 동료들은 모르는 경우가 많다.[iii]

이 산모 기록은 임신에 대한 감정과 느낌을 간결하게 그리고 간접적으로 기록한 것이다. '태동'은 날짜가 기록되어 있으나 다른 자세한 사항들은 없다. "양호함"이라고 런던의 의사는 34주 차에 적었다. 이후 에식스의 의사는 "양호하다고 보임"이라고 썼다. "양호함"이라고 다시 40주 차에 기록되었다. 1970년대부터의 경험을 어떻게 되살릴지 조사하는 것이 하나의 딜레마라면, 17세기 이래 영국과 북미 지역의 경험을 되살려보기란 얼마나 더 극심한 딜레마가 될 것인가? 이 지역들은 때로는 연결되었고—과거 식민 시절에 의해 혹은 서구세계에 공통적으로 일어난 변화에 의해—때로는 연결되지 않았다.

'양호하다고 보임.' 이 짤막한 구절의 간결성이야말로 당시 엄마 되기mothering의 경험에 대해 훗날의 우리가 주목할 만한 것, 회고하건대 우리가 궁금해할 만한 것을 전형적으로 드러낸다. 과거와 현재의 가장 훤히 보이는 모퉁이에서조차, 젖먹이 돌보기란 생각을 방해하거나, 성찰에 빈틈을 내버리거나, 독서에 제대로 몰입하지 못하게 만든다. 편지와 일기 같은 가장 풍부한 기록물들이 한창 흥미진진해질 바로 그 대목에서 멈춰진 경우가 종종 있다. 어떤 편지는 아기가 울어, 쓰던 이가 자리에서 일어나야 했는지 문장 중간에서 멈춰져 있기도 하고, 어떤 일기는 아기를 안기 위해 양손이 필요했는지 마무리가 안 돼 있다.

역사학자로서 내가 더 일상적으로 다루는 정치 혁명 같은 주제는 엄청난 양의 종이로 이루어진 발자취가 남아 있다. 독립선언서, 헌법, 신문 칼럼, 이념적 팸플릿, 전시戰時 교환 서신 등. 나는 모성에 관해 강의하고 싶어도 자료가 별로 없는 탓에, 학생들에게 18세기 말 왕정에서 공화정으로의 이행에 대한 거대 서사를 들려준다. 학생들의 눈동자는 덜 친숙한 대목에서 더 커진다. 벤저민 프랭클린이나 마리 앙투아네트가 뭘 했는지 얘기하는 대목이 아니라, 노예화된enslaved 남녀가 자유를 향해 탈출한 대목, 또는 아메리카 원주민 외교가들이 정착민settler, 새로운 장소로 건너가 정착한 이들로, 원주민에 상대되는 개념—옮긴이의 아메리카 대륙 전체로의 세력 확장을 막을 심산으로 프랑스나 스페인, 영국이나 미국과 동맹을 구축한 대목들에 더 주목한다는 것이다. 한 아기의 엄마 노릇에 관해 내가 선 땅은 더 비좁고 모래투성이다. 이 드라마는 뚝뚝 끊어져 있고 기록은 조각나 있다.

1970년대 스타일의 태동이나 '양호하다고 보임'에 대한 몇몇 기록은 출산카드를 넘어서자마자 맥락들로써 조명된다. 오늘의 의학 추천에 따르면, 임신은 "건강하고 만족스러운" 것—하나의 "행복한 사건"이어야 했다.

이게 **행복한** 책이 될까? 자기 얘기 잘 안 하기로 유명한 내 어머니가 전화기에 대고 자상하고도 머뭇거리는 목소리로 우려를 내비치며 물었다.

사실 우리는 이전의 어떤 세대보다도 1970년대의 엄마 되기 경험에 대해 많이 알고 있고, 이는 바로 그 1970년대의 여성운동 덕분이다. 앤 오클리가 런던의 인터뷰 대상자들에게 태동에 대해 물었을 때, 그들은 아기의 첫 움직임을 다양하게 나열했다. "소화가 덜 된 음식 같아요." "딱 펄떡거리는 느낌이에요." "작은 나비 같은데요." "헤엄치는 물고기—아니면 아주 커다란 올챙이라 할까요." 주로 미국의 백인 페미니스트들인 몇몇 작가들이 엄마 경험의 기억을 책으로 펴내기도 했다. 마치 아이 갖기가 선택 사항이 되었다는 사실이 마침내 모성의 복잡성을 관심 대상으로 만들기라도 한 것처럼. 어떤 이들은 반항적으로 시를 쓰기도 했다. 샤론 올즈Sharon Olds는 출산에 관한 시를 쓰면서 "허풍의 언어"라는 제목을 붙였다.[iv]

그러나 1970년대 **이전**에 영국과 북미에 남은 기록들은 전부 모으면 50킬로그램쯤 될 단편들이 대부분이다. 17세기의 어떤 법정 기록은 한 아기가 교회에서 소음이 되었음을 폭로하고 있다. 또 18세기의 어떤 여행자는 한 원주민 여성이 피혁을 무두질하면서 지게 요람cradleboard에 탄 아기를 돌보는 모습을 묘사하고 있다. 19세기의 사회개혁가는 공장의 천장에 매단 계란 박스 안에 한 아기가 들어가 있는 것을 기록함으로써 일하는 어머니의 생활상이 어떠했는지 암시하고 있다. 1930년대의 한 농부의 아내는 산통 탓으로 휘갈겨 쓰면서 관청 부서에 최신 의료 처방을 요청하기도 한다.

이것들은 그야말로 작은 증거 조각들이다. 나는 또 한 명의 역사학자인 K에게, 연구할 자료가 너무 없다고 불평해왔다. 최소한 내 어머니의 생애는 하나의 의료 기록을 만들어냈다.

과거에 아기를 낳는 것이 어떠했는지 탐구하는 최선책은 아마도 거대 서사들을 한쪽으로 밀어두고 그 조각들과 일화들에 주목하는 것이리라. 과거에 엄마 되기가 어떠했는지 탐구하는 최선책은 아마도 아주 작은 장면들로 이뤄진 격자 울타리를 세워, 수많은 다양한 관련 사건들을 추적해가는 것이리라. 임신, 유산, 태동, 분만 준비, 출산. 다음으로 씻기고, 먹이고, 자고, 못 자고, 필요한 것을 제공해주고, 방해받고, 맡기고 찾아오고. 이 모든 것이 본능적 진행 과정, 다시 말해 '아이와 함께하기'의 피와 내장을 이룬다. 동사들이다.

동사로서 '엄마 되기'이다.

오늘 저녁 K는 라디오를 틀어놓고 아기를 목욕시키려고 물건들을 준비한다. 라디오의 소음이, 우리의 말소리로 첫째 아이가 깨는 일이 없도록 해줄 것이다. 문틀에 기대서 내가 묻는다. 1940년대로 돌아가 영국 정신분석학자 도널드 위니콧Donald Winnicott이 처음으로 육아에 관한 라디오방송을 할 때 청취자들이 처음에 그를 여자로 생각했다는 걸 알고 있어? 그의 목소리는 높고 호리호리하여 여자 목소리처럼 들렸다. 아마도 위니콧이 아기 돌보기에 관해 말하는 방식도 그 오해에 한몫했을 것이다. 그 이전과 이후의 수많은 남성 전문가들과 달리 위니콧은 분명히 어머니들을 좋아했고 신뢰했다.

오늘 밤 라디오에서는 한 캐나다인 성전환남성의 회고록에 대한 토론이 나온다. 그는 자기가 낳은 아이를 홀로 키웠으며 수유 상담가로도 일하고 있다. 아이를 낳는다는 것은 이렇듯 끊임없이 움직이는 대상이다. 21세기의 모든 변화, 사회 풍경에 등장한 새로운 인물형과 스타일을 떠올려보라. 캐나다 위니펙에 사는 성전환남성, 아기를 키우는 동성 커플 가족, 집안일을 돌보는 새로운 아빠 주부들, 맞벌이 부모 사이에서 평등주의적인 아이 키우기. 혹은 보건 서비스와 정부 지원 수준이 내려간 것, 자본주의하에서 돌봄 노동에 대한 낮은 가치 책정.

K는 아기 몸 씻는 데 열중하는 가운데 고개를 끄덕이며 동의한다. 그의 뉴욕 악센트는 나의 영국식 톤에 맞서 가볍게 통통거린다. 반쯤만 집중한 대화 안에서 또 다른 반쯤만 집중한 대화.

나는 아기를 품에 다시 받아 안는다. 이것이야말로 바로 지금과 다른 엄마 되기의 과거가 어떠했는지 주목하지 않을 수 없게 만드는 것이다. 변화하는 현재는 역사를 변화하게끔 만든다.

내 일기장 더미 아래에 안전하게 치워둔 국립보건기구 기록은 모성을 주로 생물학적 사건으로, 즉 관찰되어야 할 자연적 과정으로 표현한다. LMPLast menstrual period는 마지막 생리 주기. EDCestimated date of confinement는 분만 예정일인데 오늘날엔

'confinement'라는 단어 대신 'birth'를 사용한다. 그러나 내 생각에 엄마 되기란 생물학의 문제라기보다 몸의 문제다.

역사적 단편들은 한마디로 정말 다양하다. 임신과 아기 양육은 시간과 공간에 좌우된다. 우리가 짐작할 수 있는 이상으로 훨씬 많이. 한 아기의 엄마 노릇을 하는 것은 어떤 확정된 상태가 아니다. 육체적인가, 그렇다. 본능적인가, 그렇다, 그것도 엄청나게. 생물학적이고, 보편적이며, 변하지 않으며, 단순히 자연적인 것인가 하면, 그건 별로 그렇지 않다. 만일 그렇다면, 엄마 되기가 무엇인지 파악하기란 다원적이고 구체적으로 들어감을 의미하며, 그 어마어마한 다양성을 탐험하는 일을 의미한다. '다원화하고 구체화한다pluralize and specify'는 것은 이브 코소프스키 세지윅Eve Kosofsky Sedgwick의 탁월하고 간결 명료한 문구다. 새롭게 이해하기를 시도하고, 어떤 육체적인 것도 당연한 것으로 여기지 않겠다는 약속이다.[v]

나는 쉬지 않고 기록한다. 낮잠용 띠 포대에 갓난아기를 안아들고 정원 길을 이리저리 걸어 다니며 손에는 논문이나 책을 들고서. 역사학자, 통계학자, 고고학자, 인류학자, 사회학자들의 글을 읽는다. 또한 회고록, 편지, 일기를 읽고 공문서와 법정 기록들도 읽는다. 설문조사와 인터뷰도—임신이나 아기와 직접 관련된 건 거의 없더라도 따라가다 보면 뭔가 드러나는 자료들을.

이 연구는 내가 처음으로 모성을 깊이 고민하면서 시작되었고, 첫아이를 허둥지둥 키우는 동안 계속 진행되었다. 새로운 작은 정보 혹은 연속적으로 줄줄이 이어지는 정보들, 섬광처럼 다가오는 공감, 또는 다른 이의 신발을 신고 잠시 걷는 듯한 도전, 친숙함이나 거리감, 이 모든 것들이 위안이고 깨달음이었다.

저녁 시간이나 낮에 짬짬이 시간을 쪼개 글을 쓰고 수정하면서 나는 기록들의 원본이 지닌 분위기에 매달리는 것을 목표로 했다. 수면 부족, 황급함, 기이하게 중단된 주의력, 짧은 문장들, 잠이나 젖은 옷에 대한 초조함, 기쁨과 왔다 갔다 하는 감정 그리고 감상에 빠져드는 데 대한 불쾌감 같은 것에 말이다. 이번에 둘째를 가지면서 절박감은 조사대상으로 돌아갔다.

몇 번이고 깨어나야 했던 밤이 지나고 다음 날 아침, 볼일을 보러 버스를 타고 시내에 간다. 약한 비가 우산 위로 떨어져 이내 신발코를 적신다. 돌마당 건너편에 있는 미술관의 회전문이 비를 피하러 들어오라 손짓한다. 시내에는 차나 커피 한잔 사지 않고서는 아기와 함께 앉을 만한 데가 없다.

흐리멍덩한 피로감에서 벗어나지 못한 채 들어간 미술관에서 낮은 스툴들의 자홍색은 그림의 르네상스식 컬러를 방 한가운데로 끌어온 것 같다. 벽에는 밝은색의 더블릿14~17세기에 남성들이 입던 짧고 꼭 끼는 상의—옮긴이을 입은 이들이 빳빳하고 고급스러워 보이는 치마를 두르고서 자세를 취하고 있다. 성모 마리아와 아기가 완벽하게 고요히 멈춰 있다. 16세기의 피렌체 아니면 나폴리다. 그 진홍색 일색 가운데 어떤 틈새가 철저하게 현대적인 한 이미지에 주목하게 하는데, 미술관 벽에 잠정적으로 추가된 이미지다. 평범한 목탄 선들이 솟구치고 무리 지어, 젖먹이를 안은 한 여성을 그려내고 있다. 거의 색상이 없는데도 이미지는 움직임으로 박동 친다. 아기의 몸은 둥그렇게 구부러져 있고, 허공으로 발을 차고 있다. 엄마는 아기를 꼭 안고 균형을 잡은 채 앞쪽을 응시한다.

미술관 경비원이 아시아 관광객들과 단체 학생들이 있는 방을 가로질러, 나를 힐끗 바라보는데 완전히 매정한 태도는 아니다. 어쩌면 그는 나를 골칫거리가 될 수유하는 엄마로 여길지도 모르고, 비에 다 젖어 걱정에 사로잡힌 젊은 백인 여성, 아니면 아이랑 있는 것을 좋아하는 부모라고 생각할지도 모른다.

"첫 아이가 태어났을 때, 날아가는 기분이었어요"라고 목탄 이미지의 화가가 녹음된 인터뷰에서 설명한다. 제니 사빌Jenny Saville 은 물감을 버리고 대담한 목탄선 긋기의 순간적 자유를 택했다. 그녀는 레오나르도의 성모 마리아를 다시 그려내는 거대한 스케치를 이 시대의 살아 있는 아이의 살아 있는 엄마로 고쳐 작업한다. 규모는 왜소해지고 있다. 딱딱한 실루엣 대신 개방된 선들이, 엄마 되기란 만들어지고 또다시 만들어지는 것임을 암시한다. 사빌의 현재는 미술관의 과거를 더 살아 있는 것으로 만든다. 마치 과거가 현재를 만들어낸 것처럼. 서로 연결되고 대조되면서 각각의 그림이 더 풍부하게, 더 운동적인 것으로 다가온다.

역사적 호기심은 우리를 비상하게 해주고, 우리 자신으로부터 자유롭게 벗어나도록 해준다고 나는 생각한다. 의심하고, 다시 상상하도록 허용한다. 우리만의 시대를, 그것이 무엇이고 무엇이 될 수 있을지 등고선으로 파악함으로써, 더 충만하게 소유하게 해준다. 과거는 우리를 무겁게 짓누를 수도 있고, 우리를 풀려나게 해줄 수도 있다.

1.
숫자로 본 엄마 되기

처음으로 돌아가보면, 내 품에 아이가 생기기 전에 이미 연구가 시작된다. 이때 엄마 되기란 단지 추상적인 전망일 따름이다.[1]

창문 밖의 시계탑은 수업 시작 10분 전을 알리고 있다. 늦여름 수업에 서둘러 가는 대학생들의 발걸음이 건조한 잔디를 가로지르며 길이 평평하게 다져지고 있다. 나는 가까운 친구이기도 한 동료와 일과 삶에 대해 열띤 대화를 나누는 중이다.

만약 내가 아이를 갖는다면, 하나를 가질지 둘을 가질지 잘 모르겠다고 나는 좀 지나치게 밝은 목소리로 말한다.

이 문제는 살짝 우려스러운 영역이다. 우리 둘 다 알고 있다—아니면 최소한, 나는 우리 둘 다 알고 있다고 생각한다. 설문 조사에 따르면, 이 동료의 경우처럼 배우자와 아이가 있는 남성들은 우리 직장에서 아주 잘나간다는 사실을. 아이를 가진 여성들은 별로 그렇지 않다. 그녀들의 성공 속도는 더 느려지고, 아이 없는 남성이나 여성보다 뒤처진다.

그의 대꾸는 어리둥절한 것이었고 짜증의 기미가 드러났다. 너는 일단 **하나**를 낳는 것부터 선택하는 거야.

과거에 사람들은 아이를 몇 명 가질 것인가에 대해 어떻게 대처했을까? 가족의 규모에 있어 무엇을 염두에 두었을까? 한 사람이 그들만의 시대와 장소에서 엄마 되기와 숫자들에 대해 알 수 있는 것은 무엇이었을까?

북미 중서부의 언덕 많은 풍광을 일찍이 가로질러온 마이애미족과 포타와토미족 사람들은 여름의 드넓은 농업 정착촌과 겨울의 작은 마을들을 오가면서 개인으로서의 삶은 거의 고려하지 않았다. 모피를 가공하고 옥수수나 호박과 강낭콩을 경작하던 여성들은 각각 많은 아이를 낳았고 공동으로 돌봤다. 아이들 사이는 신중하게 서너 살 터울로 조절했는데, 그 지역의 낙태용 약초와 성적 금욕과 늦은 젖 떼기를 통해서였다. 이것은 친족이 기본이 되는 세계로, 그 안에서 가족의 협동은 생존하는 데 결정적이었다. 펜실베이니아주나 오하이오주에서 인디언 가족은 평균 네 명에서 여섯 명의 아이를 둔다고 관찰자들은 관례대로 기록했다.[2]

이러한 17세기와 18세기에 저 멀리 동쪽에서는 정착민들이 광활한 북미 대륙으로 조금씩 움직이면서, 그들이 쫓아내야 하는 원주민들이나 그들이 떠나온 구세계인들보다 더 많은 아이를 가졌다. 이로쿼이족이나 알곤킨족의 옛 땅에 터를 잡은 정착민 여성들은 대부분 10대 후반이나 20대 초반에 결혼했고, 18개월에서 2년 터울로 아이를 낳았다. 이러한 빈번한 출산은 통상적으로 바람직한 재생산 리듬으로 여겨져, 풍요로움의 표시일 뿐만 아니라 신이 주신 자연스러운 상태라고 보았다. 대가족은 특히 도시의 유대인 공동체의 젠트리gentry, 영국 중산 계급의 상층부로, 귀족은 아니지만 가문의 휘장을 사용하는 자유민—옮긴이와 독일인 거주민 사회에서 전형적이었고, 다들 어려서 결혼했다. 한편, 식민지를 개척한 이들의 출신지인 옛 유럽 사회는 경제생활이 더 불확실한 경우가 많았고, 여성들은 더 늦게 결혼했으며, 일단 결혼하고 나면 2년이나 3년 터울로 출산했다. 결혼할 만한 물질적 기반을 전혀 갖지 못한 이들도 많았다.

대부분의 사회들은 집단적인 숫자를 꾸준히 기록하는 것에 관심이 없다. 나는 주로 역행 작업을 하는 현대 인구통계학자들 덕분에 이러한 출생률에 대해 알게 된다.

자식이 없는 사람에겐 그 숫자가 끔찍하게 차갑고, 와 닿지 않고, 심지어 당혹스럽게까지 보일지 모른다. 현대 인구통계학자들의 계산과 그래프에 따르면, 오랜 세월을 거치며 숫자가 바뀐 것을 볼 수 있다. 17세기와 18세기 북미에선 평균적으로 일고여덟 명의 아이들, 영국에선 네다섯 명의 아이들을 낳았고, 20세기 후반엔 두 곳 모두 2.2명 이하를 출산했다. 그들이 숫자를 발췌하고 모은 출처는 주로 서구권의 자료로, 지역 인구조사, 가족사, 유언장, 교회 기록이고 19세기부터는 국가 차원의 설문 조사도 들어간다. 나는 북미의 첫 숫자를 대하고서 잠시 멈춰 숨을 고른다. 아마도 **평균적으로**, 엉덩이가 평퍼짐하고, 두꺼운 8자 모양의 체형들이 아니었을지.[3]

이 숫자를 가지고, 하루하루가 열띤 소란스러움으로 가득한 일상이었다고 가정해볼 수 있을까? 인구통계학자들의 딱딱한 표현인 생식력 전이fertility transition는 확실히 17세기 이래 모성성을 형성한 주요 변화이다. 만일 엄마 되기에 관한 지배적 서사라는 게 **있다면**, 더 큰 가족에서 더 작은 가족으로의 변화라는 게 우리가 얻을 법한 것에 가장 가깝다.

평균의 숫자—다섯 명이나 여덟 명부터 2.2명에 이르기까지—는 체험된 기대의 세 가지 폭넓은 변화를 암시한다. 다시 말해 자신의 미래에 대해 예상할 수 있는 것에 있어 변화의 3요소를.

임신부터…… 양육까지. 조금 더 풀어 말하자면, 많은 아이를 낳고 잦은 임신과 출산의 흔적을 지닌 몸으로 사는 '이전before', 그리고 두어 명만 낳고 사는 '이후after.' 많은 아이들을 돌보며 엄마의 주의가 분산되고 쪼개지는 '이전', 그리고 한 아이나 얼마 안 되는 아이들을 집중적으로 돌보는 '이후'……. 나로서는 그 어느 쪽도 상상하기가 힘들다.

생식력을 주로 숙명으로 받아들이는 것에서…… 가족계획의 강조로. 이 변화는 새로운 피임법보다는, 지식과 더불어 강력한 미래 지향의 도래, 즉 더 정확한 계산의 등장으로 추동되었다. 아이를 계획하고, 이후의 과정을 그려본 다음, 터울을 조절하고, 자신이 감당할 수 있는 것을 가늠해서, 그에 따라 행동하라.

그리고 연이은 출산과 양육을, 할머니 노릇도 덧붙여 전망하는 것에서…… 단 몇 년간 아기들을 돌보는 것으로. 숫자가 보여주는 바에 따르면 한때 엄마 되기란 영구적인 성인 지위를 부여하는 것이었다. 그 이후, 오늘날에 이르기까지 아기를 낳고 키우는 것은 인생 주기에서 짧은 한 시기 같은 것에 더 가깝다.

수재나 홉킨스는 한 편지에 "친구, 남자들이 자기 개념—옹졸한—에만 너무 갇혀서 우리[여성들]를 애완동물 이상으로 보지 않는 것 같지 않아?"라고 썼다. 메릴랜드의 젊은 여성이 이것을 쓴 시기는 18세기 말 미국에서 일어나던 변화의 초창기였다. 그녀는 자기 눈에 여성을 가축 기르듯 다루는 옛날 방식에 꿈틀한 것이다. 생식력 전이는 정확히 그녀 세대에서 시작되었다. 미국 독립 혁명 즈음, 몇몇 여성들이 자유와 독립이라는 급진적 메시지를 자신의 개인적 삶에 적용할 기회를 가졌던 그 시기에 말이다. 퀘이커교 상인의 아내였던 세라 로건 피셔는 자기 시대에 "스물아홉 살 이전에 여섯째 아이"를 가지는 것이, 너무 많고, 너무 이르고, 너무 빠르다고 말했다. 옛날 방식의 거부, 새로운 가능성 실현의 기대는 군주제 폐기만큼이나 급진적이고 심오해 보인다.[4]

프랑스 여성의 인구학 역사도 비슷한 혁명적인 길을 따랐다. 영국에서도 19세기 말까지 가족 규모가 축소되는 추세였는데, 이 변화는 산업화와 가장 많이 연결되어 언급되었다.

가족 규모의 변화가 일어났던 어느 시대나 어느 곳에서나, 여성들은 건강을 얻었고 그들의 몸과 시간에 대한 재량권을 얻었다. 그들은 이상적인 가족 규모를 정확하고 일정한 숫자로 계획하기에 이르렀다. 펜실베이니아의 엘리트 계층 여성이었던 에스터 에틀리는 그 변화를 나아진 운명으로 여겼을지 모른다. 1780년대에 그녀는 다시 임신하게 된 데 대한 가련한 심정을 이렇게 기록했다.

"울적함이 얼마나 자주 나를 사로잡는지 말로 다 못 할 지경이다." 그리고 이렇게 덧붙였다. "집안일에서 조금이라도 벗어날 수 있다 면 […] 훨씬 편안해질 텐데." (이 임신으로 그녀는 이제 두 아이의 엄마가 될 것이다). 시골에서 열두 아이를 낳았던 할머니의 삶을 1855년에 돌아보면서 윌리엄스포트의 마사 보웬은 "대가족을 건 사하면서 […] 할머니의 활동영역은 제한되었다"고 기록했다. 할 머니와 마사 사이에 낀 세대인 어머니는 네 자식을 낳았다. 목사의 아내였던 마사는 한 명만 낳았다.[5]

변경된 전망은 보통 단편적으로, 그리고 지역 환경 속에서 경 험되었다. 1920년대에 미국의 소도시 먼시를 방문했던 이들은 1890년대부터 내려오던 다산의 의무가 "완화됐다"고 썼다. 여섯에 서 열네 명의 아이까지 둔 가족들은 이제 "두서너 명의 아이를 둔 가족들만큼 '괜찮아'" 보이지 않았다. 1930년대 런던에서 미싱 재 봉사였던 도리스 핸슬로 같은 젊은 여성은 아이를 더 적게 갖는 것 을, 온수 공급이나 전깃불이나 시영주택을 비롯한 다른 최근의 가 정생활 개선사항에 포함시켰다. 그녀의 어머니는 세기 전환기에 버몬지에서 여덟 아이를 낳았다. 도리스는 자기 세대의 다른 노동 자 계층의 런던 여성들처럼 더 적게, 두 아이만 두었다. 현금을 좀 더 벌 요량으로 계단을 청소하면서 런던에 살던 나의 할머니는 이 변화 추세에 뒤처져 다섯 아이를 낳았고 그중 세 명이 성년기까지 살아남았다. 2차 세계대전 직후, 도시의 거리에서 어떤 여성에게 이상적인 가족 규모에 대해 질문하면 아마도 '한 명이면 충분하다' 라든가 두어 명쯤이라고 답할 것이다. 한 명인 이유는 "아이를 잘 키워야 하지 않겠어요.” 세 명인 이유는 “아이들한테 가능한 한 모든 걸 해주고 싶은데 그 이상은 내가 여력이 되지 않을 것 같네요.”[6]

특정 공동체에서는 그 숫자들이 이따금 다른 길을 갔다. 북미의 대초원에 살던 19세기 크리족 여성들은 통상 네 명의 아이를 낳았다. 그러나 1860년대에 이 숫자가 늘어나는데, 아마도 버펄로 사냥 시기가 막을 내리면서 정주하는 생활방식으로 변화해갔기 때문일 것이다. 숫자들은 크리족 이야기에 이렇게 들어갔다. “그 ‘옛날에는’ 전쟁이 날 때 우리가 붙잡고 뛸 수 있을 아이들만큼만 낳았어요.” 1930년대 위스콘신, 미시간, 미네소타의 원주민 보호구역에 살던 오지브와족 사람들은 그 옛날에 적게 낳는 것에 동의했을지도 모른다. 한 정보제공자는 가톨릭 수녀이자 인류학자인 이네즈 힐거Inez Hilger에게 “아이들을 층계처럼 줄줄이 낳는 것은 망신”이라고 말했다.[7]

다산의 요구, ‘울적함’의 협박, 여성의 ‘활동영역’에 자리한 한계는 대가족 시대부터 단호하고 위협적인 것으로 나타났다.

잃어버린 것들을 상쇄할 수 있을 즐거움은 무형의 것들이 더 많다. 어쩌면 강인하고 비옥한 몸에 대한 조용한 자부심일지도 모르고, 아이들이 하나둘씩 늘어나는 것을 기뻐하는 관용일지도 모르고, 열두 명이 넘는 자손들의 이름이 새겨진 묘비일 수도 있다. 다산의 과거와 인색한 현재 사이 어딘가에, 딜레마이자 질문으로서의 엄마 되기가 운명으로서의 엄마 되기를 대신하게 되었다.

나이를 먹으면서, 내가 아이를 갖게 될 일은 없을 것 같았다.

나는 흥미로운 삶을 원했다. 독립적이길 원했고 평등한 관계를 원했다. 영국 그래머스쿨grammar school, 대학 진학을 목표로 하는 중등 교육 기관—옮긴이 여학생이자 제2의 물결 페미니즘의 수혜자가 가질 법한 열망이었다. 모성은 지루하고 억압적이고 가정적이고, 어른다운 대화 주제와는 거리가 멀어 보였다. 나는 엄마를 사랑했다. 제대로 사랑받은 아이의 상태에 전적으로 안주한 채. 그러나 엄마가 아빠에게 고분고분한 건 싫었다. 내가 그토록 나 자신과 동일시했던 아빠에게 말이다. 아빠는 어린애들을 좋아하지 않았고 나도 그랬다. 20대가 되어서야 나는 알아차렸다. 어떤 사람들은 아기를 달랠 때 예의를 차리지 않는다는 걸.

30대 초반에 내가 대단히 존경하던 한 나이 많은 친구가 자기 인생에서 아이를 갖지 않은 것을 후회한다고 말했다. 나는 독립적인 정신을 가졌으면서도, 자기 아이에 대한 열렬한 애정을 남들 앞에서 조금도 숨기지 않고 아이와 있기를 진심으로 즐기는 몇몇 이들을 만났다. 갑자기 문제가 완전히 다르게 보였다. 이런 의외의 발견은 21세기에 드문 일이 아니다. 아마도 아이를 한 명도 갖고 있지 않을 때, 아이를 갖게 되기 전에 그런 것 같다. 찬성이냐 반대냐를 결정하는 것은 숫자로 본 엄마 되기의 가장 최신 버전이고, 대단히 동시대적인 반전이다. 말하자면 그저 아이를 몇 낳을 것인가라기보다 더 정확히, 아이를 가질지 말지 정하는 것이다.

수많은 고려사항과 다양한 유산들이 의외의 발견을 만들어낼 수 있다. "평생에 걸친 양가감정 끝에 모성을 선택하다"는 흑인 페미니스트의 상징인 앨리스 워커의 딸 레베카 워커Rebecca Walker가

회고록의 부제로 사용한 구절이다. 에든버러 출신 작가 치트라 라마스워미Chitra Ramaswamy에게 임신은 갑작스러운 유혹이자 복합적인 수수께끼로 보인다. 감상, 위생처리, 과학을 어떻게 제거할 것인가? 처방전, 스스로 감정적으로 조작된 엉터리 시는 어쩌고? 게다가 거짓말, 오해와 듣기 싫은 충고는? 정치 공작들은? 끝없이 휘몰아치는 새로운 이야기들은 또 어떡하고?[8]

아이 문제는 내 동료에게 이미 정착되었다. 그의 배우자는 능숙함을 발한다. K와 내가 그들과 함께 그 지역 숲으로 산책을 나가자, 그녀는 자기네 두 아이를 앞으로 보내, 여기서 특대 사이즈 버섯을 찾게 하거나 저기서 어떤 글자 모양을 한 나뭇가지를 찾게 하여 먼저 피곤해지도록 유도한다. 똑같은 능숙함이 내 동료에게도 들러붙어 있다. 그리고 그들의 작은 애를 자기 어깨 위로 들어 올리는 K에게도 그렇다는 것을 나는 알아챘다. 일단 하나를 갖는 걸 선택하는 것이다.

인구통계 그래프가 여전히 내 곁에서, 잃어버린 이전 세계에 대한 내 상상을 가득 채우고 있다. 20세기 이전의 대부분 사회는 작은 아이들의 무리로 꽉 차 있었을 게 틀림없다. 모든 이들이 아기를 볼 수 있었다. 그 시대와 상당히 대조되는 우리 시대에, 육아를 하지 않는 이들은 육아를 하는 이들과 일반적으로 격리되어 있다. 아기들에 대한 나의 무시, 이 분리에 대한 날카로운 감각은 현대의 발명품이다.[9]

지난 시대의 어린아이들은 군중 속으로 들어갔다. 더 높은 유아 사망률에도 불구하고. 20세기 중반 즈음에 아기를 잃는 부모는 소수였지만, 모든 이전 세기의 유아 사망은 일종의 경험으로, 부모가 운이 좋아야만 피할 수 있었다. 인구학자들은 사망률 감소를 두고 생활 수준이 나아졌음을 지적하긴 하지만 그것으로 완전하게 설명할 수는 없다.

내 뇌리에 희미하게 새겨진 주제는, 살아서 함께 머물던 이들 사이에 있게 될 것임을 알게 된다. 산모 사망률, 미아infant loss, 강제된 포기가 아닌, 살아 있는 아이의 살아 있는 엄마 되기로 정한다. 엄마 되기라는 것이 정말로 생각해볼 만한 것이라는 사실만 알지, 한 아이가 내 미래에 있을지 없을지조차 아직 모르는 상황이다.

나는 유령의 이야기들은 다른 이들에게 넘기겠다. 살아 있는 아이의 살아 있는 엄마 되기라는 이 쌍을 지은 주제는 상상력과 연구를 충분히 필요로 한다.

"내가 감당할 수 없는 여섯에서 열 명이 되는 아이들을 갖게 되면 어떻게 살아가야 하나"라고 뉴저지의 식민개척인 에스더 에드워즈 버는 1755년에 아이를 낳고서 초조해했다. 한 세기 뒤에 오리건의 개척자 나르시사 휘트먼은 어마어마한 수의 아이들 기르기의 즉각적인 결과를 직접 체험하면서 이 염려를 이해했을지도 모른다. 그녀는 이례적이지만 따뜻하고 애정이 듬뿍 담긴 답신 편지를 1845년 뉴욕으로 이렇게 보냈다. "사랑하는 부모님께. 이제 저는 아이가 열한 명 되는 가족을 이루었어요. 편지를 전혀 못 쓰게 될 것 같아요."[10]

나는 생식력 전이를 둘러싸고 상이한 관점에서 나온 이런 우연한 언급, 이런 의도치 않은 생생한 소식들을 포함하는 편지나 직접 듣고 적은 기록을 점점 더 많이 마주친다. 그 다수는 주로 글을 읽고 쓸 줄 알며 일할 필요 없이 여유를 가졌던 이들에 의해 씌었다. 여기서, 연구의 초반에, 숫자로 본 엄마 되기를 모든 사람에게로 적용하는 것, 즉 변화하는 생식력 숫자가 얼마나 현실적인지 상상하는 것이 영국과 북미의 식자층을 대상으로 할 경우 가장 수월하다는 사실이 판명된다.

　말하자면 자신만의 과거를 지닌 노예화된 여성이나 원주민 여성이나 노동계급의 살아 있는 엄마 되기를 제시하는 게 훨씬 어렵다는 것이다. 노예 계층 사이에서 글쓰기나 읽기는 엄격하게 금지되어 있었고, 이는 우리에게 그들이 스스로 남긴 자료가 거의 없다는 것을 의미한다. 북미 원주민의 모든 부족은 그들의 문화를 글로 적어 보관소에 저장하기보다 구술로 전수했다. 어떤 인종이든 민족이든 노동계급은 깬 시간의 대부분을 그저 생활을 꾸려가는 데 썼다. 그러나 나는 밀어붙일 것이다. 그것들이 없다면, 관점은 오해되고 축소되고 틀린 것이 된다.

　내 동료의 어린아이들은 계속 자라고, 그는 두 아이에 들러붙어 있다.

　무자식, 아니면 한 명, 아니면 두 명? 아예 갖지 말까, 아니면 일단 가질까?

2.
세대

　임신은 순간에 이루어진다. 아마도 순간들이 반복되어 이뤄진다고 해야겠지만 그렇더라도 순간이라는 것은 변함없다. 오랜 기간의 안전한 섹스, 말하자면 조심스럽게 임신을 피하면서 애정 표현을 매번 덧붙이는 온전한 성인의 삶을 보낸 뒤에, 전체 사업에 어떤 색다른 기미가 희미하게 보였다. 삽입 섹스의 그런 순간들에 대한 역사가 확실히 존재한다. 18세기 후반의 한 일기장 주인이 한 아이를 "만들려고 뒤섞는다"라고 칭한 것을 떠오르게 하는 행위들의 역사가.[1]

　요즘 세대는 성 혁명의 후계자들이며 과거의 섹스에 대한 이야기를 물려받은 세대이다. 유명한 우스갯소리로 시인 필립 라킨 Philip Larkin은, 섹스가 1963년 이전엔 시작되지 않았다고 했다. 처음으로, 혹은 아마도 처음으로, 피임약이 섹스를 재생산과 분리했고, 성생활의 짜릿한 새 세상이 태어났다. 이전 세대들은 수치심과 도덕적 불안감으로 억압되고 만족스럽지 않고 무겁게 내리눌렸다고 동정받았다. 이전 시대 여성들은 말없이 가만히 드러누워 있었으리라 상상됐고 다른 것들에 대해서도 상상이 이어졌다. 이제 당연히 피임약이 축복으로 여겨졌다. 현대의 관능은 성적 개방, 쾌락으로서 섹스, 섹스 그 자체를 위한 섹스를 의미했다. 그 밖의 것들은, 또는 이전의 모든 것들은 나쁘거나 그저 그런 것이었다.[2]

그 색다른 기미는 섹스에 재생산을, 성적 욕구에 생식의 바람을 더하는 순전한 기벽으로 느껴진다. 그리고 확실히 나를 이 현대적인 이야기의 계승자로, 그 이야기의 운 좋은 수혜자로 만든다. 나는 또한 섹스가 이성애 관계로부터 풀려난 새 세상의 수혜자이다. 성년이 되는 것이 일상적으로 커밍아웃을 뜻할지도 모른다. '선택'은 이제 누구랑 잘 것인가와 아이를 갖고 싶은가 아닌가, 두 가지 모두에 관한 것이다. 가난, 남성적 탐욕, 완고한 보수주의 같은 폭력이 그 선택을 부정하기 위해 작동하는 동안에도. 나는 옛날 방식대로 한 남자와 함께 임신하기를 바라게 될지도 모르지만, 까다롭게 따져볼 것이고, 나만의 자유의지로 선택할 것이다.

이러한 성 혁명과 커밍아웃에 대한 최근의 이야기들은 성의 암흑시대에서 무엇을 암시하는가? 1963년 이전에는 정말로 무미건조하고 변함없으며 말 없는 삽입 섹스의 세계만 있었을까? 그것은 마치 하나의 캐리커처나, 어쩌면 신화 같다. 섹스는 단순히 쾌락인 경우도, 오로지 생식인 경우도 아주 드물다.

물론 과거의 성적 행위에 관한 역사는 거의 특이할 정도로 알기 어렵다. 그러나 우리는 질문할 수 있다. 마더라는 동사가 있다면, 생식은 일상적이면서 본래적인 행위로서, 어떤 아기도—입양아든, 대리모 출산아든, 당신 '자신의' 아이든—그저 황새가 물어다 놓은 게 아니다.

성 혁명 이전의 섹스는 단지 무미건조하고 조용하기만 했을까? 이따금 그 질문이 가장 잘 아는 사람들에게 직접 던져졌다. 바로 이전 세대에 속했던 이들—1930년대나 1940년대에 성년이 되어 결혼한 사람들—은 이제 세상에 없는 경우가 많다. 그러나 세기 말 이전에, 영국의 산업 중심지 랭커셔와 더 부유한 본국의 다른 카운티에서 온 이들이 두 명의 연구자들과 자리를 같이했다. 1921년에 블랙번에서 태어난 하위 중산층 여성으로 남편과 함께 식료품 가게를 운영했던 필리스도 그중에 있었다. 그녀는 섹스에 관한 화제는 철저하게 출입제한구역이었다고 기억했다. "그것에 대해선 학교에서 얘기한 적이 없어요. 집에서도요." 즉 부모와 얘기하지도 못했다. 그녀는 "밀어붙이려는" 남자애들을 한 번도 좋아한 적이 없었다. 타인의 존중을 유지하고자 했던 대부분의 젊은 여성들은 성에 대한 이야기라면 무엇이든 피해가도록 장려되었고, 그것은 비밀을 공유하는 어머니나 친구들과의 관계에서도 마찬가지였다. 그녀들은 자기 몸에 대해서 은밀하고 위생적으로 처신하도록, 밤에 집에서 씻을 때 가족들한테 자신이 안 보이게 신중히 가리도록, 댄스 홀에서 집으로 돌아오는 길에 더듬거리는 손을 피하도록 조심스레 교육받으며 자랐다.[3]

교회에 열심히 나가는, 건축업자의 아내 도린은 결혼 첫날밤을 다시 기억해내는 것을 어색해했다. 부부 각각 침대 양쪽에 누웠고, "둘 다 진짜 멍청했어요." 키스는 어땠는지 묻자 이렇게 답했다. "엉성하지는 않았어요." "그랬더라면 못 견뎠을 거예요." "키스를 많이 해봤지만 좀 제대로 했었어야 했는데." 이 여성들은 세균이 옮을 것에 대한 근심을 드러냈고, 실험에 대한 강력한 터부를 내비쳤다. 확실히 이것이 불만스럽거나 무미건조한 섹스를 만들었을까? 도린 자신은 이 부부관계의 의무를 정말로 좋아해본 적이 없다고 했다. 언뜻 보기엔 무미건조하고 조용했다는 것이 정확하게 맞는 것 같다. 무미건조한 무지이자, 무미건조한 의무.

그러나 그것이 전부는 아니다. 자기 자신을 보여주는 이 똑같은 방식 중 몇몇은 어쩌면 놀랍게도 의미 있는 섹스를 위한 하나의 토대였다. 그 똑같은 은밀한 처신 또는 청결함을 중히 여기는 태도는 사랑하는 이들이 하는 섹스의 보증 마크이자 섹시함의 차원이 될 수 있었다. 필리스와 그녀의 남편은 서로를 앞에 두고 옷을 벗는 것이 불가능하다는 것을 깨달았다. "제 말은 우리가 침대에 벌거벗은 채로 들거나 옷을 벗은 적이 한 번도 없었다는 거예요. 그러니까 사람들 앞에서 말이에요." 다시 말해 서로의 앞에서. 그렇다면 그녀는 섹스를 즐겼을까? "그럼요. 난 그랬다고 생각해요. 그럼요." 남편은 그녀의 쾌락을 위해 일부러 "참았을" 것이다. 1945년에 자동차 정비공과 결혼한 재봉사 도라는 분명하게 즐거운 표정으로 말했다. "남편이 나한테 아주 화려한 욕실을 만들어주었어요. 크기가 딱 이만큼이었는데 […] 만드는 데 2년이나 걸렸죠. 솔직히 말하면 그 사람, 정말 악마였어요." 페니는 섹스하기 위해 "옷을 벗어본

적은 없지"만, "그것"이 자연스럽고 즐길 만하고 편안한 것이라 생각했다. 그녀의 "시골 남자애"와 그리고 나중엔 남편과 연애 중에, 함께 걸어 다니면서 "뭐 그러니까 누워서 키스하고 껴안고 그랬어요." 그리고 이렇게 덧붙였다. "그냥 거기서부터 시작된 것 같아요. […] 그렇게 거기까지 간 거고 그리고 아시겠지만 그게 자동적으로 […] 자동적으로 뭔가 일어나게 되는 거죠."

아마도 가장 눈에 띄는 것은 이 여성들이 결혼의 성적 의무를 성적 고통으로 연결 짓지 않았다는 점일 것이다. 그들에겐 순종적인 섹스도 즐거운 것이었을지 모른다. 섹스를 좋아한다는 필리스의 머뭇대는 진술―"그럼요. 난 그랬다고 생각해요. 그럼요"―은 다음 설명으로 이어진다. "나한테 그건 그저 '사랑해'라고 말하는 거랑 같았어요. 그러니까 음, 서로 (기침) 서로에 대한 애정을 진짜로 보여주는 거요." 예전에 방직공이었던 엘리너는 그것에 대해 실제로 무엇을 즐겼을까? "어, 실제로는, 아시잖아요. (멈춤), 아 그러니까 실제로는 […] 여자한테 섹스를 즐기는 건 좋은 일이에요. 남자도 여자가 그걸 즐기는 걸 좋아하니까요. 안 그래요?" 이 발언은 그녀의 쾌락과 그의 쾌락 사이에, 부부간 요구사항과 그녀의 즐거움 사이에 아슬아슬하게 서 있다.

성 혁명의 영향으로, 의무로서 섹스에 참여하는 것은 말 그대로 불쾌한 일로, 그리고 관계가 위기에 놓였다는 분명한 증거로 여겨진다. 이 여성들은 좋은 섹스와 나쁜 섹스를 아주 다르게 회상했다. 만일 그녀들이 이후 세대가 그녀들의 은밀한 처신의 기풍을 '우스꽝스러운' 또는 '어리석은' 것―서로 '나체로' 본 적도 없고 세심하게 목욕을 했다는 그렇고 그런 이야기들—으로 보리라고 정확하게 내다봤더라면, 그녀들 또한 그 젊은 현대의 비판자들이 그들 자신을 제대로 돌보지 않는다고 생각했을 것이다.

지금 시점에서 돌아보면 가장 감동적인 것은, 허벅지 곡선이나 가슴골 깊이에 대한 조바심이 없었다는 것이다. 빛나는 머리카락, 맑은 안색, 손질된 의복이 성적 매력에 있어 중요했던 것으로 보이지만 다른 것들은 별로 중요하지 않았던 듯하다. 거슬러 올라가보면 가장 이상하고 거리감이 드는 것은, 그리고 이후의 추정 가운데 가장 확실하게 확인되는 것은 말의 부재, 즉 두 사람 사이의 몸짓과 접촉과 감정에 동반될 언어가 부족하다는 점이다.

여성들은 인터뷰 진행자들에게 미리 연습해보지 않은 이야기들을 더듬거리면서 말했다. 마치 성행위에 대해 입 밖으로 묘사하는 것이 처음인 듯, 부부의 섹스가 말 없는 내부의 경험이었던 듯. 그 여성들은 한 중산계층 여성이 비꼬아 표현한 대로 단지 "편히 기대앉아 그러고는 자리 잡기"만 했던 게 아니지만, 섹스는 확실히 침묵으로 가려졌고 대체로 논의되지 않고 묘사되지 않고 발설되지 않은 채 남겨졌다. 남편이 생각이 있다는 신호는 그저 "보통 한 팔이 아닌 두 팔로 나를 안는 것"이었을지도 모른다. 아니면 아내가 "위층으로 가서 목욕하세요"라며 신호를 보냈을지도.

의무감이 계속 맴돌다 가끔 즉흥성과 결투를 벌인다. 나는 가임기를 살짝, 신중하게 무시한다. K에게 욕실 얘기를 하고는 침묵.

항상 무미건조하고 그저 그런 것은 아니었다면 침묵이 일률적으로 이전의 섹스, 즉 1963년 혁명 전 삽입 순간의 특징이었을까? 1930년대와 1940년대 세대의 침묵은 20세기 주류 사전에 의해서 확인된 것처럼 보인다. 거기서는 섹스와 관련된 단어들이 성 혁명의 도래와 더불어 비로소 나타났다. 19세기에 편찬된 두꺼운 사전에서도 섹스와 관련된 단어는 나타나지 않았고, 이 점은 영국과 미국의 빅토리아 시대 사람들 사이의 출산을 위한 섹스는 짧고, 내숭 떠는 것이고, 만족할 만한 것이 아니었다는 일반적인 고정관념에 들어맞았다. 과거로 더 들어가봐도, 섹스와 관련된 단어는 18세기 중반 새뮤얼 존슨Samuel Johnson의 유명한 『영어사전』에서도 발견할 수 없다. 사전편집을 위한 조사가 마치 고요한 막다른 골목에서 끝난 것처럼 보인다.[4]

그래도 좀 더 신중하게 돌아가보면 섹스 관련 단어들이 1960년대에 등장한 것이 단지 재출현일 뿐이라는 사실이 판명된다. 그 단어들은 17세기, 그리고 심지어 그 이전의 영어사전들에도 **나온다**. 그것들은 무엇을 말하는 걸까?[5]

사전을 들여다보면, 17세기의 섹스 관련 단어들은 적나라하고 격렬하고 종종 비유나 신체 부위들에 열광하는 것처럼 보이고 이따금 황당해 보인다. 굴복시키기Yielding. 뽐내기Sporting. 굴러떨어지기Tumbling. 꽉 쥐기Clipping. 찰싹찰싹 치기Clapping. 이 단어들을 수치심과 욕정 사이에서 미끄러질 수 있는 방식으로 오늘날 다시 읽기를 시도할 수 있고 이로써 엄청난 간극에도 불구하고 과거의 성적 순간들에 관한 무언가를 밝혀낼 수 있다. (17세기에는 구두

38

인터뷰 진행자가 없었고, 여성 자신의 수기도 성적 순간들에 대한 직접적인 흔적은 남기지 않았다.) 우리는 사전의 단어들을, 활기 차고 생생한 언어로 변하는 무대 뒤 동작들이라고 가정해볼 수 있다—한 발짝 물러서 행위를 흘끗 보기. 만약 그렇다면, 그 세기에 성관계를 갖는 것은 일반적으로 다음의 성 관련 동사와 구절들을 만들어낸다. 욕망을 느끼기lusting. 음탕해지거나being lewd 호색한이 되기being lascivious, 또는 방자하거나being wanton 야해지기being bawdy. 외설적인 지식이나 모임carnal knowledge or congress을 갖기. 사랑의 의 례를 연기하기enacting the rite of love. 이 용어들의 몇몇은 열정적이거 나 야성적으로 울리고, 다른 몇몇은 탐구욕이나 소유욕이 느껴지 고, 또 다른 몇몇은 다정하게 들린다.

내가 특히 관심을 가진 남녀 사이의 삽입 섹스를 암시하는 동 사들은 이렇다. 간통하기fornicating, 성교하기copulating, 첫날밤 치르 기consummating, 같이 누워 교접하기swiving—춤추기jiving와 운이 맞 는다. (검열을 피하기 위해 17세기 포르노그래피는 생식을 위한 섹 스를 특별히 섹시한 것으로 묘사했다.) 그런 행위들을 하는 동안 움직이는 신체 부위들은 명사, 즉 무언가 또 다른 무언가에 딱 들 어맞는 것들의 거대한 집합체를 구축했다. 재생산을 위한 신체 부 위들은 여성의 생식기와 남성의 생식기 쌍을 맞춰, 조각과 조각bit and bit, 상자와 구슬box and bauble, 토끼털과 연결축cony and pintle, 무화 과와 쇠좆매fig and pizzle, 지갑과 마당purse and yard으로 불렸다. 그러 는 동안 수반되는 행위나 제스처의 일부는 다음과 같았다. 구애하 기wooing, 턱 만지기chin chucking, 얼굴 어루만지기, 과하게 만지기patting fondly, 주물럭대기fondling, 넘치처럼 나대기firking like a flounder, 좀 어렵더라도 누군가를 흥분시키는 방식.

이런 어수선한 단어들의 무리는 은근히 셰익스피어식 표현으로 들려, 마치 어떤 연극 공연에 직접 가서 색다른 어휘들에 귀 기울이며 기다리는 느낌이다. 재상상해보기에 적절한 장면이다. 근대 초기의 연극 상연에서 청중들은 한 무대 인물이 웃길 요량으로 이런 대사를 연기하는 것을 들었다. 까놓고 섹스 얘길 하십시오. 살금살금 눈치 살피는 거 관두시고요. "당신의 '반지에 끼운 밧줄', 당신의 '콜로세움에 세워진 오벨리스크', 당신의 '정원에 심어진 리크파와 비슷하게 생긴 지중해 연안 원산의 채소—옮긴이', 당신의 '자물쇠를 풀 열쇠', 당신의 '문에 질러진 빗장'. […] 물론 말할 것도 없이, 당신의 '꼬마 원숭이', 당신의 '요것', 당신의 '거시기', 당신의 '그 남자', 당신의 '그 여자'" 말입니다. 코르티잔귀족이나 부유한 남성을 상대하던 창부—옮긴이을 연기하는 인물은 많은 비유를 가졌다. 절구 안의 절굿공이, 칼집에 든 칼.

사전을 들춰보거나 연극을 관람하던 이 17세기 영국 여성들이 이러한 단어나 행위들을 남성들만큼 그녀들에게도 충분히 속하는 것으로 경험했는지는 모르겠다. 분명히 17세기의 극장의 청중 안에는 모든 종류의 여성이 있었다. 노동자 여성, 상류층 여성, 귀족 여성, 매춘부 여성, 정부情婦 들이 서로 어깨를 밀치고 있었다.[6] 확실히 몇몇은 반지에 끼운 밧줄이나 정원의 오벨리스크에 관한 코르티잔의 우스운 대사들을 기대했다. 다른 몇몇은 조심스럽게 표정을 관리했을 것이다. 삽입 섹스의 비유는 보통 남성이 행위의 주도

권을 가졌다고 가정했다—자물쇠 열기, 모루 두드리기, 돗바늘 쑤시기, 말 타고 창으로 겨루기, 보물 훔치기, 포위하기—그러나 여성들은 쑤셔진다거나 포위된다는 표현보다, 정원과 오벨리스크, 자물쇠와 열쇠들, 칼집 같은 단어보다 '조각'을 '조각'과 맞춘다는 표현을 더 좋아했을지 모른다.

섹스를 묘사하지 못하는 것을 전형적으로 덕스럽다고 여겼다. 그러나 17세기 영국에서 여성들은 일반적으로 더 활기찬 성으로 간주되었고, 그들의 열정은 손쉽게 압도할 수 있었다.

따라서 17세기 영국의 삽입 섹스의 순간들은 이 증거에 따르면 1930년대나 1940년대 랭커셔 판 같은 침묵의 순간이었을 가능성이 낮았다. 성의 암흑시대 중에서도 그 특별한 사회는 상대적으로 섹스에 관해 대담하게 얘기할 수 있었다. 사전편찬자나 극장애호가들의 세계에서 외설적 장황함은 적어도 그 세기 후반까지 계속되었는데, 이후 청교도적 예의범절이 부상하면서 성적 이야기들을 다져 누른다. 그 증거는 일종의 거꾸로 된 성적 혁명이 있었으며, 1960년대의 변화만큼이나 급작스러운 것이었음을 암시한다. 사전편찬자와 극작가는 사람들이 턱 만지기나 넘치처럼 나대기에 대해 공공연히 얘기하기를 멈추는 것을 들었고, 이제 그러한 표현들은 우리의 창고에 저장되어 있지 않다.

임신은 실제로 순간들의 반복이 필요하고, 몇 주는 몇 달로 변한다. 임신을 분명히 원하던 마음이 차츰 흔들린다.

그게 우리 사이를 변화시키진 않겠지, 안 그래? 나는 K에게 묻는다. 우리 인생에서 뭔가 새로운 것이 추가되는 것이지만, 당신과 나 사이에 뭔가 변하는 건 아니잖아?

나는 필립 라킨이 성 혁명을 다룬 자신의 시를 낭송한 녹음 파일을 찾아낸다. 그의 어조는 무뚝뚝하고 무표정하고, 목소리는 은근히 적절하다. 1967년 그 시가 만들어진 해, 가족계획법은 영국의 기혼 여성뿐만 아니라 미혼 여성들에게도 구강피임약을 쉽게 구입할 수 있게 만들었다. 비슷한 변화가 프랑스에서 1967년에, 미국에서는 1972년에 일어났다. 그것은 마치 미혼이든, 기혼이든, 독신이든 전 세계가 하룻밤 사이에 변하는 것처럼 보이게 했을 것이다. 그때 나온 이야기들이, 과거가 오로지 나빴다는 것에 그토록 자신만만했던 것은 놀라운 일이 아니다.[7]

라킨은 무시하듯 무덤덤하게 낭송한다. "그때까지는 오로지" 섹스와 결혼에 대해서 남녀 간에 몸싸움"만 있었다". 흥정. 수치심의 위협. 결혼반지에 대한 "언쟁." 시인의 젊은 시절 영국 여성들은 혼전 섹스에 관해 근심만으로 가득한 단어 목록을 갖고 있었다. "분별력 잃은losing one's head", "항복하는giving in", "무너진giving way" 같은. 실라 워커는 운 나쁜 흥정꾼들 사이에 있었다. 열아홉 살이 되었을 때 그녀는 자신이 낳은 아이의 아버지에게 "완벽하게" 속아넘어갔다. "지평선 위로 그와 결혼하는 모습이 떠올랐고 아마 괜찮을 거라고 생각했어요. 나는 아주 안전했고, 그가 어떤 일이 일어나도 나한테 잘해줄 것 같았죠. […]" 그러나 그는 "내게 완전히 차가워졌을 뿐이에요. 그는 변했고 그게 전부였어요. 완전히 끝났죠." 그녀는 결국 '엄마와 아기 가정a Mother and Baby Home'으로 끝났다.[8]

만약 성의 암흑시대가 하나같이 무미건조하고 조용했다는 진술이 과장된 것이라면, 라킨의 '오로지 ~만 있었다'는 구절 역시 너무 절제된 표현이다. 나는 남성의 특권이라는 노골적인 사실과 그것에 수반될 강압적인 형식에 대해 생각해보았다. 내가 그곳에서 자라기 3백 년 전쯤 시골 에식스에서 성적 자산이란 개념들은 평범한 젊은 여성들에게 하나의 딜레마를 제기했다. 그들 대부분은 농장의 하인으로 일했다. 즉 소를 키우고, 풀을 뽑고, 닭을 보살폈다. 그러나 그런 여성들은 오랫동안 그들 주인의 성적 자산으로 여겨졌다. 사생아의 대다수는 농장 하인들 사이에서 태어났고, 반 이상이 그들을 고용한 주인에 의해 임신되었다. 한 가족의 가장이 '나와 관계가 있었다'는 것은 교회 법정에서 해롭고도 자주 등장하는 언급이었다. 도시 생활이라고 나은 것은 없었다. 이를테면 1606년 런던에서 로버트 파커는 앨리스 애시모어에게 이렇게 말했다. "너는 나의 종이고, 나는 내가 좋아하는 것을 너와 해도 된다." 이러한 모멸적인 표현들이 부부간 도덕률을 강화하기 위해 설립된 법정에서 기록되었다.[9]

성적 자산으로 취급된다는 것은 북아메리카의 노예화된 여성들에게도 딜레마였다. 미국 노예제가 존재하던 몇 세기 동안 감독관과 노예소유주의 강탈은, 남다른 피부색을 지닌 아이들을 통해서, 또는 전체 '그림자' 가족들의 존재를 통해서 드러났다. 1930년대에, 이전에 노예였던 한 남성이 남북 전쟁 이전의 사우스캐롤라이나주에서 본 주인의 술책을 기억해냈다. 주인은 한 젊은 여성에게 "헛간에서 곡식 껍질을 까러 가도록" 지시했다고 했다. 곡물창고를 말하는 것이다. "그가 주인이었기에 그녀는 가야 했어요. 그러고서 그는 다른 사람들을 다른 장소로 일하러 보냈고요." 이야기는 계속되었다. "그다음 그는 헛간으로 갔어요. 그는 나의 이모에게 그짓을 했고, 이모는 물라토백인과 흑인의 혼혈인종—옮긴이 주 남자아기를 낳았어요."[10]

희귀하고도 유명한 직접 체험 기록으로써, 노예제 폐지론자인 해리엇 제이콥스Harriet Jacobs는 이러한 일상사를 설명했다. 그녀의 노스캐롤라이나주의 노예주는 이미 노예 열한 명의 아버지였다. 그녀는 1861년에 말하기를, 제임스 노컴은 "내가 그의 재산이고, 모든 일에서 그의 의지에 복종해야만 한다고 말했어요." 그는 속삭였고 협박했으며 괴롭혔다. 그는 폭력적이었다. 이런 이야기들은 남부의 노예들에게도 백인 여주인들에게도 뉴스거리가 아니었다. 그녀들은 남편의 '첩들'과 '화려한 하녀들'을 일상적으로 혐오했다. 해리엇 제이콥스는 필명으로 북부 자유주의 백인 여성 독자들에게 자신의 계산법을 이렇게 설명했다. 미혼의 백인 남성과 관계를 맺으면 그 남성은 그 관계로 생겨날 아이들을 더 잘 보호할 것이다. 그녀가 스스로 던진 대로, 한 마을 변호사와 관계를 가진 것은 '위험한 통로'였다. 아마도 제임스 노컴은 물러섰을 것이고, 아마도 에덴턴의 그 변호사는 나중에 그녀가 낳은 두 아이를 사서 해방시켜 주었을 것이다.[11]

아직도 임신이 안 됐다. 1960년대 성 혁명이 말하고자 한 이야기에서 빠뜨린 것은, 지금 내가 의식하는—빠뜨리지 않았다 해도,

말하고 싶어 했을 이유도 없다─아이가 생기길 바라는 욕망, 즉 임신 기원의 풍부한 역사이다. 1776년에 스코틀랜드의 한 리넨 포목상의 아내는 온열 주사기의 도움으로, 일찍이 드물고도 과감한─그리고 성공적인─인공수정 시도로 임신했다. (그 자문 의사는 세월이 한참 지난 후에야 자신의 기록 공개를 감행했다.) 이후 한 세기 동안 부부의 기대에 맞춘 의료 대응에서는, 오직 남편의 정자만 사용됐다.[12]

큰 소리로 명명된 '씨'를 주고받는 것을 황홀경, 간질, 기침, 엎질러짐, 젖음, 몰아냄, 흘러나옴 등으로 불렀다. 임신하는 방법에 대해 가장 오래도록 제시되어온 역사적 대답은 남성과 마찬가지로 여성도 이 같은 것들, 즉 우리가 오늘날 오르가슴이라고 부르는 것을 경험해야만 한다는 것이었다. 아메리카 백인 정착민과 그 후손들 사이에 일반적으로 전해져 있던 이러한 이해는 영국인들에 의해, 생식기 동일성sexual sameness이라는 일정한 논리에서 유래했다. 사람들은 위치만 다를 뿐 대체로 동일한 성기를 지녔다고 간주되었다. 달리 표현하자면 한 의학도가 음낭, 고환, 음경을 뒤집어놓을 경우 바로 여성의 생식기가 된다는 것이다. 일찍이 한 주교는 이 같은 생각을 좀 더 부드럽게 표현했다. "여성은 남성과 똑같은 생식기를 지녔다. 다만 그것들이 몸 안에 있고 바깥으로 안 드러난 것이다."[13]

내 사무실에서 5분 거리에 있는 릴리 도서관의 17세기 산파술에 관한 논문에 해부학 판화 한 점이 실려 있는데, 얼핏 보면 약간 보기 흉한, 머리에 두꺼운 테를 두르고 털이 많이 난 음경처럼 보인다. 그러나 그것은 여성 인체의 내부 해부도이다. 작고 쪼그려 있는 자궁 내 태아가 생식기 꼭대기에 위치해, 놓칠 수 없도록 강조되어 있다. 동일성의 논리는, 임신이 일어나기 위해선 남녀 **양쪽 모두** '오르가슴'에 이르러야만 한다고 제시함으로써 때로는 행복하고, 때로는 끔찍한 결과를 낳았다. '배출'은 상호적이었다. 남자는 배출하고, 여자는 배출하면서 또 받아들였다.[14]

직관적인 생각들은 좀처럼 사라지지 않고 오래 간다. 1860년대 말, 도시의 한 의사는 그것이 여전히 '저속한 견해'라고 코웃음 치며 이의를 제기했다. "임신을 확실하게 하려면, 성적 삽입이 어느 정도까지 완전하게 이행되어야 한다. 양편 모두 똑같은 순간에 철저한 만족을 느낄 정도가 되어야 한다." 1930년대의 한 사회과학자는 미국의 가난한 농가의 여성들과 인터뷰하면서 하나의 "간접적으로 암시된, 단 한 번 분명히 표현된 믿음, 여성이 오르가슴을 느껴야만 임신이 가능하다"는 그 믿음에 대해 기록했다.[15]

합법적이며 임신을 의도한 섹스는 여러 가지 다양한 방식으로 권장되었다. 먹고 마시기를 적절히 하라는 충고, 마음을 평온한 상태로 유지하라는 충고, 전희를 누리면서 여성의 생식기를 "따뜻이 하라"는 충고에 이르기까지. 마거릿 고돌핀은 1676년 당시 어린 신부였는데, 한 남성 멘토로부터 성교 중에 여성이 오르가슴을 피하기는 "불가능할 뿐 아니라 어리석은 짓이며 '주요 목적'에도 방해가 된다"는 이야기를 들었다. (그의 설명은 남성의 행위에 대한 17세기의 일반적 강조, 즉 남편이 "그녀의 '사랑'으로 끊임없이 황홀"해질 수 있다는 담론을 바꿔놓았다.) 로켓, 후추, 생강, 계피처럼 몸을 덥히는 식물을 섭취하거나 씨홀리로 시럽을 만들어라. 이후에는 천천히 조심스럽게 떨어져라—그리고 기침이나 재채기를 피해라. 섹스 횟수는 일주일에 한 번(플라톤에 따르면)이나 서너 번(윌리치라는 의사에 따르면)—그러나 너무 잦은 성교는 심신을 쇠약하게 하니, 과다하지 않게 해야 한다.[16]

1963년 이후 세대들의 행동은 어떠한가? 1970년대 미국의 젊은 레즈비언이었던 보니 페레이라는 "엄마가 되고 싶었고" 오로지 그것을 위해 남성과 섹스했다고 말했다. 그녀와 동시대인 미셸 오닐은 같은 연구자에게 그녀는 "항상 아이들을, 특히 아기들을 좋아했다"며 인공수정으로 자기 아들을 가졌다고 설명했다. 칠면조 바스터 아기들Turkey-baster, 칠면조 통구이 요리에서 육즙을 끼얹기 위해 쓰는 스포이트 모양의 도구로, 섹스 후 콘돔 안의 정액을 인공수정을 위해 취하는 데 쓰였음.—옮긴이, 그들은 처음에 이렇게 불렸다.[17] 이제 섹스가 출산과 분리될 수 있을 뿐만 아니라 섹스도 출산도 이성애적 관계로부터 해방되었다. 21세기는 정체성과 가족 구성 형태가 다양하게 확장되는 세상이다. 길 건너편에 한 레즈비언 커플이 두 아이를 각각 엄마로서 데리고 있다. 카렌은 또한 가까운 이성애자 친구들을 위한 대리모 되기에 대해—합법성 여부와 적합성을 검사하는 의료 면담에 대해 내게 얘기한다.

나는 라킨의 녹음 내용을 그 특정한 구시대성이 드러나는 부분으로 되감아 마지막으로 재생해본다. 그것이 기반한 단순한 등식은 예스럽고 편협해 보인다. 말하자면 한 이성애자 남성과 한 이성애자 여성이 만나면 성적 끌림이 생긴다는 등식. 이 공식은 라킨이 태어나고 살다 죽은 20세기에 전형적이다. 이성애자가 되는 것—완전한 정체성으로서 이성애 성 정체성을 갖는 것, 모든 다른 것들은 배제하는 것, 삽입 성교를 '그것'으로 보는 것—은 19세기 후반기에 엄중한 명명과 규범화가 적절히 동반되어 나왔다. 이 단어는 1920년대의 결혼 안내서와 조언 칼럼을 통해 지역 방언처럼 사용되기 시작했다.[18] 이성애적 정체성은 우리가 사는 21세기에 희미해지고 있지 않은가?

이러한 변화하는 현재는 변화하는 역사를 불러일으킨다. 개개의 사회들과 특정인들이 친밀감, 욕망, 정체성—그리고 아기 갖기—과 밀접하게 연결되는 방식이 아주 많이 달랐다면 어땠을까? 삽입 섹스의 개별적 순간들이 경험들의 범위와 나란히 그리고 경험들의 범위 주변에서 일어났을지도 모른다. 다시 말해 이전에는 인정받지 못했던 다양한 욕망들과 얽혀 그 순간들이 경험되었을지도 모른다. 17세기의 사전들에 따르면 본능적인 행위와 잠자리 상대의 범위가 엄청났음을 확실히 알게 된다. 소년들의 사랑, 남성끼리 어우러진 사랑. 여성끼리 하는 동성애, 자위하는 여성. 영어사전에서 섹스와 관련된 많은 단어들이 삽입 섹스와 거의 관련이 없었다. 아주 많은 단어들이, 섹스가 한 남성과 한 여성 사이에서 벌어진다고 가정하지 않았다.[19]

그렇다면 다른 어디에서 벌어지는가? 이성애에 대한 한 역사적 대안이 17세기 마이애미족 원주민들 사이에 존재했었다. 여기서 남성들은 여성의 옷을 입었고, 표면적으로 여성적 역할을 도맡아 밭을 돌보고, 요리하고, 옷을 지어 초창기의 프랑스인 관찰자들을 기겁하게 하는 행동을 보여주었다. 또 다른 역사적 대안이 18세기와 19세기에 등장했는데, 대서양을 가운데 두고 양쪽에서 영어 대중 잡지에 '여자 남편들female husbands'이 소개되었던 이 시기에 하나의 익숙한 가능성으로서 종종 동성의 조합을 상투적으로 비웃는 표현이 나왔다. 스코틀랜드 출신의 찰스 해밀턴은 메리 프라이스와 결혼했는데 1752년 한 의사에 의해 "남성의 옷을 입은 여성"으로 추정되었다. 백 년이 지나서는 한 아기가 인생의 대부분을 조지프 롭델이라는 이름으로 살았던 사람에게서 태어났다. 남아 있는 기록들에 따르면 롭델은 "일을 구하는 것이 남장을 한" 의도이고, "남성의 일에 익숙했으며," 1862년 펜실베이니아주에서 마리 루이즈 페리와 결혼했다. 복장 도착을 규제한 법은 19세기의 마지막 몇십 년 동안에만 적용되었다.[20]

또한 여성 간의 훈훈한 관능이 결혼한 이성애자의 삶을 특징지었을지도 모른다. 19세기 중산층 기혼 여성들이 동성 친구에게 보낸 편지엔 에로틱한 친밀감이 살아 숨 쉬는데 그것은 오늘날 우리가 분명히 레즈비언이나 퀴어로 다시 라벨링하고 몰아갈 만한 것이었다. 뉴요커였던 지니 피셔는 예전에 기숙학교 동창이었던 세라 위스터에게 보내는 1861년의 편지를 다음 구절로 마무리했다. "나는 자러 갈 거야. […] [물론] 밤새 쓸 수도 있어—수천 번의 키스로—내 영혼을 다 바쳐 널 사랑해—너의 안젤리나가." 스물아홉 살이며 기혼이었던 그녀는 다른 편지에서도 이렇게 선언했다. "나는 완전히 혼자 있을 거야[돌아오는 주에]. 내가 너를 얼마나 절실하게 원하는지 도저히 말로 표현할 수 없어." 이러한 여성 친구들은 관습과 씨름하지 않았다. 그녀들은 여성과 남성을 심하게 구별하는 세상에서 편안히 살면서, 그녀들 자신을 전적으로 존중할 만하다고 보았다. 관능적인 사랑을 공유하는 것과 별도로, 이러한 중산층 안주인들의 주요 활동은 가사에 전념하고 교회 예배에 참석하고, 여성 친구나 가족을 방문하고 아이들을 갖는 것에 국한되었다.[21]

수천 번의 키스라고 지니 피셔는 썼다. 삽입 섹스의 순간들은 다른 애정 표현들 안팎에서 일어났다. 관능적이거나 친밀하거나 섹시한 것이 되는 데 수많은 방식이 있었다. 즉 생식의 순간들에 있어 수많은 삶의 맥락이 있었다. 복수화하고 구체화하라. 나는 생각한다. 몸에 대해서 그 어떤 것도 당연시하지 마라. 본능적인 그 어떤 것도 자명하게 여기지 마라. 신나는 일이다.

과거의 욕망 추구 방식은 우리에게 몇몇 단어나 반향의 방식으로만, 또는 종종 입 밖으로 말해지지 않았고 이름조차 없었던 감정과 감각의 얼마 안 되는 번역들로만 전해진다.

침묵했든 아니든, 섹스의 순간들은 단어들로 충분히 재현될 수도 없고 신화로 담을 수도 없다. 그것은 그때나 지금이나 마찬가지다. "당신 남편이 당신이 먼저 한 다음에 하게 해야죠"(E. E. 콜리 부인, 1918년, 인디애나주 엑커티). "[…] 우리는 뭔가 발견할 때까지 그냥 만지작거려. […] 이게 원래 그렇게 하는 거야"(수 백스터, 20세기 초, 램버스). "난 당신이 담배 씹을 때마다 말해. 당신이 그걸 창밖으로 뱉어버리면 이토록 엉망에 범벅을 만들지 않을 거라고"(1930년대, 애팔래치아). "어마어마한 기쁨", 일종의 하품이고

완전히 쫙 뻗는 것, 어떤 전율과 진동과 종국에는 양쪽 어깨 사이에
서 느끼는 으스스한 한기(1612년, 임신의 순간에 대해서). 수천 번
의 키스들.[22]

3.
임신인지 알아내기

오늘날 섹스는 어디에서나 이루어진다. 침실에서, 호텔방에서, 타오르는 태양이나 은은한 달빛 아래에서, 시트 위에서, 매트 위에서, 풀밭 위에서도. 그러나 당신이 임신했는지 알아내는 건 주로 화장실 용무다. 스틱에―좀 더 우아하게 '요술봉'으로 부르기도 한다―소변을 묻히는 일은 공중화장실, 친구네나 직장의 화장실, 혹은 대개 자기 집 화장실에서 일어난다. 임신을 어떤 방식으로 했든 수태고지는 보통 하나의 변기로 그리고 하나의 스틱으로 내려온다.

나는 발밑에 딱딱한 백색 타일을 밟고 낯선 세면대 옆에 서서 선이 나타나길 기다리고 있다. 친구들과 보내는 휴가의 끝자락으로, 밀크커피와 늦은 저녁 식사가 곁들여진 해변에서의 일주일이다. 생리일이 늦어지고 있다. 사흘이나 나흘쯤? 좀 전에 나는 친구 한 명과, 선글라스에서 빵까지 모든 것을 파는 한 대형 약국으로 운전해왔다. 계산대의 여성은 우리의 초조한 냉담함을 관심 없는 미소로 맞으면서, 그 상자를 굳이 필요하지 않았던 휴지와 입술 연고와 함께 스캐너를 통과시킨 뒤 옆으로 밀어낸다. 아니다. 그 '가정용' 테스트는 임신인지 알아내는 것을 사적인 일로 만든 적이 없다.

코너에 있는 화장실 바닥은 별로 깨끗하지 않다. 벽 가장자리 쪽에 고양이 털이 뭉쳐져 있다. 모서리가 젖은 최신 잡지가 수건걸이 제일 밑 부근에 축 처져 돌돌 말려 있다. 펼쳐진 설명서가 바닥으로 날아간다. 아직 선을 점검할 순간이 아니다.

아직 시간이 충분히 지나지 않았지만 나는 들여다본다. 거기에 있다. 틀림없이 점점 짙어지고 있는 어떤 선이. 똑바른 선. 타원형 창의 한쪽에서 다른 한쪽으로 가로질러 가는 중이다. 나는 눈을 깜빡인다. 여기 있다. 한 선이 비임신 상태에서 임신 상태로 횡단하는 것, 임신을 확인하는 순간이다. 호르몬들이 임신이라고 말한다. 호르몬들은 다른 방식과 수단들로, 1890년대에 이름 붙여진 이래로, 좀 더 정확하게는 'A-Z' 테스트가 1927년에 고안된 이래로 그렇게 말해왔다. 아슈하임과 촌데크는 여성의 소변을 쥐나 생쥐에게 주입했는데, 여성이 임신일 경우 그것이 뜨거워졌다. '광란의 1920년대Roaring Twenties, 1차대전 후 서구사회의 경제적·문화적 번영기—옮긴이'에는 쥐와 생쥐들이 그렇게 말하도록 강요되었다. 그다음에는 토끼로, 그다음 1950년대에는 두꺼비로 바뀌었다.[1]

몇 시간 뒤, 임신 축하 식사를 마치고 ("임신했는데 조개 같은 거 먹어도 되나?") 빨개진 얼굴이 가라앉자, K와 나는 산책을 한다. 나는 어마어마할 정도로 만족한다. 그토록 진심으로 임신을 **원했는**

데, 이제 갑자기 그렇게 되었다.

A-Z 테스트가 호르몬 변화를 갈림길처럼 그려내기 전에, 임신은 더 늦게 그리고 더 천천히 알 수 있었다. 수 세기 동안 영어권에서 사랑받던 건강 안내서 『아리스토텔레스의 걸작*Aristotle's Masterpiece*』1684년 익명의 저자들이 펴낸, 고대 그리스의 지식과 당시의 과학 이론을 결합해 성·임신·출산 등을 설명한 안내서—옮긴이은, 임신 되는 것이 치즈로 응고되는 것과 약간 비슷하다는 것을 암시한 성서 구절들을 사용했다. "주께서 저를 젖으로 쏟아내고 치즈로 굳히지 않으셨습니까? 주께서 제게 피부와 살을 입히시고, 뼈와 힘줄을 두르셨습니다." 농촌 사회에서 버터와 크림과 치즈 만들기는 대부분의 여성 노동의 중심이었다. 임신하는 것을 치즈 굳히기로 상상한 것은 임신 초기의 시작 단계를 대단히 명쾌하게 이해시켰을 것이다. 임신한다는 것은 유동적이고 점진적인 과정이었으며, 느리고 변화시키고 휘젓는 응고 과정으로 한 아이가 만들어지는 일이 되었다.[2]

임신 여부의 불확실성은 당연하게 받아들였다. 여성들은 명확한 임신과 반드시 연결시키지 않더라도, 가임기 내내 복부 팽창과 배출의 진행 과정을 겪는 편이었다. 아이를 낳아본 여성조차도 불확실성을 가정하는데, 하물며 아이를 전혀 낳아보지 않은 여성들이야 오죽했을까. 17세기 중반의 한 출산 관련 서적은 다음처럼 꽤 신랄하게 들여다봤다. "젊은 여성, 특히 아이를 처음 갖는 여성들은 대체로 무지해서 자신이 임신인지 아닌지 모른다." 만약 그들이 좀 잘 아는 편이라면, 자신의 출산예정일을 올바로 계산해 "많은 여성들이 그러듯 갑자기 놀라는 일은 없었다." 또 다른 책에서는, 사람들이 임신 기간이 얼마나 되는지 자주 착각하는데 이는 "여성이 어둠 속에서 왼쪽 신발을 오른쪽 신발로 착각하는 것과 비슷하다"라고 설명했다.[3]

생리 기간이 돌아왔음에도 생리혈이 나오지 않는 것은 오늘날 잘 알려진 신호이지만, 이를테면 늘 임신의 첫 번째 증거나 명확한 증거는 아니었다. 영양실조로 많은 여성의 주기가 불규칙했고, 어떤 여성들은 몇 날인지 몇 주인지 계산하기 자체를 아예 못 했을지도 모른다. 영향력이 막강했던 17세기 남성 산파인 프랜시스 모리소Francis Mauriceau는 이렇게 경고했다. "많은 여성이 자기 자신을 기만했다. 결과적으로 자기 자신과 아이를. 그들의 과정[주기]의 처음부터." 이 언급은 모리소의 여성 동시대인들이 그녀 자신의 몸에 대한 지식에, 즉 그가 재차 반복해 말하는 '자기 자신'에 의존하는 데 익숙하다는 사실을 정확히 가리킨다. '호르몬 이전' 시대인 과거의 임신은 당사자 여성에 의해 천천히 확정되었다. 심지어 최고의 엘리트 여성들도 의사에게 진단받으러 가지 않는 경우가 많았다.[4]

그렇다면 그 당시 몸의 신호는 무엇이었을까? 제인 샤프Jane Sharp라는 평범한 이름의 또 다른 17세기의 산파는 열네 가지 목록을 열거했다. 생리일을 건너뛰는 것은 이 목록에서 여섯 번째였다. 나머지 것들을 내 식으로, 익숙한 것과 그렇지 않은 것의 순서에 맞춰 다시 배열해본다. 결국 우리는 그 문화가 제공하는 수단을 통해서만 우리 몸을 알게 된다. 샤프가 말한 신호들은 모조리 현대 어휘로 말끔하게 번역될 수 있는 것도 아닐뿐더러, 근대의 관찰 대상으

로 넘어오지도 않았다.[5]

샤프의 신호에는 정맥이 부어오르고 유방이 커지는 것, 복부의 통증, 평소 먹거나 마시던 게 아닌 것들을 찾게 되는 것, 기분의 극적인 변화라고 이름 붙일 만한 것들이 포함된다. "한동안 명랑해지다가, 뚜렷한 원인 없이 갑자기 슬퍼진다"라고 산파는 기록했다. 이것은 오늘날 '호르몬의 작용'이라 할 만한 감정 상태를 간단하고 명확하게 기술한 것이다.

신호들은 다음과 같이 계속된다. 평소보다 훨씬 더 납작한 배("자궁이 씨를 간직하려고 푹 꺼지기" 때문에), 붉어지는 유두, '신트림', 안색의 변화, 눈 주변, 특히 눈꺼풀 바로 아래에 더 많이 드러나는 핏줄들. 샤프는 이 신호들이 모두 같이 나타나는 게 "보통의 법칙"이고, 설사 모든 여성에게서 나타난다고 보기에는 지나치게 애매하다 하더라도, "몇몇 특징은 누구에게나 예외 없이 나타난다"고 안심시켰다. 18세기의 여성들은 개별적으로 다른 신호들을 전했다. 어떤 이는 코에서 어떤 분비물이 나온 것으로, 어떤 이는 피가 머리 왼편으로 솟구치는 것으로, 어떤 이는 목 정맥의 고동으로 임신임을 알았다.

오늘날 소변 테스트의 조상들에 해당되는 것이 있었다. 1639년에 출간된 『육체의 신비에 대한 ABC *An Alphabetical Book of Physical Secrets*』의 독자들은 여성의 소변을 끓였을 때 "위쪽에 물둘레 하나와 함께 금색에 가까운 붉은빛"을 띠면 이것은 "그녀가 아이를 가졌음을 말한다"고 배웠다. 만일 그녀가 자기 얼굴이 비친 것을 볼 수 있으면 이것은 확실한 소식이었다. 소변이 하얀색으로 변하면 아기가 죽은 것이지만, 만일 그 안에 선명한 줄무늬가 보이면 "아기는 살아 있다." 17세기 말 런던의 캐서린 보일Katherine Boyle이 과감하고 자신감 넘치는 필체로 써 내려간 처방에서 각 색깔은 다르게 해석되었다. 즉 소변에 소금을 넣고 끓여 하얗게 변하면 임신이고 붉은색으로 변하면 임신이 아니다. 소변 검사—오줌을 검사하는 오랜 관행—의 다른 모험들은 임산부의 소변에서 사흘 뒤 살아 있는 벌레들이 발견될 수 있다거나, 소변 안에 넣어둔 바늘에 붉은 점들이 생긴다고 전했다. (검은 점들은 포함시키지 않았다.) 1637년의 『전문 산파The Expert Midwife』는 여성의 소변을 "보리 씨에 부어 10일 뒤에 싹이 트면, 임신한 것"이라고 했다.[6]

이러한 소변 실험 중 몇몇은 지나간 시절의 마술적 사고방식을 상기시킨다. 비밀들의 약속, 붉은 황금빛 물, 액체에 비친 어른거리는 얼굴. 그러나 그게 전부가 아니다. 소변을 곡식에 붓는 마지막 실험은 여성의 생식력과 당시 농업 세계 사이에 각별하게 직접적인 연관성을 만들었다. 임신한다는 것은 단지 크림과 버터가 천천히 엉겨 굳는 것과 비슷하게 이해된 것만은 아니었다. 임신은 또한 씨앗을 발육하는 과정으로도 여겨졌다.

땅을 갈고 씨 뿌리는 일은 거의 모든 농촌 여성에게 낙농 일만큼 익숙했다. 비록 씨앗이 식물로 자라는 정확한 과정은 전적으로 수수께끼였다 할지라도. 인간의 씨앗은 엄마의 몸에 들어온 일종의 손님으로 상상되었다. 그녀는 그것을 자신의 집에 온 방문객처럼 환대해야 한다. 자궁에서는, 발아하는 씨앗이 피로써 수분과 영양을 공급받으므로 더 이상 몸에서 생리혈이 방출되지 않았다. 『인류의 탄생 혹은 이름하여 여성들의 책 *The Birth of Mankind, otherwise named the Womans book* 』의 저자는 "정맥의 피는 임신이 되자마자 태아를 깨우고 수분과 영양을 공급하도록 언제나 준비된 대단히 자연적인 원천이자 샘이자 분수이자 우물"이라고 기술했다. 이런 인식으로 인해 여성의 몸은 자연스럽게 무엇이든 환영하는, 촉촉하고 잘 간 대지였다. 이 생각은 여성들이 주로 친절하게 남을 대한다는 오래된 관념과도, 농업에서 땅의 리듬과도 딱 맞아떨어졌다.[7]

그래서 여성의 소변을 보리에 부어 그것이 자라는지 살펴보는 게 말이 되었다. 고대 이집트인들도 인정했다. 그들 역시 임신한 여성의 소변이 보리나 밀의 싹을 틔우고 자라게 한다고 믿었다. 현대의 전문가들은 이런 테스트가 70퍼센트는 신뢰할 만하다고 밝혔다.[8]

크림 파스타, 버터를 잔뜩 바른 뜨거운 토스트, 내가 좋아하던 이런 음식들이 이제 메스껍다. 나는 다시 화장실로 들어간다. 내 시선이 강의실 근처의, 슈퍼마켓의, 내 사무실 맞은편의 화장실 타일 바닥에 지나치게 익숙해진다. 산파 제인 샤프가 비슷한 신호들의 전체 시리즈를 목록화한 바 있다. 육류에 대한 욕구가 떨어지고, 일반적으로 음식이 혐오스럽고, 토하고, "위는 약해진다." (얼굴 주름에 초록빛 같은 게 보이는데 이게 그녀가 말한 안색 변화인가?) "아침의 메스꺼움"이라는 용어는 1840년대에 나왔는데, 틀림없이 어중간하게 아는 의사가 쓴 말일 것이다. 그 감각은 하루의 첫 부분에만 국한되지 않기 때문이다. 강의하면서 입을 마르게 하는 아드레날린이 다행히 임신 중의 타액 분비를 능가하는 것 같다. 나는 가방 주머니에서 퍽퍽한 비스킷을 찾는다. 내가 토하지 않자 그것이 나를 21세기의 행복한 소수에 머무르게 한다. 입덧은 우리의 비밀을 탄로 나게 할지도 모른다. 임신 3개월이 지날 때까지 모든 공표를 미루고 충실히 기다리고 있는데 말이다. 휴가를 같이 보낸 친구들만 안다.[9]

"속이 메슥거려 진짜 힘들다"고 19세기 조지아의 엘라 클랜턴 토머스는 적었다. "나는 다시 엄마가 될 운명이라는 것을 안다."(그녀는 두어 달도 채 안 지나 출산했다.) 이보다 3세기 이전에 찰스 리틀턴은 자기 아내가 "(내 생각에) 번식으로 계속 메스꺼워해 토하는 것 말고 할 수 있는 게 없었다"고 불만을 토로했다. 대조적으로 18세기 영국 북부의 상류층 여성은 임신 중 메스꺼움을 거의 언급하지 않았다. 배출이란 그들의 일반적인 만병통치약이었고, 그들 자신을 메스껍게 하는 게 건강 유지의 평범한 방법이었기에, 토하는 것이 일상적이고 언급할 필요가 없는 것이었는지도 모른다.[10]

최근에 와서야 임신 여부의 식별이 임신 초기에 이루어지게 되었고 하나의 사건으로 간주되었다. 한쪽에서 다른 쪽으로 분명하게 가로지르는 선이 거의 순식간에 나타나는 것. 북부 서스캐처원의 크리족 사람들이나 20세기 초의 런던 노동자 계급 등에서는 태동 때까지, 즉 아기가 발을 차기 전까지는 자신이 확실히 임신이라고 여기지 않는 경우가 더 많았다.[11]

내 휴가가 끝난 데 대한 급격한 기쁨, 반은 사적이고 반은 공적인 순간에 대한 붉어진 얼굴의 혼란, 이것들은 분명히 현대적인 경험들이다. 아무 데나 있는 세속의 수태고지이다. 나는 내 비밀을 꼭 끌어안는다. 몇 주 동안 계속될 메스꺼움을 기꺼이 감수하면서.

4.

10주 차, 혹은 8주 경과

현대 발생학자들이 계산한 바에 따르면, 임신 8주 차가 되면 신체 부위들이 만들어지고 심장이 뛴다. 배아 세포들은 생장하고 분열할 뿐만 아니라—여학교 시절 생물학 시간의 세포 이야기— 줄기세포로서 자유로이 분화하고, 달팽이처럼 발이 생기고, 다른 데로 이동하여 특정 구조와 기관으로 진화한다. 배아의 크기는 종이 클립 정도이다. 일주일이 지나면 모든 기관과 신체 부위가 어느 정도 인지할 수 있는 형태로 나타나고, 배아는 태아가 된다. 현대 산부인과 의사들은 조금 다르게 계산한다. 그들은 마지막 생리 주기부터 임신 날을 계산한다. 발생학자들의 8주 차는 산부인과 의사들이 말하는 10주 차이다.[1]

이 세포 이동 기간 동안 내 입덧은 속도는 느려졌지만 줄어들지는 않는다.

우리가 초음파 화면에서 보는 것은 땅콩 모양의 아주 작은 덩어리이다. 나는 초음파기사의 얼굴을 살핀다. 그녀는 다양한 부분들을 측정하면서 별다른 표정이 없고 그것은 바뀌지 않는다. 가장 긴 뼈의 길이와 머리 크기를 관찰하고서 초음파검사자들은 보통 사흘 이내로 임신 날짜를 계산하여 출산예정일을 알려준다. 잘 모르는 일반인이 보면 그 땅콩에서 척추나 다리나 두개골의 표시를 전혀 알아볼 수 없다. 방 안에 행복한 호기심이 뭉게뭉게 일어나는 것을 돌아보지 않은 채 기사는 말을 멈춘다. 그리고 조산사를 찾으러 떠난다.

음파는 깊이 있는 것의 공명을 이용해 그림을 만든다. 그 기술은 2차대전 중 적군의 전함을 추적하는 데 사용된 군대 장비에서 유래한다. 윈스턴 처칠은 음파를 영국 전투에서 아주 중요한 요소의 하나로 인정했다. 진취적인 의사들이 그것을 깜깜한 곳에서 수술할 수 있는 기술로 사용하기에 이르렀다. 심해에서 잠수함의 위치를 밝히려고 사용되던 그 기술이 이제 양수를 떠다니는 배아를 추적하고 진단하기 위한 것으로 변형되었다. 음파가 무언가와 맞닥뜨리면 화면에 땅콩의 이미지로 나타나는 것이다.[2]

조산사가 도착하기까지 긴 정지상태가 유지된다. 시간이 지체되고 호기심이 불안해진다.

초음파로 태아의 심장박동이 없다는 것이 밝혀졌다고 그녀가 설명한다. 살아 움직이는 배아였을지도 모르고 텅 빈 태낭이었거나 아니면 아예 주머니가 아니었을 수도 있습니다. 유감입니다. 재확인을 분명하게 하는 통계가 동원된다. 유실은 아주 흔하게 발생하며, 가장 많이 인용되는 수치로 전체 임신의 15에서 20퍼센트를 차지한다. 한 번의 유산이—그럼 앞으로 어떻게 된다는 거죠?—미래에도 유산한다는 예보는 아니다. 단 한 번의 유산이 또 다른 유산을 불러오진 않는다.

출혈도 없고 통증도 없으며 아무런 난장판도 만들지 않았다. 심지어 작은 핏자국조차 없다. 이런 경우를 '조용한' 유산이라고 한다.

침묵. 그렇게 강렬한 희망의 메아리들이 방을 빠져나가고 우리를 집으로 돌아가게 했다.

1763년 2월 6일, 짙은 색 머리칼을 지닌 부유한 필라델피아 퀘이커교도 엘리자베스 드린커Elizabeth Drinker는 자신의 일기에 이렇게 썼다. "오후에 아주 안 좋았다. 유산했다. [줄 그어 지운 단어들.] 샐리, 예방 접종했다." 중단, 그리고 다음 문단으로 바뀐다. 그다음, 이렇게 씌었다. "그때 이후로 8주가 지나갔다."[3]

처음 도입부가 간결하거나 말수 없는 게 그다지 유별난 것은 아니다. 18세기의 일기들은 기억을 상기하거나 흔적을 되밟는 것을 보조하는 사건 기록으로서의 면모가 강했다. 아마도 씌었다가 지워진 단어들과 유산 시점으로 두서없이 돌아간 문장에서 불안정한 감정 상태가 몇 가지 신호로 드러났을 것이다. 아니면 이것들이 연약한 아이—15개월 된 샐리는 천연두 예방 접종을 했다—에 대한 걱정에 사로잡힌 상태를 드러내는 것에 다름 아닐 수도 있고, 아니면 사업상 곧잘 나다니는 드린커의 남편이 몇 주 전에 집에 머물렀는지 계산한 시간 표시일 뿐인지도 모른다.

거의 두 세기가 지난 2월 어느 날, 시인 실비아 플라스Sylvia Plath

도 유산을 했다. 드린커처럼 그녀에게도 이미 어린 딸이 하나 있었다. 드린커와 달리 그녀는 유산에 대해 잔뜩 글을 남겼다. 1960년대 초는 비틀즈와 『채털리 부인의 사랑』 외설 심판의 시대였고, 플라스는 '고백' 시인으로 알려지고 있었다. 한 시의 화자가 런던의 팔러먼트 힐 필즈를 걷는다. 그녀의 마음은 갈매기들과 함께, 그리고 어울리지 않는 파란 교복을 입은 여학생들의 행렬과 함께 달린다. 그리고 상실의 의미도 함께. "너의 부재는 이목을 끌지 못한다./누구도 내게 결핍된 것에 대해 얘기하지 않는다." "너를 생각하는 것은 전혀 의미가 없을 것이다./너의 인형 머리핀은 이미 없어졌다." "너의 울음은 모기 울음처럼 사라진다./나는 너의 무모한 여행길에 너를 놓쳐버린다."[4]

우리는 유산이 광기처럼 오로지 시인들에 의해서만 포착된다고 생각할 수도 있다. 그러나 그렇지 않다. 많은 문화권에서 유산에 대해, 다른 화제들과 마찬가지로 쉽게 말한다. 20세기 후반 네팔에서는 여성들이 출산에 대해 말하는 만큼 불임과 유산에 대해 '쉽게' 그리고 '큰 소리로' 수다를 떨었다. 같은 시대 요르단의 시골에서 유산은 의례의 음식으로 기념하는 일이었다.

그러나 20세기 중반 런던에서 플라스는 일종의 금기를 깨고 있었다. 오늘날 유산의 실질적인 일상성은, 불유쾌한 주제라면 꼭 필요할 때까진 다루지 않는 의료 문화는 물론이고, 소비문화로도 유입되지 않았다. 가정용 임신 테스트는 아무 언급 없이 나를 슬쩍 속아 넘어가게 했다. 이제는 혼란으로 느껴지는 우리의 신중함은, 이런 경우에 대해 거의 아무도 알 수 없음을 의미했다.[5]

드린커가 살던 근대 초반에, 귀족들은 자기들끼리 유산에 대해 분명히 일상적으로 얘기했다. 그녀는 같은 달 일기에서 두 친구의 유산을 짧게 기록한다. 남편의 동업자를 수행하는 장년 여성인 베키 제임스, 그리고 또 다른 상인의 아내인 캐티 하월에 대해서였는데 캐티는 그 유산으로 "매우 아픈" 상태였다. 아마 유산은 드린커의 마음에 걸리는 일이었을 것이다. 다른 시기에 그녀는 굳이 비슷한 정보를 기록하려고 애쓰지 않았다. 유산은 여주인과 하인들 사이에서 서로 아는 일이었고, 그들은 자기 친구들끼리 있을 때 이에 관해 얘기했다. 드린커의 일기 같은 것들은 저녁의 여흥과 회고를 위해 공공연히 읽히고 공유되었다.[6]

사람들이 실제로 다른 사람에게 말했다는 것이 정확히 무엇이었는지는 좀 더 포착하기 어렵다. 가끔 법정 기록이나 의사의 기록에 완곡한 표현이 짧게 보인다. 17세기 서머싯의 엘리자베스 루이스는 과부인 마거릿 호어우드에게 지난밤에 너무나 아팠다고 말하면서 "아주 지저분한 빨랫감"을 건넸다. 루이스는 "손에 제일 먼저 잡히는 무엇이든, 혹여 자기가 가진 최고의 리넨이더라도 집어 들었을 거다." 문제는 그녀의 몸에서 계속 피가 흘러나왔다는 것이다. 엘리자베스 브래드포드는 "엄청난 피가 묻은 생리대 빨랫감"을 건네받았고, 루이스의 "병이 그 빨랫감으로 보아 여자들에게 흔히 있는 자연적인 병[월경]과 아주 달랐다"고 언급했다. 또 다른 이는 루이스가 "너무 많은 피(젤리처럼 끈적끈적한)를 흘려 한 남자가 양손으로 받아야 할 만큼"이었다고 적었다. 유산을 하면 월경처럼 피가 흘렀지만, 끈적끈적하고 탁하고 월경혈과 확실히 구별됐고 젤

리 같았으며 양이 엄청났다.[7]

18세기의 평범하지 않은 독일 의사 요한 슈토르흐Johann Storch 는 자기가 추론하기 전에 여성들이 직접 한 말을 먼저 기록했다. 아이제나흐의 여성들은, 몸에서 나온 핏덩어리를 타버린 물질과 그슬린 피라고 묘사했다. 그것들은 가죽 같거나 피부로 이뤄졌는데, 문제는 물기가 많고 꼬불꼬불했으며, 피투성이에다 거품이 일고 돌이 많은 것으로 나타난다는 것이었다. 확정되지 않은 임신의 첫 주에도 자궁에서의 배출은 겁먹게 할 정도였다. 여성들은 그들이 제거한 것을 "가짜 임신"이나 "소용없는" 또는 잘못된 "발육"이라고 묘사했다. 슈토르흐가 기록한 단어에는—좀 더 박식한 언어로—기형아, 사마귀뿐만 아니라 사악한 발육, 탄 물질, 그슬린 피부, 살 조각들도 포함됐다. 의사들에 따르면 임신은 "진짜이자 실제"가 되어 시간이 지나면서 아이 형상으로 만들어질 수 있지만, "쓸모없고 사라지고 소용없어질" 수도 있었다. 후자의 경우에는 출산에 준하는 고통을 통해서 또는 붉은 산호 가루 같은 배출 유도약을 써서 적출해야 했다.[8]

내가 치른 적출은 말끔하고 정돈된 것이었다. 반나절 동안 외래환자 진료소에 위탁되어 날카로운 불빛 아래, 진공 청소된 카펫, 그리고 내 팔을 꿈틀거리며 올라가는 차가운 마취상태.

이러한 일을 겪으면서 불안한 점은 내가 불임이 아닐까 걱정한다는 것이다. 머릿속은 이미 아이를 못 갖는 것으로 치닫고 있다.

실패한 출산은 피를 흘리거나 마취 주사를 맞는 것보다 더 위험했다. 출산 훼손에 대한 공포는 1604년 영국 의회가 마법에 반대하여 통과시킨 법 조항의 주제였다. 그러한 마지막 법령은 1736년에야 폐지되었다. 근대 초 유럽과 아메리카 식민지들을 통틀어 출산은 자연계에서도 인간계에서도 마술적인 사악한 공격의 희생물로 여겨졌다. 불임의 여성이 마녀일 수도 있고, 그녀의 불임이 마법에 의한 것일 수도 있었다. 스트레스를 받는 상황에서 불임에 대한 공포는 여성들 간의 불화를 조장했고 일종의 의혹과 증오를 양산하여, 악마와 그의 사주를 받은 여성이 가까이 내통한다고 여기게 만들었다. 다산한 기혼 여성은 부러움의 대상이 되었고, 아이가 없는 여성은 나이에 상관없이 공격당하기 쉬웠다. 마녀사냥의 광풍은 종교재판과 종교재판관이라는 종교적 무장세력에 의존했지만, 두려움에 사로잡혀 다른 여성들을 고발하는 여성들에도 의존했다.[9]

'불모의' 여성이 된다는 것은, 아이를 낳아 기르는 것이 그 사람의 평판에 있어 중심적이거나, 아이가 없는 것이 본의가 아닌 경우에는 받아들이기 힘들다. "저는 아이가 열 명 있지만 당신은 한 명도 없죠"라는 말로 이웃을 깎아내렸던 런던 여성의 '좀 있음'과 '전혀 없음'을 대비시킨 험담은 17세기의 것이었지만 20세기까지도 유효했고 여전히 울림을 지닌다. 뉴잉글랜드주의 초창기 정착민들은 수많은 일상의 일감을 처리하는 데 자기 아이들에게 의존했고, 여성들은 불임을 신의 저주 때문이라고 보았다. 불임은 물질적 생존과 신앙심 두 가지 모두를 위협했다. 식민지 중부에서 더 남쪽에 정착했던 퀘이커교도 농부들에게 아이들은 수입의 원천이라기보다 비용이 많이 드는 존재였음에도, 그들 사이에서도 성공한 임신은 번식 실패와 대비되었다. 생식과 비옥함은 여성에게도 농장에도 척박함에 반대되는 것이었다. 결혼과 아이들은 늘 함께 가는 것이었고, 그것들은 함께 여성의 마땅한 운명을 이루었다. 엘리자베스 드린커의 언니인 메리는 독신으로 아이 없이 여생을 보냈고, 드린커의 "가정부" 이상이 될 수 없었다.[10]

오래된 관습은 사라지기 힘들다. 드린커가 살았던 필라델피아에서 마녀사냥의 마지막 희생자는 1787년에 죽었다. 한 여성을 아이가 없게 만들었다고 고발된 그녀는 "고대 태곳적 관습에 따라 이마에 칼자국이 새겨져" 길거리로 옮겨지고 맹렬하게 공격받아 이윽고 죽은 채로 발견되었다. 가난한 늙은이였던 그녀는 바구니 제작인이었으리라고 추정된다. 신문들은 이러한 장면들을 미개한 이전 시대의 잔재라고 묘사한다.[11]

마법이 아이 없음의 반갑지 않은 동행이었던 것만은 아니다. 20세기 중반 미국에서 베이비붐 시대에 대한 역풍이 있기 전, 아이 없는 여성은 여자도 아니고 사회적 부적응자이며 미국인도 아니라고 비난받았다. 개인의 행복과 애국주의 둘 다 여성의 출산력에 좌우된다고 여겨졌다. 심지어 스크린의 요부 엘리자베스 테일러도 아이를 가졌을 때만 "마침내 여성"이었다. 현대 여성들 사이에서 말은 상처를 줄 수 있었다. 그것이 마법을 쓴다는 고발만큼 위험하지 않다고 한다면 말이다. 실비아 플라스의 「불모의 여인*Barren Woman*」은 그녀 자신을, 기둥도 포르티코 현관도 원형 홀도 있으면서 조각상은 없는 텅 빈 박물관으로 그려낸다. 그 시는 한 전기작가의 말대로 그녀와 사이가 안 좋았고, 아이가 없던 시누이 올윈 휴즈

Olwyn Hughes를 겨냥한 것일 수도 있다.

험악한 의미들이 '불모의'라는 단어 주위에 소풍 가는 말벌들처럼 떼 지어 모였다. 비생산적인, 불임의, 황량한, 장애가 있는, 부족한, 모자란, 궁핍한, 전혀 없는, 헐벗은. 어떤 단어들은 실패와 무능함을 함축한다. 어떤 단어들은 공허함을 연상시킨다.[12]

더 넓은 인맥 중에서 나의 임신에 대해 아는 이는 없었다. 나는 내가 이해하는 의미로 한 번도 엄마인 적이 없었다. 그런데 바뀌었다. 나는 엄마가 되고 있었다. 지금 그것이 유예되었다.

임신의 유실은 시간과 장소—스크랩북의 초음파 사진, 피 묻은 천, 런던 공원 산책—로부터 분리될 수 없을 뿐만 아니라 더 광범위한 생활에도 스며든다. 이 상실은 가족들의 상황으로 인해 무시된다. 어머니가 뇌출혈로 쓰러져 코마 상태가 된다. 에식스에서 여동생과 나는 동생의 갓 태어난 남자 아기와 내 옛날 침대를 같이 쓴다. 우리는 노쇠한 아버지를 보살핀다. 동생이 떠나고 나는 계속 어머니 역할을 대신한다. 어머니가 깨어나신다. 어머니가 어느 날 친구 아기가 입을 뜨개옷 도안을 그리신다. 또 어느 날 어머니는 여동생이 다시 임신한 꿈을 꿨다고 내게 말씀하신다. 끔찍한 가을을 지내면서 영국의 내 가족들은 흩어지고, 기적처럼 다시 제자리로 돌아온다.

아이 없이 몇 달 동안 나는 요리하고 운전하고 집안을 정리하고 가정부 역할을 하는 딸이다. 어머니를 대신해 어머니의 가정생활에 머문다. 나는 유용하다. 이윽고 어머니가 다리를 움직일 수 있게 되고, 다음엔 말할 수 있게 되고, 마침내 퇴원하신다. 유산은 하찮은 일처럼 보인다. 공유되지 않는다.

부모님이 다시 합쳐지자 나는 미국의 집으로 돌아간다. 나는 유예되었다.

실제로 18세기에 엘리자베스 드린커는 샐리 아래로 네 명의 살아 있는 아이들을 더 가졌다. "팔러먼트 힐 필즈"에서 플라스는 유산한 여성이 어린 딸에게서 기분 좋은 위로를 받는다고 상상한다. 그녀는 불 밝힌 집으로 그리고 아이가 있는 방의 빛으로 돌아간다. 별다른 상황이 아닌 한 그녀 시대 출산의 평범한 추세대로, 플라스는 둘째 아이를 갖게 되었다. 자살하기 13개월 전의 일이었다.

봄에, 한 아기가 태어났을지도 모를 딱 그 시기에, 나는 부스스한 머리칼의 자그마한 아이가 공원 길에서 나를 호기심 어린 눈으로 바라보는 꿈을 꾼다. 다음 달에 나는 다시 임신한다.

5.
태동

도로의 움푹 꺼진 포트홀이 가파르다. 내가 그 위를 곧바로 운전해 지나가자 쿵 소리가 나고 이내 분명해진다. 차바퀴가 찢어질지 모른다는 순간적인 공포로 심장이 밖으로 튀어나오는 줄 알았는데, 뭔가 다른 것이 같이 튀어오르는 느낌이 든다. 아주 미미하게 어긋나는 어떤 급격한 동요.

닷새 뒤, 나는 그 조그만 도약을 다시 느낀다. 그렇다. 이것이 태동이다. 그것은 임신이라는 첫 번째 확실한 신호로 경험된다. 안에서 아기가 움직이면서 부푸는 기간이다. 어떤 이들은 이러한 움직임을 나비나 작은 새가 날개를 퍼덕거리는 것 같다고 묘사했다. 이것은 아주 빠른 속도를 포착하는 것이지만, 내가 한 번도 품어보지 않은 자그마한 생명체를 상상하는 것—태아가 배추흰나비나 벌새로 탈바꿈하는 것—은 좀처럼 머릿속에 생생한 움직임으로 떠오르지 않는다. 팡 터지고, 씰룩거리고, 톡톡거리고. 이게 더와 닿는다. 나는 20세기 밴쿠버의 작가 글래디스 힌드마치Gladys Hindmarch와 함께 있다. "네가 안에서 발을 차면, 가벼운 쿵 소리가 작은 물결로 살살 움직여간다. 네가 두드리는 곳이 아프진 않다. 넓은 정맥의 한 지점에서 피가 솟아나는 것과 약간 비슷하다." 그 두드림과 분출이 아프지 않다는 것은 설명이 필요하다. 나는 이 감각이 처음엔 너무 낯설어 그 가벼움에 깊은 인상을 받는다. 여름이다. 면 셔츠가 밖에서 내 배를 스치고, 아기는 안에서 내 배를 스친다.[1]

　이런 내부 감촉이 임신의 특징이다—아마도 출생 전까지 가장 지속적인 특징이리라. 전형적으로 태동은 입덧이 가라앉고서 임신 4~5개월 사이에 느낄 수 있다. 1667년에 영국의 상류층 여성인 앨리스 손턴은 "임신한 기간 내내 엄청나게 속이 안 좋았는데, 아기의 태동이 있고 난 다음부터는 아주 튼튼하고 건강해졌다"고 회상했다. 나의 두 번째 임신은 첫 번째 임신의 입덧을 반복하지만, 이번의 메스꺼움은 시간이 지남에 따라 약해지고 유산도 일어나지 않는다. 지역의 조산사는 우리가 10주, 11주, 12주, 날짜를 세어가며 주의하는 것을 보고 웃는다.[2]

　내부의 감촉은 나를 사로잡는다. 마치 아기가 갑자기 내 일상에 끼어드는 느낌이다. 여기에서도 저기에서도 우리는 함께한다. 며칠 밤 윙윙거리는 선풍기 아래서 침대를 공유하느라 바쁘다. K는 나와 침대를 공유하는데, 나는 그를 아기와 함께 공유한다. 혹은 그와 아기 사이에서 내가 공유되는 건지도 모른다. 그 북적거림은 좀 이상한 동료애 속으로 사라져간다. 아무것도 할 수 없고, 생각할 수도, 움직이지도 못한 채 나는 감촉하는 자이며 감촉되는 자이다.

내 어머니는 다시 뜨개바늘을 집는다.

촉각, 시각, 청각, 후각, 미각. 우리는 세상을 받아들이는 수단으로 이 다섯 가지 감각, 다섯 가지 기준을 떠올리는 데 익숙하다. 몇몇 불교 문화권에서는 정신을 보태 여섯 가지 감각을 말하기도 하고, 나이지리아의 하우사족은 두 가지 감각만 헤아리는데 시각에 해당하는 한 단어와 다른 나머지 감각을 통칭하는 한 단어를 갖는다. 우리가 사물을 감각하고 파악하는 가장 기본적인 방법들은 우리가 속한 환경에 따라 달라지는 것이다.[3]

한때, 내부 감촉을 감지하는 것은 그 안에서 생명이 자란다는 최초의 완벽한 증거였다. 내가 찾은 가장 이른 시기의 사료 중에 1662년 겨울의 기록이 있다. 런던의 일기 작가 새뮤얼 피프스Samuel Pepys의 기록에 따르면, 왕의 정부情婦가 "우리의 주군 제라드 경의 저녁 만찬에서 태동을 느끼고는 자기가 끝장이라며 울부짖었다. 그러자 모든 영주들과 남성들이 얼른 방을 떠났고, 여성들은 그녀를 도우려고 모여들었다." 배 속에서의 움직임은 궁정 정부의 지위를 변화시키는 것이었다. 그녀는 바로 그것을 느끼고 발표한 사람이 되었다. 정부가 임신했다는 증언이 제라드 경의 손님들에게 받아들여져, 그중 남성들은 떠났고 여성들은 머물렀다. 만져보는 것이 아는 것이었다. 촉각이 권위를 지녔다.[4]

이것은 점차로 기술주의적으로 변해가는 현대 시기와 대단히 극적으로 비교된다. 오늘날엔 소변 검사 창이 화학적 임신을 보여주고, 초음파 화면이 생리적 발달과정을 밝혀준다. 이제는 보는 것이 아는 것이며, 시각이 권위를 지닌다. 현대의 과학은 태동을 생략해버렸다고 회자되고, 영어의 용법은 단편적으로 선례를 따른다. 지금까지 촉각에 대한 시각의 승리는 어느 정도 완전했다고 선언된다.[5]

그러나 태동을 느끼는 몸으로 사는 것은 매주 매주 이것이 전부이리라는 나의 확신을 떨쳐버린다. 그 감각은 반복되고 변한다. 내가 움직이고 아기가 움직인다. 그 감촉은 겉보기에는 손에 잡히기 어려운 상태이지만, 안에서는 집요하고 강렬하다. 나는 혼자 있을 때 한 손을 멍하니 배 근육 위, 그 얇은 벽 안의 정확한 진동 지점에 얹어놓고 앉는 습관이 생겼다. 태동하는 아기를 품고 다니는 촉감의 역사는 어떠할까? 아마도 확대된 유방이 팔 안쪽에 가볍게 닿는 것이 해당되리라. 편안했던 신발 안으로 발을 더 납작하게 꽉 낄 때까지 누르는 것. 바늘을 천 조각에 대고 아주 살짝 미는 것. 다른 사람의 손이 팽팽해지는 배에 부딪히거나 눌리는 것. 신축성 있는 옷감, 불편한 안전벨트. 임신과 촉감에 대해 역사를 쓴다면 무엇을 포괄하게 될까?

왕의 정부인 레이디 캐슬메인Lady Castlemaine 이 1662년 겨울 정찬에서 느낀 태동을 다시 상상해보는 게 가능하다. 때는 겨울이다. 이를 딱딱거리게 하는 마차가 그녀를 싣고서 런던의 지저분한 자갈길을 지나 제라드 경의 임대지로 차가운 공기를 가르며 달린다. 마차는 한쪽에 바짝 붙어, 석고로 전면이 장식된 목조 주택들을 지나는데 그 주택들의 위층은 도로를 넘어 울퉁불퉁하게 앞으로 튀어나와 있다. 거의 모든 건물마다 다양한 상점 간판이 낮게 걸렸다. 요람은 바구니 만드는 곳임을 뜻한다. 관이 늘어선 줄은 목수의 집임을 말한다. 아담과 이브 그림은 사과와 다른 과일을 파는 곳이다. 가정집 아궁이에서 나오는 지독한 냄새의 연무는 다른 간판들을 더 자세히 보지 못하게 한다. 이를테면 상아 빗과 그 밖의 이국적인 상품들을 파는 곳임을 알리는 코끼리 그림 같은 것을.[6] 바바라 캐슬메인은 막강한 힘을 지닌 대단히 아름다운 스물두 살의 여성으로, 궁정에서 권력의 정점에 있다.

엄격했던 청교도 공화정은 몇 년 전의 복고 운동에 의해 군주정으로 대체되어 있었다. 그 당시 호전적인 군인이며 귀족이었던 제라드 남작—캐슬메인이 태동을 느끼던 날, 만찬의 집주인—은 런던에 개선 입성하던 찰스 2세의 경비대장이었다. 이제 인기를 구가하는 새 왕은 의례적으로 수많은 대중과 접촉하고, 그의 접촉은 의료적 치유력을 지녔다고 널리 믿어졌다. 춤과 극장에 대한 공공 금지령이 풀린 것은, 감각적 쾌락을 즐겨도 된다는 새로운 관용의 신호였다. 이 쾌락이 최고로 집중적인 형태로 드러난 것이 바로 궁정의 염치없는 섹슈얼리티이다.

1662년에 피터 렐리Peter Lely가 그린 바버라 캐슬메인의 초상화는 무거운 듯 감긴 눈에 뺨이 붉게 달아오른 여성이 값비싼 다마스크직 질감의 휘장에 둘러싸여 있다. 그녀는 짙은 색 긴 머리를 묶지 않은 채 허리를 꽉 조인 옷을 입고 나른한 시선으로 관객을 곧바로 응시한다. 흘러내리는 긴 머리칼에, 머리를 손으로 받친 성스러운 포즈는, 그녀의 자태를—숨을 멎게 하는 태평함과 함께—성경에서 잘 알려진 창부이자 헌신적인 예수 추종자 마리아 막달레나로 보이게 한다. 마리아 막달레나는 아름답고 스캔들을 담고 있으며 기지를 지닌 소재로, 캐슬메인의 성적 매력을 기리면서 왕자를 신의 아들과 동일시하는 것이었다. 이전 청교도 정권의 충실한 신하였던 새뮤얼 피프스는 질려버린 동시에 사로잡혔다. 그는 "복사본을 손에 넣어야만 한다"라고 썼다. 이 초상화가의 운과 캐슬메인의 운이 같이 상승 가도를 달렸다. 신하들은 감동적인 복사본을 자기 집 식당과 현관 입구에 걸기 위해 사들였다.[7]

그렇다면 바버라 캐슬메인의 촉감의 세계는 어떠했을까? 무도회장에 들어서면서 공작의 손을 잡는 것. 주사위를 굴리고 카드를 섞는 것. 목에 걸린 큼직한 진주 목걸이의 무게. 피부를 닦는 아몬드 유와 타르타르 크림. 풍성한 레이스로 장식된 리넨 페티코트. 캐슬메인에 대한 궁정의 가십을 일기에 종종 쓰곤 했던 피프스는, 프리비 가든에서 말리려고 내건 그녀의 속옷을 보았지만, 그 젊은 여인과 마찬가지로 속옷 또한 그가 감히 만져볼 수 없는 것이었다. 그럼에도 "그것을 쳐다보는 것만으로도 좋았다."[8]

그리고 아기의 안에서의 감촉. 역사상 아이를 임신했던 대부분의 사람들처럼, 캐슬메인도 그 감각을 묘사하는 어떤 말도 남기지 않았다. 피프스는, 물론 많은 남성 동료가 그랬듯 일기 쓰기를 계속했지만, 그 시절 영국 여성들 사이에서 잘 알려진 일기는 거의 없다. 우리는 근대 초기 태동에 관한 이 단 하나의 시각을 확인하기 위해 그의 관음증과 궁정 가십 중계에 의존한다. 쉴 새 없이 놀리는 혀들—이번엔 그의 상관의 가정부—이 알린 바에 따르면, 그 아주 작은 움직임이 그녀에게서 요란스러운 반응을 촉발했다. 즉 캐슬 메인이 자기가 "끝장났다"고 큰소리로 울부짖게 한 것.

아기의 안에서의 감촉이 그녀의 에로틱한 매력을 끝나게 하니, 태동이 연인으로서 그녀의 운을 위협했을까? 더 이상 허리를 못 졸라매니 매력이 끝장나는 것인가? 이것이 내게 든 첫 번째 생각이다. 물론 나 자신의 달아올랐던 임신 경험과 맞아떨어지는 것도 아니고, 혈액이 추가로 흐르는 그 모든 영향으로 임신기 중간의 3개월이 "훨씬 더 섹시하게" 느껴진다는 최근의 여러 임신 매뉴얼의 노골적인 발언과도 맞아떨어지진 않는다.[9]

어찌 되었든, 더 많은 가십과 또 다른 초상화가 더 많은 사실을 알려준다. 캐슬메인에게는 이미 찰스와의 사이에서 낳은 두 아이가 있었고, 두 아이가 더 생길 것이었다. 그녀는 궁정의 정부로 있던 대부분의 시기에 임신 중이었다. 임신은 캐슬메인과 왕의 관계에서 빛나는 동전이었고, 왕비와 궁정의 다른 절세의 미녀들과의 경쟁에서 견고한 통화였다. 그녀가 거의 만삭이었던 전해 여름 동안 찰스는 "매일 밤낮을" 킹스트리트의 캐슬메인의 집에서 먹고 지냈는데 그곳에서 그들은 그녀의 상태에 대해 그다지 사적이지 않은 농담을 주고받았다. "왕과 그녀는 천칭을 가져오게 해 서로 무게를 재보았다. 아이를 가진 그녀가 가장 무거운 것으로 판명 났다." 렐리의 다른 초상화에서는 대담하게 성모자상을 모방하고 있는데, 졸린 눈에 확연히 임신한 티가 나는 캐슬메인이 왕의 아들을 안고 아주 만족스러워하는 모습이다. (그 초상화의 판본은 정교회의 이미지로 여겨져 프랑스의 수녀회에 걸려 있다가, 나중에 실제 주제

가 밝혀지자 바로 치워졌다.)[10]

그래서 아기의 첫 번째 움직임에 대한 미세한 촉감은 권력이 몰려오는 느낌이었을지도 모른다. 캐슬메인의 궁정에서의 노련한 술책과 어떻게 초상화로 그려질지 정하는 것을 보면, "끝장났다"— 파멸했다—는 선언은 여성의 정조에 대한 성경의 가르침을 향한 의도적인 연극적 제스처였을 수도 있다. 결국 성모 마리아는 동정녀였다. 섹시한 마리아 막달레나는 죄를 **회개하는** 여성이었다.

혹은 어쩌면 그 요란한 반응은 더 즉흥적이고 진심 어린 것, 즉 아이의 아버지가 누구인지 의심한 결과였는지도 모른다. 그녀의 파트너인 국왕처럼 캐슬메인도 바람둥이였고, 많은 연인을 거느렸으며, 왕이 그녀에게 성적으로 충실하지 않았듯 그녀도 왕에게 충실하지 않았다. 동정적인 동시대인들은 바람둥이의 성적 자유를, 정직과 온화한 성정과 왕당주의—회복된 군주제에 충실한 일종의 생활방식—와 연결시켰다. 그 겨울에 캐슬메인이 여성 편력이 심한 궁정 신하 헨리 저민Henry Jermyn과 잠자리를 같이한다는 소문이 돌았는데, 그녀는 찰스가 최근 그 자신의 사랑의 열병으로 경황없기만을 바랐다.

1662년에서 63년으로 이어지는 겨울의 이 소문난 태동은 아무것도 아님이 드러났다. 그러나 봄이 되어 캐슬메인이 다시 태동을 느끼자 개인 저택에서, 왕비의 처소보다 더 화려한 화이트홀의 처소로 옮겼다. 왕비였던 캐서린 브라간사Catherine of Braganza는 끝내 아이가 없었다. 반짝이는 인도산 비단, 동양의 카펫, 매끄러운 은제 굴뚝 가구가 들어찬 정부의 처소에서 캐슬메인은 조밀한 태피스트리와 푹신한 벨벳과 금박문양 가죽의 촉감에 둘러싸여 지냈다. 왕의 정부의 태동은 아기의 내부로부터의 감촉을 왕족이 후원하는 촉각의 보상에 결합시켰다.

태동이 모든 성공적인 임신에서 원래 일어난다 해도, 나는 더 이어지는 역사를 재구성할 수 없다. 남은 기록들이 그것을 허락하지 않는다.

나의 임신은 지속된다. 아기의 움직임은 더 견고해지고 더 예측 가능해졌다. 발을 내뻗고 팔꿈치를 벌린다. 한 발이 나를 수직으로 쿡 찌르며 내 오른쪽 갈비뼈 아래 묻힌다. 나는 책상 앞쪽이나 개수대 쪽으로 몸 기대는 걸 그만둔다. 전철의 차가운 금속 기둥에 닿을 때 아기는 저항하며 밀어내고서 자신의 척추를 중심으로 몸을 구부린다. 만일 시각이 가장 주요한 감각이라면 아마도 임신은 촉각으로 다시 교육받는 것이라고 할 것이다. 촉감은 아기와 나 사이의 지식의 점자點字이며, 임신의 중후반기를 살아내고 이해하게 하는 가장 주요한 감각이다. 임신 테스트에서 선을 기다리는 것, 슬프거나 기쁜 모니터 화면 스캐닝, 아기가 '거기에 있음'을 나타내는 이 시각적인 순간들은 촉각이 '여기에 있음'을 주장하는 앞에서 희미해진다. 촉각은 활력 넘치는 유대이며 그것을 따라 감정들이 전율하고 움직인다. 아기는 외계인 같고, 동행 같고, 나 자신 같기도 하다.

그렇다면 궁정 만찬에서 한 여성의 요란한 울음으로부터 어떤 단편적 역사가 이어질 수 있을까? 과거의 임신과 촉각 경험을 다른 시간과 장소로 이동하여 위치시키는 것이 가능할까? 정치적으로 찰스 2세의 치세는 30년의 휴지기 끝에 영국의 북미 식민지화가 재개된 시점이었다. 그는 캐롤라이나주의 "식민지 회복"을 군주제의 충실한 후원자들에게 승인했다. 그의 신하 몇몇은 노예 무역상이었다. 궁정 만찬에서 캐슬메인을 초대한 집주인은 아프리카인을 노예화하고 거래하는 왕립 아프리카 회사Royal African Company 의 일원이었다. 1680년대에는 매년 약 5천 명의 노예화된 사람들이 수송되었다. 그 세기말까지 영국은 가차 없이 팽창했으며, 노예 밀무역에서 세계를 이끌었다. 수송된 몇몇 아프리카인들은 바버라 캐슬메인의 "꼬마 흑인 소년"으로 불리던 아이처럼 영국 엘리트 계층의 하인이 되었지만, 대다수는 아메리카의 플랜테이션 농장에서 노예화되었다. 찰스 2세의 궁정에서 향유되던 비단과 진주의 촉감은 이런 추악한 사업적 모험에 어느 정도 의지했다.[11]

캐롤라이나주 저지대의 정착에 있어 쌀이 그 세대 안에서는 주된 환금작물이 되었다. 전설적인 캐롤라이나주의 황금 쌀은 농장주에게 막대한 이익으로 전환되었다. 작고 단단하고 매끈한 곡물을 이렇게 대량으로 생산하기 위해서는 더 많은 아프리카인이 북미 본토 어느 곳보다 사우스캐롤라이나주로 유입되어야 했다.[12]

사우스캐롤라이나는 아주 특징적인 기후를 지녔고, 다양한 후손이 어우러진 혼혈 사회이며, 노예제가 더 오래 지속되었던 곳이다. 19세기의 쌀 농장은 습지대를 가로질러 평평하고 광활하게 펼쳐졌다. 그곳에서 바다의 조수는 맑은 물을 강 상류로 밀어내면서, 들판에 물을 대고, 연약하고 뿌리가 얕은 벼에 양분을 공급하고, 잡초들을 물에 빠뜨렸다. 고인 물의 냄새는 댐 수문이 썰물에 열릴 때까지 공기 중에 걸려 있었다. 매달린 이끼들이 라이브오크의 낮게 달린 가지들로부터 흔들거렸다. 뱀이 늪지대 길에 들끓었다. 어두운 분위기를 조성하는 노예들의 오두막은 지붕에 사이프러스를 널로 얹고 현관이 넓어, 영국에서 온 방문객들에게 어렴풋이 시골 마을을 상기시켰다. 오두막의 내부는 나이지리아 요루바족의 방 두 개짜리 집 같았으며 어둡고 답답했다. 노예들은 남녀 모두 하루 아홉 시간, 열한 시간, 열네 시간씩 벼농사에 동원되었다. '여성의 일'이라고 따로 구분된 일은 없었다. 여성 노예들은 백인 주인을 위해 최대 수확을 하도록 지시된 속도로 땅을 갈았다.

그 과로하고 영양실조로 고생한 몸들의 촉각 경험이란? 물질 문화와 기후 조건으로 암시되는 것은 피부에 닿는 거친 리넨 드레스, 골반 약간 위로 조인, 끈으로 묶은 치마이다. 두건이 이마를 가로지르고 있고, 종종 뒤통수에 빗처럼 보이는 종이 재질의 두꺼운 조각을 대고 있다. 왼쪽 오른쪽이 따로 없는 신발. 이글대는 태양. 보이지는 않지만 느낄 수 있는 습함. 그해에 쓴 괭이의 친숙한 질감과 무게. 많이 써 반들반들해진 손잡이 부위의 현지 나무. 아래쪽엔 내구력 있는 강철을 가장자리에 댄 20센티미터가 좀 넘는 쇠 막대. 괭이는 노동요의 리듬에 맞춰 올라갔다 내려간다. 머리 위로 휘둘렀다가 땅을 파고들도록 내리치고, 당겨 빼고 반복하고. 여성과 남성들은 열을 지어 나란히 일했다.

괭이를 잡느라 굳은살이 박인 손들은 검은 호두나 염색 직물의 인디고로 얼룩져 있었을지도 모른다. 하루가 끝날 때쯤 지친 손가락들은 쌀과 노예를 실어 농장 마당으로 돌아가는 평저선平底船의 측면을 질질 끌었을지도 모르고, 아니면 불운을 막기 위해 발목 끈으로 매단 구멍 낸 동전이나 동물 뼛조각을 만지느라 아래로 내려갔을지도 모른다. 이런 부적들은 토비스tobies, 또는 모조스mojos, 또는 잭스jacks로 불렸다.

노예화된 여성들은 쌀을 요리해 먹기 위해 소매를 최대한 걷어올리고 비누를 가져다가 손을 깨끗이 씻었고, 솥을 닦아 물을 채운다음 불 위에 올리고 끓을 때까지 기다리면서, 쌀을 씻고 솥에 소금을 넣고는, 물이 팔팔 끓어오를 때 쌀을 넣고 익혀 쌀알이 퍼지면 물을 쏟아내고 솥을 다시 스토브에 올려 쪄냈다. 수없이 되풀이되었다. 손들은 옥수수빵이나 완두콩이나 돼지고기나 생선을 준비해 모닥불 위에서 요리하고, 이따금 삼나무 주걱으로 저었다. 이런 여성들은 끈적끈적한 당밀과 껍질이 거친 고구마의 느낌을 알았다. 나무스푼, 조개껍데기, 도자기 조각. 이것들이 그녀의 식기였다.

아이의 내부 촉감을 느끼려면 상대적인 고요라는 특권이 필요하다. 첫 태동을 느낄 때 사우스캐롤라이나주 쌀 농장의 여성은 전형적으로 열아홉 살 즈음이었다. 계절은 대체로 늦봄이나 초여름이었을 것이다. 이런 플랜테이션 농장에서 대개 임신은 겨울에 일어났는데, 수확기의 숨 가쁜 노동이 길과 수로를 수리하고 밀을 제분하는 일로 대체되는 기간이었다. 아마도 이 여성이 첫 번째 움직임을 느낀 것은 나무 빨래통 옆에서 허리를 펴고 나서, 아니면 그녀의 손이 쌀을 키질할 널찍하고 둥근 바구니를 만드느라 밀짚을 감고 묶으면서 손가락은 세네감비아나 앙골라의 조상들의 디자인대로 움직이는 동안이었을 것이다. 어쩌면 볍씨를 고랑에 뿌리고서 그것을 발로 덮어주며 서 있는 동안에, 혹은 벼가 익어 고개를 숙이기 시작하는 늦여름에, 막 남쪽으로 이동하려는 미식조라고도 불리는 노랗고 검은 쌀먹이새를 내쫓는 동안에 그 움직임을 감지했을 수도 있다. 또는 부름과 응답이 교차되고 쌀 절구에 동물 가죽을 덮어 북으로 두드리는, 노예 종교의 성스러운 예배의 황홀한 소리에 아기가 처음으로 움직임으로 응답했을지도 모른다.[13]

태동은 또한 자신의 이익을 반드시 수호하려는 노예 소유주의 시선을 확실히 느끼게 했을 것이다. 노예제도 아래 여성의 특별한 시련은, 생산하는 이가 되어야 할 뿐만 아니라 재생산하는 이도 되어야 한다는 것이었다. 아이를 갖지 못하는 여성들은 종종 팔려나갔다. "팔려나가고 싶지 않으면 백인 종족의 아이를 갖는 편이 낫다." 테네시의 노예였던 앨리스 더글러스는 1930년대의 인터뷰에서 이렇게 상기했다. 태동을 갑작스레 나타난 새롭고도 작은 미래 보장으로 여겼을 수도 있다. 한곳에 머물 가능성이 더 커졌다는 것이다. 혹은 어쩌면 맥이 뛰면서 부풀어 오르는 배가 자부심이었을 수도 있다. 모성은 아프리카 문화에서, 그리고 그들이 아메리카의 노예 상태로 취한 형식에서 숭배되었기 때문이다. 아니면 맥박과 쿵 소리를 탐욕스러운 감독관이나 주인을 향한 증오의 표시로, 트라우마를 상기시키고 반향하는 것으로 받아들였을 수도 있다. 아마도 태동이란 그 모든 가능성이었을 것이다.[14]

사우스캐롤라이나의 몇몇 플랜테이션 농장에서 태동은 새로운 신체적 '특권'을 주기도 했다. 즉 일상생활의 통상적인 감촉을 참신한 도구와 새로운 표면으로 대체하는 것이었다. 임신한 여성은 허리를 구부리는 들판의 힘든 노동 대신 소년 소녀들처럼 덜 힘든 일을 맡게 했다. 아니면 결국 노예 소유주가 사는 '큰 집'으로 들어가 더 가벼운 가사노동을 맡기도 했다. 한 백인 질문자에게 그레이시 깁슨은 "아직 태어나지 않은 아이를 가진 여자들은 소모기hand-cards로 소모carding, 양모의 긴 섬유만 골라 가지런하게 하는 일—옮긴이 작업을 했어요. 그리고 몇몇은 물레를 돌리거나 실 잣는 일을 하게 됐고요"라고 회고했다. 태동은 피부에 와 닿던 태양과 바람을 사방의 탄탄한 벽의 보호와 맞바꾸는 것, 괭이를 소모기의 익숙지 않은 가벼움과 얇은 와이어와 교환하는 것이었을지 모른다. 양털의 천연 기름은 피부를 부드럽게 하는 효과를 지녔다. 소모 작업은 수백의 작은 와이어 못들을 지닌 두 개의 작은 주걱 두 개를 사용했다. 섬유를 다듬어 한 방향으로 가지런하게 정돈하고 나면 실을 잣기 위한 준비가 되었다. 소모는 새롭고도 다른 유형의 솜씨를 요구했고, 노예 여주인이 눈앞에서 감시하는 가운데 수행됐다.[15]

임신한 노예화된 여성에게 태동과 수작업은 끊임없이 반향을 불러왔다. 그것들은 분리되지 않았다. 조그만 곤충이 다다를 수 없는 넓은 지대를 가로질러 천천히 기어가던 모습을 상기하면서 해나 데이비드슨은 자신이 노예였던 시절에 대해 이렇게 말했다. "일하느라 진이 다 빠져 있었어요. 지붕을 따라 기어오르는 자벌레 같았죠. 일하다 결국, 한 번 더 훑으면 나를 죽일 거라고 생각하기까지 했어요."[16]

19세기의 노예 여주인은 유럽 정착민들의 후손으로 다른 한

편 손으로 하는 일을 경멸하도록 키워졌다. 그녀가 감촉하는 나무는 괭이의 손잡이가 아니라, 계단의 반들반들한 난간이나 베란다의 조각된 패널이나, 커다란 가정 운영에 필수적인 지시들을 배분하는 곳인 의자의 곡면이었다. 그녀가 감촉하는 쇠는 들판의 괭이의 발가락 부위가 아니라, 창고 열쇠의 세공 부위였다. 깃털을 가지런히 깎아 만든 깃펜이야말로 십중팔구 그녀의 도구였을 것이다. 남부 전역의 농장에서 옛 친구와 가족으로부터 떨어져 지내던 노예의 여주인들은 수다스러운 편지로 최근 소식을 털어놓고 매일의 일기를 공유했다. "오늘 밤 새로운 생명의 가벼운 신호가 느껴진다"라고 1858년 11월에 마할라 로치는 자신의 태동에 대해 적고서, 일주일 뒤에 이렇게 덧붙였다. "'생명'의 신호들은 [⋯] 실제였고, 그 이후 줄곧 느껴왔다." 그보다 20년 전 아델 올스턴은 언니로부터 "헐겁게" 옷을 입도록 그 흔한 고래뼈 스테이스stays, 허리와 배를 눌러 몸매가 가늘어 보이게 하는, 여성의 보정용 속옷—옮긴이를 버리고, 농장의 꿉꿉함을 떠나 찰스턴의 훨씬 상쾌한 미풍을 맞으라는 조언을 들었다.[17]

　이러한 여주인들의 편지가 드러내는 사실은, 그녀들이 노예화된 여성들에게서 불만의 원천과 더불어 자기 자신의 아주 희미한 반영을 보았다는 것이다. 많은 이들이, 임무를 완수하지 못하거나 솜씨 있게 바느질을 못 하거나 채찍 없이는 순순히 일하지 않는다며, 다루기 힘든 노예들에 대해 심각하게 불평했다. 몇몇 여주인들은 분노를 이기지 못해 노예화된 여성을 때리거나 얼굴을 구타하거나 머리칼을 잡아당기거나 살갗을 태우는 수단을 택했다. 드물게는, 신체적으로 유사하다는 점에 근거해 일종의 동일시를 느끼기도 했다. "내가 혼자 농장을 경영한다면 임신한 여성들이 아주 특혜를 받을 것이다." 어떤 이는 "여성으로서 나는 백인이든 흑인이든 나와 같은 성에 공감할 수 있다"고 적었다. 그러한 언급은 아주 가끔 노예들의 회상에서도 드러난다. "이따금 농장주의 아내가 그 여자의 상태를 알고서 자기 남편에게 그 여자의 일을 줄여야 한다고 얘기했다"라고 한 농장 일꾼은 기록했다.[18]

남북 전쟁 기간에 사우스캐롤라이나주와 미국 남부의 나머지 지역의 노예들이 노예 재산제를 끝장내자, 이전의 농장 노예들은 괭이를 내려놓고 어둠으로 사라졌다. 노예제도는 사우스캐롤라이나주 벼농사 지대에서 2백 년간 지속됐고 버지니아주와 매릴랜드주의 담배 플랜테이션 농장에서는 더 오래 지속됐다. 수만 명의 아기가 벼농사 지대에서 일하던 노예 여성들에게서 태어났다. 그들 중 몇몇은 이전 여주인의 화려한 옷과 보석을 가져가, 자유의 상징으로 드레스를 입거나 자기 아이들 머리에 리본을 묶어주었다. 새롭게 부여된 자유는 금지되었던 대상을 움켜쥐는 것으로 나타나기도 했던 것이다.[19]

'보는 것이 믿는 것이다'라는 속담이 있다. 임신은 더 오래된 원래의 공식에 이렇게 삶을 불어넣는다. '보는 것이 믿는 것이다. 하지만 느끼는 것이 진실이다.'[20]

임신한 사람이 눕게 되면 아기는 허리척추의 곡선에서 자유로워져 더 쉽게 움직인다. 태중의 아기가 캐롤라이나주 노예 거처의 나무 상자 침대 안에서 밀짚이나 부러진 옥수숫대를 채운 리넨 커버 아래에서 발길질했다. '큰 집'의 깃털 침대 안에서 발길질했다. 화이트홀의 정부의 처소에서 발길질했다. 거의 모든 침실에서 또는 당신의 거리에 있는 거주지에서 발길질했다. 이름이 있든 없든, 태동의 독특한 내부 감촉은 세월을 가로질러 살아남는다.

느끼는 것이 진실일지 모르지만, 촉각은 단절시키기도 하고 연결시키기도 한다. 때로는 공유해온 감각들이 역사적 거리감에 의해, 또는 불평등과 강압에 의해 부서진다. 종이 편지, 초상화, 쇠괭이, 열쇠들은 세월을 가로질러 지속될 수 있지만, 살은 썩어 없어진다. 대부분의 것들과 마찬가지로. 행운과 강압의 극단이 공감을 녹여버린다. 노예 여주인이 노예 여성의 얼굴에 가하는 얼얼한 구타. 다른 시대에, 공유된 감각들이 연결을 뒤섞는다. 한 사람과 그 아기 사이에서, 과거와 현재의 사람들 사이에서, 그때와 지금 사이에서. 즉 불러오는 배를 어루만지는 것, 임신한 노동자 편에서 개입하는 것, 익숙지 않은 신발에 발을 집어넣는 상상의 행위.

6.

솟아오른 앞치마

잠에서 깨어나니 아무 소리도 안 들린다. 이제 길고도 조용한 오전과 오후들의 연속이다. K는 부엌 타일바닥을 오가며 아침이나 저녁을 준비하고, 일주일 치 식단을 미리 짜고, 가구(나무 침대, 서랍장)를 조립한 뒤에 도구함을 정리한다.

8개월에서 9개월로 접어들자 나는 임신 매뉴얼의 다음 단계를 점검하고, 출산 교실에서 메모한 것들을 일람하고, 가르쳐야 할 남은 수업들을 챙기고, 얼마 안 남은 입을 만한 옷들을 억지로 벌려 입는다. 개업의 세라 진녀는 1659년 자신의 런던 일력에 임신 말기를 "앞치마가 솟아오름"으로 표현했다. 나는 자전거 위에 우아한 부인처럼 반듯이 앉아, 팔을 앞으로 곧게 뻗고, 무릎은 내 흉곽까지 죽 솟아오른 배로부터 멀찍이 내민다. 한 운전자가 쯧쯧 혀를 찬다. 한 가게 주인이 내 얼굴 대신 배를 쳐다본다. 친절하게도 잡담은 일이나 겨울의 추위에 관한 것이 더 이상 아니다. 아들이에요 딸이에

요? 몸조리 잘해요! 내게서 나가는 말은 거의 없어도, 모든 대화가 출산을 기다리고 있다.[1]

"나는 네가 본 어느 때보다도 살이 쪘고 생동감 넘치는 상태야"라며 1753년 뉴저지의 한 여성이 가까운 친구와의 편지에 자랑스럽게 적었다. "싸우는 새처럼!"이라고 북미 대초원 정부 공여 공지에 살던 한 정착민은 1912년의 편지에 썼다. "어마어마하게 큰 […]", "나올 준비가 된[…]", "아직도 트로이의 목마처럼 임신 상태인[…]", "[…]아기 낳느라" 지친, 그리고 다른 개별적인 언급들이 이어졌다.[2] 사람들은 임신 말기에 대해 얘기할 때 어떻게 말할까? '축 처진bagged', '꽉 묶인bound', 또는 '무거운heavy'이라는 17세기 용어들은 15세기부터 내려왔다. '임신한pregnant'이라는 용어도 같은 시기에 나왔다. 16세기에서 18세기 사이에, 몸집이 큰 임산부는 '비옥한', '대단한 자궁을 지닌', '대단한 배를 지닌', '커다란 배를 지닌', '아이가 큰' 등 생식력과 육중함을 드러내는 용어들로 표현되었을지 모른다. 혹은 마치 부화되지 않은 새끼를 보살피거나 날개 아래에서 한 마리 작은 오리를 애지중지하듯, 그녀는 '알을 품고 있었다'고 묘사되었을지도 모른다. 또는 '결실 많은', '풍부한', '번성하는', '다산의', '건장한'이라는 말로 표현되었을지도 모른다.[3]

특권층 여성들에게는 이런 대화가, 그들이 낳아 기른 아이들의 숫자가 줄어든 만큼이나 출생률의 하락이 동시에 일어나면서 변화했다. 19세기 엘리트계층 여성들은 육체성을 벗어난 이성적 존재로 새로이 부상했다. 완곡한 표현이 그 시대의 질서가 되었다. 이제 여성들의 임신은 '가족의 길에 들게 되었다'거나, '엄마 되기의 과정에 있게 되었다'거나, '**민감한** 건강 상태에 있게 되었다'고 표현되었다. 몇몇은 외국 신조어로 도피했다. 영국 귀족들은 프랑스인들의 무신론적이고 공화주의적인 방식 때문에 프랑스를 혐오했을지도 모른다. 그러나 이제 그들은 임신했을 때 enceinte나 grossesse라는 불어 단어를 사용했다. 1846년에 멕시코를 여행한 최초의 '미국 여성'이라고 생각하고 싶어 했던 수잔 마고핀Susan Magoffin은 자신을 통해 앵글로아메리칸의 우월성을 내세웠음에도 임신 중인 자신의 상태를 표현하는 데 스페인어 embarazada(또는 그녀가 적은 대로 em beraso)를 사용했다. 미주리 역사협회의 사서가 1926년 산타페 여정을 기록한 마고핀의 일기를 출판했을 때, 그녀는 "민감한 상태"라는 언제든 거슬리지 않을 어구를 사용해 서술했다.[4]

'부풀어 오른 자궁', '앞치마를 들어 올린 커다란 배'는 이렇게 19세기의 정중한 영어 대화와 개인 편지에서 사라졌다. 임신하는 것은 더 이상 성인에게 흔히 나타나는 상태가 아니었다. 아이를 갖는 것은 다소 부자연스러웠고 또 너무 자연스러웠다. 점잖은 대화가 건장한 크기에서부터 수동적으로 기다리는 결과물 쪽으로 어색하게 바뀌었다. 즉 '작은 이방인', '고슴도치', '악당', '새로운 방문자', '부부애의 첫 서약'으로까지. 이 단어들은 새침한 거리와 지나친 감상성 사이에서 비틀거렸다. 새 엄마들에게 주어지는 바늘꽂이들은 따뜻하면서도 격식을 차린 단어들로 장식되었다. 이를테면 "작은 이방인을 환영합니다" 같은 말로. 아이러니는 통렬하다. 그러한 여성들이 이성적 존재로 인식되자, 그리고 그들이 가족의 규모를 줄여가자, 신체 경험을 표현하던 그 풍부하고 의미 있는 어휘들이 시야에서 사라진 것이었다. "사랑하는 오래된 일기장이여 […] 나는 사랑의 서약을 갖게 될 거야"라고 19세기 중반 사우스캐롤라이나의 부유한 유대인 사회 출신인 엘리너 코헨은 고백했다. 보스턴의 엘리자베스 캐봇은 한 친구가 "모든 육체가 갔던 길을 밟았고, [이제] 8월에 그녀의 피날레를 기대하고 있다"고 애매한 기록을 남겼다. 애지중지 조심스러워하는 완곡어법과 여성의 이성에 대한 인정이 정신을 물리적 육체와 분리시키게 된 것이다.[5]

"누구든 '번식한다breeding'거나 '아이와 간다with child'거나 '해산한다lying in'는 표현이 무례하게 여겨질 수도 있다고 생각하면서 말해야 한다"라고 1818년에 노년의 한 귀족이 그녀 생애의 엘리트 계층에서 일어난 변화를 가리키며 썼다. 그녀는 "'가족의 길에 들어선'과 '분만'이 자리를 인정받았다"고 덧붙였다. 《신사의 잡지 Gentleman's Magazine》는 1791년에 지적 허영 계층에서 일어난 언어와 태도의 이 같은 세대적 변화를 풍자적으로 잡아냈다. "우리의 어머니와 할머니 모두 시의적절하게 **아이와 함께**with child 있게 되었거나 셰익스피어가 썼듯 **자궁이 동그래졌다** round-wombed . […] 그러나 침모나 세탁부 수준 이상의 여성들은 아무도 이 지난 10년간 '아이와 함께' 있지 않았다는 것을 누구나 잘 알고 있다."[6]

노동계급의 말투와 19세기의 속어는 아주 조금 더 직접적이었다. '푸딩 클럽 안에 든', '푸딩을 위쪽으로', '오븐에 든 번'은 모두 임신을 뜻했다. 끈끈하고 달차근한 완곡어법들은 남성과 섹스를 연상시킨다. 푸딩은 남근이나 정자를 일컫는 잠자리 은어이다. 더프(오스트레일리아식 푸딩)나 번을 언급하는 것은 상궤를 벗어났거나up the stick 개울에 빠졌거나up the creek 저당 잡혔다up the spout는 의미로, 말하자면 곤란에 봉착했다는 것이다. 19세기부터 눈에 띄게는 근대에 이르기까지 영어 사용권의 임신한 여성은 자기 마음대로 표현을 선택할 수 있었다. 즉 존중받든 곤란에 빠지든 선택할 수 있었다. 그러나 어느 경우든 완곡어법의 규칙을 따랐다. 언어의 얌전함은, 심지어 가시적인 임신을 완전히 무시하는 것은 세기 전환기 런던의 수많은 노동계급 대가족들 사이에서, 또는 말하자면 네브래스카주의 시골 같은 곳에서 흔한 일이었다. "가족의 길에 들어선 여성은 **푸딩 클럽** 안에 있다고 일컬어졌다"고 1889년 한 속어 사전의 저자들은, 하나의 완곡어법을 또 다른 완곡어법에 의존하도록 강요하면서 적었다.[7]

사전을 만드는 이들은 속어가, 말하는 이의 느낌을 충분히 전달할 용어들이 부족해서 종종 사용됐음을 알고 있었다. 19세기에 누군가가 '달콤해졌다'거나 '곤죽이 됐다'거나 '맛이 갔다'고 말하면, 사랑에 빠진 것이었다. 만약 그들이 마실 것이 많다고 하면 '키스키한', '하늘 높이 나는', '마비된', '진탕 마신', 또는 군주나 황제나 물고기처럼 취했다고 할지도 모른다. 그러나 임신한 경우라면 둥그레진 무거운 몸을 차지하는 느낌은 말로 전달되는 대신 감춰졌다. 거대한 허리둘레는 정면에서 보는 시선 뒤로 숨겨졌다.

아들이에요 딸이에요? 나는 모른다―그것이 깜짝 뉴스가 되길 바란다.

이 질문은 내 실루엣이 옆으로 돌아갈 때 뚜렷이 솟아오른 몸의 표시 때문에 촉발되는 일상적인, 물론 선의에서 나온 의례적 인사말이다. 그 질문은 나의 페미니즘을 희롱하고 괴롭히며 짜증 나게도 한다. 나는 섹스나 젠더가 지금 당장 결정 나기를 원치 않는다. 지역 킨제이 센터에 전시된 한 흑백사진이, 막 출산하는 그 순간에 자기 아기의 일그러져 우는 얼굴을 내려다보는 여성을 보여준다. 머리는 나오고 어깨와 몸통은 아직 안에 남아 있는 아기. 마리에트 패시 앨런Mariette Pathy Allen, 이집트 출신 사진가—옮긴이은 감동적으로, 필사적으로, 1831년의 이 이미지에 '젠더가 없는 마지막 순간'이라는 제목을 붙였다.

일상적인 검사를 하는 동안, 아기는 '잘생긴' 뇌를 가졌다고 묘사된다. K는 의도치 않은 실수를 알아차리지만 시간이 훨씬 더 지날 때까지 그 발언을 언급하지 않는다. 우리가 아는 다른 이들은 마음만 먹으면 얻을 수 있는 모든 의학 정보를 구할 것이다. 관계 시도해보기를 미리 계획하기 위해, 혹은 진단상의 우려들로부터 어떤 즐거움을 환수하기 위해. 라디오에서 갤럽 여론조사에 대한 한 토론은 미국인들이 1941년에 그랬듯 딸보다 아들을 선호한다고 발표한다.

전부는 아닐지라도 대부분의 과거 사회는 끈질긴 남아 선호를 목격했다. 그것이 가부장제이다. 그것은 또한 몸을 이분법적으로 보는 것, 즉 세계를 이쪽 사람 아니면 저쪽 사람으로 분류하는 것이다. 몇몇 아기들은 분명하게 이쪽에도 저쪽에도 분류되지 않을 때조차 말이다. 아이가 어느 쪽인지 예측하는 과거의 통상적인 방법들은 상당히 다양했다. 예를 들어 임신 중에 따뜻한 음식을 먹으면 아들을 낳을 확률이 많고, 찬 음식을 먹으면 딸을 낳을 확률이 많다. 아들이 딸보다 자궁 안에서 높은 쪽에 자리 잡는다. 임산부의 오른쪽 가슴이 더 단단하면, 또는 오른쪽 눈이 더 밝으면, 아들을 낳을 것이다. 만일 반대로 왼쪽이라면 딸을 낳을 것이다. 젊은 산모일수록 아들을 가질 확률이 훨씬 높고, 나이를 좀 먹은 산모라면 보통 딸을 낳는다.[8]

갤럽 여론조사는 1941년부터 20세기가 막을 내릴 때까지 총 여섯 차례, 성별 선호에 대해 미국인들에게 임의로 질문을 던졌다. 통계 숫자는 두드러지게 부동의 안정 상태에 머물렀다. 남아 선호 비율은 36~41퍼센트였다. 그러나 많은 이들이 특별히 선호하는 성이 없거나, 확실하지 않거나, 별다른 의견이 없는 것으로 나타났다. 38퍼센트(1941), 35퍼센트(1947), 41퍼센트(1997), 이것이 그 양상이었다. 전체에서 이런 결과가 무엇을 말하는지 확신할 순 없다. 한 개인은 한 사회보다 항상 더 복잡하다. 1947년 조사에 참여한 한 임의의 미국인이 개인적 선호를 따지면서, 2차대전에서 잃은 가족을 떠올렸을지도 모르고, 친한 친구의 아이들 사이에서 자기가 어느 성별을 더 좋아했는지 생각해봤을지도 모른다.[9]

한편으로 '아들인지 딸인지'라는 질문이 받아들여지는 양상이 변화했다. 페미니스트도, 섹스와 젠더의 주류 개념도 1940년대부터 바뀌었는데 그것은 종종 혼란스러운 방식으로 진행되었다. 섹스/젠더가 구별되었다는 것은 중대한 발견이었다. 패시 앨런이 1983년에 언급했던 젠더는 남성과 여성의 변화하는 역할과 권리로서, 생물학적 남녀 구분과 분명히 달랐다. 그 당시의 다른 페미니스트들처럼 이 사진가도 젠더가, 그리고 여성의 종속성이 천성적으로 정해진 것이 아니라—그래서도 안 된다—는 것을 제시했다. 20세기 중반 이후 젠더의 주류 관념은 여러 갈래로 나뉘었다. 젠더는 사회적 상태였고, 사람들에게 외부로부터 성별 인지에 의해 부과된 것이었다. 혹은 젠더는 일종의 정체성으로, 한 사람의 머릿속에서 자유롭게 표현되는 성별과 연관되기도 했다. 젠더의 표현은 성별과 마찬가지로 이분법적이었다. 또는 이분법을 따르지 않거나 유동적이기도 했다.[10]

갤럽의 질문은 더 단순해졌고 더 정확해졌다. 아마도 출산율의 전반적인 하락을, 그리고 한 명만 낳을지 한 명도 안 낳을지 선택하기를 인식한 기미가 있다. "당신이 만일 한 아이만 (더) 가질 수 있다면, 어느 쪽을 선호하시겠습니까—아들과 딸 중에서?"(1941년 3월) "당신이 만일 또 다른 아이를 가진다면 아들과 딸 중 어느 쪽을 더 갖고 싶으십니까?"(1947년 9월) 더 최근의 질문은 이렇다. "당신이 한 아이만 가질 수 있다고 가정해보십시오. 아들이 되는 편과 딸이 되는 편 중 어느 편을 선호하시겠습니까?" 언제나 이분법.[11]

임신의 가장 중요한 시기에 내가 뭘 먹고 있었는지 누가 상기시킬까? 어쨌든, 내 두뇌는 별로 잘생기지 않았나?

몸조리 잘하세요! 몸 잘 돌봐!
그럴게요. 고마워.

취약성은 임신 중에 늘 따라다닌다. 눈에 보이는 임신에 취약성이 투사되는 것 역시, 임신 중에 늘 따라다닌다. 여성 혐오, 지나치게 큰 것에 대한 공포, 또는 그저 자연의 세세한 것들—풍경, 작물, 새알의 빛깔—이 모성이 태중 아이에게 끼치는 영향에 대한 걱정으로 흘러 들어갔다.

동시대의 논의는 식습관에 집착한다. 알코올, 커피, 차, 해산물, 부드러운 치즈를 피하라. 전문지식은 증거보다도 훨씬 많다. 그러나 20세기의 한가운데 들어오기까지 주된 관심사는 경험과 연관된 것이 더 많았다. 확실히 어떤 사람들은 먹는 음식 바꾸기를 권고받았다. 영국 귀족들은 으뜸가는 역할이 후계자를 만드는 것이었고, 고상한 **임신**grossesse 기간에 식습관에 대한 명령을 피할 수 없었다. 즉 고기는 먹지 말고, 소금은 적게 먹고, 알코올도 마시지 말고, 섬유질은 더 많이 섭취하라는 것. **임신한**em beraso 수잔 마고핀 같은 미국의 부인들에겐 기름지고 양념 강한 음식, 커피와 독한 술을 피하고 소화기관을 깨끗이 하기 위해 관장제를 쓰는 것이 권장됐다. 어쨌든 먹을 것을 충분히 구하는 문제를 걱정하는 이들이 더 많았다. 임신은 허기지게 하는 업무이다.[12]

더 전형적으로 모성의 경험이 중요한 이유는 사건과 감정들이 배 속의 태아에게 흔적을 남길 수 있기 때문이었다. 보는 것, 놀람, 음식, 꿈, 강렬한 감정이 영향을 줄 수 있었다. 이상한 모양의 표식—어머니의 표식mother's marks으로 종종 불렸다—이나 무시무시한 출산에 관한 이야기들이 돌았다. 미네소타주의 네트 호수에 사는 원주민 어머니들은 갈매기 알을 주근깨와 연결시켰고, 호저몸에 길고 뻣뻣한 가시털이 덮인 쥐목 동물—옮긴이를 먹지 말라고 서로 경고했다. 호저의 바늘들이 날카롭기에 아기를 고집 세고, 훈육이 어렵고, 혐오스럽고, 과민하게 만들지 모른다는 것이었다.[13]

때로는 어머니의 표식이란 생각이 임신한 여성들을 향한 착취와 잔소리의 구실을 공공연하게 조성하기도 했다. 근대 초반의 영국에선 거지들이 자신의 상처나 기형을 사가길 바라면서 여성들을 따라다닐 수도 있었다. 불건전한 열망은 하나의 전형적인 의학적 경고로 이어졌고, 아이들에게 '안 좋은 인상'을 만들어낼 수도 있었다. 패션에 지나치게 신경 쓰면 아이가 태어날 때 튜더 시대 초상화의 뻣뻣한 주름 칼라 모양의 혹을 달고 나올 가능성이 있었다.[14]

다른 시대에 어머니의 표식이란 생각은 개개의 여성들에게 협상의 여지, 심지어 권력을 주기까지 했다. 임신한 여주인이 한 도제의 행실에 화가 나 그를 런던 시장 법정에 고소하기도 했다. 가부장적 권위를 유지하던 남편들은 아내들의 이유 있는 변덕은 들어줘야 한다고 생각했다. 한 유명한 식물학자는 임신한 아내에게서 그의 면상에다 계란 한 다스를 박살내버리고 싶다는 말을 들었고—그리하여 그것을 받아주었다. 기괴한 이야기들은 도덕을 평이하게 만들었다. 18세기에 한 남편이 레든홀 시장에서 아내가 먹을 바닷가재를 사지 못했는데 결국 한 마리를 구해와 아내를 깜짝 놀라게 했다. 그러나 나중에 아이는 "부글부글 끓는 붉은" 모습으로 태어났다.[15]

노예화된 여성이었던 엠마 포스터는 양손에 손가락을 여섯 개씩 가진 아이를 낳자, 그 추가된 손가락이 자신이 전에 한 친구의 다친 손가락을 문지른 결과라고 해석했다. 옛 남부의 한 농장에서, 자기 공동체의 인종적·성적 터부를 깨뜨렸다고 추정되는 한 여주 인은 자신이 어두운색 피부의 아이를 낳은 이유를 지역 노예반란 에 대한 자신의 두려움이라고 들먹였다. 1742년에 소설가 헨리 필 딩Henry Fielding은 한 등장인물에 대해 "그의 왼쪽 가슴에 난 딸기 모 양의 표식은 어머니가 그 과일을 너무나 먹고 싶어 한 나머지 그에 게 남긴 것이었다"고 묘사했다. 어머니의 표식은 한 여성을 공동체 와 연결시킬 수도 있었고, 진취성이나 좌절의 근거가 될 수도, 악의 없음에 대한 설명이 될 수도 있었다.[16]

모성적 상상의 권력에 대한 이야기들의 유포는 그것들이 당 면한 역사적 배경을 변함없이 반영했다. 왕당파가 청교도 원두당 Roundhead에 맞서 정쟁을 벌였던 영국 내란 시기에 한 팸플릿은 둥 근 머리 아이를 갖느니 차라리 머리 없는 아이가 낫겠다고 한 여성 에 대해 전했다. 결과는 전적으로 예측 가능했다. 적어도 셰익스피 어는 그러한 믿음들이 희극적 가치를 지닌다고 보았다. 그의 〈겨울 이야기The Winter's Tale〉에는 한 사채업자의 아내가 스무 개의 돈주 머니들을 낳았다는 가사의 발라드가 등장한다.[17]

재미로든 비난으로든, 이 이야기들은 몸들 사이의 깨지기 쉬 운 경계, 아기와 환경 사이의 연약한 경계를 보여준다. 그것들은 구 멍이 많은 취약성을 상정한다. 잘못 만들어진 구주희아홉 개의 핀을 세 워놓고 공을 굴려 쓰러뜨리는 실내경기로, 현대 볼링의 전신―옮긴이 핀처럼 얼음 판을 비틀거리는 것, 그게 아니면 시각과 영혼과 아기의 이른바 투 과성. 나는 그 취약성의 감각을 인식할 수 있다. 어머니의 표식에 관한 오래된 역사는 우리에게 모조리 와 닿진 않지만, 우리는 불건전한 욕망과 부적절한 갈망에 맞선 경고에서, 또는 용기를 잃지 말고 좌절을 피하라는 부름에서 그 반향을 들을 수 있을지 모른다. 내게서 아이한테로 소통되는 건 무엇일까—오르가슴? 치즈 샌드위치? 추위에 움츠러드는 것? 아기의 기분은 내 기분과 함께 좋아졌다 나빠졌다 할까?

어머니의 표식이라는 관념이 언제 정말로 사라졌는지, 그리고 이 이야기들의 유포가 언제 멈췄는지는 분명하지 않다. 런던 종합산부인과의 기록은 1880년대 이전엔 여전히 돌고 있었음을 암시한다. 사례집에는 지난 시대 이야기들의 반향이 존재한다. 아그네스 리드는 소화제로 유황 당수를 다량 섭취한 것이 자신의 다섯째 아기 얼굴을 붉게 만들었다고 설명했다. 손 한쪽이 없는 채로 태어난 자신의 아홉 번째 아이에 대해 램버트 부인이 언급한 내용은 거지들에 대해 앞에 나온 염려를 상기시킨다. 병원 담당의는 아무 의견 없이 "거리의 한 거지가 한 손 없는 팔을 드러내고 있어 그녀를 겁먹게 만들었다"는 이야기를 그대로 적어놨다.

"[그것이] 아기에게 영향을 미칠까요?"라고 1916년 코네티컷주의 한 여성은 적었다. 만일 한 어머니가 "무대에서 한쪽 팔이 기형인 남자의 연기를 봤는데 그녀가 너무 강력한 인상을 받아 불안해진 나머지 관객석을 떠날 수밖에 없었고 심지어 사흘 동안 다른 생각을 전혀 할 수 없었다면요?" 이 문의 서신은 모자 건강 증진을 위해 1912년에 세워진 미국 아동국에 발송된 것이며, 20세기 전반기에 변화들이 어머니 표식에 관한 이야기들에 여전히 울림을 지녔음을 보여준다. 영화나 공연의 영향은? "제 이웃이 새로 낳은 아기가 기형이에요"라고 1926년 앨라배마주에서 또 다른 서신에 적혀 있다. "사람들이 영화가 그렇게 만들었다네요." 이 경우 답신은 다음과 같이 안심시키고 있었다. "당신이 영화를 좋아하고 취침 여덟 시간을 방해하지 않을 때 가끔 갈 수 있다면 […] 재미있는 영화를 때때로 보러 가는 걸 삼가야 할 이유는 없답니다."

1970년대 중반 중서부 지역의 응답자들은 내가 발견한 가장 최근 자료에 따르면, 딸기나 생선을 먹고 싶어 한 것의 결과, 또는 걱정으로 생긴 표식들을 전했다. 서커스에서 "기형"을 보는 것이나, 동물원에서 뱀 우리를 보는 것을 피하라. 몸조심해요! 몸조심해!

나는 아직도 일하고 있다. 강의실 앞쪽 자리에 앉아, 품위 같은 건 개의치 않은 채. 일이 내게서 슬며시 떠나고 있다. 점수 매길 학생 논문의 마지막 묶음이 있다. 최종 점수를 추론하도록 나 자신을 각성시킨다. 아무리 내 마음이 숫자의 좁다란 목록에서 벗어나 내 몸통의 넓은 공간으로 도망치고 싶어 할지라도.

나는 결코 임신이 끝나기를 원치 않는다. 우리는 수학의 규칙을 거스른다. 일 더하기 일은 일이다. 나는 나 자신이면서 나 자신이 아니다. 나는 2인분을 먹고 있다. 내가 이 또 하나의 생명과 맺는 관계는 내가 내 꿈과, 내 생각들과 맺는 관계와 다르지 않다. 내가 K나 친구들에게 말할 수 있는 그 꿈과 생각들은, 그러나 우리에게 똑같은 방식으로 하나의 목적이 될 수는 없다. 나는 평소보다 행복하다. 그럼에도 나는 자주 운다.

나는 빨리 임신이 끝나서 다시 나 자신을 정상적으로 느끼게 되었으면 좋겠다. 사랑하는 이를 껴안고, 다리도 꼬게 되었으면 좋겠다. 나는 예전 습관과 맞닥뜨릴 때마다, 내 앞에 튀어나온 내 몸에 의해 그 방법이 막혔음을 발견할 뿐이다—신발 끈을 묶으려고 몸을 숙일 때 내 허벅지에 얹히는 딴딴한 배, 현관문이 제대로 잠겼는지 확인하려고 돌릴 때 내 쪽에서부터 당겨지는 것.

이것은 감정들의 사치스러운 뒤엉킴이다.

내가 자란 곳의 연례 보트경기에는 크고 검은 보트 한 척이 있었다. 아마도 쾌속 범선이었을 그 배는 해상 수송 본부로 사용되었다. 뱃머리의 선수상은 풍만하고 몸매가 터질 듯한 여인상이었고 파스텔 색조로 칠해져 있었으며 앙가슴 부위는 칠이 벗겨져 있었다. 아이였던 나는 늘 그녀를 의식했는데, "저속하게" 처신하지 말라는 어머니의 경고를 비웃는 그 목조상이 나를 불편하게 만들었기 때문이다.

지금 나는 화물이 도착했음을 공표하는 옛날식 배의 뱃머리, 커다란 젖통을 드러낸 조각상의 정면과도 같다. 뱃일이 여전히 큰 사업이고 영국이 상업 제국으로 위풍당당했을 때로 돌아가면 이런 속담이 있다. '항해 중인 배와 커다란 배를 가진 여인은 흔히 볼 수 있는 최고로 멋진 두 가지이다.' 내 안에 든 것은 나날이 시시각각 커지고 있으며 나와 점점 분리되고 있다.

보트 경주가 끝나면, 우리는 미끄러운 막대 걷기와 불꽃놀이를 구경하고서 차를 마시러 와스 부인 집으로 돌아가곤 했다. 그녀는 나이가 지긋했고 엄격했고 생선 페이스트 샌드위치를 만들었다. 가느다란 창턱에 커다란 범선 한 척이 병 속에 들어가 놓여 있었다. 그것은 세 개의 정교한 돛대를 지녔고 거기에 하얀 돛이 걸려 있었다. 나는 그것이 오래전에 죽은 그녀의 남편—내 친구의 할아버지—이 만든 것이라고 생각했다. 어떻게 만들었는지는 전혀 알지 못했지만.

우리가 함께하는 시간이 가면 갈수록, 내가 병 안에 든 배를 만들어냈다는 것이 점점 두려워진다. 심장이 뛰는 순간순간 자신만의 의도를 지닌, 그 유리 안의 소리.

7.
출산이라는 것

기대기, 쭈그리기, 힘주기, 배우자나 어머니나 신 부르기, 숨헐떡이기, 잡아당기기, 밀어내기—출산한 사람은 진통하는 동안 출산을 기록하지 않는다. 이 일은 다른 사람들에 의해 기록—한 참을성 있는 아내의 남편이 작성한 일지, 산파의 장부에 달걀이나 버터로 지불받았다는 표기, 병원 파일의 신생아 검사 기록—될 수 있는데 그러한 진통은 반추해볼 이야깃거리를 남긴다. 그들은 기록할 수 없다. 이 출산은, 이 빛나는 단어는, 한 시인의 말을 빌리자면, 그 사건이 끝난 뒤에 묘사된다.[1]

모든 사건은 시작과 끝이 있으므로 여기에도 두 가지 순간이 있다. 우선, 밖은 깜깜한데 내 발 주위로 양수가 터져 쏟아진다. 나무 바닥에 퍼진 물웅덩이는 피나 얼룩이 없고 젖은 지푸라기처럼 살짝 농가 냄새가 난다. 내 얼굴이, 커튼 없는 유리창에 공포로 놀란 시선과 감정이 안 드러난 미소로, 창틀 격자에 의해 사분되어 비친다. 몇 킬로미터 떨어져 꽤 오랜 시간이 흐른 뒤에 다시 밖은 깜깜하고 나는 환한 방 안에 있다. 병원 창문을 쓱 쓸어보니 저 너머에 무거운 가운을 입은 형상들이 찬 밤공기에 기대고 있다. 건강한 신생아의 존재가 내 가슴을 따뜻하게 데운다. 조산사는 침대 발치를 정돈하고 있다.

출산의 두 장면도, 출산의 환경도 똑같지 않다. 어떤 진통은 며칠이 걸리고 어떤 진통은 몇 시간 걸린다. 어떤 출산은 강렬하고, 어떤 출산은 애증이 엇갈리고, 어떤 출산은 둘 다 해당된다. 사람들은 집에서, 특별한 오두막에서, 병원과 의원과 빈민 구호소에서 분만했고, 아니면 다소 의도된 다른 장소에서 분만했다. 자선가의 집 계단에서, 바람에 쌓인 눈 더미에서, 나무 뒤에서, 다리 옆에서, 택시 뒷좌석에 가로누워서, 수술대 위에서. 그들은 여성 친구들과 이웃들 사이에서, 의사와 조산사와 간호사에 둘러싸여, 배우자와 하녀와 여주인과 자매와 어머니들이 있는 가운데서 아이를 낳았다. 그들은 호흡을 가다듬느라 병에 입김을 불어 넣었고, 분만 의자나 다리를 넓게 벌려 몸무게를 지탱했다. 그들은 깔개 위에서 손과 무릎으로 분만했고, 신문지나 이끼 위에서 분만했고, 의식했든 못 했든 살균 장갑을 낀 손 위로 분만했다.

그러나 모든 출생은 어찌 되었든 하나의 광범위한 역사적 변화를 겪는데, 이것은 모든 출산에 해당되는 완만한 전환의 곡선이다. 그것은 가족과 이웃과 친구들 사이에서의 출산에서, 병원에서의 의학적 출산으로의 전환이다. 과거에 어떤 이들은 혼자서 또는 낯선 이들 사이에서 아이를 낳았고, 오늘날 어떤 이들은 집에서 출산하기를 선택했지만, 출산에 대한 지배적 맥락—어떤 환경에서든 우리가 참조하는 문화에 의해 유지되는 일련의 기대들—은 여성의 지식과 동료애라는 전통의 세계에서 기술과 전문지식이라는 의학의 세계로 결정적으로 바뀌었다. 의사들은 먼저 특권층 여성들의 집에 남성 산파로서, 그다음에 산부인과 의사로서 나타났다. 나중에는 진통하는 여성들이 병원으로 보내졌고, 삐삐 소리를 내는 장치들과 통증 완화 캐비닛과 하얀 시트로 둘러싸였다. 가장 최근에는 특히 20세기 후반 자연 분만 운동가들 덕분에, 인간의 온기와 산모의 경험에 대한 오래된 관심이 분만에 다시 들어와 엮이었다. 때로 현대의 출산은 생명을 보호하는 제왕절개 수술로 이루어지기도 하고, 공포나 근심거리가 되기도 하며, 때로 옛것과 새것의 관행이 뒤섞이는 양피지 복기지palimpsest가 되기도 한다.[2]

사건이 끝나고 산모는 그들에게 일어난 일을 이해하기 위해 그들이 아는 유추에 손을 뻗는다. 초기 진통은 스틴슨 비치의 작은 파도 같거나(최근 버클리에 사는 한 여성의 말), 녹색 등고선 지도의 급격한 내리막과 오르막 같다(한 동시대 시인의 말). 그 고통은 시뻘겋게 단 부지깽이와 같거나(20세기의 여성용 모자 제작자의 말), 골반에 둘러 박히는 정교한 전기 침 같다(20세기 초 한 사회과학자가 고통을 정신으로 따라가면서 한 표현). 분만은 고문대 위에서 마치 사지가 다른 것에 의해 떨어져 나가는 듯하다(17세기 청교도 상류층 여성이 종교적 순교자의 고난과 동일시하며 한 표현). 밀어낼 때는 눈사태를 일으키는 바람처럼 움직인다(다시 버클리 여성의 표현). 말 한 마리를 죽이는 것 같은 밤이었다(말이 아직도 주요 운송 수단이었던 시절 한 요크셔 여성의 표현). 질 분만에 관한 몇몇 통찰은 보편적으로 보인다. 아기 머리에 불 고리가 씌워진다. 이 모든 구절들은 이해하기 위한 안간힘이다. 단어들은 확실히 출산 이전과 과정의 경험을 구체적으로 묘사한다. 그리고 그 단어들은 회고하면서 손에 얻어진다. 하지만 출산 그 자체는 언제나 단어들을 뛰어넘는다. 규정하기 어렵고, 쉬이 충족되지 않고, 자아의 현존과 상실이 필요하다. 내 단어들은 이미 멀어지고 있다. 양수가 터져 이룬 작은 웅덩이가 내 발치에서 반짝거리고 처음에는 컵 받침 크기였던 것이 곧 정찬 접시만 해지면서 나는 출산을 빛나는 동사로 살게 된다.[3]

처음에는 집 주변을 어슬렁거리거나 토스트를 먹고 조용한 척하는 것 외에 딱히 할 일이 없다. 내가 사는 곳에는 자연 분만을 지원하는 크고 활발한 '출산 공동체'가 있다. 출산 강좌에서 우리를 지도하는 출산 상담사 몰리가 우리 집에 머물며 나를 돕기 위해 몇 시간 뒤 도착한다. 커피 냄새 괜찮아요? 그녀가 묻고 나는 고개를 끄덕인다. 나는 이제 사용되지 않을 콘서트 표 몇 장을 한 친구를 위해 봉투에 넣어둔다. 그러고는 그릇에서 사과 하나를 집어 들었다 도로 내려놓는다.

17세기 이스트 앵글리아에서는 산파와 출산에 경험이 풍부한 다른 여성들을 집집마다 찾아다니는 것은 멍청한 짓nidgeting이라 했다. 에식스의 작은 마을 얼스 콜른의 목사였던, 제인 조슬린의 남편은 아내의 이웃과 친구와 자매들과 어머니 등 열 명 내외의 여성들을 부르기 위해 이 집 저 집의 문을 두드렸을 수도 있었다. 수백 년 된 이 마을은 작은 평야와 산울타리들이 있는 시골에 위치했고 오리나무 숲과 습지도 있었다. 대부분의 오래된 숲은 중세 삼림지대를 제외하고는 빈약해진 지 오래였다. 우연히 들리는 억양들이 런던 말씨처럼 느껴지는 것은 이 마을이 런던과 도로로 연결되기 때문이었으며, 네덜란드 말씨처럼 느껴지기도 하는 것은 네덜란드인들이 실을 잣고 전 유럽에 수출할 옷감을 짜기 위해 이민해 들어왔기 때문이었다. 아마도 제인 조슬린은 길에서 목소리들을 들었을 것이다. 그리고 집 뒤쪽 부엌에서 양파나 마늘을 요리하는 냄새를 맡았을 것이다. 그 냄새는 고미다락의 사과나 홉 냄새, 갓 깎아낸 양모의 기름진 악취를 능가했다. 출산 장소로 바뀐 그 공간은 따뜻하고 어둡게 유지되었다. 여성들이 모여들면 두꺼운 커튼으로 빛과 공기를 차단했다. 열쇠 구멍은 가려졌다.[4]

그러한 출산의 장면은 침거나 의심의 장소였을지 모른다. 1640년대에 목사의 아내로서 제인 조슬린은 정직한 귀부인 유형의 여성이었다. 그녀의 아기침대는 세심하게 지원되었을 것이다. 고리, 끈, 매듭, 잠금장치, 버클은 거치적거리지 않도록 자상하게 치워졌을 것이다. 돕는 일손들은 익숙하고 배려할 줄 알았다. 운이 덜 좋은 여성들—가난한 여성, 미혼의 여성—은 들판이나 지역의 감옥에서, 아니면 여주인이 쏘아보는 아래에서 출산했을지도 모른다. 조슬린은 그런 한 여성에게 고통의 절정에서 아버지의 이름을 밝히라고 닦달하는 것을 봤을 수도 있다. 그녀는 자기 자신에게 죄와 심판의 날에 대해 손가락을 저으며 말했을지도 모른다. 한 가난한 어머니가 조슬린 자신이 아이를 낳는 방 한구석에 서서, 출산에 수반되는 잡일인 씻고 치우기라는 자기 역할을, 교구로부터 받았던 자선을 갚는 방식으로서 수행했을지도 모른다.

어쩌면 제인 조슬린은 첫 진통이 끝나갈 무렵, 남편의 기침 소리를 벽을 통해 들었을 것이다. 남자들은 출산에서 배제됐지만 목조 가옥의 벽은 얇고 구멍과 갈라짐 때문에 공간들이 있었다. 랠프 조슬린 같은 성직자들은 출산을 여성들이 준수해야 할 일로 보았다. 진통은 이브의 죄에 대한 신의 벌이었고, 그 심판의 회초리는 참을성 있게 감내해야 할 고통을 부과했다. 동시대의 다른 남성들은 방 안의 여성들이 섹스에 대해 농담하고 남성들을 판단하고 그들의 평판을 하찮게 여긴다고 상상했다. 그 자리의 여성들은 '가드십godsip' 또는 '가십gossip'으로 불렸는데, 이 단어는 다음 세기에 경멸적 의미의 잡담이라는 뜻을 갖게 되었다. 그럼에도 출산이 이뤄지는 방 내부에서 산파는 출산을 활동적인 일이자 여성의 힘든 노동으로 여겼다. 그녀와 가드십들은 제인의 기운을 북돋기 위해 말을 건네고, 향신료와 곡물로 걸쭉하게 만든 특별한 종류의 와인을 나누었다. 영양죽은 달콤하고 따뜻했으며 산모의 고통을 부드럽게 덜어주었다. 백합 기름은 산파의 손을 따뜻하고 부드럽게 만들었다. 촛불이 촛농 접시와 여성의 이마에 맺힌 땀에 반사됐다.

우리는 당장은 가만히 있지만, 진통이 있을 때마다 집이 조용해진다. 진통이 매번 요구하는 것은 나의 모든─무엇인가? 집중인가? 몰두일까? 아니면 회복인가? 공포는 구토를 유발하고 나는 이것을 못 해내겠다는 생각이 든다. 그리고 그렇게 큰 소리로도 말하지만, 저항은 도착하자마자 곧바로 떠난다. 이 움직이는 고통만큼 내 본의와 무관하게 일어난 일은 한 번도 없었다. 나는 그저 자리에 있어야 하고, 정신이 나가버릴 것 같고, 숨을 크게 쉴 뿐이다. 욕조라는 비좁은 한계는 거실의 공기로 대체되고 벽난로 위의 오래된 시계가 눈에 들어온다. 저 시계가 우리가 여기 들여왔을 때부터 안 가고 있었다는 걸 깨닫는다. 진작에 수리했어야 했는데……. 그러나 그 생각은 사라진다. 욕조 물은 진통이 올 때마다 퍼져가는 고통을 억누른다. K가 내 위로 물을 퍼붓는다. 한 번, 다섯 번, 서른 번, 수백 번. 그가 여기 있는 것이 전적으로 중요하다고 느끼지만 나를 압도하는 내부의 리듬에 비하면 또한 주변적이라고 느껴진다.

18세기 체로키족 여성들은 월경과 출산 때 특별한 오두막으로 칩거했다. 그들은 그 외딴 오두막을 오시osi라 불렀고, 마을의 일상적인 거주지에서 좀 떨어져 있는 그곳까지 걸어갔다. 그 안에선, 도자기나 옷을 만들고 요리하고 아이를 돌보는 통상적인 집안일들이 중단된다. 엮은 윗가지 위에 흙을 바른 오시의 초벽은 휴식하고 대화하기에 아주 유용했다. 그들은 어머니 옥수수Corn Mother, 그 최초의 여성의 피가 대지에 적셔져 생명을 주는 옥수수가 되었다는 이야기를 들었다. 그들은 올빼미와 거인들의 다른 이야기들, 또는 강에서 사고가 일어났을 때 호출할 수 있는 하얀 비버White Beaver 이야기를 들었다. 그들은 출산과 영적 힘을 연결시켰다.[5]

다우니 혹은 쿠알리유가라는 이름을 지닌 한 체로키족 여성은 잠시 난로 옆에 서 있었을지도 모른다. 아니면 의자를 붙잡고 바닥에서 무릎을 꿇었을지도 모른다. 아니면 무릎 위에 앉아 다른 여성이 그녀의 허리 주위를 잡아줬을지도 모른다. 그녀의 평상복—버팔로 털이나 사슴 가죽, 또는 삼나무와 오디나무 껍질로 짜인—은 걷어 올려졌다.

초반에 산모는 밖에서 남녀 치료 주술사가 오시의 동쪽 구석에서 서쪽 구석으로 주변을 걷는 소리를 들었을 수 있다. 남부 애팔래치아 산맥의 비옥한 계곡을 가로질러 가문비나무와 사탕단풍나무의 풍광이 펼쳐졌고 그곳에서 여성들은 농부였고 남성들은 사냥꾼이었다. 뾰족하게 깎은 막대와 돌 곡괭이가 괭이로 사용되었다. 큰까마귀로 알려진 나이 든 여성들은 알맹이가 굵고 단단한 옥수수가 자라는 외진 들판을 돌보면서 까마귀나 너구리나 다른 약탈자들을 감시했다. 들판으로부터 떨어진 곳에서 한 노모는 아들에게 활과 화살의 사용법을 가르치느라, 이끼 한 움큼이나 다른 부서지기 쉬운 것들을 공중으로 던져 그에게 맞추게 했을지도 모른다. 점토 그릇들은 연기 많이 나는 리기다소나무 불 위에 놓여 항아리들을 매끄럽고 검고 단단하게 만들었다. 기름과 꿀은 사슴 가죽 안에 보관되었다. 빵은 밤이나 콩이나 호박으로 채워졌다.

"사내아이야, 뛰어내리거라"라고 오시의 동쪽 구석에서, "계집아이야, 뛰어내리거라"라고 서쪽 구석에서 샤먼이 불렀을지도 모른다. 붉은 느릅나무 가지를 가져와, 아이를 놀라게 해서 산모 몸으로부터 대기 중인 이파리들 위로 뛰어내리게 하는 데 사용했다. 아니면 체리나무 껍질 우린 차의 훈훈한 내음을 산모의 콧구멍 가까이 갖다 댔다. 여성들의 말은 아기가 나오도록 달래는 것이 목표

110

였다. 달콤한 약속과 거짓 위협이 있었다. "우리 꼬마, 지금 당장 일어나. 늙은 아줌마 온다……. 들어봐! 빨리! 침대 갖고 도망치자!"

우리는 병원 주차장에서 특이한 트리오가 된다. 몰리와 K는 내 양쪽에서 똑바로 서 있고, 나는 넓게 휘청대는 걸음으로 그들의 손을 움켜잡고 있다. 바로 직전에 산 싸구려 남자 잠옷이 벌어진 코트 아래 삐져나온다. 진통은 시시각각 우리의 느릿한 진전을 중단시키고, 영하의 추위를 낯설게 거부하며 잠시 우리를 멈춰 세운다. 나는 추위를 감지하지도 못한다. 이것은 화려하고 동시에 너저분하다. 나는 젊음을 불살라버린 애석하게도 짧았던 그 시기에 한 레이브파티에 갔던 기억을 떠올린다. 엑스터시에 취하고 창고의 차가운 바닥과 낮은 기온을 의식하며 보안요원의 큼지막한 재킷만 입고 버티던 그때를 말이다. 콘크리트 주차장과 회색 병원 건물들이 오늘은 나를 위협하지 않는다. 출산으로 정신이 나갈 지경이다. 승강기 앞에서 또다시 정지하고, 분만실 밖에서 또 한 번 정지한다.

우리의 조산사는 대기하고 있다. 8센티미터의 확장. 출산 매뉴얼 대화의 이 중요한 알맹이가 실제 벌어지는 일로써 서서히 이해된다. 마치 학교 시험에 공부한 내용이 나온 것처럼. 방은 평이하고 편안하고, 또 다른 욕조에 물이 나오고 있다. 진통은 이제 더 빨라지고, 몰리는 진통이 지나갈 때마다 내게 말한다. 아주 잘하고 있어요. 그것을 굳이 다시 겪어낼 필요는 없다. 필요하면 산부인과 의사들이 도움을 줄 수 있다. 그러나 우리는 그들 없이 해내길 바란다.

나의 어머니가 당신 의사가 공격적으로 나왔다고 암시했던 것이나, 출산 수업이 의학적 개입이 폭포수와 같다고 주의를 준 것은 서로 맞아떨어졌다.

1930년대 미국 남동부의 백인 소작농 집에 들른 한 의사는 전형적으로 클로로포름을 가져왔으며 물을 끓이라고 주문했다. 그는 병원 산부인과의 결함—감염의 위협과 산모의 높은 사망률—에 대한 열띤 전문적 논쟁을 알았고, 산모는 거리와 비용을 알았다. 시골 교차로 잡화점들과 화이트채플, 그리고 담배 건조를 위해 진흙을 발라 만든 통나무 헛간의 평평한 조망 안에 병원은 거의 없었다. 칠하지 않은, 비막이 판자를 댄 단층집들이 붉은색과 회색의 토양으로부터 솟아 있었다. 시골의 전선들은 고속도로를 따라 설치됐다. 고기는 보통 일요일마다 리마 콩이나 양배추와 함께 나왔다.[6]

처음 아이를 낳는 경우 산모는 방이 네 개인 부모 집을 선택했을 것이다. 보통 연기로 얼룩진 자국이 남은 벽엔 등유 램프가 걸렸다. 부엌에는 난로가 있었을 것이고, 음식을 준비하고 먹을 식탁엔 기름 먹인 천을 덮어놓았을 것이고, 나무로 만든 저장고도 있었을 것이다. 침실과 거실을 겸하는 방에는 침대들과 재봉틀이 있었고, 아마도 벽난로 주변에는 의자 몇 개가 놓였을 것이다. 밀가루 포대들을 이어 붙여 만든 커튼들도 있었을지 모른다. 튤립 조화나 달력, 또는 수년 전부터 모아온 사진들이 경대를 장식했다. 찬장이나 옷장이 없어, 총과 손도끼와 옷들이 벽에 박힌 못에 걸려 있었다. 신발들은 종종 거울의 위쪽 모서리를 따라 굽 쪽으로 걸어놓았다. 과

일이나 야채를 담는 단지들은 부엌 벽을 따라 줄지어 있거나 침대 구석에 포개어 있었다. 1파인트 우유병에는 내년 농사를 위해 모아둔 담배 씨앗들이 저장되어 있었다.

보통 할머니granny로 알려진 경험 많은 이웃이 도왔다. 한 여성이 다른 사람에게서 구할 수 있는 모든 도움이 필요한 시대였다. 할머니는 물을 데우고, 고통을 덜어줄 클로로포름을 주었으며, 의사에게 물건을 건넸고, 산모가 힘을 줄 때 손을 잡아주었다. 출산이 힘들어지고 도구들이 필요하게 되면 부엌 식탁이 사용되었을 것이다. 수많은 종류의 겸자들이 있었다. 어쩌면 산모의 눈길은 접시를 뒤집어 따로따로 덮어놓은 음식 그릇들이나 할머니의 입가에 얼룩진 갈색 코담배에 붙잡혀 있었을지 모른다. 그녀는 살균제 병을 구해놨다는 것, 패드와 배꼽 붕대로 쓸 오래된 천들을 모아놓았다는 것에 안도했을 수도 있다. 큰 소리를 낼 수 있는 권한은 진통이 극도로 치달을 경우—진통이 예외적으로 길든 짧든—주어졌고, 고함을 내질러서는 안 되었다. 할머니들은, 고통으로 고함을 내지르면 진통을 처음부터 다시 시작해야 한다고, 혹은 너무 시끄럽거나 너무 자주 고함을 지르면 아기가 죽게 된다고까지 경고했다.

힘주는 것은 익숙해져야만 한다. 이것은 힘든 노동이다. 몹시 고되고 열정을 다해야 하는 노동이다. 병원의 조산사는 차분하게 이끌어가며 상식적으로 행동한다. 아기 주변으로 힘을 꽉 주세요. 아기 밀어내기가 이렇게 오래 걸린다는 것에 나는 놀란다. 한 시간, 두 시간, 세 시간. 몰리는 시계를 치워버린다. 나는 밀어내는 사이

사이 몸을 긴장시키고 다시 힘을 꽉 주기 전에 마치 잠들어버린 것처럼 정신을 놓는다. 왠지 기대하는 분위기다. 한 간호사가 태아용 모니터를 끌고 온다. 그녀는 모니터를 지켜보고 나를 닦아주고, 또 지켜보고 닦아준다. 확실친 않아도 어쩌면 약간 염려하는 분위기인 듯하지만, 나는 걱정하지 않는다. 나는 여전히 배 속에서 익숙한 발길질을 느낄 수 있다.

1949년 뉴욕에서 오티스 버거Otis Burger는 매번 진통을 멈추고 그것이 어떤 느낌인지 알고 싶어 했다. 내부에 완전히 새로운 감각을 갖는다는 것이 이상했다. 그녀는 출산이 고통스럽지 않아야 한다고 생각했던 영국 의사 그랜틀리 딕-리드Grantly Dick-Read를 읽고 있었다—그가 여성을 생물학으로 축소해서 이해하는 것은 맘에 들지 않았지만 그의 친절한 마음에는 감사하면서. 그녀의 공포는, 병원에서 발가벗겨져 어떤 유형의 표본이라도 된 듯 낯선 이들의 처분에 휘둘리는 그 느낌이었다. 남성 의사들은 잘난 체했다. 그들은, 모든 어려움은 어머니들의 마음에 있고, 출산은 어머니들이 그렇게 어리석은 호들갑을 떨기엔 지나치게 흔한 일이라고 생각하는 것 같았다.[7]

이렇게 교육을 많이 받은 여성이 사는 도시는 이동식 라디오와 수영복이 있고, 디저트 젤리와 빳빳한 옷에다, 방문판매원과 타자기가 있는 세계였다. 재즈가 로열 루스트 클럽에서 연주되고, 일광욕과 흡연이 안전하다고 여겨졌다. 가구를 갖춘 침실이 두 개 딸린 아파트가 750달러에 팔렸다. 오티스 버거의 어머니는 의술과 흰 가운을 입은 의사들에 대해 엄청난 믿음을 지녔다. 말괄량이 오티스가 아기들에 대해 아는 것이라고는 대학 동물학 수업에서 배운 것들이었다.

　오티스 버거는 출산의 시동을 걸기 위해 스카치위스키 네 잔을 들이켰다. 간호사가 면도해주었고 관장도 받았다. 분만실의 조명은 눈부시게 밝았다. 그녀가 힘을 주더라도 손목이 끈으로 묶였기에 살균 시트를 보호할 수 있었다. 허리 아래로는 소독제를 발라놨다. 고통을 경감시키기 위해 그녀에게 진통제 에테르를 주었고 다음엔 스코폴라민을 주었지만 받아들이지 않았다. 한 간호사는 그녀에게 빨간 머리 여성이 항상 아이를 빨리 낳는다고 말했다. 한 의사는 그녀에게 중세 여성들은 반드시 여성 산파들한테서 아이를 받았다며, 실제 분만을 보려고 여장한 채 숨어 들어갔던 최초의 의사는 결국 화형에 처해졌다고 말했다(이것은 사실이 아니다). 아기가 반쯤 나오자, 마스크를 낀 한 의료진이 아산화질소를 투여했고, 그녀는 20분간 '아웃' 상태가 됐다.

　아기의 머리 정수리를 느껴보세요, 조산사가 나에게 말한다. 크고 낯설어진 내 하체를 탐사해보는 이런 일은 전혀 계획해본 적이 없다. 거기에 있는 건 끈적끈적하고 단단하고, 작고 비스듬한 틈 뒤에서 앞뒤로 움직이고 있다. 그리고 할 일이 아직 남았다는, 어떤 벅찬, 도약하는 느낌을 준다. K는 얼굴이 상기되고 있다. 아기가 다시 발길질하고 나는 그 감각을 내 기억에 아로새기려고, 그 느낌을 내 안에 가만 놔두려고 애쓴다. 마침내 아기의 머리가 나타난다. 나는 여동생을 생각한다. 그녀의 첫 출산도 시차를 둔 두 차례의 밀어내기를 통해 이루어졌다. 눈을 휘둥그레 뜬 채 정지하고서 나는 마지막 밀어내기를 기다린다. 이윽고 팔다리가 한번 요동치고, 공중에서 개구리 발차기 끝에, 우리는 떨어진다. 사건이 막을 내린다. 하던 것이 갑자기 완전히 멈췄다.

이번 출산은 시간을 연달아 때려, 덩어리지고 울퉁불퉁하게 바꾸었다. 나는 시간과 장소로 튀어 돌아와, 다시 한번 이 방에, 이 동네에, 이 남성과 이 여성들과 있다. 몰리가 병원 시계를 다시 벽에 걸자, 1분은 60초로 돌아온다.

그렇게 여성은 정상적인 시간 안에서 그리고 그 시간 밖에서 출산한다. 그리고 아마도 그들의 최근의 과거는 다소 현재와 다를 바 없다고 느껴질지 모른다. 17세기 얼스 콜른의 제인 조슬린 같은 여성의 생각은 종교개혁 이전의 더 앞선 세대 쪽으로 흔들렸을 수도 있다. 그녀의 마을에서 더 이른 세대의 여성들은 성인들의 신성한 벨트의 도움이나 십자가의 성유물로, 또는 성모 마리아나 성 마거릿의 중재로 아이를 낳았다. 그 관습들은 종교개혁 시기에 각지의 베네딕토 수도원들과 함께 사라졌다.[8]

다우니 또는 쿠알리유가로 불리는 그 18세기 체로키족 여성은, 한 따뜻한 손이 태 배출을 위해 자신의 배를 문지르는 동안, 그녀 이전 세대들과 옛 전조들을 생각했는지도 모른다. 신생아가 그녀 아래에 놔둔 이파리들 위로 떨어질 때 가슴이 바닥 쪽을 향했다면 아이를 천으로 싸서 개울 안에 두어야 했다. 천이 잠겨 모든 불운을 가져가버리면 아기를 되찾아올 수 있었다. 애팔래치아 산맥의 체로키 마을 가까이 이사 온 기독교 선교사들은 그런 혈통과 전조들—어머니 옥수수의 다산성에 관한 이야기들을 포함하여—을 원죄와 예수의 고통에 대한 설명으로 단호히 대체했다. 브레이나드 파견지 근처의 우스터날루에서 다우니라 불린 그 여성은 백인과 결혼했다.

1930년대 미국 남동부의 백인 소작농의 여성들은 **자신들의** 어머니가 침대에 평평하게 눕는 것보다 항아리 위에 앉아 아이 낳기를 선호했다는 점을 기억해냈다. 이 어머니들은 불경기 전인 부모 세대의 더 좋은 시절, 담배 농사가 여전히 풍족한 생활을 가능하게 했던 시절에 대한 이야기, 또는 홀로 출산을 돌봐준 할머니 산파의 이야기에 마음을 빼앗겼을지도 모른다. 그런 할머니들은 운이 좋으면 태가 "한 권의 책처럼 빠져나온다"고 말하곤 했다. "할머니가 너를 고통 속에서 구해줄 거다"라고 한 어머니가 말했다. "산파가 […] 차 등을 가져다주었다. 그리고 그녀의 손으로 나를 도왔다"고 또 다른 어머니가 말했다. 이 지역들에서 할머니 산파는 흑인이든 백인이든 자궁의 수축을 "고통pains"이라 불렀고, 아기들이 "천천히 움직인다"고 상기시켰다. 종종 그들은 깊은 경험을 종교적 신념과 조화시켰다. "내가 당신한테 바라는 건 오직 마음을 진정하고 편히 갖는 거예요"라고 말하곤 했다. "나머지는 신에게 맡겨요. 그분이 하실 겁니다."

오티스 버거의 20세기 중반의 병원 출산 경험은 그녀가 19세기 소설을 통해 알게 된 것과 모순되었다. 소설 속에는 마취제도 해당 약품도 없었다. 그녀는 출산을 싫어하게 되리라, 부당하다고 느끼게 되리라 예상했고, 실제로 그렇게 되었다. 그녀는 또한 진보와 과학에 대한 우호적인 믿음이 있었다. 출산하고 며칠 지나 오티스는 필명으로, 직접 경험한 출산을 글로 옮겼다. 그렇게 함으로써 20여 년 동안 그녀 시대의 선구자가 되었다. 내밀하고 직접 경험한 출산 이야기는 자연 분만 운동과 제2의 물결 페미니즘과 어느 정도 함께 부상했다. 의학화되지 않은 출산의 회복, '선택'의 도래, 오래된 침묵의 거부가 다 같이 작동하여 공론화를 가능하게 했다.

변화의 곡선은 우리의 현재로 오자마자 더 빠르게 진행되는 듯하다. 여기 지금으로 하강할 때 빨라지는 화살처럼. 최근 세대의 아버지는 대기실과 복도에서 분만실로 들여졌다. 의사들이 미리 알리지 않고 분만실에 들어오는 일은 이제 더 이상 없다. 애타게 하는 아기의 엉덩이를 첫울음을 나오게 하려고 올려붙이던 것을 비롯한 병원의 이상한 관행들은, 불쑥 시작되었던 만큼 불쑥 사라졌다. 비의학적 출산을 지지하는 운동가들은 출산을 질병이 아닌, 여성의 삶의 한 사건으로 다시 상상했으며, 전문지식과 경험으로 이뤄진 예전의 방식을 찾아냈다. 동시에 진통제의 계승이 나타났다 사라졌다. 제왕절개 수술은 점점 더 흔해졌다. 병원들은 출산하는 성전환남성을 지지하는 정책을 개발했다.

12월의 이 긴 하루에 일어난 나의 출산 다음으로 이어진 며칠 몇 달 속에서, 출산 이야기는 아이의 이야기가 될 것이다. 우리는 이 아기가 단호하고 강렬하게, 몇 주 일찍 도착한 경위를 알게 될 것이고, 온갖 저울로 옮겨질 때마다 큰 소리로 저항하는 것을 알게 될 것이다. 우리는 이 사건의 가닥들을 가족이라는 의미망에 묶을 것이다. 지금, 출산 이야기는 제대로 모이지 않은 파편들로 존재한다. 창조의 신화도 접속의 신화도 없다. 우리는 단지 이 아기를 응시하고 있을 뿐이다.

8.
안녕, 아가

이렇게 어떤 사건은 이제 어떤 무엇이 되었다. 한 명의 갓난아기, 한 명의 자식이 되었다.

새로 태어난 아기를 바라볼 때 우리가 보는 것과 우리가 보았던 것은, 보는 이가 누구인지에 달려 있다. 현대의 조산사나 의사들은 일련의 생명 징후들에 초점을 맞춘다. 미심쩍어하는 아이 아버지는 자신과 닮은 점을 찾으려 할지도 모르고, 반면 불안한 어머니는 자신의 일탈이 드러나지 않길 바라면서 훑어볼지도 모른다. 간호사는 조심히 다뤄줘야 할 대상으로 볼 수 있다. 다급하게 도착한 성직자는 구원되어야 할 영혼을 볼지도 모른다. 대리모는 넘겨줘야 할 신생아로 볼 수 있다. 사람들은 종종 그들이 무엇을 보게 될 것인지 이미 알고 있다. 조상을 생각나게 하는 아이, 가족에 추가될 사랑스러운 아이, 교구의 한 피보호자, 그들이 기다린 남자아이나 여자아이, 미래의 왕이나 노예, 사생아, 고아, 입양아, 모계 혈통에 추가될 아이, 이모를 빼닮은 아이.

오티스 버거의 아기는 그녀가 아닌 병원 의료진이 먼저 보았다. 아산화질소가 다 사라졌는데도, 새로 엄마가 된 그녀는 개인 병실에서 날이 샐 때까지 소설책을 읽으며 잠도 들지 못한 채 누워 있었다. "나는 아기를 거의 볼 수 없었고 좀처럼 상상하기도 힘들었기에, 내가 여기에 있는 이유를 잊어버릴 뻔했다." 이러한 즉각적인 분리는 최근까지도 병원에서 흔한 관행이었다. 1967년 런던의 젊은 주부인 앤 오클리는 흰 가운을 입은 두 의대생이 자신을 등지고 서서 그녀의 우는 아기의 손가락과 발가락을 세고 있는 것을 보았다. 아기가 뭐 잘못되었나요?[1]

18세기 체로키족의 한 어머니는 갓난아기의 부드러운 숨구멍 근처를 만져봤을지도 모른다. 두개골의 최고점으로, 기억과 생명을 영원히 갖는 영혼이 머무는 그곳을. 아마도 그녀는 아이의 팔다리와 배 그리고 얼굴을 뚫어지게 바라봤을 것이다. 초벽 오두막 바깥에서 사람들이 이렇게 물었을 수도 있다. "아기가 활이야 체야?" "공막대기야 빵이야?"(이 아기가 사냥과 경기를 하게 되는 거야, 아니면 밀가루를 체에 걸러 빵을 만들게 되는 거야―남자아이야 여자아이야?) 보통은 남편이 태반을 가져다 묻었다. 오두막 안에서 남자아이는 표범 가죽으로, 여자아이는 사슴 가죽으로 둘러싸 미래의 역할을 구별시켜두었다.[2]

내가 본 것은 호르몬을 지닌 장밋빛이었다. 긴 자줏빛 발, 벌려진 팔다리와 튼튼한 가슴, 가느다란 선들로 얽힌 짙은 머리칼, 한쪽 귀에 든 허연 물질의 얼룩, 끌려 나온 빛나는 얼굴, 움푹 팬 턱. 탁 트인, 어두운색 기름 같은 눈동자가 나를 되돌아본다. 안녕, 아가.

선물처럼 주어진 한두 시간 동안 아이는 주위를 경계하는 듯하다. 이제 유유하게 주시하며, 스스로 낯선 공기로 숨 쉬고 있다. 자신이 바깥세상에 도착했음을 완전히 깨닫기까지 며칠간은 이것에 매달리게 되리라. 그는 무엇을 할지 아는 것처럼, 내 젖꼭지를 꽉 물다가 이내 빰을 내게서 돌려버린다. 그는 푸릇하게 멍든 듯한, 아주 얇은 눈꺼풀을 감고는 잠든다. 입을 O자 모양으로 하고 주먹으로 입술 끝을 건드린 채로. 특별하고도 지극한 행복감이 밀려온다.

병원 직원들이 드나든다. 아기 포대기는 이렇게 싸는 겁니다. 아기는 퍼스펙스 아기침대에서 자야 했다. 그것은 훌륭한 잠금장치였다. 청력 테스트는 내일 오후 2시에 있을 겁니다. 나를 겸허하게 만드는 장치들과 작은 공포가 욕실에서 기다린다. 붕대를 버리는 엄청난 크기의 스윙 휴지통. 발밑의 피투성이 타일 바닥. 응급용 도르래. 나는 최고의 기쁨과 최고의 겸허함을 동시에 느낀다. 얼른 집으로 돌아가 일상으로 돌아가기를 진심으로 고대한다.

아이의 손목에 '놋 씨네 남자아기'라는 라벨이 붙여진다. 마치 우리가 아직 아이 이름을 확정하지 못한 듯. 그리고 우리의 손목에도 이름 팔찌가 둘린다. 거기에는 병원이 이제 막 한 아기와 부모를 만들었음을 나타내는 바코드가 새겨 있다. 출생증명서를 위한 서류가 나온다.

K와 나는 아기 이름을 두고 이미 실랑이를 벌였다. 이름들이 전부 어느 정도, 성의 모양이나 학교에서 놀림 받을 이름이나 영화

주인공 이름이나 흔해 빠진 이름에서 나온 것처럼 들렸다. 여자아이 이름은 쉽게 나오는데 남자아이 이름은 그렇지 않았다. 어느 날 오후 차 안에서 안전벨트가 내 날카로워진 신경만큼이나 꽉 조여오는데, 그가 괜찮은 이름 네 개를 죽 부르고서, 내가 별로 좋아하지 않을 만한 이름 하나를 덧붙였다. 아니다 싶은 것으로 시작하자고 나는 강력히 주장했고—그것이 이름이 되었다. 이제 주차장에서 나온 이름이 우리의 이 새로운 현재로 들어오고 꽤 잘 맞는 것 같다.

이름에는 수많은 의도가 들어 있다. 어른들은 그저 우발적으로 자기네들 이름을 지었다. 엘리자베스 하월Elizabeth Howell, 존 파월John Powell, 새뮤얼 스티븐스Samuel Stephens 가 그렇게 지어졌다. 18세기 후반의 이 필라델피아인들은 자기네 도시의 자유 흑인 공동체의 첫 세대에 속했다. 노예제하에서 엘리자베스 하월은 수재나였다. 존 파월은 잭이었다. 새뮤얼 스티븐스는 제이미였는데 자메이카를 줄여 부른 것이었다. 노예 소유주들은 성姓을 가지고 걱정하지 않았다. 그들의 장부에는 베티나 벤 같은 간단한 형태의 이름들이 가득했다. 미국 독립전쟁 중에 도주하거나, 노예의 단계적 해방을 명시했던 펜실베이니아주의 특별 규정을 통해 소유주로부터 자유로워진 이전의 노예들은 자신에게 스스로 새로운 성과 새로운 이름을 부여했다. 윌리엄 트러스티William Trusty, 제임스 존스James Jones. 그들은 글로 된 흔적을 거의 남기지 않았지만, 그들의 결정은 항구 도시의 법적 기록, 세금 목록, 세례명부, 인구조사에 남겨졌다.[3]

견고하고 적절하게. 이러한 새 이름들은 노예로 사는 것과 백인 지배 사회에서 독립된 미래를 개척하는 것 사이에 날카로운 선을 아로새겼다. 프리먼Freeman과 뉴먼Newman은 그들의 결심을 분명하게 보여주는 선택된 성들에 속했다. 자유 흑인 필라델피아인들이 거부한 많은 이름들은 대부분 식민지 주인이 지은 이름으로 노예제와 연관되었다. 즉 커피Cuffee나 캐조Cajoe (아프리카의 요일 명을 본딴 이름), 카토Cato와 카이사르Caesar (고대 로마에서 온 이름), 글래스고Glasgow와 브리스톨Bristol 혹은 자메이카Jamaica (농장주의 사업 지역명), 비너스Venus나 미스테이크Mistake나 무디Moody (모두 위험하거나 경멸적인 의미를 담은 이름)는 거부되었다. 수재나에서 엘리자베스 하월 등으로 이름을 바꾼 이들도, 새로 태어난 아기에게 이름 지어주는 것이 더 일상적인 일이 되자 똑같이 그렇게 했다.

"임신으로 배가 부르고 출산이 임박한 시기에 있던" 때 "마지막 영국 부대가 있던" 도시에서 도망쳐 자유를 찾고자 했던 스무 살 여성 다이너Dinah에게 무슨 일이 일어났을지 우리는 알 수 없다. 아이는 무사히 태어났을까? 그리고 그녀는 자신과 아이에게 어떻게 이름을 지어주었을까? 필라델피아를 터전으로 삼았던 자유 흑인들은 그들의 새로운 성과 아기 이름을 자주, 자유, 지역 교회와 연결하여 세심하게 조합했다. 경제적으로 비교적 안정됐던 자유 흑인 중 샬럿Charlotte과 제임스 포튼James Forten은 이름 짓기로 지역 자선가와 사업가들을 자신들의 가족에 주의 깊게 엮어 넣었다. 로버트 브리지스1813, 세라 루이자1814, 메리 이사벨라1815 등의 이름은 그들의 백인 자선가인 로버트 브리지스Robert Bridges의 가족 중에도 나온다. 토머스 윌리스 프랜시스 포튼Thomas Willis Francis Forten은 친할아버지와 지역 상인 양쪽 모두에게 고개를 숙였다. 이 아기가 네개의 이름으로 세례를 받은 곳에서 다이너나 수재나 같은 이들은 오직 한 이름으로만 세례를 받았었다. 이름 짓기는 흥분되는 일이될 수 있고, 아이나 가족이 급속도로 변하는 세상에서 자신의 길을 찾는 데 도움을 줄 수 있다.

의도는 더 일상적인 배경, 가령 뚜렷한 유동성이 덜하고 나눠가질 몫이 더 적은 곳에도 흘러 들어간다. 20세기 말 스코틀랜드의 동부 서덜랜드에 어부들이 모여 살던 작은 마을의 경우, 이름들은 반복되고 오로지 세 개의 성들이 대부분의 성을 만들었다. 수많은 휴 맥도널드나 존 서덜랜드가 있었다. 어부의 아내들은 대가족을 낳았고 그 안에서 아기들의 이름은 조부모의 이름을 따다 지었다. 보통 부모들이 번갈아 이름을 지었다. 아버지가 첫 아이에게 이름을 주면, 어머니가 둘째 아이에게 이름을 주었다. 모든 가족에, 가장 많이 쓰이는 이름을 가진 남자아이와 여자아이가 적어도 한 명씩 있었다. 이렇게 이름 짓는 관습은 촘촘하게 엮인 공동체 내에서 섬세한 미로 같은 연결들을 만들어냈다. 공유된 이름은 육지의 가족들을, 나쁜 날씨가 끊이지 않는 북해에서 청어 떼 사이를 오가는 어부들에게 묶어줄 수 있었다. 동부 서덜랜드의 어촌들은 휴 맥도널드와 존 서덜랜드가 여럿 되는 문제를 "어부 아이" 별칭을 지어주어 해결했다. 그것은 그들을 직접 호칭하진 않을지라도 그들을 언급할 때 사용하는 별명이었다.[4]

이 스코틀랜드인들과 같은 시대를 사는 텍사스 변경지역의 세미놀족 흑인들도 의도적으로 이름들을 반복했다. 여러 가지 관습들이 같은 이름을 계속 사용하게 만들었다. 친척 이름을 따다 짓는 것은 그 관습 중 하나였다. 에스더 팩터의 아들은 자기 아버지와 똑같이 하디로 불렸다. 이름과 성을 서로 교환하여 쓰는 것도 또 다른 관습이었는데, 남자 이름과 여자 이름을 뒤바꾸기 위한 것이었다. 클라라 딕슨의 아들은 딕슨이란 이름을 받았다. 이 공유된 이름들은 아프리카에서 플로리다로 퍼져 간 세미놀족 흑인의 문화유산을 텍사스까지 확장시켰다. 과거는 사용 가능한 것이 되었다. 비슷한 이름을 지닌 사람들을 구별하기 위해 텍사스주의 세미놀족은 그들이 바구니를 부를 때 사용한 이름들을 썼다. 전적으로 대체 이름이었으며 그중 많은 이름들이 아프리카 문화유산에 대한 존경을 담았다. 사람들을 구별해서 말할 수 있게 되면 동부 서덜랜드 마을에서처럼 텍사스 변경지역에서도 한 사회의 수레바퀴가 굴러가게 된다. 이름들은 소통과 사회적 의미들로, 개인의 희망과 역사적 사건들로, 삶에 대한 태도들로, 문화적 가치들로 가득 차 있다.[5]

아기는 말을 모르는 새로운 존재이고, 어떤 종류의 이름이든 형식적으로 보인다. 안녕, 아가. 나는 M이 그의 눈을 뜰 때마다 내가 이 말을 반복하고 있음을 깨닫는다. 마치 그가 사회적 실존에 들여진 것을 환영하고 그의 도착을 다시 알리듯. 안녕, 아가.

사건들은 무언가들이 된다. 그러나 사건들은 언제나 어수선하다. 의례는 그것들을 담고자 하지만—왕의 대관식, 판사의 임명장—사건 전후로 말끔한 것은 거의 없다. 출산에 있어서도.

안에서 밖으로의 이동, 임신에서 모성으로의 이동은 내 기대보다 덜 상쾌하다. 간신히 조금씩 이동할 뿐. 임신 말기에 몰입한 동안 나는 아기가 태어나면 신체적 분리와 더불어 다소 반길 만한 자율성이 시작되리라 생각했고, 내가 더 쉽게 인지할 수 있는 거리를 아기도 받아들이게 되리라 생각했다. 바깥에서 보면 출산은 한 몸이 다른 몸을 떠나는 것으로 보이며, 극도의 통합이 극도의 분리로 이어지는 것으로 보인다. ("당신 아기는 3.2킬로그램입니다.") 그러나 자세히 보면 다르게 나타나기 시작한다. 내가 안에서부터 인식하는 개구리 발차기. 아기가 마치 경건한 안식에 든 성직자처럼 팔을 가슴에다 엑스 자로 엇갈려놓은 채 잠들어 있을 때 나는 수많은 밀어내기 시간을 설명하는 듯한 그 불편한 자세를 생각하게 된다. (내게 이 경건한 자세는 거만해 보이고, 더 안 좋게 표현하자면 장례식에 맞는 자세처럼 보이지만, 감히 큰 소리로 말하진 않는다.) 그는 내 살갗 옆에서만 만족한다.

출산하는 여성들이 대거 병원으로 들어갔던 1920년대와 1930년대 이래로, 병원은 출산의 끝을 장식하는 의례들을 종종 제공했다. 20세기 말의 마지막 20년 동안 영국인에게는 국립보건기구의 조산사가 병원의 현관 계단으로 아기를 데려와 아버지에게 건네는 것이 관습이었다. 나이지리아 이민자 부치 에메체타Buchi Emecheta는 병원을 떠나기 딱 한 시간 전을 다음과 같이 묘사했다. 1960년대 병원의 크고 개방적인 산모 병동은 잠옷과 카드를 비교하는 젊은 어머니들로 가득했고, 떠나면서 아기에게 배내옷을 처음 입혀 새 숄에 감싸면 모두 아기가 얼마나 멋져 보이는지 감탄하고 칭찬

했다. 에메체타의 자전적 소설에서 젊은 이민자 어머니는 간호사가 아기를 주변에 보여주는 동안 모든 여성들이 그녀의 가난과 새까만 피부를 비웃는다고 상상하면서 복도에 숨어버린다. 산모 병동은 새로 어머니가 된 이들이 2주간 머물면서 서로 친구가 되는 동료애의 장소가 될 수 있었다. (그녀는 영국이 완전한 사회복지를 지원했을 때 그러했다고 언급한다). 그러나 병동이 고립의 장소일 수도 있었다. 여성들이 다정하다 해도 그녀는 잘못된 피부색을 지닌 사람이고, 숄은 많이 사용해 낡은 것이다. 스무 살의 여성에게 새 숄을 갖추지 못했다는 것은 세상의 끝과 같다.[6]

나는 휠체어에 태워져 이 마지막 의식의 주인을 등진 채 옆문으로 이송된다. 병원 인부의 푸른 옷들이 움직이는 것이 보이지만 아기의 얼굴은 보이지 않는다. 문이 찬 공기의 돌풍에 홱 열리자 나는 휠체어를 타게 된 이유가 궁금해진다. 다른 끝에서 우리를 맞이할 병원 관계자는 누구일까? 내가 걸으면 안 되나? 아기는 저보다 훨씬 큰 카시트로 구겨져 들어가고 나는 엄마로서 첫 걱정을 K에게 소리 내어 말한다. 아기가 감기 걸리지 않을까? 담요 한 장 더 덮어줘야 하지 않을까? 왜 더 따뜻한 옷을 가져올 생각을 못 했을까? 선물을 주는 이는 우리보다 더 멀리 내다봤다. 감사하게도 카시트 덮개가 있었다.

엄마의 걱정은 엄청나게 많다. 나는 걱정이 많은 사람이 아니다. 어쨌든 평소엔 아니다.

9.

눈물과 일화들

아기가 울고 있다. 엄청난, 솟구치는 울음이 방을 채운다. 그 울음이 나를 쥐어뜯는다. 나는 아기를 안고 등을 두드려주고 내 침실 옆 복도를 왔다 갔다 하면서 진정시킨다. 울음소리는 좁은 벽 사이에서 튕겨 나와 내게로 스며든다. 임신이라는 촉각의 조용함 이후, 너무도 많은 소음이 있다.

아기의 울음은 정확히 어떻게 들리는가? 초반기 모성에 대한 회고록을 세기 초에 집필한 더블린의 작가 앤 엔라이트Anne Enright 는 아기의 울음소리를 또렷이 발음하는 데 세 페이지나—세상에 무려 세 페이지나—할애했다. ㅎ-ㅏ-ㄴ-ㅏ-ㅇ. ㅎ-ㅏ-ㄴ-ㅏ-ㅇ. 하낭. 6백 '단어'. 그렇게 세 페이지를 꽉 채우고서야 울음이 완전히 멈추었다.[1]

엔라이트의 도전은 소리를 텍스트로, 페이지 위에 일련의 문자로, 검은색과 흰색으로 전환하는 것이었다. 그녀의 딜레마는 끈

질기게 이어지는 울음이, 항상은 아니더라도 종종 일으키는 작용, 즉 다른 모든 것을 몰아내는 작용이었다.

갓난아기의 울음이 어떻게 들렸냐고? 그것은 좀 시시한 질문이다. 아기들은 운다. 때때로, 지금처럼, 엄청 울어댄다.

그러나 곧 밝혀지다시피, 갓난아기의 울음소리가 어떻게 들리느냐는 역사적 환경과 분리될 수 없다. 어떤 울음은 1900년 캘리포니아의 아줌마에게 길고 얇은 훌쩍거림을 지닌 스코틀랜드 백파이프 소리로 들렸을 수 있다. 1940년대 맨해튼에서 새로이 엄마가 된 이에게는 작은 뿔피리 소리로 들렸을 수도 있다. 또한 1930년대 오지브와족에게는 선조들이 사냥하던 땅의 보호구역에 살던 빨간머리 논병아리 소리로 들렸을지도 모른다. 논병아리는 혈기왕성하고 거친 새로, 크기는 오리쯤 된다. 아기의 "가련하고 거친 신음"이 딱 그렇게 들렸을지도 모른다. 울음이 어떻게 들리느냐는 평소 흔히 듣는 것이 무엇인가에 달렸다.[2]

또는 아기에 대한 생각에 따라 울음이 다르게 들리기도 한다. 17세기 영국에서 또렷하고 우렁찬 갓난아기의 울음소리는 아기가 자궁의 습기와 분비물을 떨쳐내고 있다는 반길 만한 징조였다. 비록 격렬한 울음은 우려를 불러일으켰지만 말이다. 맹렬한 울음은 아기의 연약한 뼈에 부담을 준다고 여겨졌다. 50여 년 전 노팅엄의 마을에서 많은 어머니들은 작은 아기들이 그저 무언가 필요해서 운다고 생각했다. 어떤 이들은 아기가 다분히 의도적이고 교활하기까지 하다며 진짜 울음과 단지 "기술적인" 울음을 구별했다. 한 경비원의 지쳐버린 아내에 따르면, "아기들은 아주 노련해져서 당신이 계속 [계단을] 왔다 갔다 뛰어다니리라는 것을 알게 되고선 그 짓을 더 하고, 그러고서 멈추고는 당신을 비웃는다."[3]

어떤 울음은 고통에 대한 생각에 좌우되기도 한다. 대체로 18세기와 19세기 초까지도 서구 의사들 사이에서 통용된 생각은 갓난아기들이 자극에 매우 민감하다는 것이었다. 이는 1870년대에 변화하여, 많은 과학자들과 임상의들이 갓난아기들이 고통에 거의 무감각함을 주장했다. 그 생각은 1980년대에야 틀렸다는 것이 확실히 입증되었다. 아기 돌보는 이들은 정말 그것을 믿었을까?[4]

어떤 울음은 어떤 소리 그 이상이기도 하다. 18세기의 편지 작가들 사이에는 "짜증 나는" 울음이 있었고, 20세기 초반의 한 기록에는 "척추를 부서뜨리는" 울음이 있었다. 이렇게 울음은 돌보는 이와 아기 사이의 말끔한 경계를 훌쩍 뛰어넘는, 그리고 오감의 엄중한 분리를 밀고 당기는 육체적 특질을 가질 수 있다. 어떤 울음은 단지 소리 이상의 것으로 느껴질 수도 있다. 울음은 만질 수도 있다.[5]

또 어떤 울음은 지역의 인구통계에 좌우되기도 한다. 시끄럽고 건강한 아이들의 소리가 "아픈 아이의 귀청을 찢는 울음"보다 "견디기 낫다"고 유아사망률이 높았던 1801년에 에스더 콕스는 말했다. 아기의 울음소리는 매사추세츠에서 열 명의 아이들과 문중 대가족을 이뤘던 로이스 라컴에게, 확실히 그녀의 딸 에멀라인에게 들리던 것과 다르게 들렸다. 1852년 봄까지 에멀라인의 여섯 아이 중 네 아이가 서부 변경의 채 완성되지 못한 오두막에서 사망했다.[6]

어떤 울음은 상황에 적절치 않은 성가신 소리가 될 수도 있다. 한 영국 여성은 1620년 "신도 전체에 대단히 모욕적이게도 정서가 몹시 불안한 아이를 교회에" 데려왔다는 이유로 노팅엄의 교회 법정에 세워졌다. 기록에 따르면 그 교구 목사는 "모욕적인 소음"으로 자기 얘기를 전달할 수 없었다. 노예였던 남부의 한 아버지는 "아기가 울 때 줄 설탕물 병을 따뜻하게 두기 위해 자기 셔츠 안에 넣고 다녔다." 로라 클라크는 앨라배마의 한 농장에서 노예 아이였을 때, 노예 여성들이 아이들을 "조용히 시키기 위해" 사탕을 주곤 했다고 회상했다. 남북 전쟁이 터지기 전 켄터키주 루이빌의 한 감옥에서 앤지 킹은 그녀의 아기가 울음을 멈추지 않으면 "아기 머리통을 벽에다 처박겠다"는 술 취한 백인 여성의 협박 때문에 아기를 안고 밤새도록 걸어 다녔다. 킹은 다음날 자신의 "자유 문서"를 만들어, 교도소장에게 남편이 그녀의 자유를 노예제로부터 사들였다고 입증했다.[7]

사우스다코타주에서 파인 리지의 "전통적" 방법을 따르는 20세기 말의 오그랄라족 여성들은, 아기가 울기 시작하면 손을 아기의 입과 코에 올려놓아 조심해서 숨을 막아주면서 "동시에 아기가 놀라지 않게 부드럽게 노래를 불러주었다." 아기가 버둥거리면 놓아주었다. 이것은 조용히 시키기 위한 훈련이었다. 아기들은 우는 소리가 사냥감을 겁주어 사냥을 망쳐버릴 경우를 대비해 울지 않는 법을 배워야만 했다.[8]

예전에 고요하던 내 방 옆 복도에서 아기의 울음은 반복되는 후렴구이고, 가사 없는 노래이고, 말 없는 설교이다. 나는 이 소리에 귀 기울이고, 이 소리를 해석하고, 위로하며, 역사 속에 자리매김한다. 얇은 백파이프. 논병아리 우는 소리. 하낭, 하낭. 울음소리는 날것, 쏟아져나오는 어떤 타고난 것이다. 동시에 이 소리는, 얼핏 자연적으로 보이는 것이 오직 문화를 통해서만 파악된다는 사실을 증언한다. 자연과 문화는 용어만 다를 뿐 똑같은 것을 가리키는 것일 수 있다. 우리의 역사적 상황 밖에선, 사건과 공간과 개인의 독특함과 특수성 밖에선 어떤 소리도 들리지 않고 포착되지 않고 이해되지 않는다. 나는 그 생각이 위안이 됨을 느낀다. 인위적인 보편성을 거부하게 된다.

나도 울음이 멈췄으면 좋겠다. 우리가 어떻게 아기를 그 자신의 힘으로 되돌릴지 알았더라면 더 쉽게 위안받았을 텐데. 나의 대모들인, 은퇴한 런던 간호사로 함께 사는 마거릿과 베티, 그 20세기 의학계의 맹렬한 충실 일꾼들은 우는 것이 아기에게 좋다고 말한다. 그러나 내가 보기엔 그렇지 않은 것 같다.

샤워기에서 쏟아지는 물이 일시적인 고요함을 만든다. 나의 텅 빈 배는 축 늘어지고 보기 흉하고, 관심을 받지 못한다. 임신에 대한 호기심이 시들해지는 가운데 피는 혈관을 따라 순환한다. 울음을 듣는 것과 마찬가지로, 임신한다는 것도 몸과 문화를 형성했다. 수치와 자부심으로 이뤄지고, 무시되거나 축하받고, 옷과 말로 모양새를 갖는다. 느슨해진 코르셋, 헐거워지거나 들어 올려진 앞치마, 감촉에 대한 비유, 성별이나 크기에 대한 완곡한 표현, 기대의 감정, 기술의 도래, 바라보거나 쳐다보거나 어떤 것을 먹는 것에 대한 금기 등.

한 아기는 언제나 일종의 새로운 시작이다. 이제 나의 상태, 우리의 상태는 분리되어 있다. 거의. 아마도. 나의 정돈된 자율성, 피부로 싸인 내 확고한 테두리가 녹아버렸다. 근대 초기의 하얀 피처럼, 방울진 젖이 내 가슴에서 흘러나와 내 배의 거들떠보지 않는 무인의 천막을 따라간다. 그 방울들은 합쳐졌다가 샤워기 물에 사라진다. 온수 온도를 좀 낮추면 조산사 말대로 이 창백한 탈주를 멈출 수 있을지 모른다.

아이의 울음은 모든 생각을 멈추게 하고 내 마음을 끌어당긴다. 나는 몰리의 출산 강좌를 생각한다. 우리가 아기 인형을 편안하게 안는 다양한 법을 연습해보면서 다른 사람과 인형을 어떻게 주고받았는지, 그 초보자의 일들을 떠올리고는 어리석고 추상적이라고 느낀다. 지금, 나는 심지어 옷도 챙겨 입기 전인데도 묻는다. 배고프니? 피곤하니? 울음은 모든 다른 것들을 불연속적으로 만든다.

불연속성은 오늘날의 아기뿐 아니라 과거의 신생아 보살핌에 대해 알려진 기록에서도 발견되는 사실이다. 정치사학자가 되어 국회나 의회의 의사록 사료들을 검색해보면, 정치 연설에 대한 다소 연속적인 기록을 찾을 수 있을 것이다. 그러나 작은 아이와 살면서 돌보는 것에 대한 기록의 사료를 검색해보면—열심히 찾고 또한 어딜 찾아봐야 할지 안다는 조건에서—거대하면서도 대단히 단편적이고 불완전한 기록들을 발견할 것이다.

내가 출산 전에 발견한 아기의 울음 듣기에 대한 빈약한 자료 조각들의 출처는 이를테면 원주민 보호구역의 오지브와족이나 오그랄라족 원주민을 대상으로 한 인류학자들의 인터뷰, 출판된 일기에 등장하는 개별적 언급, 정부 후원으로 이루어진 노예화되었다 풀려난 남녀와의 인터뷰에서 어쩌다 튀어나온 한두 문장, 얼마 안 되는 필사본 편지, 17세기 교회 법정 기록이었다.

모아들이고 가만 생각해보면 이것은 기껏해야 일화 구성의 바탕이 될 수 있는 기록보관소이다. 심지어 과거의 영국인과 미국인 중에서 가장 수다스럽고 문자해독력이 가장 높았던 이들―18세기에서 20세기까지 수십만 통의 주고받을 편지를 써낸 특혜받은 백인 중산층과 엘리트계층―조차 일상적 아기 돌봄의 자세한 내용에 대해서는 거의 쓰지 않았다. 조지 왕조 시대 여성들에 대한 전문 역사가는 "여기 있는 증거들은 가장 파편적인 상태에 있다"라고 지적한다.[9]

일화들을 이야기한다는 것은 내가 보기에, 대문자 H로 시작하는 역사―노예제도, 산업화 부상, 혁명적 이데올로기―와 아이와의 삶을 다룬 지극히 평범한 사안들 사이를 오가는 특별히 강력한 수단이다. 일화들은 아이와 함께하는 것을 조명하는 다양한 장면이나 언급이나 대상들을 해석할 드문 기회를 제공한다. 설사 연속적인 자료가 없고, 남겨진 빈약한 기록의 흔적이 통상적으로 별로 중요하지 않거나 사소해 보일지라도 말이다. 일화들은 '그것은 어떤 것이었는가' 묻기를 계속할 유일한 수단이다.

일화들에 대해선, 철저하게 일상적이고 평범하고, 더 광범위한 관점으로부터 숨겨진 것에 근접하게 잘라야 한다. 오늘날에도 아기 돌보기의 경험들이 일상적으로 수면으로 올라오는 것―이야기로 서로 주고받게 되는 것은 일화들을 통해서다. "내가 겨우 애를 재우려는데 우체부가 벨을 누르는 거야. 그러고서 종일 애가 보챘지." 또는 "그 애는 **이런** 유동식을 더 잘 먹어." 또는 "내가 너무 피곤해서 빨간불인데도 차를 직진해버렸어." 일화들은 사소함과 중요성을 함께 지니고 있고 어떻게든 그것들을 똑같은 것으로 표명한다. 바로 여기, 바로 지금, 그것들이 있다.

K와 내가 공유한 기본적인 일화들은 눈물이 무엇을 뜻하는지, 또는 무엇이 그것을 멈추게 하는지 설명해준다. 저건 배고프다는 울음이야. 기억해, 어제 그때……? 저것은 피곤해서야. 저건 과도한 자극 때문이야. 자기네 아기가 "정말로 착한 아기이고—우는 아기 옆에서 내가 어쩌했는지는 모르겠다"며 만족해하던 1970년대런던 사람과 우리가 함께 있지 않다는 사실을 나는 알아차린다. 우리 아기는 정말 많이 운다. 그러나 나는 이미 이 아이의 결정을 흠모하는 사람이며, 어떤 비평가 앞에서도 이 아이의 충실한 옹호자이다. 시대에 발맞춰가며 기쁘게 안도하며 우리는 나쁜 아기 같은 건 세상에 없다고 서로에게 선언한다.[10]

때때로 눈물과 찡그린 얼굴이 우리 아기의 원래 상태처럼 보인다. 그는 언제나 울면서 깬다. 북아메리카 평원의 라코타족 연설가들이 계승하는 한 동사가 있다는 걸 알았다. "징징대다whine, 훌쩍이다whimper, 이것은 아이가 처음 걷기 시작할 때, 그리고 엄마가 필요할 때 우는 것과 비슷하다." 나는 내가 들은 바와 인식한 바를, 그리고 돌봄을 어떻게 느끼는지를 묘사할 어휘들을 구한다. 때로는 과거에 대한 앎이, 말해질 수 있는 것을 확장한다.[11]

아이가 깨지 않게 조심해서 걷는다. 그리고 이해하려고 최선을 다한다. M의 눈물은 기세가 커지기 전엔, 새끼고양이 같고 가냘프다. 그 울음은 그의 것이기도 하지만 나의 것이기도 하다. 나는 행복하면서 슬프고, 슬프면서 행복하고, 종종 나 자신이 생각하는 것을 듣지 못한다.

10.

산후조리 시기

한 달. 6주. 혹은 겨우 한 주나 열흘일 수도 있다. 다양한 기간이 산모의 회복과 아이 양육을 위해 할당된다. 연속성이 끊긴 치열한 초반기인 이 기간에 신생아를 살아 있도록 유지해야 한다. 때로는 친척이, 하인들이, 양부모들이 산모 주변에 있거나, 산모를 돕거나 대신하여 날짜를 헤아린다.

산후조리 기간을 갖는 것은 회복기를 위해 하나의 지정된 사항이었다. 또는 자리에 좀 누웠다가 나중에 일어나라고 했다. 사람들은 그 시간을 어떻게 세고 어떤 이름을 붙였을까? 그리고 그 날짜 세기에 무엇이 엮여 들어가고, 이 새로운 종류의 계산에 무엇이 덧붙여질까?

1월의 어두운 우리 집에서 낮과 밤은 걷잡을 수 없이 함께 달린다. 나의 과거, 나의 일상적 삶은 큰 보폭으로 물러나고 있다. 나의 미래는 아득히 저편에 있고 생각할 겨를조차 없다. 아이의 날짜를 하루하루 세어가는, 길고도 모호한 현재만 있을 뿐이다. 어쩌면 출산 이후 나의 날짜를 세는 것일지도 모르고. 과거에 대해선, 조립해야 할 일련의 조각들이 있다. 다가오는 주제들에 대한 힌트들이.

3일간

'베이비 블루스baby blues'는 현대의 용어다. 이 말은 한때 찬사를 의미했다. 추파를 던지는 눈들, 베이비 블루스가 남자들 사이에서 빙글빙글 돌았던 것이다. "당신의 근사한 방식, 당신의 베이비 블루스/당신이 고르고 선택할 권리를 가지길"이라는 구절이 19세기 말의 시에 등장한다. 그러나 1940년대부터 이 말은, 출산 직후의 시간에 느끼는 순식간의 분위기 변화를 포착하는 데 사용된다. 나는 이것을 알아본다. 1978년에 『우리 몸 우리 자신Our Bodies Ourselves』을 집필한 페미니스트 집단은 "사흘째까지 대부분의 여성들이 이제 익숙한 '베이비 블루스'를 경험한다. 우리는 울기도 한다. 섬뜩한 꿈과 환상을 갖기도 한다. '모성의 감정'이 부족한 것을 두려워하거나 걱정한다." 아일랜드 태생의 방문 간호사 엘렌 조지는 예전에 그 얘길 듣고 웃었던 것을 기억한다. "만약 사흘째에 나를 보러 오면 난 하루 종일 울고 있을 거예요!" 어머니가 그녀를 집에 데려와 보살펴준 3주 동안 그녀는 아주 잘 지냈다.[1]

모유가 나오기 전에 초유가 있다. 근대 초기 의사들은 아기가 첫날엔 어떤 모유도 섭취해서는 안 되며, 2일에서 8일째까지는 다른 여성이 모유를 먹여줘야 한다고 생각했다. 여성이 출산한 이후엔 모유가 수분이 많고, 묽고, "깨끗하지 않고, 탁하고, 쉽게 굳는다"는 논리가 적용되기에 질이 떨어진다고 보았다. 그러나 이 견해가 변한다. 1920년대에 아기의 첫 달을 다룬 트루비 킹Truby King의 베스트셀러를 펼쳐보면 이렇게 씌어 있다. "하루 동안 또는 그렇게 아기들은 일반적으로 거의 아무것도 먹지 않고—크림 상태의 액체를 소량 먹을 뿐이다. 그러나 이 한 방울 한 방울이 모두 귀하다." 이것은 아주 흔한 상식이 되었다. 50년 후 전직 바텐더 앤 블룸필드는 모유 수유를 싫어해 나흘 뒤에 수유를 중단해버리면서 이렇게 말했다. 적어도 아기는 "초유는 먹었으니 뭐 괜찮지, 알다시피 그게 좋은 거라고 다들 말하잖아." 젖병이 그녀의 대안이다.[2]

18세기 조지아주 서부. 한 백인 관찰자의 기록에 따르면, 만약 한 체로키족 여성이 아이를 낳다가 죽으면, "모유를 줄 수 있는 여자 친척 누구라도 아기를 데려다 젖을 물린다. 그들은 그 아이와 자기 아이들 사이에 차등을 두지 않는다." 그들에겐 고아라는 범주가 없다.[3]

1970년대에 빨간 머리에 흰 피부를 지닌 손톱손질사 호세 브라이스는 너무 지루하고 짜증이 나서 자신의 몸을 무뚝뚝한 제조업자에게 팔았다. 그녀의 임신은 "피가 낭자한 병"처럼 느껴졌다. 지금은 꿰맨 자국이 너무 많아 그녀는 쉽사리 앉을 수도 없다. 어떤 자국은 "낚싯줄 조각 같고, 커다란 매듭 같아요". 세상의 나머지는 희미해졌다. "뉴스를 보면 3차 세계대전이라도 일어날 것만 같지만 그런 건 그 순간 별로 중요하지 않아요."[4]

나는 소파 위에 앉아서 벽난로를 마주하고 있다. 아기는 젖을 네 번에 걸쳐 조금씩 빨더니 이제는 꿀꺽꿀꺽 넘겨 삼킨다. 출산할 때 긁혔던 아기 얼굴 피부가 매끄러워지기 시작한다. 아기는 나를 닮았는지 K를 닮았는지 움푹 파인 턱을 지녔다. 나는 로맨틱한 사랑을 느끼는 데 익숙한 나머지 이 깊은 몰두, 이 감정적인 집착은 뜻밖의 감정으로, 심지어 난잡한 것으로까지 느낀다.

20세기 초 캐나다 그레이트웨일 강 이누이트족 사이에서 새로 엄마가 된 여성은 머리를 천막 문 쪽으로 둔 채 약 일주일간 누워 지낸다. 운이 좋다면 어린 소녀의 도움을 받아, 그다음 주까지 모든 힘든 일을 면제받는다. 캐나다의 앨버타주 북부나 뉴펀들랜드의 백인 어머니들 역시 그냥 누워 지내라고 권유받는다. 간단한 음식을 먹고 복대용으로 플란넬 소재의 붕대를 대야 했다. 누군가 자신의 산후 도우미가 보살펴주던 것을 이렇게 회고한다. "첫날에는 버터 바른 빵과 차를 들었다. 그런 다음 사흘간은 최소의 식량으로 아무것도 안 바른 토스트 이외에 다른 것은 먹을 수 없었다. […] 침대에서 일어나 앉아서도 안 되었다."[5]

앨버타보다 더 남쪽으로 들어가, 1930년대에 원주민 보호구역에서 살던 오지브와족의 나이 지긋한 여성들은 출산 후 침대에 가

뒤진다는 것을 이해하지 못한다. 옛날에는 달랐다. "어머니는 자리에서 일어나도록 북돋워지고 원주민의 마시는 약재를 받았다. 그러고서 조금씩 주변을 걸어 다녔다. 2, 3일은 아무 일도 하지 않았지만 누워 지내진 않았다." 신생아는 이끼에 싸여 다람쥐나 족제비의 은신처에 두었다. 그 당시엔 죽는 아기가 거의 없었다고 한다. "아기들은 조그만 새끼 고양이 같았고 잘 지냈다."[6]

7일째

우리의 조산사 몰리가 방문해 아기를 자기 무릎 위에 놓고는 다리를 소파 쪽으로 끌어당겨 아기 얼굴이 자기 얼굴 가까이 오도록 했다. 나는 사실 그녀가 자고 갔으면, 그리고 며칠 더 여기 있었으면 좋겠다. 그녀와 앞으로 친구로 지냈으면 좋겠다. 그러나 나는 이런 말을 하지 않는다. 감정이 새어나가는 소리가 귀에 들리는 듯하지만 나는 아무것도 말하지 않는다. 그녀는 아기들에 대해 나와 K를 합친 것보다 더 많이 안다. 나는 그녀가 아기를 좋아하는 것을 바라보고는 그녀를 사랑한다. 이것은 감정의 새로운 삼각형이다.

7일째나 9일째, 마거릿 찰스 스미스는 아기를 안고 골무에 물을 담아 들고는 일종의 환영의 행위로 집을 돌아다닌다. 아기의 영혼은 그렇게 하기 전까지는 정처 없이 떠돈다고 한다. 당시는 1926년이었지만 이러한 관행은 앨라배마에서 노예 시절 이전의 서아프리카까지 소급된다. 그녀의 어머니는 그녀가 돌아다니기를 끝내면 그 골무의 물을 그녀에게 마시게 한다. "그저 한 모금이었다. 한 모금이라 할 수도 없다. 입술에 겨우 묻을 정도의 극소량이었다." 마거릿은 기꺼이 어머니(사실 어머니가 아니라 그녀를 양육한 할머니였다) 말을 들었다. 어머니가 "나에게 이유를 설명한 적은 없지만 알다시피 어르신이고, 나는 어르신 말을 듣는 것을 아주 좋아했어요." 그러고서 몇십 년이 지나 한 질문자에게 이것을 얘기하면서 그녀는 그 골무를 다시 가져다 보여준다.[7]

19세기 초 영국과 북미의 보다 부유한 중산층 사이에선 엄마와 신생아를 돌볼 "산후 간호사"를 고용하는 것이 일반적이다. 첫 주를 지나 둘째 주로 넘어갈 때 엄마와 아기는 여전히 간호사와 함께 2층에 머문다. 워릭셔의 한 직물업자의 아내는 산후 간호사로 신체 건강하면서 동시에 잠을 아주 적게 자고도 일할 수 있는 능력을 갖춘 자를 추천한다. (아기는 간호사 가까이 있는 아기침대나 요람에서 잔다.) 또 다른 장점으로 의사의 충고를 잘 따른다는 것, 상냥하고 친절하고 부드러우면서 활기차다는 것, 아기의 규칙적 패턴과 청결함을 챙기는 데 익숙하다는 것을 들고 있다. 1850년대까지 간호사가 이 층에 있다는 것은 품격 유지의 중요한 표시가 되고 있다.[8]

19세기에 대한 토로들 가운데서 그것이 어떻게 느껴졌는지 다시 포착하는 것은 내게 어려운 일이다. 두 세대의 여성들에게 "먼로 어머니"로 알려진 한 간호사는 "인간의 사랑이라는 정성으로 가득 차고," "착한 만큼 현명하고, 강한 만큼 부드러운 사람"으로 묘사되는데, 뉴욕 존스타운에서 두 세대의 산모들을 보살핀 여성이었다. 누군가 신생아가 "마치 그녀의 손에 이불이라도 펴 있는 듯 평화롭게 누워 있다"고 표현했다. 그러나 『루스 홀*Ruth Hall*』에서 한 소설가는 젊은 엄마가 산후 간호사와 조용히 전쟁 중이라고 상상한다. 그녀는 지프 부인에게 "아기를 데려다 한밤중에 조용히 재워달라고" 부탁해도 될지 고민했다.

남북 전쟁이 끝날 무렵, 남부 노예제로 연합한 텍사스가 분리되었다. 노예화되었다가 풀려난 클로에 앤이라는 여성이 자신의 오두막에서 한 주밖에 안 지난 아기와 함께 있는데 "열두 명의 KKK 단원이 거기에 난입했다." 나중에 전해지는 가족사 이야기에 따르면 그들은 "한 명씩 들어왔고 그녀는 그들을 한 번에 한 명씩 제압했다." 오래도록 지속된 폭력 구조, 대대적인 변화에 대한 지역의 저항은 아기를 위해 멈추지 않는다.[9]

9일째, 10일째

1914년이다. 비타 색빌웨스트Vita Sackville-West는 외무부에서 일하던 남편 해럴드로부터 한 통의 편지를 받는다. "내 포옹을 얼마 전에 나온 그 희한하고 조그맣고 사랑스러운 녀석한테 전해주시오." 그는 아내와 아기, 그리고 하인들과 유모가 있던 가정을 남기고 떠났다.[10]

1960년대 말이다. 한 미군의 한국인 아내가 자신의 아기에게 한국의 자장가를 불러준다. "한국말은 안 돼"라고 남편이 소리 지른다. 그제야 그녀는 자신의 아이가 미국인임을 깨닫는다. 1952년부터 미국에서 형성된 이런 군인 아내들의 가족은 전형적으로 한 언어만 구사한다.[11]

K의 이민 가족—러시아어와 독일어 사용자—은 그에게 영어로만 말해야 했고, 이제 영어는 우리가 넘겨줄 수 있는 유일한 언어다.

19세기의 마지막 10년 영국 북부의 탄광지대. 남편이 다시 일거리를 잃어, 그녀는 물질적 생존을 심각하게 고민한다. 그의 실직이 이례적인 것은 아니다. 가끔 그는 밤에 일하고, 결혼 이후 실직 상태였을 땐 그녀는 부모 집으로, 그는 그의 부모 집으로 돌아갔다. 임신 중에도 마찬가지였다. 그녀의 재봉틀은 집세를 내느라 팔아버렸다. 간호 비용은 7실링 6펜스였다. "아기가 태어나고 토요일 장 보러 나간 첫날 밤 내가 가진 건 2실링과 7.5펜스, 이것으로 고기와 식료품과 [어머니가] 오실 때까지 살아가는 데 필요한 다른 물건들을 사야 했다. […] 근처의 어머니 집으로 같이 가기 전까지." 남편은 일자리를 찾아 여기저기 떠돌고 있다. "남자아이들이나 들어갈 만한 갱도" 말고는 아무것도 없다.[12]

광부의 아내는 토요일 장 보러 가기 전에 10일을 침대에서 누워 지냈다. 그녀가 아는 여성들은 이 시기를 침대에서 학수고대한다. "가만히 쉬는 것은 사치 중의 사치였다." 많은 이들이 그에 대해 강렬한 감정을 지닌다. "나는 열흘째가 될 때까지 일어나선 안 되었다. 그리고 설사 일어날 수 있을지라도, 누구도 일어나선 안 된다고 생각한다." 몇 달 몇 년이 지나는 동안 네 명의 아기가 더 생길 것이고, 어머니와 여동생도 더 많이 도울 것이며, 새 영국 총리 로이드 조지 덕에 출산 수당을 받아 안도하게 될 것이다. "우리, 엄마들보다 더 열심히 일하는 사람이 있을까?"라고 그녀는 질문할 것이다. "우리는 24시간 중 20시간을 일하는 경우도 아주 많다고 나는 종종 말한다. 가끔은 앉지 못해 음식 한입을 움켜쥐는 것조차 어려울 정도이다."

14일째

1939년생인 밴쿠버의 화가 캐럴 이터Carole Itter는, 탈진이란 버스에 꼼짝없이 붙박여 나올 수 없는 상태와 같다고 생각한다. "시간이라는 게 복부가 텅 비는 것과 가슴이 꽉 차오르는 것으로만 측정된다. 그리고 거꾸로 그 과정을 반복하며 시간이 흘렀다. 나는 이런 피로를 겪어본 적이 없다. 마치 밴쿠버에서 핼리팩스로 다시 밴쿠버로 다시 핼리팩스로 또다시 밴쿠버로 가는 2주간의 버스 여행 같다. 2주째 한 번도 깨지 않고 세 시간 이상 자본 적이 없다. 꿈을 많이 꿨고 이상하다."[13]

때로는 아기가 K의 품에서 잠들기도 하고, 때로는 침실 문에서 몇 발짝 떨어진 소파만큼 멀리서 잠들기도 한다. 나는 잠들기 힘들 정도로 몸 여기저기가 찌뿌드드하고 쇠약한 상태지만, K의 너그러움은 친절함에도 뭔가 석연찮게 느껴진다. 마치 나의 불평 장치가 경고음을 내는 것처럼 보인다. 일상적으로 아기는 이처럼 동의하지는 않는 듯하다. 아기는 누구의 비위도 맞추지 않는다. 아기와 나는 수많은 신호의 홍수, 눈물과 경련을 통한 소통의 끊임없는 물결 속을 헤엄치고 있다. 아기는 언제나 배고프고 나도 그렇다.

이스트 런던의 램버스에 살던 노동자 계층인 바이올렛 해리스는 이렇게 묘사한다. "침대에서 나가서는 안 된다. 심지어 7일 동안은 침대 정리도 할 수 없다. 10일째나 11일째에 일어날 수 있고 12일째에 밖에 나갈 수 있다. 알다시피 출산 감사 예배를 위해. 14일째엔 아기가 세례를 받아야 한다. 전반적으로 다 괜찮다면." 20세기까지 순산 감사 예배는, 누구에게 말하느냐에 따라 전통 아니면 미신이었다.[14]

19일째

애리조나주의 마리코파 보호구역에서는 이제 금식 기간이 끝난다. 1898년 호피족 사이에서 태어난 헬렌 세카쿼압테와Helen Sekaquaptewa는 19일이 지나 소금과 고기를 다시 섭취할 수 있다. 그녀는 옥수수와 푹 익힌 야채만 먹고 있었다. 출산 후 시어머니가 20일의 기간 동안 매일 허드렛일을 대신 봐주러 오는 게 관례이다. 매일 한 번 증기 목욕이 헬렌의 회복을 돕는다. 그녀는 뜨거운 돌들과 삼나무 가지들과 물이 담긴 큰 대야에 들어가 선다. "기분이 정말 좋아진다." 그녀는 이 모든 것을 자기 이야기를 기록한 예수 그리스도 후기 성도 교회^{모르몬교의 정식 명칭—옮긴이}의 루이즈 우달^{Louise Udall}에게 전한다. 호피족 관습을 설명하고서 헬렌은 시어머니가 오라이비에 살았기에 "나흘마다 오셨다"고 덧붙인다.[15]

헬렌 세카쿼압테와의 공동체에서 날짜 계산을 옥수수로 표시한다는 것에 나는 주목한다. "첫날에 시어머니가 흰 옥수숫가루로 방의 네 벽마다 15센티미터쯤 되는 가로줄 다섯 개를 그려놓아 20일을 표시한다. […] 나흘마다 각 벽에서 선이 하나씩 지워진다."

기쁨과 혼란과 방해와 피로감 속에서 나는 아직도 이 역사적 일화들을 들여다볼 시간을 갖지 못하고 있다. 과거의 문맥으로 들어가 유사성과 대조를 찾아낼 나만의 방법을 거의 못 만나고 있다.

친구 젠이 4개월 된 잭을 무릎에 앉힌 채 벽난로 옆에서 이야기한다. 그녀는 이전의 생활을 되찾으려고 노력 중이다. 그녀의 말들은 너그럽고 재치 있다. 그녀의 립스틱은 일반적인 페미니스트 레드의 밝은 빛깔이다. 나는 역사에 매달리려고 노력 중이다. 우리의 프로젝트 각각은 논리를 갖기 위해 오직 노력 중이다. 서로를 향한 우리의 시선은 은근히 야생적이고 정상상태를 슬쩍 비켜나 있다.

3주째

샘은 이제 3주 차이다. 교사인 조 잉그램은 진심으로 딸을 원했지만, 조와 아주 잘 지내고 있다. 그녀는 분홍색 면 시트를 원했지만—그것이 예쁘다고 보았기에—파란색을 좀 구비하는 것으로 양보했다. 그녀는 "남자아이를 기르면서 성차별하는 아이가 되지 않을지" 걱정했다. 이제야 "그 애를 남자아이로 인식하기 시작했다"면서 그녀는 "그렇다고 너무 많은 차이가 생기진 않기를 바랄 뿐이다"라고 말한다. 아마도 그녀는 자신이 시대에 맞춰 가지 못한다고 생각했던 것 같다. 1970년대 영국의 이 시점에서 여성 다섯 명중 한 명만 여자아이를 원한다. 남자아이는 특히 첫째 아기의 경우에 인기가 더 많다. 조는 스티브와 같이 살고 있고, 그는 아이 기저귀를 챙긴다. 남성들이 아기 기저귀를 가는 일이 있으리라 기대되지 않기에 남자 화장실에는 그것을 위한 편의 시설이 없다.[16]

1798년 8월 22일 리버풀. 면직물 상인의 아내였던 해나 래스본Hannah Rathbone은 말수 적은 일기 작가이다. 그녀는 아들 테오도르와 보낸 힘겨운 날들에 대해 전한다. 태어나고서 3주가 지난 당시 "이 작은 남자아이는 예전 그 어느 때보다도 조용하고 편해졌다." 그러고서 "24일 폭풍이 치는 밤이지만 내 아이는 평소처럼 아주 잘 잤다. 내게 큰 위안이 된다." 일기에는 그녀 자신의 상태와 아이의 상태가 함께 뒤섞여 있다. "두통에 시달린 또 다른 지독한 밤낮이었다. 아이가 엄청 울어대어 달비스(진정제의 일종)를 조금 주었다."[17]

우리는 이제 똑똑하고 조바심 많고 잘 못 자는, 예민한 하프 같은 아이를 데리고 있다는 것을 알아가는 중이다. 아이는 절대로 우리를 쉽게 놔두지 않는다.

조지안—조산사이자 장성한 한 아이의 어머니이자 출산 운동
가이자 오늘 아침의 방문객—은 내 아이의 감수성을 '똑똑하다'고
표현하는 사람이다.

1930년대 미국 남부에서 옥수수 껍질을 벗길 때, "똑똑한" 아
기는 오히려 "멍청해서" 잘 울지 않는 아기를 의미했다. 한 백인 소
작농 여성은 자기 아기가 똑똑해서 세 시간 가까이 울지 않은 채 옥
수수 껍질 까는 곁에서 침대에 가만 누워 있었다고 자랑했다. 연구
자인 마거릿 해구드Margaret Hagood의 이야기에 따르면 "이 모습이
주의를 끌어 결국 나이 지긋한 몇몇 여성들이 그녀를 야단치며 '그
아기를 제대로 키우고 먹여야 한다. 아이가 똑똑하다고 굶어 죽게
두면 안 된다'고 말했다."[18]

1896년 샌프란시스코. 정 힝 통Jeong Hing Tong은 첫 아이를 낳
고서 한 달을 축하하는 "붉은 달걀과 생강 파티"를 기대하고 있다.
그녀는 포산이라는 마을 출신의 중국 이민자로, 1848년 골드러시
이후 이민자들의 오랜 전통을 따르면서, 아시아에서 미국으로 이
주한 첫 세대에 속했다. 차이나타운에서 그러한 여성들은 전형적
으로 완전히 갇혀 지낸다. 밖으로 일단 나가면 결박된 발 때문에 조
롱받았다. 달걀과 생강, 행운과 회복을 위한 정의 계획은 어쨌든 대
규모 지진으로 무산될 것이다. 사람들이 거리로 쏟아져 나올 것이
다. 아기를 품에 안은 채 그녀는 말이 끄는 수레를 타고 어떻게든
금문교까지 이를 것이고 화염에 싸인 도시를 보게 될 것이다.[19]

1916년이나 1918년경, 미시시피 시골에서 소작농으로 사는 대다수의 흑인 여성들은 어머니가 되면 그 지역 용어로 "stay in her month", 즉 산후조리를 해야 한다는 전통을 따르려 했다. '산후 기간에 일터를 벗어나 있었다'는 말은 운이 좋은 경우에나 가능하다. 많은 이들이 일주일도 채 못 채우고 침대에서 나와야 한다. 계절이 문제이다. 어떤 여성은 "여름 시기의 아기"와 겨우 4일간 침대에 머물렀다고 말한다. 그러나 다른 계절에 아기를 낳은 산모라면 좀 더 길게 쉴 수 있었다. 농번기는 면화와 옥수수를 괭이질하는 시기인 5월과 6월, 목화 따는 시기인 10월과 11월이다. 가장 한산한 시기는 6월 중순에서 9월 중순까지이다.[20]

내면의 삶이 별로 없다. 나는 아기와 나 사이에 뻗어 있는 중간 지대에서만 살고 있다. 나의 이전 생활과 어떤 것이든 변덕스러운 것 사이에 장면이 펼쳐지고 있다. 나는 나 자신과 아이를 위해 존재하고 있다. 집 밖에서 일어나는 일들을 알 수 없게 됐다. 눈꺼풀이 거의 없는 아기 눈을 들여다보고 얼굴에서 백색 패립종이 흡수되어 사라지는 것을 지켜보는 게 더 쉽다.

나는 둘러보는 데 익숙하지, 눈을 내리까는 데는 익숙하지 않았다. 근대 초기 영국 여성들은 "남성들과 있을 때 눈을 내리깔라고, 마치 아기를 바라보듯 그들의 눈을 빤히 바라보고 있지 말라고" 당부받았는데, 이 언급은 남성에 대한 여성의 복종을 확실히 하기 위해 어떤 지시가 필요했는지 보여주면서 동시에 여성의 행동에서 무엇이 자연스럽고 용인된다고 여겨졌는지 말해준다.[21]

한 친구가 K가 직장에 있는 동안 방문했는데—K의 육아 휴가는 다음 학기가 될 것이다—나는 좀 더 길게 생각하느라 잠시 멈춘다. 중세 사람들은 배 속에 감정을 지니고 있었다는 것을 읽은 기억이 있다. 기도를 위한 열망을 상실하는 감각이다. 감정들은 시간이 지나면 사라지고 몸에 남겨져 먼지로 바스러진다고 여겼다. 사람들은 감정이, 현대 과학과 로맨스의 타깃들인 뇌와 신경과 심장, 기능적 자기공명영상fMRI 검사와 축하 카드에뿐만 아니라 비장에도 산다고 여겼다. 내장에. 간에. 그래서 어떤 사람이 성질을 잘 부리거나 울분이 많다고 묘사하는 것은 완전히 신체적인 것을 의미하곤 했다.[22]

아이를 보살피면서, 감정이 이런 익숙지 않은 위치에 있다는 생각이 더 직감적으로 이해된다. 내 가슴에서 젖이 '흘러내린다(부어오르고 당기는 감각).' 아기의 딱 맞는 그 '걸쇠'로 흘러내릴 뿐 아니라 아기 울음소리에 공감하는 반응으로서, 또 다른 아기 울음소리, 친구의 펼쳐진 무릎, 물이 뚝뚝 떨어지는 광고 컷, 연인의 결별 소식에 대한 감정의 반응으로도 흘러내린다. 이러한 감정은 내가 소리 내어 말하는 것에 우선하여 세계에 반응한다. 그것들은 낯설고 마구잡이고 이상하게도 흥분시킨다. 그것들이 바로 여기 내 가슴에서 느껴진다.

4주째

17세기 런던에서 자포자기한 어머니들은, 드물지만 아기를 4주가 되기 전에 유기한다.[23] 이렇게 결국 포기하는 이유는 보통 사생아를 낳은 경우나 배우자가 사망한 경우 등이다.

유산이나 보육원에 대한 책더미의 책등을 벽 쪽으로 돌려놓는다. 이 제목들은 나를 구역질 나게 하거나 충격에 빠뜨린다. 나는 전보다 훨씬 더 성급하게 본론의 주제를 붙잡고자 한다. 살아 있는 아기의 살아 있는 엄마 되기라는 주제를.

오지브와족 이야기꾼인 루이스 어드리크Louise Erdrich는 뉴햄프셔의 자기 집에 있다. "아이를 막 낳은 엄마로서 아이를 돌보며 글을 쓰다 보면 마음이 쉽사리 찢어진다"라고 그녀는 말한다. 때는 1990년대 중반이고, 그녀는 회고록을 쓰고 있다. 그녀의 어린 세 딸도 집에 있다. 막내는 아기이다. "악의를 가지고 아기의 얼굴을 바라보기란 불가능한 것 같다. 또한 자비심과 기쁨과 열정에 그림자를 드리우는 야비하고 살기를 지니고 잔인한 것에 대해 납득할 수 있게 쓴다는 것은 […] 어렵다."[24]

1782년 보스턴에서 샐리의 아기가, 그녀의 시누이가 본 적이 있다는 "울퉁불퉁하게 얽힌 아기로as knotty a Baby" 태어난다. 아마도 그 구절은 다음과 같은 아기의 외양을 포착한 듯하다. 꼬챙이 같고 노끈 같은 팔다리에다 매듭처럼 얽힌 사지. 아니면 이 아기가 해명하기 힘들고, 해석하기 어렵고, 설명에도 위로에도 끄떡없는 상태인지도 모른다. 아니면 'knotty'라는 18세기에 좀 더 친숙하게 사용된 말로, 이미 형성된 어떤 특질을 나타내는 것일지도 모른다. 쉽지 않고 거칠고 기복이 심하기까지 한. 아기는 배가 고팠는지도 모른다. 주변에 모인 가족—시누이 폴리와 남편—은 산모가 아이를 돌보지 못하는 것에 실망한다. 폴리는 샐리가 아기를 "처리하는 것"—그 도시 신문에 광고한 많은 이들 중에서 유모를 고용하는 것—이 "막상 해보니 그녀가 상상했던 것보다 [···] 더 안 좋다"는 것을 알았다고 쓴다.[25]

1785년 필라델피아에서 엘리자베스 셀러스의 남편이자 이전에 공증인이었던 네이선은 그들의 신생아를 '작은 혹이 달린 여자아이'라고 묘사한다. 그는 자기 어머니에게 와달라고 부탁하는 편지를 쓴다. 그들은 도움이 필요하다.[26]

나는 지역 조산사나 방문 간호사가 이곳에 와주리라는 기대를 놓지 않는다. 영국처럼 국립보건기구의 감독 아래 아이를 키울 수 있는 주 정부 차원의 지원을 기대하는 것이다. 그러나 미국의 이 작은 도시에서 우리는 우리가 가진 것을 가지고 스스로 해결해야 한다. 아무도 우리의 대격변을 지켜보지 않고, 아무도 우리가 살아남아 잘 해낼 것이라고 장담할 수 없다.

헤스터 스레일Hester Thrale은 아이의 울음이 좀 이상하다고 느낀다. 그녀는 열한 명의 아이를 낳았으나 그중 네 명만 살아남았다. 1777년 9월, 그녀는 명성이 자자한 문학계 신사 존슨 박사새뮤얼 존슨을 가리킴—옮긴이가 얘기한 일화들을 책으로 엮으려고 시도 중이다. 그녀는 이제까지 자신이 왜 실패했는지 안다. 그녀는 12년 전에 처음 엄마가 되었을 때부터 그 이유를 알고 있었다. […] 1765년이었다. 연장자의 괴팍스러움처럼, 아니면 갑작스러운 위험처럼 터져 나오는 "어린아이의 울음은 […] 어머니의 머리에서 위트와 과학과 감상에 대한 대화를 곧 몰아낼 것이다." (그뿐만 아니라, 어머니라면 뭔가 "하는 것"이 성인의 대화를 "듣는 것"보다 중요하다고 그녀는 해명한다—"가르치고 어루만지고" "아이들을 주변에 두기" 위한 시간에 달리 어찌하겠는가. 그래서 문단 친구들의 나무람에 대해 그녀는 장난기와 진지한 생각을 함께 담아 이렇게 대꾸한다. "나는 […] 마침내 **존슨의 어록**Johnsoniana 을 쓸 여가를 가지게 된 이 순간 나 자신이 매우 비참하게 느껴진다.")[27]

너무 많은 주제들이, 전부 한꺼번에 몰려든다. 시간과 그 변화리듬, 감정의 특질을 표시하는 것을 방해한다.

아이를 젖가슴에서 또는 우유병으로 계속 살아 있게 만드는 것. 플란넬 붕대나 플라스틱병, 또는 다람쥐 은신처나 작은 면 시트 같은 물건들을 사용하는 것. 자는 것, 혹은 더 나은 표현으로, 못 자는 것. 하인들에게 아이를 돌보도록 맡기는 것. 친척이나 지역 일원들에 의한 '아더마더링Othermothering'—미국 흑인 페미니스트들에 의해 만들어진 용어이다. 우리 자신과 다른 이들과 우리 세계를 경험하기 위한 새로운 날것의 재료들을 제공하는 엄마 되기. 돌보미들과 아기들과 역사적 상황 사이에서 계속 생산되는 날것의 재료들.

결국 이 모든 주제들이 분류되어야 한다. 이 돌격 이후에.

1980년 3월 8일. 런던의 진 래드포드Jean Radford는 이날 입양모가 된다. 여성 해방의 첫 십 년이 끝나갈 즈음에. 그녀는 인종 간 입양transracial adoption을 통해 여자 아기를 데려온다. "머리숱이 많지 않고, 이가 안 났고, 낡은 분홍색 드레스를 입은 통통한 민머리 아이이다. 첫눈에 반해버렸다. 그 상투적 표현이 머릿속에 떠오르면서 앞을 제대로 볼 수 없을 정도였다." 래드포드는 생모에게 아이가 세상에 오는 것이 이별의 장면임을, 어떤 과정의 시작이 아닌 끝임을 상상해본다. 그러나 입양모에게 "아이가 오는 것은 다른 의미의 중대한 장면이다. 아이에 대한 욕망은 '안'에 있지만, 입양아는 '밖'에서 온다. 이 두 가지가 합쳐지는 것은 분리라기보다 통합에 가깝고, 내게 거의 미칠 것 같은 기쁨을 동반한다."[28]

5주째

1861년 미국 남북 전쟁 기간. 아기가 5주 차가 되자 슬리터 부인은 당밀을 먹인다. 그녀의 여주인이자 새로이 엄마가 된 캐나다 태생의 레이철 코매니는 그렇게 하는 것이 터무니없다고 생각한다. "그녀는 아이한테 너무 요란을 떨어."[29]

1768년 영국 북부의 고풍스러운 스타일의 베시 램즈덴은 산후조리를 마치고서 자신의 회복과정을 기록하고 돌아보기로 한다. "감사하게도 산후조리를 아주 잘 치렀다. 한 달 내내 한 시간도 아프지 않았고 우리 아들도 나와 마찬가지로 아주 잘 지냈다." 산후조리를 "짚 속에서in the straw" 지냈다고 일컫기도 했다. 이 기간은 남편의 "수거위 기간"이었다. 이는 일상적인 부부관계에서 남편의 금욕 기간을 놀리는 표현이다.[30]

1673년. 해나 울리Hannah Wolley의 『상류층 여성 친구The Gentlewomans Companion』를 읽은 한 독자는 하인들을 고용할 만큼 부유하다. 아기들 주변에는. 아기방의 하녀들이 "아기들에게 곧잘 들락날락"하면서 "부주의로 아기들이 넘어지지 않게 보살펴야" 했다.[31]

아기의 입과 위장 사이의 소화관은 아직 너무 가늘고 피부층에 너무 가까워, 나는 젖이 내려가는 소리를 들을 수 있을 정도이다. 젖을 다 먹이면 나는 그를 데리고 길에 나가, 어둠 속에서 우리 이웃들의 불 켜진 창들을 바라보기도 한다.

1930년대 한 소작농. 그 집의 열일곱 살 먹은 딸이 결혼하지 않은 채 여자 아기를 키우고 있다. "아이들은 한밤중에 아기가 아주 조그맣게 울어도 교대로 아이를 데리고 나가 걷거나 흔들어준다." 복지 정책국에서 그 가족에게 모기장을 보내준다.[32]

대부분의 저녁에는 K가 아기를 목욕시키고 나는 꼼짝 않고 앉아 정적 속에서 쓴다. 규칙적으로 겉으로는 아무 말 없는 순간이 있다.

6주째

내일 6주 차 검사가 있어 우리 모두 가봐야 한다.

로즈붐 호가 네덜란드를 떠나 맨해튼에 도착한 안개 낀 고요한 그날은 한 하층민 승객이 아이를 낳은 지 6주가 지난 날이기도 하다. 배의 관리인은 그 여인이 1663년 4월 21일에 아들을 낳았다고 기록했지만 그 기록은 배가 부두에 닿을 즈음에 "딸"로 수정되었다. 그녀처럼 가난한 일단의 네덜란드인들이 회사와 지주와 부유한 가족들의 피고용인으로 대서양 주위를 돌아다녔다. 물 위를 떠도는 하나의 세상.[33]

1993년 11월 2일 샌프란시스코. 희곡작가인 멕시코계 미국 여성 체리 모라가Cherrié Moraga는 자신의 내부에서 무엇인가 부서진 느낌을 받는다. 그런데도 그녀는 모든 것이 정상인 것처럼 나아가야만 한다. 그녀는 다음과 같이 쓴다. "나는 이제 엄마이다. 그러나 세상에서 그 곳에 완벽하게 거주하는 방법을 아직 모른다. 내 집이라는 작은 범주 안에서 엘라와 함께"―그녀의 연인이자 파트너인—"나의 가족과 함께 있을 때 올바르다는 느낌을 받을 수 있다. 그러나 다른 곳에는 느낄 수 없다." 그녀는 너무 잠을 못 자서 아기와 함께 요 위에서 플란넬 시트를 덮고 자기 시작했다. 그들은 이상한 사이즈의 쌍둥이처럼 보인다. "나는 걱정된다. 이것이 무슨 뜻일까? 아이가 나의 여인과 나를 따로따로 자게 만든다."[34]

그러고서 평화의 순간이 있다. "라파와 욕조에 들어가면서 그의 몸이, 자궁에서만 그랬으리라고 내가 상상한 자세로 이완되는 것을 본다. 둥둥 떠다닌다. 그는 주먹을 펴고, 팔은 머리 양옆으로 떨어뜨리고, 가슴은 물을 받아들인다." 육아일기에는 라파엘리토가 이미 미소를 짓는 게 틀림없다고 씌어 있지만 그는 조산아로 태어났다. "아기가 곧 미소 짓게 될 것이다."

모라가는 임신 내내 거의 매일 일기를 써왔으나 라파의 첫해에 기록된 순간들은 극히 적었다. 그녀는 나중에 이렇게 요약한다. "잠 못 이루는 밤, 귓병, 옹졸한 논쟁의 지루한 세상이 펼쳐지는 순간이다. 일상적인 것에 의해 특징지어진다. 이를테면, 아기가 뒤집어 구르고, 아기가 일어나 앉고, 아기가 기어가고 […]."

임신한다는 것과 아이에게 엄마 노릇을 한다는 것은 둘 다 '모성'이라는 단어 안에 포함되지만 서로 아주 다르다. 낳는다는 것과 돌본다는 것은 구별되는 행동이다. 아이를 낳게 될 사람이라는 단일 형태는 물러간다. 듀오가 등장한다. 혹은 다른 돌보미와 함께 트리오가 될 수도 있고 그 이상이 될 수도 있다. 반면 출산하는 이가 예외 없이 다 엄마가 되는 것은 아니다. 그리고 입양모들이 자기가 돌볼 아이를 낳지 않았다고 해서 엄마 노릇에 덜 몰두하는 것도 아닐 것이다.

"아이와 함께 가기"는 내 발밑으로 이동했다. 나는 말하자면, 정체성이나 제도를 통해서라기보다 동사로 생각하기를 계속 붙들고 있다. '어머니' 나 '엄마' 되기를 아우르는 엄마 노릇에 대하여. 고압적이고 꾸지람 듣고 감상적으로 다뤄지는 제도로서의 모성을 아우르는 아기 돌보기에 관해서.

우리는 똑똑하고 조바심치는 아기를 데리고 있다. 나는 그를 원하고 그를 선택한다.

그가 미소 지을 때까지, 이 갈피를 잡을 수 없는 사랑은 짝사랑으로 느껴진다. 한 문단을 쓰는 것조차 긴 준비가 필요하다.

11.

눅눅한 천

다시 꼼짝없이 붙들려 있다. 나는 아기와 함께 똑같은 소파 위에 똑같은 거실 안에 있다. 올려다보면 똑같은 그림이 벽에 걸려 있다. 매일 아침 신선한 젖 냄새를 맡았다. "흐르는 젖으로 줄무늬가 생겼다"는 구절이 리-영 리Li-Young Lee. 중국계 미국인 시인의 아이 키우는 엄마에 대한 시에 나온다. 흐르는 "달콤한, 철분을 함유한, 놀라울 정도로 가느다란". 그렇다. 아기의 입 주변의 가느다란 자국. 달콤한 향기에 더해 철분을 지녔다는 것. 그렇다. 눅눅한 냄새가 공기 중에 희미하게 들러붙어 있고 내 옷에 들어온다. 소파에 앉은 시간은 내 감각을 고조시키면서, 냄새와 시각과 감촉을 강화한다.[1]

아기의 손톱 두 개 끝 바로 밑에 희미한 검은 선이 있다. 아기의 손톱이 다시 많이 자랐다. 종이 모서리같이 얇은 것에 손톱깎이의 차고 날카로운 금속을 가까이 갖다 대기가 쉽지 않다. 몇 주 전에 아기가 너무 길어버린 손톱으로 자기 얼굴을 건드려, 지금 왼쪽 눈 바로 밑에 아주 얇은 흉터가 있다. 그의 완벽성에 흠집을 낸 첫 번째 자국이자 눈에 드러난 나의 첫 번째 실수이다.

바로 어제처럼 지금도 소파에 꼼짝없이 붙들려 내 마음은 이 방과 아기 얼굴 사이를 두서없이 돌아다닌다. 아마도 내일도 이렇게 돌아다닐 것이다. 아기에게 엄마 노릇 하기라는 이제까지의 주제를 찾아다니면서, 집에 틀어박혀 있는 다른 눈길, 다른 눅눅한 천, 그리고 다른 냄새를 상상해보기 시작하면서.

빅토리아 시대 글래스고의 중산층 테라스식 주택. 카나번이나 클레어몬트 거리의 대부분의 집은 방이 다섯 개쯤 되었다. 때는 1880년대. 아이가 생후 2개월이 되었다는 것은 산후조리 기간이 끝났고 산모 간호사가 집을 떠났음을 의미했다. 새로 엄마가 된 이는 가만히 응접실에 앉아 바느질을 하고 있거나, 길고 하얀 아기 옷을 수선하고 있었을지도 모른다. 아니면 리넨에 작은 구멍이나 얼룩이 없는지 살피고 있거나, 가계부에 몰두하고 있었을 수도 있다. 부인의 일감이 든 바구니가 발치에 놓여 있었다.[2]

응접실에서 그 여인의 시선이 문득, 붉은색이나 초록색 벨벳과 다마스크 천 커튼에 머물렀다. 그 방은 어수선하게 채워져 있었다. 그것들이 아름답다면 너무 많은 물건을 두어선 안 되었다. 가족의 과거와 현재를 보여주는 유화들이 있었다. 그중에는 신앙심이 독실하여 광대한 대영제국의 어떤 지역에서 선교사로 일한 여자 친척도 눈에 띄었다. 피아노가 있었다. 악보대가 있었다. 싱어 제품인 손재봉틀이 있었다. 발판 위를 덮은 자수 커버는 베를린 울로 만든 것이었다.

대나무로 만든 다탁에는 당시 인기 있던 일본식 차 쟁반이나 지역신문인《웨이벌리 저널*Waverley Journal*》이 자리를 차지했을 수도 있다. 빅토리아 시대의 그렇고 그런 이야기가 실린 그 신문은 가정을 헌신적인 아내이자 엄마가 이끌어가는 영적이고 도덕적인 갱생의 장소로 간주했다.

어수선하고 무거운 세간들은 그들만의 고유한 냄새를 만들어 냈다. 병에 꽂힌 꽃들이 응접실의 향기에 섞여 들어갔다.

여성의 냄새는 깨끗했다. 1880년대의 '깨끗하다'는 것은 특징적이고 예리했다. 아침 세수에 사용되는 비누는 동물성 지방과 가성 소다로 만들어졌다. 거기에 꽃향기가 더해질 수도 있었는데, 비누나 라벤더 향수에서 나오는 향기였다.

다른 냄새들은 집 안에서 지워졌다. 더러운 세탁물은 빨래하기 위해 내보내졌고, 간밤의 오물이 든 요강은 하인들이 깨끗하게 비웠다. 상주하는 하인이 한 명이라도 있다는 것은 중산층 가정의 지위를 보여주었다. 요리 냄새는 응접실 밑 지하 부엌에 몰려 있었다.

밖으로 내보내진 세탁물을 그 지역 세탁부 집까지 따라 가보면 요일마다 나는 냄새가 달랐다. 월요일에는 더러운 천의 퀴퀴한 냄새가 있고 비누와 표백제와 세탁 보조제와 녹말가루가 증기와 섞이는 냄새들이 뒤따라왔다. 한 주의 후반에는 다리미를 데운 코크스나 가스 스토브가 특유의 악취와 매연을 더했다. 창문들이 도시의 '검댕'을 막느라 닫혀 있기 때문이었다. 때때로 세탁부들이 하루 종일 일하도록 돕는 김빠진 맥주 냄새도 있었다. 관련 동사들이 이어졌다. 치대다, 풀 먹이다, 다리다, 접다, 널다. 빅토리아 시대 글래스고의 매연 가득한 공기 때문에 실내에서 건조대에 빨래를 펼쳐 말리는 일이 필수적이었다. 주말까지 세탁부의 집은 깨끗하게 건조 중인 옷감 냄새가 났다. 월요일에 빨기 시작해서 그렇게 다시 깨끗해진 리넨이 일요일에 준비되었다. 목표는 눈처럼 하얀 리넨을 잘 '챙겨' 되가져오는 것이었다.[3]

테라스식 주택으로 돌아오면, 아기는 아마도 응접실에선 보이지 않을지 모른다. 아기방에는 유모 겸 하녀가 아기 몸을 돌보는 더 일상적인 일거리를 책임졌다. 하녀의 눈길은 아기방의 벽지에 머물렀을지도 모르고, 그 벽지는 어쩌면 『이상한 나라의 앨리스』 캐릭터들로 장식됐을 수도 있다. 아니면 벽지의 꼭대기에 걸린 그림('신이 항상 너를 보신다'는 엄중한 경고의 구절을 손으로 수놓은)에 꽂혔을 수도 있고, 아기침대의 막대나 놋쇠 손잡이, 말총 소파의 형태에 머물렀을 수도 있다. 하녀들의 옷은 그 방의 특정 구석을 차지했다. 이 같은 아기방들은 아무리 작더라도 19세기 중반부터 영국의 중산층 가정에 흔한 것이었다. 이 시대에 아이들이었던 세대가 20세기 초중반에 쓴 자서전을 보면 부모와 멀리 떨어져 있거나 부모가 주변에 별로 없었다고 기억하는 경우가 많았다.

하녀들이 지저분한 천들을 처리했다. 아마도 물에 담가놓기 위한 기저귀 양동이가 있었을 것이다. 발진 때문에 사용된 라드처럼 다른 냄새가 아기의 긴 겹겹의 옷 아래 듬뿍 발라져 있었다.

햇볕이 유난히 좋은 아침에 어머니가 앉아 있는 응접실은 은근히 네덜란드풍 그림을 연상시킬 만큼 밝았다. 상쾌한 공기가 불어 들어왔다. 남편이 사려 깊었다면 담배 연기처럼 오래 밴 냄새도 없었을 것이다.

다시 소파 위다. 막 나온 젖이 약간 시큼하다. 공유된 젖 냄새는 이제 뚜렷하게 친숙해지고 있다. 나의 옛날 몸과 이전 생활로부터 거리가 느껴진다. 생후 두 달이 되자, 매일 쓰는 기저귀 양이 처음 몇 주보다 줄어든다. K가 집에 있을 때는 그가 기저귀를 갈아준다.

다시 1880년대의 앨라배마주 모빌 마을이다. 서른 살의 캐롤라인 바우어스가 첫째(이자 결국 그녀의 유일한) 아이인 윌리에게 젖을 먹이고 있었다. 그녀는 눅눅한 천 냄새에 꽤 익숙했다. 그녀의 어머니 루크레시아 페리먼—가족에게는 크리시로 통하는—은 남북 전쟁 해방기부터 세탁부로 일해왔다. 다른 가족의 빨래를 하는 일은 다른 일에 비해 이점이 많았다. 루크레시아 페리먼은 자기 집에서 일할 수 있었고, 그저 빨래를 갖다 주고 가져가느라 지역의 백인들과 교류했으며, 이전의 노예주들과 멀리 떨어져 지냈던 것이다. 가족은 마을 변두리이자 매그놀리아 공동묘지 반대편에, 즉석에서 지은 건물 두 채가 딸린 작은 토지를 소유했다. 이 점이 그들의 사정을 모빌의 많은 다른 지역 흑인들 형편보다 낫게 만들었고 식료품점, 식당, 철물점 주인 등 마을의 흑인 엘리트에 속하게 했다.[4]

세탁 일에서 냄새는 일종의 안내인이었다. 예민한 코를 가져야 했다. 페리먼 집안의 여성들은 틀림없이 이것을 알고 있었을 것이다. 이웃인 에미라 한스베리 또한 세탁부로서 마찬가지로 이 점을 알고 있었을 것이다. 이 여성들은 다른 지식도 갖고 있었다. 즉 빨래를 강렬한 남부의 태양 아래 널면 색이 바랜다는 것. 1880년대 부잣집 남자아이들에게 유행한 정장인 소공자 슈트가 옷깃이 널찍한 재킷과 넓은 칼라에 풀 먹인 셔츠로 이뤄졌다는 것. 아이들은 옷 말리는 데서 멀리 떨어뜨려놔야 한다는 것을 말이다. 캐롤라인 바우어스는 엄마 노릇 하기를 확장하여 자기보다 어린 형제들과 의형제들 키우는 것을 도왔다. 이후의 가족 이야기에서 그녀는 '캐롤라인 엄마'로 기억되었다.

목조 주택이 노예 시절 오두막보다 세 배나 컸을 때도 세탁물과 음식물 냄새는 쉽게 섞여들었다. 멕시코만에서 온 생선튀김이 있었다. 우스터 소스, 고추냉이 소스, 피클, 겨자 소스 같은 자극적인 양념들이 있었다. 우스터 소스는 영국에서 건너온 것으로, 모빌이 면직물 거래로 영국과 끈끈한 관계를 갖게 된 까닭에 들어온 품목이었다. 겨자 소스는 생선 그레이비를 걸쭉하게 하기에 좋은 재료였다. 집이 최근에 깨끗했다면, "티케너 박사 소독제"의 박하 향이 공기 중에 있었다. 1880년대의 동시대인들처럼 캐롤라인 바우어스도 새로이 확산되는 세균 이론, 즉 세균과 접촉하면 병에 걸린다는 개념을 알고 있었다. 일반적인 권장 사항은 집을 자주 환기시키고, 햇빛을 들어오게 하고, 물건들을 바닥에서 치우는 것이었다. 이러한 관행들은 가족들을 노예 시절에서 더 멀어지게 만들었다.

캐롤라인이 아이를 돌볼 때 앉는 자리가 어디냐에 따라, 캐롤라인 바우어스의 고정된 시선 안에 아기천사가 그려진 꽃병 한 쌍이 들어왔을 수 있다. 그것은 인종이 특정되지 않은 건강하고 아름다운 아이들의 이미지를 환기했다. 한 명은 류트를 연주하고 다른 한 명은 장난스럽게 귀에 손을 댔다. 캐롤라인의 어머니는 산파 일을 배우고 있었다. 아마도 그 꽃병은 찾아올 방문자들의 시선을 고려한 것이었을 것이다.

도자기 타구는 루크레시아의 남편이 사용하는 것이면서 동시에 최신식의 위생적 습관을 반영한 표시였다. 몇몇 찻잔들은 대나무 스타일로 19세기 말 일본식 열풍을 따른 것이었다. '우물가의 레베카' 찻주전자(큰 것과 작은 것, 두 개가 있었다)는 우물가에서 물을 길어다 이삭의 낙타에게 물을 충분히 먹여 그의 아내로 선택되는 성경 이야기를 묘사한 것이었다. 이 이야기의 교훈은 여성이 가정의 영적, 물리적 보호자라는 것이다.

어떤 여성은 자식들을 통해 위대함에 도달할 수도 있다. 그것은 적어도 레드웨어 성냥갑에 그려진 독수리에게 먹이를 주는 여성의 이미지에 함축되어 있었다. 그 출처는 신화로 잘 알려져 있듯 제우스가 독수리로 변해 세멜레를 유혹하는 그림이다. 그들의 아들인 디오니소스는 그녀를 여신으로 만들었다.

캐롤라인 바우어스의 이야기는 그녀의 가족 세대들에게 반복되어 전해 내려왔다. 1902년에 인종 분리가 합법화되고 나중에 그것이 뒤집어지는 동안에도, 거리의 전차와 이후 자동차가 모빌의 노새가 끄는 수레를 대체하는 동안에도. 노예제가 유지되는 내내 루크레시아가 엄격한 어머니였다는 사실도. 그리고 짧은 머리가 끔찍한 과거를 상기시키는 까닭에 루크레시아가 머리를 양 갈래로 길게 땋았다는 사실도.

양념통과 꽃병과 찻잔과 성경의 레베카 찻주전자, 그리고 제우스를 만난 세멜레가 그려진 레드웨어 성냥갑과 같은 물건들은 고고학자들이 옛날 집의 구덩이에 버려진 것들을 발굴한 덕택에 우리에게 알려졌다. 냄새들은 깨진 도자기들과 다기들로부터 오래전에 소멸되었다.

늦은 오후 아기가 내 무릎 위에서 낮잠을 자는 중이다. 나는 움직일 수 없다. 아기가 깰 것이다. 어쩔 수 없이 테이블 위에서 차갑게 식어가는 찻잔을 바라보기만 한다. 소파를 벗어날 수나 있을까? 테이블 위 찻잔 옆에는 내가 일하러 간 K를 위해 메시지를 적는 스프링 공책이 있다―'우리의' 하루에 대해, 아마도 그날 일어난 멋진 일이나 이상한 일에 대해. 만일 적지 않으면 그 작은 일들은 잊히거나, 바깥 세계의 실제 사건들 옆에서 아무런 지위도 갖지 못하거나, 그 사소함이 저녁에 아파 우는 아기를 누군가 달래느라 압도되고 말 것이다.

(아기가 당신 삶을 얼마나 많이 변하게 했는가? 다이애나 미드가, 에드워드 히스가 총리일 당시 영국에서 받은 질문이다. "나는 하루 종일 차를 마시곤 했는데, 지금은 한 잔도 마시지 못해요. 차를 준비하지도 마시지도 못해요. [아기에게] 나는 아무것도 할 수 없어. 다들 안 그런가요?" 18세기에 차가 보급된 이래로 얼마나 많은 찻잔들이 그렇게 식어갔을까?)[5]

아이와 가만히 앉아 있다가 냄새와 눅눅한 천을 알아차린다. 면화 생산지대의 중심지인 앨라배마주 시골에서는 열이 강렬한 나머지 풍경이 흔들렸다. 악취들이 익혀졌다. 엘리 메이 버로스는 캐롤라인 바우어스보다 한두 세대 뒤의 사람이고 인종도 달랐다. 1930년대에 그녀는 시골에서도 꽤 들어간 곳에 살았고 거기서 집들은 이웃과 거의 1킬로미터씩 떨어져 있었다. 대부분은 소작농이었다.[6]

아이를 돌보기에 가장 좋은 장소는 집 뒤쪽의 히코리 나무 의자였다. 그곳은 저녁에 식사 전후로 앉아 있기 좋았는데 그 집에서 유일하게 산들바람 같은 것이 불어올 법한 곳이었기 때문이다. 집은 앞뒤로 뚫려 있었다. 벽들은 거의 2미터씩 떨어져 있었고 소나무 널빤지 지붕 아래엔 천장이 따로 없었다. 의자에서 그녀는 입구 쪽의 딱딱하고 헐벗은 흙 마당을 볼 수 있었고, 개와 닭들을, 그리고 현관에 있는 또 다른 의자의 모서리를 볼 수 있었다. 히코리 묘목 껍질로 만든 흔들의자였다. 복도 바닥의 넓은 널빤지들 사이로 낮에는 땅바닥이 보였다. 벌거벗은 발들이 벌거벗은 나무 널빤지를 따라 난 통로를 다졌다.

네 개짜리 방을 갖춘 집에서 나는 일상적인 냄새는 소나무 연기와 소금 절인 돼지고기 튀김과 끓이고 튀긴 라드와 익힌 옥수수 냄새들이었다. 엘리 메이 버로스가 앉아 아기를 돌보는 집 뒤에, 그리고 딸린 부엌 바로 옆에 세숫대야와 비누가 놓인 선반이 있었다. 손 씻는 비누는 강한 황갈색 '부엌용' 비누이거나, 시골 잡화점의 싸구려 흰색 젤리형 라벤더 향 세안용 비누였다.

확 트인 복도를 지나 벽난로 선반 위로 붉은색, 갈색, 노란색이 어우러진 그림이 놓였다. 그림 제목은 '황혼의 기도하는 자'였다. 난로 옆 커다란 의자에 젊은 어머니가 앉아 있고, 그 어머니가 양손을 모은 무릎 사이에 기다란 흰 잠옷을 입은 어린 소녀가 무릎을 꿇고 앉아 있다. 어머니의 얼굴은 애지중지하는 표정과 가르치는 표정이 혼합되어 있다. 엘리 메이 버로스의 한 이웃도 똑같은 그림을 소장했다. 또 다른 이웃 엘리자베스 팅글은 수많은 그림—이상적인 가정을 그린 이미지나 그럴싸한 광고 전단—을 벽난로 주위에 잔뜩 붙여놓았다. 햇볕이 가득 들어오는 부엌에서 번쩍이는 스토브 앞에 선 행복한 젊은 주부. 장난치거나 개를 데리고 있거나 기도하는 작은 소년 소녀. 분홍색이나 파란색 구름 속에서 엄지손가락을 빨고 있는 푸른 눈을 지닌 아름다운 장밋빛 아기들. 리졸크레졸을 _{칼륨 비눗물에 녹인 것으로, 희석하여 소독제로 사용함—옮긴이}을 내보이는 젊은 여성의 클로즈업.

벽난로 선반 근처의 옷장 안에는 빨래를 기다리는 한 무더기의 작업복과 드레스와 셔츠와 침구류가 특유의 냄새를 보냈다.

엘리 메이 버로스의 무릎 위 아기는 평범한 하얀 면 드레스, 혹은 그녀가 직접 회색 데님 상의와 노란색과 흰색 체크 무늬 셔츠를 가지고 바느질해 만든 드레스를 입고 있었다. 그녀가 표백되지 않은 싸구려 면으로 직접 만든 자신의 옷은 자르고 바느질하여 긴 치마와 짧은 상의가 됐다. 대공황의 십 년에 해당되는 시기였다. 이웃들도 비료 포대로 소매 없는 드레스들을 만들어가며 절약하고 있었다. 한 회사는 일부러 포대를 옥양목 패턴으로 인쇄했다.

그곳을 방문한 한 기자는 면화 키우기에 대해 여러 페이지를 할애하여 자세하게 묘사했으면서도 정작 버로스 부인의 세탁 일에 대해서는 쓰지 않았다. 그러나 한 여성 방문객이 똑같은 공황기에 다른 백인 소작농 가정들의 기저귀에 대해 기록을 남겼다. "만약 아이가 오줌만 쌌다면, 빨지 않고 그냥 말리기만 하는 경우가 많다. 불 앞에서 난로 선반이나 의자에 걸린 기저귀에서 나는 악취가 온 방을 채운다."

버로스의 집에 머물렀던 기자는 엘리 메이가 아이를 돌보는 동안 던지는 비스듬한 시선을 묘사했다. 그녀는 아이의 머리를 지나 땅과 바닥과 벽과 햇빛과 그늘의 시점 쪽으로 조용히 내려다보았다. 기자에게 그 집을 지배하는 냄새는, 갇히고 어두운 공기로 데워진 소나무 널빤지와 악취가 진동하는 옥수수와 생생하고 퀴퀴한 사람의 땀이었다. 이러한 것들이 "남부 시골의 가난한 백인 가정에서 나는 고향의 악취"를 만들어냈다.

냄새는 순식간의 감각이라는 말은 자취를 남기지 않는다는 것이다. 냄새는 흔적도 없이 소멸한다. 그러나 동시에 냄새는 방들을 건너다니며 공기 중에 떠도는 함성과 속삭임의 언어이다. 냄새는 뭔가를 암시한다.

악취는 일단 생기고 나면 종종 순간들을 소멸시키는 데 반해, 천 냄새는 엄마 되기의 몇몇 주류 역사를 끌어모은다. 두 가지 역사가 연속적으로 이어졌다는 것이 눈에 띈다. 신생아를 감싼 천을 정기적으로 교체하고 자주 빨았다는 역사, 그리고 세탁이 한결같이 여성의 일이었다는 역사 말이다. 첫 번째 연속성은 아기가 필요한 것이고, 두 번째 연속성은 어떤 특정 집안일이다. 이 여성적 노동이 항상 엄마의 일이었던 것은 아니다. 기저귀를 물에 담가놓고 빠는 것은 하찮은 집안일 중에서도 가장 하찮은 일이었고, 고용자 계층은 가능한 한 그 일을 기피했다. 18세기의 한 하인은 고용조건으로, 아기 기저귀를 세탁하면 1년에 2실링의 추가비용과 새 가운을 받기로 약속했다.[7]

눅눅한 천 냄새는 이러한 연속성 못지않게 변화하기도 한다. 17세기 영국이나 식민지의 어머니는 어느 정도, 가족을 위해 만든 옷가지 양으로 평가받았다. 피부에 대한 옷감의 마찰이 몸을 깨끗하게 유지한다고 이해했기에 옷을 자주 갈아입었다. 그리하여 의류를 기계로 생산하고 가사 개량에 대한 새 기풍이 만들어지고 세균 이론까지 더해지면서, 중요하게 여긴 문제는 의류의 생산과 분량보다 청결 상태였다. 이것은 악취가 남지 않고 잘 말린 순백 상태의 리넨으로 가늠하였다. 60세의 뉴잉글랜드인 루스 헨쇼 배스컴은 이러한 변화의 끝에 있었다. 그녀는 일생의 수많은 낮시간을 옷감 짜는 데 썼다. 1840년에 그녀는, 만드는 것보다 세탁하고 청소하는 데 더 많은 시간을 쓰는 젊은 여성들을 참을 수 없다며 목소리를 냈다. 그녀는 일기에서 그들을 "'지혜롭기보다는 친절한' 숙녀들"이라고 불렀다. 잘 알려짐 속담을 적용해보면, '지혜롭기보다는 친절한'이라는 말은 결벽과 호들갑에 대한 딱딱한 줄임말이다.

이러한 17, 18, 19세기의 과거에 엄마 되기란 옷감에 대해 아주 많이 알아야 했다. 만일 가난한 계층보다 상위에 있는 유복한 계층이라면, 옷과 리넨은 계절이나 분기별로(17세기), 또는 매달 한 번(17세기의 마을 여성들이 시작), 또는 월요일을 빨래 날로 잡아 매주 한 번(19세기 초반경부터) 세탁되었다.

어마어마한 양의 옷을 짓거나 깔끔하게 세탁하는 일상의 가사 노동은 옷감에 관한 언어 전반—직조된, 결이 고운 언어—을 만들어냈고 그 언어들은 무엇이 재료였는지를 정확히 잡아냈다. 1830년대의 부엌에는 천으로 된 칼 싸개, 행주, 찻잔 받침, 유리잔 깔개가 있었다. 칼 싸개가 깔깔한 느낌이고 행주가 먼지를 훔칠 수 있게 면이나 아마로 만들어진 데 반해, 차와 유리용 천은 오래된 침대 시트로 만들어졌고 보풀이 안 생기는 일정한 결을 지녔다. 모든 것이 처리할 오물이 무엇인지에 따라 결정되었다.

그리하여 '리넨 냅킨'은 'nappy 기저귀'에게 이름을 빌려주게 되었다. '마름모꼴로 짜인 리넨'은 'diaper 기저귀'에게 이름을 주었다. 이 낮은 품질의 리넨은 작고 단순한 패턴으로 짜였으며, 각기 다른 방향의 실로 모양이 만들어져 빛을 다른 각도로 반사하게 했다. 옷감에 관한 수다는 매우 특화되었다. 20세기 초 랭커스터 방직공장에서 일하는 어머니들은 '닦개 wiper'—푹신한 면 플란넬 재질로 노동자들에게 기계를 닦으라고 배부되던 것—를 아기 옷 만드는 데 쓸 수 있다는 걸 알았고, 대신 '적당한 누더기 천'으로 걸레질을 했다.

부드러운 천이든, 그리고 어떤 옷감이든 늘 충분한 것은 아니었다. 빅토리아 시대의 가장 가난한 어머니들은 밑에 기름걸레를 두고 짚을 깔아 그 위에 아이를 뉘었다. 20세기 초 런던의 노동자 계층을 설명하는 이들의 기억 속에서 아기들은 언제나 젖어 있고 냄새가 났다. 기저귀는 남성들의 해진 셔츠 자락으로, 고리나 타이를 꿰매 붙여 만들었고, 아기들이 용무를 보기에 충분하지 않았다.

어떤 시간과 장소에서는 천이 물건 자체가 아니었다. 버밀리언 호수 보호구역의 원주민 어머니들은 습지의 이끼를 말려 기저귀 대용으로 썼다. 봄과 여름에 이끼를 걷어 덤불 위에 말린 다음 흔들고 잡아 찢어 곤충이나 마른 잡초를 떼어냈다. 그곳에서 자라는 아이들에게는 이것이 늘 가까이 준비되어, 메이플 시럽이나 야생 벼도 보관하는 자작나무 껍질 **마쿡**makuk 이나 자루 같은 것 안에 담겼다. 1930년대에 한 여성은 이렇게 회상했다. "아기의 피부가 쓸리는 일은 거의 없었고, 아기에게서는 달콤한 이끼 냄새만 났다."

최근에는 사람들이 악취 제거제와 대청소로 철저하게 냄새를 소멸시켰다. 그들은 아기가 집에 있을 때 빨랫감을 보면서 얼마나 더 자주 청결에 신경 쓰는지를 알아차렸다. 전기세탁기가 2차대전 이후 흔해졌다. 우리 집 세탁기는 뒷방의 한구석에 설치되어 있는데, 윙윙 돌아가는 소리가 백 보컬처럼 들린다. K가 쓰는 가루세제는 내 어머니가 쓰는 퍼실 오토매틱과 냄새가 다르다. 나는 어머니로부터 백 퍼센트 순면인 옷 고르는 법을 배웠다. 그러나 이전에 나는 옷감에 대해 생각하느라 많은 시간을 쓰지 않았다.

1880년대 빅토리아 시대 글래스고의 한 중산층 집, 같은 시기의 앨라배마주 모빌의 목조 가옥, 1930년대 면화 생산지대의 중심지인 앨라배마주 시골 소작농의 오두막. 한 번 더 꼼짝 않고 아기와 앉아 있으니, 놀랍게도 빅토리아 시대의 백인 중산층 어머니가 제일 먼저 떠오르는 인물이다. 아무래도 우리가 지나간 수 세기의 어떤 다른 어머니보다 그들에 대해 더 잘 알기 때문일 것이다. 빅토리아 시대의 어머니들은 가정적이고 헌신적이며 도덕적이고 이타적이었다. 그녀는 자신의 경제적 의존성에 대해 상당히 만족했다. 그녀는 빅토리아 시대 이데올로기가 빼곡히 적힌 수백 페이지로 구체화되었다. 글래스고 《웨이벌리 저널》 같은 신문들이나 가정생활의 지침서나 안내서 등으로. 마사 비시누스Martha Vicinus는 여성사의 첫 물결에 해당하는 1972년에 출판한, 자신에 대한 에세이에 "완벽한 빅토리아 시대 숙녀The perfect Victorian lady"라는 제목을 달았다.[8]

아니면 빅토리아 시대 어머니의 이타적이고 이상화된 형상이 여전히 많은 현대인의 상상을 사로잡고 있기에 제일 먼저 떠올랐을 것이다. 그녀는 자신을 반복하는 듯한 형상과 그렇게 함께한다. 가사를 돌보는 1950년대의 가정주부, 반짝이는 냉장고와 말끔한 얼굴의 남편과 아이들, 그리고 복잡하지 않은 미소와 함께한. 이 이미지들의 짝은 종종 '집에 있는' 엄마들에게 던져지는 다음의 질문 뒤에 있다. 그녀들은 어떻게 저렇게 하지? 아니면 그들은 전통적이거나 일상적인 것, 안정적이거나 '좋은' 것을 대표한다. '어머니'라는 명사를 말해보라. 그러면 이 역사적 인물들이 자동적으로 떠오를 것이다. 그들은 현대 문화에서 과도하게 드러나는 듯하고, 사람들을 여전히 통제하고 있다.

빅토리아 시대 여성이라는 인물은 모성을 이해하고자 노력했던 1970년대 여성해방운동 작가들을 사로잡았다. 레즈비언 페미니스트이자 시인이었던 에이드리언 리치Adrienne Rich는 1976년, 그녀가 어머니가 되기 전엔 절대로 깨닫지 못했던 것에 대해 썼다―그녀처럼 교육받은 중산층의 여성들이 1950년대 말에 단순히 인정하지 않았던 것에 대해. "나는 이해할 수 […] 없었다"고 그녀는 회고했다. 우리가 "빅토리아 시대의 유한부인, 집안의 천사라는 역할과 빅토리아 시대의 요리사, 부엌데기, 세탁부, 가정교사, 간호사 역할까지 모두 완수하도록 기대되었다"는 것을. 리치는 집안에 길들여진 도덕적인 어머니도, 형편없는 시급을 받는 단순노동자도 되길 원하지 않았다. 리치는 "나만의 인생을 새로 만들어야 한다는 사실을 알았다"고 썼다. 그리고 "세탁일의 반복 순환"으로부터, "아이의 복지"와 "남편의 경력"에만 몰두하는 것으로부터 거리를 두어야만 한다는 사실도. 빅토리아 시대의 여성다움은 명명될 필요가 있었다. 대대적으로 급파되기 위해.[9]

어머니와 아이에 대한 이상화된 형상은 언제나 있었다. 하얀 아기 옷을 바느질하는 빅토리아 시대 글래스고의 한 여성 바로 옆에 놓인《웨이벌리 저널》에. 또는 1930년대 시골 소작농의 벽난로 선반 주위에 붙은 그림에. 프랜시스 머리는 빅토리아 시대 런던 교외의 친구를 방문하고 집주인의 가정적 삶의 '관습적 둔감함'을 언급하면서 그것을 '아기 상태Babydom'로 불렀다. 사실 그보다 더 신랄하게 표현했다. '아기 상태의 신격화'라고. 더 심각한 것은, 이상이라는 것이 점차 치명적으로 작용하거나 이루기가 불가능했다는 것, 혹은 그럴 만한 개연성이 있다는 것이다. '좋은' 어머니가 존재하는 곳에는 실제 삶의 '나쁜' 어머니들의 행렬이 필연적으로 따라온다. 어머니들 자신의 눈으로든, 제도—국가, 법, 의사, 사회복지사—의 시선으로든 '나쁜' 어머니들이.[10]

1880년대 앨라배마주 모빌의 캐롤라인 바우어스의 장면이 시사하는 것은, 일련의 이상들이 또 다른 이상을 밀어내는 데 교대로 사용될 수 있다는 점이다. 벽난로 선반 위 아기천사 꽃병들은 흑인 여성들 역시 좋은 어머니였다는 주장을 보여준 것이었다. 19세기 말의 앨라배마주 백인들의 인종차별 관습에도 불구하고 말이다. 그녀의 집 건너편 매그놀리아 공동묘지의 높다란 남북 전쟁 추모비는 노예제를 지키기 위해 남부의 폭력 싸움에서 죽은 수많은 모빌 사람들을 기념하고 있었다.[11]

그렇게 어떤 이상과 어떤 이상화는 다른 이상과 다른 이상화보다 더 유용하다. 에이드리언 리치와 같은 여성해방주의 시대에 글을 쓴 시인 루실 클리프턴Lucille Clifton은 흑인 모성 복원력에 대한 견고한 역사를 탐구했다. 클리프턴은 철강 노동자인 아버지와 세탁부이자 가정부인 어머니, 즉 흑인 대이동 기간에 북쪽으로 온 사람들의 아이였다. 그녀의 1976년 작 『세대들Generations』은 "1823년에 아프리카에서 태어나" 1910년에 버지니아에서 자유인으로 죽은 또 다른 캐롤라인을 다시 불러내는 역사를 다루었다. 캐롤라인 세일 도널드는 어머니이자 산파이며 생기를 돋우는 사람이었다. "걱정하지 마라"라는 루실 클리프턴의 구절은 조상 대대로 내려오는 말을 인용한 것이다. 뇌리를 떠나지 않는 모성을 다룬, 클리프턴만의 역사적 이상화 시리즈는 버펄로, 뉴욕에서부터 남부 노예 농장을 거쳐, 지금은 남부 베냉에 해당되는 19세기의 다호메이까지 거슬러 올라간다. 그녀의 '어머니'는 피부가 검고 키가 크며 바짝 마른 모습이었다. 그녀는 '군인답게 똑바로' 걸었다. 그것은 위축되

지 않는 흑인 모성의 유산이다. 우리가 돌이켜 생각해보고 곁에 앉
아 있어야 할.[12]

12.

방해받은 시간

하루를 네 부분으로 나눠 생각하라고 친구 마이판위가 통화 중에 충고한다. 아침, 오후, 저녁, 밤. 충분히 익숙하게 들린다. 각 부분이 걷잡을 수 없이 다를 수 있다는 것이 핵심이 아니라는 사실만 제외하면. 아이는 어느 순간 만족해하다가도 다음 순간 기분이 엉망이 될 수도 있다. 좋은 점은 빨리 떨치고 회복한다는 것이고, 나쁜 점은 스타카토 같은 혼돈 속에 있다는 것이다. 리듬과 방해가 있다.

생후 3개월에 이르면 울음이 절정에 달한다고 의사가 충고한다. 울면 안아주고, 울면 서성거리고, 울면 노래해주고, 울면 제자리를 빙빙 돌아 걷고, 울면 마룻바닥이 삐걱거리도록 돌아다니고. 우리는 M을 언제나 똑바로 안아 들어야 하는 이유를 알았다. 아기는 통증만 있는 게 아니라 젖이 역류하기도 한다는 것이다. 그 상황은 우리 아기가 자주 통증이 있고, 무릎을 구부리고, 등을 둥글리고, 구토한다는 것을 뜻한다. 아기를 똑바로 안아 들면 덜 토할 거라고 의사가 확인해준다. 아기는 덜 불편해질 것이다.

너는 너 자신의 피부를 뚫고 나오려는 것처럼 비명을 지른다. 나는 그 통곡 소리로 정지하고 분해된다. 너의 맹렬한 광채에 의해서도 정지하고 분해된다. 소리가 멈추면 나는 안도한다. 아기를 똑바로 안아요. 살살 걸어요.

바깥세상에 나가면 나는 강박적으로, 가만 드러누운 아기들을 주목한다. 저 아기들 유모차에는 찍찍이라도 붙었나? 부모들은 어떻게 공원에 담요를 깔아놓고 눈길도 안 준 채 무심하게 얘기할 수 있을까? 나의 강박 관념은—물론 잘못된 것이다—아기를 들어 안는 것이다. 이 아기, 나의 아기는 항상 안아 올려 내 어깨 위로 흔들어줘야 하고, 들어 올려 띠 포대 안에 넣어줘야 한다. 내게 아기들은 원래 이런 식이고, 이것이 아기가 원하는 바이다. 이것이 엄마 노릇이다.

아침, 오후, 저녁, 밤. 이것들은 일상의 리듬이다. 정지, 방해가 매일 매일을 형성한다. 나는 반쯤만 생각에 잠기고, 반쯤만 문장에 몰두하고, 반쯤만 작업에 신경 쓰다가, 결국 멈춘다.

아침, 오후, 저녁, 밤.

엄마 노릇에 가장 근접하는 기록에서 늘 드러나는 단어가 바로 방해이다. 살짝 흔들어주세요. 가능한 한 부드럽게 정지하세요. 현재 에세이 작가인 리사 버레잇서Lisa Baraitser는 지속적이고 결정적인 방해야말로 모성의 주요 조건이라고 말한다. 아기와 어머니

앞에 있어보라. 방해가 일어나는 장면을 볼 것이다.[1]

그러한 방해에 대한 역사가 18세기 말과 19세기의 수많은 편지에서 발견된다. 갑자기 중단된 편지, 짧은 편지, 내용이 빈약한 편지, 쓰지도 못한 편지들이 있다. 18세기에 교육받은 여성들이 편지를 쓰던 시절에, 엄마가 되어서도 편지 왕래를 계속하려 애쓰면서 자주 언급되는 단어가 방해이다. 제인 스크림셔는 "가족에게 일어나는 수천 가지의 사소한 일" 때문에 글을 멈췄다. 그녀는 일찍이 친구에게 "나중에 엄마이자 가정주부가 되면 너도 다른 사람들처럼 나쁜 사람이 될 거야"라고 경고했다—수천 가지 사소한 일이 시간을 산산조각내므로.[2]

신생아나 특히 다섯 살 미만의 아이를 둔 어머니들이 편지 답신에 충실하지 못하게 되는 건 편지 왕래의 관계에서 금방 진부한 일이 되고 심지어 간혹 희생양이 되기도 했다. 1787년 노바 스코샤 주 핼리팩스에 사는 레베카 올몬은 자신의 숙모에게 예전처럼 꼬박꼬박 편지 주고받는 것이 방해되는 것에 대해 사과했다. "사랑스러운 아기를 계속 신경 쓰느라 꼼짝도 못 하는 것"에 대해.[3]

베시 램즈덴은 편지 쓰기를 시작했지만 결국 남편 윌리엄이 끝마쳤다. 그는 "R이 애 돌보느라 정신이 없습니다"라며 자기 손으로 직접 "그게 아니면 이렇게 갑자기 자리를 떠나진 않았을 겁니다"라고 덧붙였다. 이런 종류의 방해는 현재에도 일어나고 있으며, 어떤 일을 중단시키고 있다. 아기 돌보는 일은 당장, 지금 여기서 할 일로 간주되어, 과거는 뒤에 남겨지고 미래는 연기된다. 한참 지나서야 베시는 마침내 집중할 기회를 얻게 되었고, 한 가지 일에 열중할 수 있게 되었다.

"내가 펜을 들기만 하면, 어떤 방해물이 나타나."

"내가 내 요람 옆에 눕고 나서"—그녀의 아이들이 자랐다—"좀 더 시간을 가질 수 있게 됐어."

그러나 "이제는 나의 아이들이 자기네들 [마실] 차를 달라고 조르네. 그러니 해주어야지."[4]

다른 사례로 1783년 필라델피아에 살았던 앤 리빙스턴의 경우를 보자. "아이가 나를 불러. 그래서 저녁까지 마치려 했던 글쓰기를 미루게 됐어." 19세기 초의 엘렌 파커도 마찬가지이다. "[엘리자베스] 엄마한테 봐달라고 울고 있어. **이러하니** 짧고 급박하고 별 재미도 없는 이 편지를 네가 좀 용서해다오." 1840년 포트 피켄즈에서 프랜시스 스미스는 직업 장교인 남편에게 이렇게 썼다. "패니가 내 무릎에서 떠나질 않고 방해하니 그만 써야겠어요." 1878년 인디애나의 루이자 윌리 보이슨도 같은 상황이다. "내가 계속 애를 봐야 하는 상황이니 연필로 써야겠어."—편지에 적절하지 않은 구절이 적힐 것을 고려하면—"연필이 더 편리할 테니." 3년 전에 같은 붉은 벽돌집에서 살았던 보이슨의 친척도 "아기가 소란을 피워 그만 써야" 했다.[5]

어쨌든 편지를 쓴다는 것, 또는 편지 쓰기를 시작한다는 것은 이미 그 여성이 글을 읽고 쓸 줄 안다는 것을 의미하고, 이미 자신만의 시간을 어느 정도는 가질 수 있음을 의미한다. 아마도 설사 귀족은 아니었더라도, 하인을 가까이 두고 있음을 의미한다. 이 여성들은 18세기, 19세기의 고용주 계층의 사람들이었다. 그들은 요람에서 일어난 일을 잘 쓰지도 않았고, 그들이 직접 2층에 올라가는 일도 드물었지만—그것은 겉보기에, 편지 수신자와 나누기에 너무 지루한 일이었고 너무 많은 일이었다—방해 그 자체 안에서 마더링의 일면을 암시한다. 처음에 나는 이 작가들이 생략한 부분만을 즉, 나의 호기심을 묵살하는 침묵에 대해서만 주목한다. 이제 내가 주목하는 것은 깃펜을 내려놓게 하고 잉크를 그대로 마르게 두는 더듬대는 진행, 연필을 잘못 쓰는 것, 하던 일이나 생각하던 것의 멈춤이다.

오후, 저녁, 밤, 아침.

가끔 어떤 어머니는 엄청나게 바쁜 와중에 질문자의 방문을 받는다. 1970년대 초반에 몇 달 전 처음 어머니가 된 이들이 런던대학교 베드포드칼리지에서 나온 연구원에게 말했다. 그 조사 연구는 공감의 태도를 취했고—연구원은 페미니스트이자 전직 가정주부였으며 스스로 어머니였다—여성들도 마음을 터놓았다.[6]

샌디 라이트는 비서였는데, 지금은 "언제나 생각해요. 집안일을 좀 하려는 참에도, 아기가 깨기 전에 이 일을 할 시간이 될지 생각하죠. […] 아시잖아요, 만일 애가 울게 **되면** 가서 봐줄 다른 사람이 아무도 없으니, 하던 일을 멈춰야죠."

전직 공무원이었던 릴리 미첼은 이렇게 말했다. "하려던 일을 반밖에 못 해요. […] 종일 집에 있지 않냐고 그러는데 실제로 일을 **시작하지도** 못해요—내가 정말로 몰두하고 싶어 했던 일인데도 시작하지 못해요. 그리고 뒤늦게 내가 반드시 했어야 한다는 걸 깨달은 이후에야 생각하죠. 그걸 시작했어야 했는데라고."

1970년대 스타일의 방해는 집안일과 아기의 낮잠과 관련하여 묘사되었다. 이 여성들은 집에 혼자 있었고, 집안일은 여성의 일이었으며, 요람의 아기는 눕히고 안아 들어야 했다. 릴리 미첼은 "그렇게 몇 년이 그런 식으로 흘러갔다"라고 회상했다.

신뢰할 만한, 일상적 톤을 드러내는 이 보고는 이 같은 언급들이 더 많았음을 암시한다—이러한 방해의 경험이 아주 흔했음을 암시한다. 그것은 또한 릴리가 시간 부족에 지쳤다는 것을 함축한 것이기도 하다. 말하자면—

아, 아기가 막 깼다.

저녁, 밤, 아침, 오후.

하루의 피로가 누적되면서 내가 발견한 증거들이 단순히 사물에 대한 나만의 감각을 반영하는 것 같다. 날카로운 명석함을 내 나태함으로 잃어버리고 있다. 역사적 특수성이 시야에서 사라진다. 아기가 옆방에서 잠시 잠든 동안 다음 구절을 읽는다.

"어머니는 지금이 편지 쓸 시간임을 알게 돼요. 그러면 한 아이가 기침을 하고, 한 아이는 깨서 물을 달라고 울죠."[7]

이것은 1860년대 후반 앨라배마에 사는 몰리 맥이완이 글래스고에 사는 시누이에게 쓴 구절이다. 몰리는 정신 산만이 "훨씬 더한" 낮에는 편지 쓸 엄두도 못 낸다고 설명한다. 그녀는 더 이상 "집안 여자"로 버틸 여력이 없다. 몰두하는 게 그녀의 소원이다. 저녁에는 고요해지리라고 기대하면서.

나는 아기가 깨면 못 읽게 될까 봐 급히 읽는다. 1860년대의 몰리 맥이완의 편지를 되짚어가는 일이, 한 세기 전의 그 편지 쓰기보다 덜 힘든 노동임을 나는 안다. 철심 들어간 펜을 들기만 하면 되는 일이지, 잉크를 더 준비해 부서지기 쉬운 깃펜을 끼적이는 일은 아니니까.

밤, 아침, 오후, 저녁.
나는 밤이 무섭다.

어떤 날 여전히, 나는 아기의 현존, 우리의 밀착에 대한 기쁨을 즐길 준비가 안 되었다.

아기가 자기 손을 찾고 있다. 마치 인지력이 그의 몸을 따라 여행하는 중인 듯하다. 처음엔 미소가 떠올랐다. 지금은 손들이 그의 입을, 내 입을 눌러댄다. 그것들은 미끄러져 들어와 내 입술 안쪽을 잡아당긴다.

오늘 아침, 방해라는 개념에 매달리면 매달릴수록 그 생각이 나에게서 점점 멀어져가, 모양을 잡는 데 결국 실패한다. 쉽게 일반화되지 않는다. 어쩌면 방해된다는 것이 그 반대나 바깥쪽을 주목하지 않고는 역사적으로 특화될 수 없는 것인지도 모른다. 그럼 그것은 무엇인가? 정확히 무엇이 방해받는가? 집중? 몰두? 일상의 리듬? 다른 친숙한 리듬?

방해는 실제로 사람들에게 가장 일상적인 경험의 평범한 조건이라고 단언할 수 있다. 방해는 돌봄의 조건이다. 방해받는다는 것은, 자기만의 것이 아닌 시간에, 직접적인 방식으로 다른 누군가를 주로 돌보는 이라면 누구나 겪는 평범한 경험이다. 가부장적인 시간과 장소에서는 아내가 남편을 돌볼 것이다. 근대 초에는 견습공이 장인을. 가내 노예는 노예주를. 가정부는 고용주를. 간호사는 의사와 환자를. 비서들은 상사를.

나는 아침에 가장 정신이 맑다. 그리고 아이는 낮잠을 자는 40~45분 중에 그러하다.

좀 더 이른 일과의 리듬을 발견할 수 있을까? 사람들이 그들의 하루라는 것을 경험했던 방식을? 1930년대 영국에서 수천 명이 넘는 "노동자 계층 아내들"의 건강과 조건을 조사한 마저리 스프링 라이스Margery Spring Rice에게 이 질문은 그 자체로 한 챕터의 주제가 될 정도의 가치가 있었다. 라이스에게, 그녀의 응답자들에게도 '아내'는 가정주부와 엄마의 역할로 구성되었다. "우리가 집에만 있어야 한다는 건 낡은 생각이에요"라고 말하면서 한 여성은 삶을 "한 아이당 14개월을 반 평도 안 되는 부엌에 감금되는 것"으로 묘사했다. 초혼 평균 연령은 스물네 살이었다.[8]

라이스의 응답자들 대부분의 일과는 6시 반경에 기상하면서 시작됐다. 만일 남편이 광부나 제빵사일 경우, 혹은 야근 업무를 맡게 될 경우라면 아내는 4시에 일어나 아침 준비를 해야 했다. 같은 방에서 자는 아기는 어떤 경우에든 아침 6시 이후에는 엄마에게 평화를 별로 주지 않는다. 아침 시간은 부엌에서 일하고 돌보며 지냈고 그것이 끝날 때쯤에는 남편이 '저녁 먹으러' 일터에서 돌아왔다.

그녀는 앉을 시간도 없을 때가 많았다. 라이스는 또 이렇게 언급했다. "그녀는 선 채로 음식 먹는 게 더 쉽다는 걸 알았다. 아기를 돌보고 있을 땐 그 일을 끝내고서 앉았고 그런 식으로 '더 휴식을 취했다.'" 오후가 되면, 남편이 일터에서 돌아오고 그때가 되어서야 그녀도 자기 몸을 챙기거나 쉬거나 외출하거나 앉을 시간을 가질 수 있었을 것이다. 아마도 일주일이나 한 달에 한 번, 아기와 함께 복지센터나 각종 지역 행사장에 갔을 것이고, 근처에 사는 여동생이나 친구를 보러 나갔을 수도 있다. 그러나 대부분 이런 종류의 여가를 누릴 기회도 없었다. 끝내야 할 바느질감이나 수선감이나 뜨개질감이 있었고 장도 봐야 했기 때문이다. 그녀의 남편이 직장에서 돌아오면 차를 준비해야 했을 것이다. 이러한 오전과 오후가 1930년대 노동계급 어머니들의 전형적인 일과였다.

그녀는 저녁이 되면, 열두 시간에서 열네 시간을 서 있은 뒤에야 자리에 앉아, 아마도 '남편과 조용한 대화'를 하거나 그들의 '유일한 사치품'인 라디오를 들었을 것이다. 남편이 그녀에게 신문을 읽어줬을지도 모른다. 그녀는 바느질감이 아주 많아 스스로 읽을 여력이 없었다. 남편과 저녁을 먹었을 수도 있고 먹지 못했을 수도 있는데, 보통 코코아와 빵과 버터, 생선튀김 정도가 가능했을 것이다. 그러고서 자러 가는 시간은 주로 10시 반이나 11시쯤이었다. 마저리 스프링 라이스는 첫 아이를 가진 여성이나 두 아이를 가진 여성들을 주목했는데, 그들은 일반적으로 외출이 더 많이 가능했고 경제적으로 더 나은 상황에 있었다. 이 여성들이 살아낸 그 리듬과 방해들은 대체로 외부세계와 단절되면서 일어난다. 그들의 방해는 집에서의 고립으로써 만들어졌고 또 집에서의 고립으로써 표시됐다. 남편과 아이들의 요구에 의해 만들어졌고 방해받았다.

영국 사회조사 기관인 '여론조사'에서 발표한, 1950년대 초 중산층 가정주부의 일상적 리듬도 살펴볼 수 있다. 한 전형적인 보고서는 다음과 같다. "오전 7시 30분, 일어나 씻고 머리를 손질했다." 아침을 먹고 아기를 목욕시키고 먹이고 옷을 입히고 나서, 그녀도 옷을 챙겨 입고는 가게로 갔다. "고기, 야채, 과일, 단것들을 샀다. 내 것으로 스타킹을, 아기 것으로 비닐 팬티를 샀다. 세탁물을 찾아왔다." 그것이 한 시간 정도 소요되는데 10시에서 11시 사이가 된다. 그다음으로 아이의 외출복을 벗기고 기저귀를 갈아주었으며 자신을 위한 차 한 잔을 준비했다. 그러고서 아침 식사 설거지를 하고 침대를 정리했으며, 정오에 제대로 된 식사를 준비해서 12시 45분에 먹었다. 아이에게 줄 음식을 만들어 먹이고, 아이를 한 손으로 들어다 요람에 누이면서 다른 손으로 차 한 잔을 들었다. 그리고 아기의 빨랫감을 빨았다. "천천히 해—급하지 않았다. 토요일이니까." 그녀는 아이를 데리고 오후 3시에 산책을 나갔고, 남편은 혼자서 다른 곳으로 나갔다. 이것이 보고서에 처음으로 등장한 남편에 대한 언급이었다.[9]

아기는 유모차 안에서 잤을 것이 분명하다. 그녀가 아기를 그 안에 뉜 뒤에 "4시 30분, 아기가 깼다"고 했으므로. "4시 30분에서 6시까지는 아기 때문에 바빴다." 아기를 다시 요람으로 데려다 놓고 도서관에 책을 교환하러 간—예측하건대, 주말이니 남편이 집에 있어서 그런 혜택을 누렸을 것이다—다음에 다림질하고 옷을 수선하고는, 저녁을 준비해놓고, 뉴스를 듣거나 신문을 읽고, 9시에 저녁을 먹었다. 9시 45분에 다시 아이를 먹이고 기저귀를 갈아주고는 요람에 눕혔다. 그녀가 씻고 자러 가는 시간은 1930년대 노동계급의 다른 여성들처럼 10시 반에서 11시 사이였다.

여기서 분명한 리듬이 있다. 그것은 요리하고, 기저귀를 갈고, 깨끗이 치우고, 아기를 낮잠 재우는 일들에 의해 정해졌다. 그리고 방해도 있다. 그것은 "아기가 깼다"는 구절에서 보듯 거의 지나가는 말로 기록되었다. 일반인 논평가들도 이것을 주목했다. 마조리 로이드는 1955년 《맨체스터 이브닝 뉴스Manchester Evening News》지면에 여성들은 '방해받지 않는 시간'이 필요하다고, 다시 말해 정해진 시간에 퇴근하는 일하는 남편들에게는 이미 휴식 시간이 주어지지 않았냐고 주장했다.[10] 서른여섯 살의 한 속기사는 "남자들은 자신의 하루 일을, 오후 5시 30분에 '연장들을 내려놓을 때' 마친다고 여긴다"라고 했다. 그러나 어머니는 언제나 방해받을 수 있었다. 그녀는 끝나지 않는 분절된 시간 속에서 살고 있었다.[11]

아기가 있기 전에 나의 일과는 주로 일터의 생활 리듬으로 배열되어 있었다—가르치고, 만나고, 마감일까지 집필하고, 주중과 주말과 학기, 이런 것들로. K가 사라지고 다시 나타나는 일은 그 배열을 반복했다. 그러나 지금 나는 아침, 오후, 저녁, 밤 안에서 살고 있다. 이웃 동네에 어머니도 여동생도 없다. 그것이 이주민의 상황이다. 그러나 대부분의 화요일과 목요일 아침에 한 커뮤니티 센터에서 만나는 새로운 부모들의 모임이 있다. 마저리 스프링 라이스라면 우리의 모임을 '여가'라고 불렀을 것이다. 그리고 우리가 집 밖으로 나갈 수 있는 능력은 물론이고 우리의 생활 수준에도 주목했을 것이다.

센터에서의 대화는 서너 시간의 일정대로 진행되거나, 상황에 따라 수유 시간에 이루어진다. 어떤 이는 일터로 돌아갈 수 있을지 조마조마하다. 미국의 법정 산후 휴가 기간은 6주뿐이다. 어떤 이는 집에 남을 계획이다. 대화의 분위기가 서로 위로하는 것에서 냉혹한 충격으로 돌변한다. 우리는 식사를 마칠 수 없었던 상황, 머릿속에서 생각을 지속할 수 없었던 상황, 문장을 끝내지 못했던 상황에 대해 과장 섞인 울분을 터뜨린다. 목요일 오후에서 다음 화요일 아침까지는 머나먼 길이다. 목요일마다 나는 배의 닻을 앞으로 던져 아기와 나를 다음 주로 끌어당기려고 애쓴다.

금요일 오후. K는 자전거로 도로를 달리고 있고 이제 어느 순간 도착할 것이다. 내 일기에서 이날은 다음처럼 기록된다. "K가 함께 와줘서, 나는 머리카락을 자를 수 있었다. 그는 M과 걸었다—M에게 차들과 구름이 지나가는 것을 보여주면서—약 45분, M이 다시 나를 찾기 전까지." 도입부의 마지막 논평은 이것이 아기가 석 달여 전 우리 집에 온 이래, 나와 최고로 오랫동안 떨어져 있던 시간이었다고 기록한다.

아기와 길을 걸으며 나는 어째서 기록들이 엄마 노릇에 별로 가까이 가지 못하는지 생각한다—그럼에도 어떻게 그 기록들이 엄마로서 방해받기의 연속성에 대한 또 다른 방식의 설명을, 즉 흡수되고 방해받는 것의 리듬에 대한 분명한 대안을 제시하는지 생각한다. 동시대의 원주민 이야기는 간접적으로 하나의 비교 연구를 제안한다.

"내 세대의 많은 여성들처럼"이라고 마리아 캠벨은 말했다. "나는 이야기와 함께, 수많은 이야기와 함께, 모든 종류의 이야기와 함께 성장했다." 성스러운 이야기들, 가족사, 수수께끼들과 함께. 그러나 "내가 제일 좋아한 이야기는 여성들에 대한 이야기였다." 가브리엘즈 크로싱, 서스캐처원주 출신의 이 이야기꾼은 자신이 몸담았던 20세기 중반의 메티스Métis 공동체에서 빨래하는 날인 월요일을 묘사했다. 빨래는 공동의 일이었다. "아마도 여덟 대에서 열 대에 이르는 차들이 우리를 태우고 그 커다란 구덩이로 1킬로미터쯤을 달렸다." 거대한 무쇠솥에 채워진 물이 불 위에서 끓고 있었다. 아이들은 속옷 바람으로 깨끗한 물에서 헤엄쳤다. 점심 식사는 일요일에 먹다 남은 저녁 식사를 따뜻하게 데운 것이었다. 아이를 데리고 있는 여성은 힘들게 문지르는 일은 함께하지 않았지만, 자기 세탁물을 건네고 대신 요리를 맡았다. 그녀는 사람들에 둘러싸여 있었다.[12]

이러한 공동의 관습은 가스를 연료로 쓰는 세탁기가 나타나면서 종말을 고했다. 그러나 그 직전 수십 년간은, 캠벨이 말했듯 메티스 여성들은 곧잘 공동으로 일했지, 혼자 일하지 않았다. 이 여성들에게 엄마 되기의 방해물은 고립을 용인하지 않았다. 동시대 영국 핵가족의 집안일에서 여성의 분절된 일과를 드러내는, 반 평도 안 되는 공간에서의 자치성을 용인치 않았다. 1930년대 마저리 스프링 라이스의 응답자들의 "우리는 집에만 있어야 한다는 낡은 생각"에 대한 무심한 언급이나 1970년대 릴리 미첼의 "그렇게 몇 년이 그런 식으로 흘러갔다"는 느낌은, 엄마 노릇이 언제나 고립시키거나 고립된 것이라는 믿음, 즉 이것이 자연스럽고 아주 오래된 상태라는 믿음을 반영했다. 사실 그들의 가정에서의 고독과 육아에 대한 단독 책임은 분명히 드러났고 결코 불가피한 것이 아니었다. 훨씬 더 다양하고 구체적인 다른 역사적 가능성이 있었다.[13]

다른 것이 될 수 있으리라는 느낌은 1979년 가정주부들에 대한 베드포드칼리지 연구원의 결론에 영향을 주었다. 그녀는 "끊임없이 다른 일을 방해하는 것의 효과는 엄청나게 좌절하는 것으로 경험될 수 있다"라고 종합했다. 이것들은 어머니의 고독한 노동을 공장 노동자들의 노동만큼이나 소외시키는 조건이라고 그녀는 생각했다—설사 그것들이, 요람의 미소, 젖을 먹고 난 뒤 만족을 표현하는 고전적인 소음, 거의 날마다 작아지는 깨끗한 옷을 입은 맑고 건강한 피부처럼 중독성 있는 기쁨을 수반한다 할지라도.

좋은 날, 아기와 내가 화합을 이룬 그런 날엔, 방해와 리듬을 따로따로 놓는 것이 궤변처럼 느껴진다. 방해는 아기와의 몰입으로 슬그머니 들어와 짜증이나 불만에 의해 가라앉는다. 리듬은 아기와 내가 함께 살아가는 방식이다. 나는 필요했던 것을 얻는다. 나쁜 날, 그러니까 어제처럼 K가 주말을 여기서 보내고 일터로 돌아가고 난 뒤 아기가 심하게 보챌 땐 오직 혼잡한 방해만 있다. 흐름이 부재한다. 동시대의 이론가 리사 버레잇서는 편들지 않는다. 그녀에게 모성의 방해는 교화시키는 것도, 극복될 것도 아니고 단지 아주 작은 스타카토의 장소이며 쪼개진 순간으로, 모성이란 어떤 것인가라는 질문에 대답을 준다.

밤이 다시 다가온다. 1940년대 인류학자인 마거릿 미드Margaret Mead는 가장 최근의 현장연구를 끝낸 뒤 미국으로 돌아와, 의학의 견해가 신생아에 대해 가정했던 불쾌한 기대들에 관해 썼다. 그들은 아기들을 밤새 잔다고 전제하고, 그녀의 신랄한 표현에 따르면, "리듬이 이상하고 불편한 어떤 세계에 이미 맡겨버렸다."[14] 역사적으로 확실해 보이는 것은 어머니의 리듬, 아기의 리듬, 그리고 사회의 리듬은 절대로 전적으로 서로 동일한 것이 아니라는 점이다. 아마도 모성의 방해는 엉뚱한 곳에 거주할지도 모른다.

그리고 아마도 모성의 방해는 그 자체를—가장 스타카토적인 상태로, 가장 돌발적인 상태로—그런 엄마 노릇이 다른 일에 몰두하는 것이길 바라는 사회적 기대가 있는 곳이라면 어디서든, 그리고 그들이 대개 하루를 홀로 지내는 곳에서 가장 강력하게 보여줄지도 모른다.

밤이 다가온다. 이러한 방해를 비서가 되는 것과 비교해보라고 다이어드르 제임스Deidre James가 1979년에 말했다. "당신은 아침 7시부터 시작해서, 어느 정도 밤새, 매일 밤 호출된다. 그러나 당신이 일하는 중이라면 그렇지 않다. 당신의 상사는 밤 11시에 당신에게 전화하지 않을 것이고, 와서 편지를 가져오라고 말하지도 않을 것이다. 그러나 아기가 울면, 당신은 오늘 일은 끝났어, 안됐군, 난 알 바 아니야라고 말할 수 없다."[15]

13.
한밤중

　어스레한 고요는 우리 셋 모두에게 자리를 만들어준다. 이 어두움, 이 고요는 한때 우리를 덮어주는 담요였다. 잠이란 것은 단순하고도 변함없으며, 심지어 자연스럽고 영원하다고 느껴졌다.

　나이 든 내 몸은 온전한 여덟 시간 혹은 여덟 시간 반의 숙면을 기대했다. 18세기 작가인 제임스 보즈웰James Boswell은 그러한 깊은 잠을, 죽은 듯한 잠을 "절대적이고, 무의식적이며, 무감각한 것"이라고 불렀다. 나는 이 기분 좋고 묵직한 단어들을 발견한다. 그것들은 제거나 회복의 단어들이다.[1]

　이제 손에 아이가 있게 되면, 20세기 말의 시인 알리시아 오스트라이커Alicia Ostriker가 썼듯 "당신의 잠은 더러운 누더기옷 같다." 보즈웰 시대의 영어에는 선잠에 대한 다른 표현들도 있었는데, 작고 연약한 동물들의 얕은 잠에서 비롯된 말들이다. 개잠, 고양이잠, 토끼잠처럼.

밤에 우리는 보다 육체적인 자아로 물러나고, 정신은 그 자체로 사라지는 것처럼 보일지도 모른다. 그러나 밤의 감각은, 그 느낌은 낮의 감각과 느낌만큼이나 특별하다. 침대에서 24시간 중 많은 시간을 보내고, 또 그중에서도 많은 시간을 깬 채로 있으면서, 나는 한밤중이 모성에서 가장 많이 감추어진 과거가 아닐까 의심한다. 헤아리기 힘들지라도 엄마 노릇을 하는 한 사람에게는 어쩌면 가장 중요할지도 모른다.

어느 봄날 밤에, 우리의 침대는 9시 반이 되어 어두워진다. 생후 4개월 된 아기의 몸이 내 쪽으로 돌려 있고 아기 얼굴은 내 가슴에서 이삼 센티미터 떨어져 있다. 꼼짝하지 않고 누운 채 나는 캠핑 여행의 첫날 밤처럼 뻣뻣하다. 이윽고 나의 등과 옆구리가 울퉁불퉁한 바닥에 익숙해진다. 조금만 움직여도 아기가 깰 것이다. 침실에는 길가의 공장 전등으로부터 아주 희미하게 색깔 없는 불빛이 들어온다 — 아주 살짝 들어오는 빛이기에 아기의 이목구비나 이부자리 위 아기의 실루엣조차 제대로 구별할 수 없다. 옆방에서 K가 컴퓨터 자판 두드리는 소리와 간혹 지나가는 구급차 사이렌 소리만 들린다. 과거의 어머니의 밤에 대해 어떻게 알아낼까?

시야가 흐려지면 소리가 달라진다고 나는 어둠 속에서 생각한다. 시야가 희미해지면, 촉감은 정적에 의해 묶여버리고, 소리는 증폭하고 방해한다. 과거의 밤에 사람들은 모기 소리, 쥐 소리, 코 고는 소리, 짖는 소리, 고함 소리, 마차 소리, 통행금지 종소리, 교회의 종소리, 화재 신호 소리, 농장의 종소리, 사륜마차 소리, 쓰레기 트럭 소리, 공장의 호각 소리, 우유 배달 수레 소리, 기차의 핑음, 물 새는 지붕 소리, 판자 삐걱대는 소리, 야경꾼의 외침 소리, 신생아들의 소리, 옆집 이웃의 말소리, 새 소리, 시계의 알람 소리를 들었다. 그 공간의 일몰과 계절로 인해, 또는 촛불이나 거리의 번갯불이나 가로등 빛이 사라지면서 나타난 특유의 어두운 출연진 때문에, 사람들의 낮의 시야는 뒤로 물러났다. 사람들은 주변 환경에 대한 특유의 감각을 가졌다. 침대의 크기와 표면, 침대에 걸린 천, 천장과 벽과 바닥 부근, 방 크기, 동침 파트너의 존재. 그들은 첫 아이가 생기기 전의 잠버릇을 갖고 있었고, 밤이 가져다줄 평범한 기대도 갖고 있었다―그러고서 아기가 생기면 이 아기는 어떻게 잠을 잤을까. 그리고 얼마나 가까이 있었을까.

침대에서 시작해, 아마도 대부분의 사회에서는 잠을 위한 특별한 공간을 지정한다. 근대 초 영국의 농민들은 돗짚자리에서 'dagswain 조잡한 털로 만든 천 조각―옮긴이'나 'hapharlots 덮개의 일종―옮긴이'로 만든 거칠고 덥수룩한 이불 아래 시트 한 장만 덮고 잤다. 또는 가족 전체와 하인들까지 다 들어갈 정도로 넓은, 사방이 막힌 침대closed bed에서 자기도 했다. 체서피크에 온 새 이주자들은 보통 바닥에 매트리스를 깔고 그 위에 잤다. 한 예수회 소속 관찰자에 따르면, 메릴랜드의 롱하우스longhouse에 살던 알곤킨족은 "바닥에서 반 미터 정도 올라온 낮은 비계 위에 매트를 깔고" 잠을 잤다. 18세기에 버지니아 농장에 끌려온 이보족 노예들은 바닥에서 1미터쯤 올라간 단 위에 짐승 가죽과 플랜테인으로 알려진 스펀지 나무의 일

196

부를 가지고 매트를 설치했다. 셰넌도어 계곡에서 같은 세기에 한 프랑스 여행자가 어느 노예의 집에서 본 침대는 "잘 내려앉을 것 같지 않은 판자들로 만든 상자 모양 틀에 말뚝을 박고 밀짚과 옥수숫대를 채워 넣은 뒤, 그 위에 털이 아주 짧고, 군데군데 탄 자국이 있는 양모 담요를 펼쳐놓은" 모양이었다.[2]

좀 더 근대로 들어오면, 털 부스러기를 채운 침대들이 있었는데 주로 양털을 채운 것이었다. 그리고 목재를 잘라 만든 판자 침대, 긴 나무 의자 침대, 기립 침대, 안에 밧줄을 가로세로로 매어 평평하게 눕기는 힘든 침대, 접이침대, 네 기둥에 커튼을 달고, 천장에 붙인 나무나 금속 기둥으로 틀을 만든 것도 있었다. 또 캐노피가 달린 침대, 쇠 침대 틀, 트윈 침대, '블랙 앤드 브라스black and brass' 침대, '화이트 에나멜을 칠한white enamelled kind' 침대, 다이븐 침대긴 의자 형태의 침대—옮긴이, 방석 침대도 있었다. 작은 바퀴가 달렸거나 굴릴 수 있는 침대도 있었는데, 높이가 낮아 낮 동안에는 그보다 높은 메인 침대 틀 밑으로 쉽게 집어넣게 돼 있었다.[3]

침대는 보통 대수롭지 않게, 일상적인 것으로 여겨졌다. 때로는 향수를 불러일으키거나 확고한 혁신의 대상이 되어 좀 더 자세히 언급되기도 한다. "아무 문제 없이 식구들 모두 함께 자던 큰 침대를 기억하세요?"라며 상류층의 한 명이 중세 시대 농민들의 사방이 막힌 침대를 회상했다.[4] 19세기 후반부에 빅토리아 시대의 큰 정사각형의 반 닫집 침대half-tester가 네 기둥 침대를 대체한 것은, 새로운 '위생적' 환기 개념이 오래된 폐쇄 개념을 대체한 것이었다. 커튼을 달아 통풍이 잘되게 했다. 우리에겐 점잔 빼는 것처럼 보이는 트윈 베드는 빅토리아 시대의 이상들에 대한 신중한 거부로서 1890년대에 유행하기 시작했다. 남편에 대한 아내의 효용성과 경의라는 오래된 개념이 19세기에서 20세기로 넘어가면서 구시대적인 것이 되었다. 새로운 미학적 관점에서 똑같이 생긴 두 개의 침대는 남편과 아내의 상호 만족을 드러냈다.

어둠 속 사람 아래에 느끼는 밤 시간의 가구로서 침대는 여러 가지 이야기를 들려준다. 하나는 물질적인 소재에 관해서다. 즉 무엇으로 만들어지는가, 또는 만들어질 수 있는가라는 문제. 18세기에 조지 워싱턴의 마운트버넌 농장을 방문한 한 폴란드인은 노예 구역의 "초라한 매트"를 노예들의 결핍의 표지로 읽었다.[5] 18세기 유럽에서 침대 하나의 비용은 노동자의 재산의 4분의 1에 해당하는—그 정도 가치가 있는—것이었다. 굴뚝과 함께 침대는 사는 곳에서 가장 중요한 물건이었다. 튼튼한 침대라면 어떤 것이든, 전시하기에도 자식에게 물려주기에도 중요한 재산이었다. 그것들은 유언장에 적혀 항목으로 정리되고 마음에 둔 후손에게 조심스레 넘겨졌다.

또 다른 이야기는 프라이버시의 증가와 편안함에 대한 기대수준의 상승에 관해 들려준다. 전체 식구와 하인들을 위한 막힌 침대, 혹은 알곤킨족의 커다란 롱하우스 안에 낮은 단 위에 올린 매트에서부터, 한두 사람을 위해 설계된 분리된 침대들에 이르기까지. 한 실내 일부에 마련된 침대 환경에서부터, 오직 잠자기 위한 침실로서 뚜렷하게 구분 지은 공간들에 이르기까지. (영국에서는 초가지붕이 타일과 슬레이트로 넘어가는 18세기부터, 분리된 침실이 일상적이었다) 낮 동안 메인 침대 틀 아래로 집어넣었다가 하인이나 큰아이들을 위해 끌어내 쓰는 바퀴 침대가 유용하게 쓰이다가 갑자기 아무 예고 없이 사라지기까지. 뻣뻣하고 거친 양모 커버와 덥수룩한 덮개 또는 피부에 바로 닿는 양털이나 캔버스 천에서부터, 바느질로 수를 놓은 부드러운 시트에 이르기까지. 현대 표준 품목의 침대는 하나의 방 안에서 소비자의 편의에 맞춰 혼자 또는 성관계 파트너와 잠자기 위한 가구로 대변된다.

어머니의 밤은 어떻게 다른가? 그들이 돌보는 아기들의 밤은?

1937년 9월이 끝나갈 무렵, 켄터키주의 캐니 산맥. 버나 매 슬론Verna Mae Slone, 애팔래치아 지역의 시인─옮긴이은 생후 4개월이 된 아기와 철제 침대에서 밤을 보냈다. 버나 매의 새 남편 윌리는 일요일부터 금요일 밤까지 집을 떠나 있었다. 그는 밤에는 그의 할아버지 집에서 묵고 낮 동안 벌목으로 돈을 벌었다. 버나 매의 밤 시간은 칠흑처럼 깜깜했다. 가까이에 이웃도 없고, 얘기할 사람을 맞닥뜨릴 길도 없었기 때문이다. 그녀의 꾸밈없는 회고록에 따르면 그녀의 습관은 "닭들과 함께" 잠자리에 드는 것, 즉 닭들이 자러 횃대에 올라가는 것과 같은 시간에 잠자리에 드는 것이었다.[6]

버나 매의 머리 위 천장에는 높은 부분들이 있었다. 바닥에서부터 3미터쯤 되었다. 그녀가 살았던 곳은 옛날에 "통나무집이었고, 아주 큰 굴뚝이 있는 큰 방 하나"와 "잘라둔 목재"로 추가된 또 하나의 방이 있었다. 그 통나무집은 널빤지 방을 남겨둔 채 해체된

적이 있었다. 철제 침대를 제외하고 방에는 호두나무로 만든 아기 침대, 갈라진 판자들로 만든 상판이 매끄러운 테이블, 그녀의 재봉틀, 윌리의 "말하는 기계(녹음기)", 그녀의 어머니가 쓰던 트렁크, 나무로 때는 난로가 있었다. 벽에는 접시를 두는 선반도 있었다. 침대 밑의 바닥은 보통 매끄러웠다. 넓은 도끼로 쪼갠 통나무들을 쪼개진 면이 위로 올라가게 나란히 놓은 '판자' 바닥과 그런 색조의 공간이었다. 그런 바닥은 빗자루와 개울에서 침식된 돌로 만든 모래로 문질러 닦았다. 밤에 바닥 밑의 닭들은 스컹크라도 침입하면 요란한 소리를 냈다. 농장의 다른 동물들 소리는 들리지 않았다. 소를 가지려면 더 많은 수입이 있어야 했다. 그녀는 스물두 살이고 윌리는 조금 더 나이를 먹었다.

버나 매는 침대를 같이 쓰는 것에 익숙했다. 그녀는 가난한 침례교도 시골 공동체에서 열두 남매의 막내로 자라, 늘 부모와 함께 자거나 형제들과 같이 잤다. 그것이 "함께 성장하는 방식"이라고 또 다른 켄터키주 출신 남성이 어렸을 적 엄마 옆에서 잤던 것을 회상했다. "집을 한 번이라도 떠나보면, 그 방식을 그리워하게 될 거예요." 1930년대 캐니에서 성장 중인 아이들에게 몇 살인지 물어보면 이렇게 답할 것이다. "혼자 잘 만큼은 돼요." 침대를 같이 쓰는 관습은 친숙한 방문자들에게도 적용되었다. 한 침대에서 셋이 잘 때를 노래하는 동시도 있었는데 이것은 "자고 가는 사람들이 있을 때" 종종 일어났다.

낮에는 아기를 침대나 나무 그늘 아래 요 위에 두고 버나 매는 밖에서 일했다. 그러나 밤엔 아기를 직접 재우고 돌봤다. 그녀는 이런 밤에 대한 기록을 바로 남기지는 않았지만 회고하면서 기억해낼 수 있었다. 네 명의 남자아이를 더 낳고 40년이 흐른 뒤에야, 그녀는 "아이들과 함께 자고 아이를 돌보는 기쁨"을 "신이 어머니들에게 준 최고의 두 가지 축복"이라고 묘사했다. 그녀는 이 접촉에서 오는 즐거움이 "경험해보지 않으면 절대로 이해할 수 없는 친근함"을 느끼게 해준다고 기억했다. 그녀의 한밤중에 대한 회상, 그 독특한 친밀감은 선호되고, 처방이 되기도 했으며, 반항적이었다. "의사가 뭐라 하든 상관없다. 어머니와 아기에게는 함께하는 것이 최선이라고 믿는다."

이 회고록의 구절들은 의학적 조언에 대해 방어적이었지만 그다지 강하진 않았다. 1937년과 40년 뒤 회고록을 쓸 당시 모두 침대 공유는, 설사 추세에 거스르는 것일지라도 애팔래치아 산맥의 켄터키주 시골 노동자들 사이에서 전형적인 모습이었다. 1930년대에 그렇게 하지 않았던 한 교사는, 아이와 함께 자지 않는 어머니는 무관심하다고 보는 검열관 같은 '시골 여자'에게 잔소리 듣던 것을 기억했다. 애팔래치아 지역의 어머니들은 공황이 지나갈 때도, 통나무집과 목조 가옥에서 중앙난방 주택으로 옮겨서도 계속 침대를 같이 썼다. 침대 공유는 하나의 사회적 관습이고 가치였지, 추운 겨울과 방 하나짜리 오두막 때문에 강요된 현실적 필요성만은 아니었다.

1937년 버나 매의 겨울밤이 길어질 때면, 계단 난로step stove가 밤새 사용되었다. 난로 뒷면의 덮개나 뚜껑 두 개가 앞면의 두 개보다 높게 설계된 것에서 그런 이름이 붙었다. 난로는 다리가 모두 사라졌고 문도 대부분 없었다. 차 끓이는 쇠 주전자가 없어진 뚜껑을 대신했다. 윌리가 있을 땐, 밤에 자러 가기 전에 그가 만든 대용품 나무 다리에 불이 붙지 않도록 물을 부어놨다. 비가 널빤지 지붕 위에 튀겼다. 아마도 이런 말이 있었을 것이다. "저리 가. 네가 자꾸 나를 밀어내고 있어."―너무 바짝 붙어 자는 것을 가리키는 켄터키 말이다. 아기는 보살핌을 받았다. 아침은 버나 매가 "수탉이 싸움 거는 꼬끼오 소리"라고 여긴 것으로 시작되었다. 한 마리가 울면 멀리 떨어진 농장의 다른 닭이 대답했고, 그렇게 다른 닭들이 차례로 울음을 이어갔다. 아마도 그 닭 울음소리는 새날의 도전과 같이 들렸을 것이다. 유모나 새로 어머니가 된 이의 얕은 잠을 칭하는 독일어 암멘슐라프Ammenschlaf 이후에 찾아오는.[7]

침대 공유? 갓난아기를 돌보는 이들에게 특유한 그 얕은 잠? 얕은 잠은 어떤 생각도 깊이 들어가기 힘들게 만든다. 커뮤니티 센터에서 누군가 '아기처럼 자는 것'이 도대체 뭐냐고 물어 다시 웃음을 자아냈다. 어떤 사람은 아기와 같이 자고. 어떤 사람은 부부 침대 곁에 둔 요람에 아기를 재우고, 어떤 사람은 아기를 아기만의 방에 재운다. 이것은 논란의 소지가 있는 주제이다. 어디서 재우느냐란 주제가 나올 때, 부담을 가하는 너그러움의 말을 들을 수도 있다.

내 동생은 첫아기와 침대를 같이 썼고―"모유 수유를 한다면 초기 몇 달은 그게 가장 편해"―나도 그렇게 따라 했다. M이 젖을 심하게 토해서 그 사안에선 다른 선택의 여지가 거의 없었다. 최고의 편안함을 주고, 그를 안정되게 받쳐줄 수만 있다면 무엇이든 좋다. 생후 열흘간 그는 가끔 아기 바구니에서 잤다. 내가 아직도 그 사진을 갖고 있으니 안다. 그러나 젖이 역류하기 시작하면서 나는 그애 바로 옆에서 잔다. 그것은 연인과 잘 때 경험하게 되는 숨 막히는 친밀감이다. 나는 아기가 목으로 넘기는 작은 소리를 듣는다. 잠에 깊이 들어갈수록 숨을 내쉬는 속도가 느려진다. 우리의 숨은 한 공간을 공유한다. 나는 그가 바로 여기 있다는 것을 알아 좋다. 만약 오크 나무가 집을 덮쳐 쓰러지면, 우리는 함께 살든지 함께 죽을 것이다. 나는 간절한 바람이었으나 이제는 한 줌도 실현하기 어려워진, 견고한 여덟 시간의 일상적 기쁨을 되돌아보기도 한다.

단잠에 대한 갈망은 역사적으로 특출하지 않다. 거의 모든 언어에 깊은 잠에 대한 용어들이 있다. 그러나 견고한 여덟 시간이란 개념은 **이제** 특정한 것이다. 역사가들은 일상적이면서 나뉘지 않은 여덟 시간이라는 바로 그 개념이 근대 시기에 특별했다는 것을 안다. 그에 대해 자연스럽고 변치 않는 것은 아무것도 없다. 산업혁명이 있기 전, 인공조명과 전기가 들어오기 전, 서유럽과 북미의 남녀들은 잠이 두 부분으로 나뉜다고 생각하여 '첫 번째 잠first sleep'과 '두 번째 잠second sleep'으로 불렀다. 밤의 첫 부분은 빛이 어렴풋이 사라질 즈음 시작한다. 첫 밤이나 초저녁에는 잠이 깊이 들었다. 그러고서 중간에 깨는 시간을 'watch'나 'watching'으로 표현했다. 그런 다음 두 번째 밤이 시작됐는데 이는 잠이 얕아지는 단계이자 종종 꿈으로 채워진 잠의 단계였다.[8]

이러한 습관들은 농경 리듬의 세상, 빛이 부재하고 계절에 따라 난방이 필요한 세상에 알맞았다. 그것들은 직접적인 언급의 대상이 되는 일이 드물었다. 우리는 그 습관에 대해서, 납득할 만한 산업화 이전 유형을 형성한다고 보는 수많은 참고문헌을 통해서만 안다. 그것을 분할된 잠, 혹은 두 단계로 이루어진 잠이라고 부르라. 첫 번째 밤이 있고 그다음에 두 번째 밤이 온다.

초기의 성찰에서는 그토록 긴 밤, 그리고 그 밤중에 깨는 일상성이 지금 내가 잠자는 방식과 달라 보이지 않는다. 분할된 잠은 거의 유쾌하게 들린다. 다른 사람들도 한밤중에 깨어 있었다니! 그러한 장면들 사이에서 갓난아기를 키운다는 것은 얼마나 더 수월한지. 읽어보니, 중간에 깨어 있는 시간은 즐겁고 불안이 없었다. 사람들은 기도하고 수다 떨고 섹스했다. 그들은 일어나서 집에서 할 일을 했다. 잠은 방해되었고, 깨어 있는 것은 사람들과 어울리게 했다.

아마도 그 더 길고 방해가 많고 사교적인 밤들은 산업화 이전 육아에 있어 수면 습관을 압축한 것일 것이다. 그러나 더 개연성을 갖고 말하자면, 분할된 잠이라는 정돈된 패턴은 한밤중의 육아에 대한 설명을 거의 시작도 하지 않고 있다. 그러한 가능성은 연구된 적이 별로 없다. 나는 알고 싶다. 산업화 이전 어머니의 잠도 지저분하고 찢어진 천 같은 것이었을까?

내가 발견한 참고문헌 가운데 분열의 패턴, 즉 두 부분으로 나뉜 잠을 철저하게 방해하는, 일상의 구조에 가하는 흠집을 암시하는 것은 거의 없었다. 첫 번째 밤, 두 번째 밤은 모성의 방식은 아니었던 듯하다. 17세기에 유모 양육을 반대한 도덕론자들은 그것을 전적으로 자명한 것으로 제시했다. 어머니들은 갓난아기를 "맡겨 놓고는" 씩씩거렸는데 부분적으로는 "편안하고 조용하게 있기 위해서였다. 그들은 자다가 깨는 것이나 아이들이 칭얼거리고 울부짖는 걸 견디지 못한다." 편안하면서 조용한 것은 소음과 달래는 것과 대비됐다. 아기의 울음은 고요한 밤을 깨뜨리고 주목을 요구했다. "칭얼거리는 것"은 격렬하고 집요하게 들렸다.[9]

밤중에 아이와 "두드리고 넘어진다tossing and tumbling"는 구절은 또 다른 간단한 표현이었다. "밤의 초반에 갑자기 울어댄다sudden cryings out in the forepart of the night"는 표현도 있었다. 1739년에 세탁부 메리 콜리어Mary Collier는 동시대 남성 노동계급 출신 시인 스티븐 덕Stephen Duck의 시를 통탄하는 것을 겨냥하여 흔치 않게도, 일하는 여성의 삶에 대해 시를 썼다. 누가 더 힘들었을까? 일하는 여성의 밤은 "울부짖고 떼쓰는" "고집 센 아이들" 때문에 "토막잠"이라는 특징을 지닌다고 그녀는 기록했다. "우리는 **꿈꿀 시간**도 거의 없었다"면서 그녀는, 아마도 어머니는 초저녁잠을 너무 못 자서 두 번째 밤엔 결코 이르지 못했으리라고 상술했다. 근대 초기의 성인들은 두 단계로 나뉘어 잤을지 몰라도, 이후로 사람들은 아기가 많은 단계로 나뉘어 잔다는 것에 동의했으며 그것은 지금까지도 그렇다. 우리 시대의 과학 용어로 거리를 두고 점잖게 표현하면, 하루에도 활동기가 여러 번이라는 것polyphasic이다. 콜리어의 "고집 센"이 더 걱정스럽고 더 직접 와 닿는다. 그녀는, 한밤중의 울음이 불합리할 수 있고 다루기 어려울 수 있다는 것을 전하려 했다.[10]

그리고 몇 세기가 흘렀음에도 나를 부러움으로 전율하게 만드는 개별적인 예외들이 있다. 아기는 "밤새 한 번만 뒤척이고 잘 자고 간혹 한 번도 뒤척이지 않고 자기도 한다"고 나르시사 휘트먼Narcissa Whitman, 미국의 선교사—옮긴이은 1837년 3월 30일에 기록했다. 어떤 이들은 그들이 아기처럼 자고 있었다고 말했을지 모른다. 나르시사 휘트먼의 낮 시간은 오리건의 개척 생활에 맞는 신체적 요건이 필요했지만, 그녀는 방해받지 않는 충분한 수면을 얻고 **있었다.**[11]

산업화 이전의 어떤 공동체에서는 종교적 신념과 관습이 첫 번째 밤과 두 번째 밤에 그들 나름의 변화를 주었다. 나는 17세기 매사추세츠의 앤도버에 살던 청교도 아내들의 사례를 되짚어본다. 그들에게 신의 부름과 살아 있는 아이의 울음소리는 모두, 한밤중을 죄와 고해와 면죄 선언의 순환으로 보게 만들었다. 잠은 애초부터 죄악—인간의 타락과 비천함에 대한 증거—이라고 믿었고 잠에서 깨는 것은 기도를 위한 기회였다.[12]

앤도버의 어떤 밤의 의식들은 특별히 청교도주의와 관계가 없었다. 벼룩이나 빈대를 잡으면서 잠자리를 준비하는 것은 근대 초기의 습관으로, 빗질해 이를 잡고, 안전한 거리에서 난로 안의 잉걸불을 지키기 위해 재를 돋우어두고, 속치마나 헐렁한 옷을 걸치고, 촛불을 끄는 것이 이에 속했다. 아기는 단단히 싸매놓고, 많은 끈과 겹겹의 천으로 몸을 감촉하기 어렵게 만들었다. 어둠은 사물들을 감추었다. 여백에 아이의 생년월일과 시각을 기록한 가족 성경이라든가, 고리버들이나 나무로 만든 요람 같은 것을. 요람에는 찬 바람을 막아줄 깊게 파인 후드가 달렸고, 짚이나 깃털이나 오크 나뭇잎을 채운 단단한 천 매트리스가 들었다. 생후 4개월에 이른 아기는 밤에 아마도 어머니와 한 침대에서 잤을 것이다.

독실한 신자들에게 청교도의 영성은 낮과 마찬가지로 밤에도 스며들었다. 앤도버, 입스위치, 보스턴 같은 매사추세츠의 마을과 도시에 정착하면서 이 강력한 신교도들은 덜 경건한 영국 사회를 두고 떠나왔다고 여겼다. 그들의 신성성의 한 특징은 신의 현존을 끊임없이 인지하는 것이었다. 그들의 포부는 신적인 사안에 집중한 채 잠들고, 깨고서도 신을 처음으로 생각하는 것이었다. 밤의 리듬과 필요조건들은 기도로 표현되었다. 잠들기 전에 아내는 아마도 이렇게 중얼거렸을 것이다. "오! 주여, 잠들면서도 무덤이 우리를 기다린다는 사실을 우리 심장에 일깨워주소서. 우리 눈이 일단 감기고서 다시 뜰일지 아니면 영영 뜨이지 못할지 우리 중 누가 알겠습니까?" 한밤중에 깨어 있는 것은 영혼을 기도나 명상이나 자기 질문을 통해 특별히 신에게 가까이 가는 것이었다. 일찍 깨고 일어나는 것은—신앙심이 덜해 두 번째 밤을 푹 자는 것과 대조적으로—밤에서 아침으로 넘어가는 것을 목격하는 것이었다.

첫 아이를 키우는 아내는 아기에게 요람 찬송을 자장가로 불러주라고 권장되었다. 아기는—유모에게 맡기지 않고—집에서 그녀와 함께 지냈는데, 그녀가 청교도 도덕론자들의 책을 읽었거나, 목사의 설교를 들었거나, 주변의 열성 신도들의 영적 방식을 따랐기 때문이고, 또 충분히 잘 돌볼 수 있는 상태였기 때문이었다. 앤도버의 청교도들은 앤 브래드스트리트Anne Bradstreet, 영국에서 출생하여 북미로 건너간 미국 건국 초기의 시인—옮긴이의 시 「인간의 네 가지 시기 The Four Ages of Man」에서 밤의 소란을 갓난아기의 입으로 묘사한 구절을 알고 있었다. "감당할 수 없을 정도로 울어서 내가 엄마의 휴식을 방해해버렸어요./누가 계속 나한테 젖을 먹이며 달래줄까요./엄마는 지친 팔로 나를 안고 춤을 추어요, 노래를 불러가며. […]" 어머니의 휴식은 소리로 방해받았다. 어머니는 지친 채 팔다리를 움직였다. 그리고 노래했다. 이 지독한 가부장제 사회의 성직자들은 어머니의 젖가슴에 안긴 아기의 만족감을 영원한 기쁨을 비유하는 것으로 즐겨 사용했지만, 브래드스트리트의 아기는 그렇게 쉽게 "달래지지" 않았다.

아기가 밤 시간에 보채는 것은 기도를 방해하거나 그 유사한 상황을 만들 수도 있었다. 또 밤을 동틀 무렵에야 끝나게 하거나, 일찍 일어나려는 어머니의 의지를 약하게 만들기도 했다. 잘 정돈된 밤과 이른 기상은 신앙인들로 하여금 더 나은 봉사를 수행하게 한다고 믿어졌다. 나약함과 졸음은 영적 결단의 부족함을 반영하거나 부족함을 가져올 수 있었다. (교회 예배 중에 잠드는 것은 특별한 사악함이었다.) 이렇게 신의 섭리에 따른 처벌과 구제 양쪽 모두, 밤 시간 아이를 돌보는 위를 맴돌았다. 앤 브래드스트리트의 시는 신을 섬기는 종교적 의무와 기쁨, 그리고 세속의 가족 안에서의 의무와 기쁨 사이의 긴장으로 가득 차 있었다. 이러한 긴장은, 그리고 죄와 용서의 순환은 낮 시간과 마찬가지로 한밤중의 특징이기도 했다. 어둠 속에서도 그 긴장은, 단순히 규칙만 준수하던 당대인들과 구별되는 앤도버 사람들의 열렬한 독실함의 바탕이 됐다.

첫 번째 밤, 두 번째 밤, 갈가리 찢어진. 혹은 첫 번째 밤, 울고 기도하고 돌보고, 울고 돌보고 기도하고…….

매주 화요일과 목요일, 수면 부족은 반항적이고 세속적인 동지애를 구축한다. 나는 네 생각도 할 거야. 새벽 1시에 젖을 먹이고 약속도 지켜야지. 아니면 새벽 3시에 먹이든지. 나는 한참 뒤에, 더 잘 자거나 오래 자는 사람들은 그것에 대해 단지 침묵했을 뿐이었음을 알게 된다.

둘로 나뉜 분할된 잠이라는 산업화 이전의 관습들은 우선 19세기 후반의 도시와 마을에서, 나중에는 시골에서도 사라졌다. 첫 번째 잠은 시작과 끝이 더 늦어지고, 두 번째 잠은 짧아지고, 깨어 있는 시간은 줄어든 듯하다. 결국 첫 번째 잠과 두 번째 잠이라는 기억도 단어 자체도 잊히게 되었다. 잠들지 못하는 중간 시간은 아예 불면증이라는 말로 조바심치며 재정의되었다. 분할된 잠은 '여덟 시간'이라고 낙관적으로 불리는 하나의 압축된 잠 사이클로 대체되었다.[13]

정확하게 누구 사이에서, 왜, 어떻게 이것이 일어나기 시작했는지 아주 명확하지는 않다. 분명히 18세기에 특권층이면서 유행을 따르는 사람들이 이 방식을 이끌었다. 1710년 런던에서《태틀러 The Tatler》라는 인기 있는 잡지는 영국 전통에서 사라지는 것과 새로 등장하는 것을 포착했다. 한번은 밤이 더 길어지고 있다고 설명했다. 자연이 세상을 어둠에 빠뜨렸고, 인류는 그 단순한 신호를 따라 밤 시간을 휴식하며 조용히 지냈다. 여덟 시 정각에 하루가 끝났음을 알리는 종이 울리면 사람들은 촛불을 끄고 자러 갔다. 1710년, 이제 유행하는 도시 유형은 늦게까지 카드놀이나 정치 논쟁으로 밤을 보내고서 잠은 아침까지 푹 자는 것이었다. 《태틀러》에 따르면 "영국의 귀부인은 해 뜨는 것을 보는 일이 거의 없었다."

이렇게 늦게까지 깨어 있는 것은 도시에 가로등이 확산되면서 더 고무되어, 늦은 밤의 여흥을 더 안전하고 간편하고 가시적인 것으로 만들었다. 19세기에 경제생활의 중심축은 농업에서 산업으로 이동했다. 공장과 더불어 산업 노동이 도입됨으로써 생산성, 효율성, 소비의 기풍이 부상했다. 노동은 일의 내용보다 시계에 맞추는 것으로 점차 변해갔다. 이러한 요구들은 시계를 매일의 일상을 조직하도록 쥐어줬다. 20세기까지, 압축된 잠은 노동이 지배하고 효율성이 중시된 사회에 걸맞았다. 전기의 도입—런던에서나 매사추세츠에서나 켄터키에서나—은 늦게까지 깨어 있는 것을 저렴하고 쉽게 만들었다.

견고한 여덟 시간에 대한 나의 갈망을 보면, 그리고 이 요구가 내 몸 세포 하나하나에 새겨졌음을 분명히 느끼는 걸 보면, 나는 근대의 피조물이다.

젖먹은 걸 토하고 잠을 박탈하는 이 생후 4개월의 한 시점에, 나 자신의 분별력을 막 의심하게 된 즈음에, 밤중에 깨어난 시간을 기록하기 시작했다. 알아보기 어렵게 쓴 작은 칼럼들이 내 일지에서 다른 간단한 기록—의사와의 면담, K의 일정—들을 밀어낸다.

그 칼럼들이 수면 부족의 증거가 된다. 내가 서서히 분별력을 잃고 있다고 느끼는 이유를 증언함으로써 도움이 안 되는 위로를 준다. 나중에 다시 그것들을 살펴보고서, 나는 M이 생후 15개월이 될 때까지 한 번에 한 시간 반에서 세 시간을 넘게 잔 적이 없었음을 발견한다. 의사들은 젖을 올리는 아이들에게 흔한 현상이라고 말한다. 어떤 사람들은 이전의 자유로움을 그리워하며 탄식한다. 잠을 못 자 시달린 나는 휴식을 애타게 원하고 있었다. 그리고 이러한 느낌이든 어떤 생각이든 적절하게 말로 표현할 능력도 갈망하고 있었다.

낮에는 명사들이 생각나지 않는다. 빨간 불인데도 운전한다. 거울에 비친 내 얼굴은 거의 알아보지 못할 정도로 생기를 잃었다. 마치 깨는 활동을 연속적으로 치르면서 모양이 살짝 시든 것처럼.

동시대의 샌프란시스코에서 시인 브렌다 샤너시Brenda Shaughnessy는 어떤 생각을 해내려고 노력하면서 이렇게 우아하게 썼다. "나는 그것을 설명하려고 애쓴다./자꾸 반복해본다. 혹시 이미 했던가?"[14]

나는 M이 '기형'이 될지 모른다는 공포를 휘갈긴다. 어리석게 페이지를 응시하며 감정이나 철자가 맞게 적혔는지 확신하지 못한다.

만약 누군가가 역사적 자료들에서 수면 부족에 대한 실타래 전체를 마법사처럼 들어 올릴 수 있다면, 나는 그것이 그런 불분명한 단어들로, 꼬리가 잘린 구절들로, 제대로 완성되지 못한 허술한 문장들로 구성되었으리라고 의혹을 품을 것이다. 어떤 앙심, 어떤 묵인에 대해.

가끔은 내가 발견한 간단한, 더 최근의 보고서가 따뜻하게 살아 있는 것으로 다가온다. 1914년 래넬리에서 웨일스 출신 주석 광부의 딸로 태어난 올리브 모건은 만일 "아기가 밤새 울면, 어머니는 밤새 달랬다"고 썼다. 낮에는 "나는 의자에 앉아 아기를 무릎에 놓았고, 우유병은 자꾸 내 손에서 미끄러져 바닥으로 떨어졌다. 나는 아주 기진맥진했다"라고 그녀는 적었다.[15]

1931년 프레스턴에서 태어난 한 전직 비서는 이렇게 썼다. "아기가 처음 몇 달간 잠들지 않아 끔찍했다. 나는 좀비 같았다."[16]

내 일지에는 이렇게 적힌다. 밤 9:03. 11:30. 1. 1:45. 3:30. 5. 8:30. 10:45. 12. 2:10. 4:50. 5:45.

그렇게 아기는 일단, 가끔 혹은 일상적으로 첫 번째 밤과 두 번째 밤을 방해했다. 그러고서 가끔 혹은 종종 아기는 일상적인 근대의 여덟 시간을 방해했다. 1914년에 올리브 모건은 "아주 기진맥진했다"고 말했다. 20세기 중반의 비서는 "좀비 같았다"고 했다. 그 단어들의 격렬함은 엉망진창이 된 잠을 좀 더 분명하고 통렬하게 보여준다. 그때는 밤새 죽 자는 것을 일상적으로 기대하던 시기이다. 또는 그렇지 않을 수도 있다. 메리 콜리어의 "고집 센" 아기나 17세기의 두드리고 넘어지던 시절 이래로 어떤 길이 있었을까? 암멘슐라프, 즉 아기를 돌보는 이의 얕은 잠은 전지구적으로 번역되어야 마땅할지 모른다. 즉 변화하는 기대들로 직조하면서, 상세한 개별적 환경 사이에서 이해되는 일종의 부단한 가능성이 있을 것이다. 8:55. 11:15. 1. 3:05.

그리고 이 변화하는 기대들 사이에서, 이 밤의 개별적 환경들 사이에서 침대 공유, 혹은 혼자 자는 것은 어떠했을까?

1880년 여름, 워싱턴 D. C. 매사추세츠의 청교도 직계 후손들. 마벨 루미스 토드Mabel Loomis Todd, 미국의 작가―옮긴이는 1880년 여름의 일기에 침실 시계의 태엽 감기, 아기 몸무게(생후 4개월에 7.3킬로그램, 5개월에는 7.7킬로그램), 밤 시간의 성생활을 정기적으로 기록했다. #21, #22, #23. 각 숫자는 부부간 섹스를 1월부터 죽 기록한 것이었다.[17]

이들의 아기인 밀리센트는 한 하숙집에서 태어났는데, 그곳은 마벨과 금발에 수염을 기른 남편 데이비드가 방을 빌린 곳이었다. 재정적으로 불안한 많은 중산층 가정들이 이렇게 했다. 데이비드는 아기가 태어나고 엿새 동안 "아래층에서" 잤다. 이제 3인의 가족에다 마벨의 부모님과 할머니, 그리고 마벨의 어머니의 입주 가정부 몰리 페이턴까지 1413 칼리지 힐 테라스로 이사했다. 좁은 곳이었지만 하숙집 생활보다 나았다. "같은 집에서 무관심한 외부인들과 함께 사는 하숙 생활은 이제 끝"이라고 마벨은 안도했다. 바로 그 언덕 아래에서 마벨은 워싱턴 D. C.의 "도시의 불빛"이 "광휘의 바다"처럼 변할 때까지 "점점 더 반짝이는" 것을 행복한 마음으로 바라봤다. 전기가 들어왔고, 마벨의 밤의 시작과 끝과 전혀 관계없이, 일출과 일몰이 일기의 앞부분에 적혀지는 일정이 되었다. 시간은 하나의 시계에 맞춘 세계가 유리에 반영된 것으로 표준화되기 시작했다. 뉴욕이 낮 12시일 때 워싱턴은 오전 11시 47분 53초였다.

데이비드 토드는 유명한 뉴잉글랜드 청교도 성직자의 후손이라고 주장했는데, 마벨은 이 유산을 자랑스러워했다. 그들 부부는 미국 혈통임을 내세웠고 이것은 현재까지 이어지는 공유된 문화를 반영한 이상이었다. 그녀의 일기의 다정한 자기 기록에는 청교도의 세계나 근대 초기를 반향한 구절이 거의 없었다. 마벨은 인간 본성의 사악함이나 벌하는 신이라는 관념을 거부했다. 그녀는 디킨슨과 에머슨, 그리고 《하퍼스 매거진Harper's Magazine》 읽기를 즐겼다. 17세기의 앤도버와 달리, 이 부부의 수면 공간은 완전히 사적인 공간이었는데, 하숙집에서 문을 잠그던 습관 덕분이었다. 그들의 침대—검은 호두나무로 된 편안한 방 전체 가구의 일부로, 새집에 들어오면서 구입했다—는 순전히 부부만을 위한 것이었다. 한참 전부터 잘 안 쓰이게 된 'bedfellow'라는 용어는, 침대를 함께 쓰는 사이라는 뜻이 연인이라는 뜻보다 오래갔다.[18]

한 청교도 선조가 마벨의 일기를 봤다면, 부부간의 섹스 때문이 아니라—시인인 앤 브래드스트리트는 당시 시대상에 맞추어 여덟 명의 자녀를 가졌다—밀리센트 한 명만을 아이로 둘 정도로 잘 조절된 질외사정 때문에 놀랐을 것이고, 마벨 토드의 감각적이면서 지치지 않는 자기 기록에 놀랐을 것이다. "나를 위한 #44"라는 칸에는 하나의 표기를 기록했다. 침대로 가고서, 규칙적으로 도발적인 저녁 시간이 "작열했다." "우리 방에서 너무도 행복한 사랑의 짧은 순간" 또는 "한 시간의 기쁨을 함께했다."

아기와 침대를 같이 쓰는 경우는 사라져가고 대신 같은 방에서 함께 자는 경우가 많아졌다. 아기는 "잠들게 해서" 호두나무 침대 곁 요람 매트리스 위에, "아이만을 위한 전용 침대"에 뉘었다고 데이비드는 적었다. 이른 밤은 오후 8시 반이었고 어쩌면 9시였을 것이다. 첫 번째 밤이나 두 번째 밤에 대한 기록은 없다. 일기는 시계 시각으로 시간을 표시했다.

1880년 6월 3일. "밀리센트가 가끔 새벽 5시 이른 시간에 깬다. 그럴 때 나는 데이비드에게 아기를 요람에서 꺼내 나한테 데려와달라고 한다. 아기와 좀 놀아주고 […] 45분밖에 못 잤지만 […] 6시쯤 아멜리아─흑인 하녀─가 아기를 보러 와서 아기를 싸서 나가면 나는 한 시간 정도 잔다."

1880년의 여름은 대부분의 워싱턴의 여름이 그렇듯 뜨겁고 후텁지근했다. 마벨은 가장 더운 달에는 어머니와 할머니와 함께 뉴잉글랜드 북부로 여행을 가곤 했다. 그들은 방 하나를 빌려 함께 지냈고 그 기간에 아버지는 일인용 하숙집으로 이사했다. 이제 피곤함에 대한 그녀의 유일한 기록은 그 더위에 관한 것이었다. "며칠 동안의 더위 때문에 정말 지쳤다." "밤에는 많이 피곤했다. 낮에 더웠다─아주 심하게." 아마도 마벨 토드가 평소 제대로 잘 수 있었던 것은 밀리센트의 타고난 좋은 성격이나 자신의 튼튼한 체질 덕이었을 것이다. 분명히 그것은 하녀의 노동에, 즉 오전 6시에 도착하는 아멜리아─일기에는 아멜리아의 성이 나오지 않는다─에 의존한 것이었고, 밀리센트의 출생 직후엔 아기와 엄마를 돌본 산모 간호사에 의존한 것이었다. 출판된 일기에 따르면, 마벨이 지불

한 "주급"은 "통상 하루에 열 시간씩으로 계산"되었다.

수면 훈련에 대한 힌트도 나와 있다. 아멜리아가 임무를 마치고 돌아간 뒤, 할머니와 어머니는 아기에게 혼자 자는 법을 가르치려고 했다. 어느 날 밤, 아기는 "완벽하게" 그 일을 해냈다. 반 시간쯤 깬 채 누워 있다가 엄지손가락을 빨더니 "마침내 깊이 잠들었다." 게다가 "아기는 열두 시간 동안—다음날 아침 6시까지 깨지 않았다." 마벨은 "우리는 이 점에서 조만간 성공할 것"이라고 믿었다. 그러나 밀리센트가 돌을 지나면서 가족의 습관은 그 낙관주의가 착각임을 드러냈다. 아기는 요람에서 혼자 잠들지 못했고, "따뜻하게 안아주거나" 흔들어줘야 잠들었다.

19세기 중반이나 20세기 어느 시기에 어디에 누구로 사느냐에 따라 한밤중은, 아기와 어머니가 떨어져 잘 잘 수 있다는 한결같고 틀에 박힌 권유를 받아야 했다. 버나 매 슬론의 1930년대 켄터키주에서 무시당했던 의사들, 도시의 이민자들에게 조언하는 사회복지사들, 지역 신문가판대의 여성 잡지들, 어디에나 있는 입문서들을 비롯해 모두가 혼자 자는 잠이라는 주제를 다양하게 다루었다. 어머니와 아기(시선은 오로지 어머니와 아기에게만 쏟아졌다)는 적당히 떨어져 자야만 하고, 아기는 옆 방의 요람에 두어야 한다. "미국 아기들은 혼자 자고, 우리 아기도 그래요"라고 1939년 시카고에서 한 폴란드 출신 이민자가 말했다. 1880년대 워싱턴 D. C.에서 밀리센트와 같이 자면서 아기를 근처 요람에 둔 마벨 토드는 그 중간쯤에 있었다.[19]

때때로 혼자 자는 잠에 대한 처방전과 아기가 해야 할 것은 당시의 습관이나 인간적으로 가능해 보이는 것과 많이 상충했다. 1920년대에 아기들은 24시간의 대부분을 혼자 자면서 지내게 되어 있었다. 다른 시기에 처방전은 노동자 계급의 생활 규칙에 더 가까워졌다. "아기는 7시가 조금 지나면 침대로 가서 아기만의 침대에서 아침 7시까지 잔다"고 1918년 펜실베이니아 시골에서 쓴 한 편지에 적혀 있다. 1970년대에 페미니스트 에이드리언 리치는 새로 어머니가 된 이들이 "의식하지 못한 채" 일어나는 일, 꿈같은 삶이 사라지는 것을 우려했다. 그녀는 일어나 아기에게 갔다가 혼자 자신의 침대로 돌아왔다. 그 십 년 동안에 혼자 자는 잠은 영국과 북미를 통틀어 전형적인 방식이었다.[20]

이러한 근대의 몇십 년간 밤에 대한 감각은 이전의 방식들과 멀어졌지만, 새로 도입된 방식들은 밤 시간의 습관들에 대한 고유한 범위를 만들어냈다. 20세기에 미국으로 이민 온 일본인들은 침대 공유에 대한 모든 것을 알고 있었다. 마쓰모토에서도 교토에서도 어머니들은 아기가 잠들 때까지 같이 누워 있었고 밤새 한 담요를 공유했다. 1980년대 카디프에서 방글라데시 이민자들의 첫 세대도 당시 웨일스 사람들과 달리 어머니와 아기들이 한 침대에서 잤다. 의학 전문지식이 항상 추종되진 않았다. 지역 보건의사와 소아과 의사들의 국가적 차원의 권고는 위반할 때만 곧잘 존중되었다.[21]

어머니의 잠은 더럽고 낡은 누더기이다. 예외의 경우가 유모에게 아기를 '맡긴' 어머니라는 그 세기의 가치들 가운데 있다. 왕가의 여성들, 상류층 여성들, 농장의 여주인들, 덜 쉬는 위험을 꺼리는, 형편이 좀 나은 노동자 여성들이었다. 입주 하인을 둔 이들 사이에도, 더 최근에는 아마도 수면 훈련을 성공시켰을 어머니들 사이에도 있었다. 1949년에 출산 이야기를 책으로 펴낸 맨해튼 출신 오티스 버거는 생후 6주 차에 아기가 여전히 규칙적으로 "밤 내내 자는" 적이 없다고 불평했다. 어느 날 밤 아기는 여덟 시간을 잤고, 다음날 밤엔 세 시간마다 깼다. 그러나 "아기는 불이 꺼지고 부모가 침대에서 아무 말 없이 조용히 있으면 '잠들 시간'임을 뜻한다는 것을 배우는 중이다."[22]

밤에 대한 더 많은 감각들이 기록에서도 내 연구에서도 찾아볼 수 없다. 예를 들면 근대 초기, 다른 사람의 아이를 곁에 두고 자는 유모들의 이야기라든지, 아내들 가까이에 있던, 훨씬 더 숨겨져 있는 18세기의 '여자 남편들'의 이야기라든지, 전쟁 이전 농장 종소리에 잠을 깼던 이들의 이야기라든지, 칼리지 힐 테라스의 워싱턴 고용주 집으로 아침 6시 전에 도착하는 아멜리아의 이야기 말이다.

8:20. 10. 11:45. 2. 5. 5:40. 그러고서 우리는 일어난다.

14.

가득 찬 젖

초보자가 젖을 물리는 것은 대단히 수치스럽기도 하고 다소 벅찬 일이기도 했다. 젖이 너무 많이 나오고 쿠션도 너무 많이 필요해, 그렇게 하는 데만도 너무 괴로웠다. 젖이 셔츠와 모슬린과 시트에 만들어내는 둥그런 자국들은, 원 하나가 다음 원에 겹쳐지는 게 마치 아이가 그린 벤 다이어그램 모양이다. 간혹 젖이 아기 몸에 들어가기만 하면 바로 되돌아 나와 역류의 힘으로 추방되기도 했다. 사랑은 받아들여지지 않았다.

이제 아기와 나는 우리가 무엇을 하고 있는지를 대강 안다. 우리는 단지 서로에게 몰두할 수 있으며, 상호 간에 사랑을 주고받을 수도 있다. "우리 둘이 앉아서 서로에게 최고가 된다." 시인 존 던 John Donne, 18세기 영국의 시인이자 성직자—옮긴이은 다른 시공간에서 다른 종류의 짝짓기에 대해 이렇게 쓴 바 있다.[1]

괴로움은 물러가고, 사랑은 꾸준하며, 젖이라는 주제는 더 기꺼이 집중할 수 있게 됐다. 'nursing', 'breastfeeding', 'giving the breast', 'milk-nursing', 'giving suck', 'suckling', 'letting down', 'finger feeding', 'hand feeding', 'bringing up by hand', 'bottle-feeding', 더 구어체로 'giving the baby the tittie'라는 표현도 있다. 이 표현들은 아기를 안고 젖을 먹인다는 동사들로 돌봄이나 농업이나 상업에 뿌리를 둔다. 이러한 동사들—행위, 그 자체로 순수한 노동—은 수반되는 감각보다 확인하기 쉽다. 오늘날 사람들을 상대로 실험하는 과학자들은 임상적으로, 즉 호르몬을 가지고 설명한다. 옥시토신이라는 '사랑의 호르몬'이 젖을 먹이는 어머니에게서 만들어지는데, 더 일반적으로 아기를 돌보는 과정에서 만들어진다고 과학자들은 말한다. 안는 것은 애착**이다**. 그러나 역사적 환경을 벗어나는 그 어떤 몸도 취할 수 없으므로, 옥시토신에 대한 과학적 설명은 과거로 가는 희미한 안내자일 뿐이다.

안아서 젖을 먹이는 것은 노동일 수 있다. 따라서 일로서, 하다 보면 점점 능숙해질 수 있는 것으로서, 연습이 필요한 것으로서 경험되고, 당신에게서 많은 것을 빼내고, 체액을 감소시키고, 즉각적인 자원이나 이해관계를 다투는 문제에 얽매이는 것으로 경험되며, 잠재적으로 다른 누군가를 떠맡거나 다른 누군가에게 밀쳐지는 것으로 경험된다.

안아서 젖을 먹인다는 것은 또한 감각과 느낌, 말하자면 이 순간 내게 그 무엇보다 중요한 것이면서도 시간이 흐른 뒤엔 정확한 시점을 찾아내거나 적절한 단어로 표현하기가 더 어려운 차원을 수반한다. 그것은 촉각적이고 감각적이고 묶어주는 것이고 심지어

에로틱하다. 1976년 에이드리언 리치는 젖을 먹이는 것을 성적 행위와 같다고 표현했다. 이러한 시각에 대한 가장 대담한 버전은 다음의 유추를 생략한다. 이것은 정사love affair **이다**. 그 애착은, 사랑은 관행적인 것에서 전복적인 것까지 전체를 아우를 수 있다. 빅토리아 시대 여성이라면 모유 수유에서 최상의 쾌락을 **발견할** 것이다. 다른 말로 바꾸어 표현하는 최근의 작가 매기 넬슨Maggie Nelson 에게는 종점이 없는 에로스eros without an end point 이다.

나는 오늘 아침에 존 던의 그 시를 찾았다. 이 시에서 묘사된 관계는 말없이 경사면(물론 '임신'한 경사면)에 기대는 두 연인 사이다. 젖 먹이기가 존 던의 시구를 교실의 희미한 기억으로부터 내 마음에 들어오게 한 상황이 이해된다. 아기의 시선은 흔들림 없이 충실하고 어른스러운 표정으로, 마치 변함없는 사색에 들어간 양 내게 고정되어 있다. 던은 어떻게 "우리의 눈에서 나오는 빛이 휘어지고 펼쳐졌는지/우리의 눈이 서로 묶여 하나인 이중의 줄에 놓인" 것을 묘사한다. 그 시의 성적 정조는 사춘기 시절의 나를 휘저었지만, 이 행은 전적으로 너무 물질적이고 기괴했다. 나는 눈 깜빡이는 것을 좋아한다. 그러나 M과 시선을 오랫동안 천천히 주고받으면서, 눈에서 나오는 빛이라는 던의 비유를 새롭게 받아들인다.

오늘, 나의 은밀한 애인은 젖을 아래로 흘러내리면서 입술 끝에서부터 취한 듯한 미소를 건넨다. 리치가 1970년대에 썼듯 아이를 젖 먹이는 것은 마치 에로틱한 행위**처럼** "육체적으로 즐겁고, 근본적으로 위안이 되면서, 부드러운 관능으로 가득 찬 경험"이 될 수 있다. 또는 "문화적으로 부적절하다는 느낌과 죄책감으로 긴장된, 육체적으로 고통스러운" 것일 수도 있다. 안아서 젖을 먹이는 행위는 예전에 어떠했을까? 모유와 관련된 노동과 감정을 휘감았던 것은 무엇일까?

18세기의 한가운데에 살았던 두 명의 마거릿이, 내가 잠든 아기를 띠 포대에 멘 채 정원 길을 오르내리며 읽던 책들에서 등장한다. 만일 아기가 자동차와 소음으로부터 떨어져 이렇게 몸을 똑바로 세운 채 낮잠을 자면, 모유가 아기의 위에 더 머물게 될 것이다. 우리는 오크나무 사이로 비치는 햇살 안팎을 드나들고, 늘어진 빨랫줄을 따라 앞뒤로 오간다. 7킬로그램의 무게가 내 어깻죽지와 등허리에 편안히 자리 잡고 있다.

두 명의 마거릿은 내가 첫 번째 모유 체제first regime of milk라 생각하게 된 시기의 말기에 살았고, 이 체제의 수유 방식은 17세기가 시작되기 전부터 이 여성들의 시기인 18세기 중반 무렵까지 지속되었다. 이 방식의 주요 특징—이 방식의 근본적인 질문이라고 표현해도 될 것—은 **누구의 가슴**인가였다. 답은 항상 최근에 출산한 어머니의 가슴이었는데, 보통 그 아기 어머니의 가슴이었지만, 때로는 다른 곳에 살면서 모유를 나눠주고 다른 이들의 아이와 함께 자기 집에서 돌봐주는 유모의 가슴이기도 했다.[2]

마거릿 콜리어가 살던 곳은 런던에서부터 강을 따라 형성된 커다란 시장 마을인, 서리의 처트시 교구로 보리맥아 냄새가 공기를 가득 채우던 곳이었다. 1756년에서 57년으로 넘어가던 겨울에 그녀는 자기 아이를 한 명 두고 있었다. 영국의 가난한 가정에서 돈은 아이가 어릴 때 특별히 팍팍했다. 마거릿 콜리어는 유모의 일로 가계를 보태고자 1월에 다른 아기를 데려왔다. 아이—이 경우, 앤 스태퍼드라는 런던의 고아원에서 데려온 아기—를 하나 더 키우지 않으면 독립적으로 살아갈 수 없어 교구의 구제를 받아야만 하는 상황이었다. 마거릿은 3월에 같은 고아원에서 두 번째 여자아이를 받아들여 키우면서 수입과 지출이 약간 균형을 이루었다. 고아원 장부에는 한 아기의 이동 경로가 기록되어 있었다. 마거릿 콜리어에게 일은 세 명의 아기를 키우는 것이었다. 물론 한 집에서. 겁나는 비율이다.[3]

1761년 필라델피아에서 두 번째의 마거릿이 자신의 딸 데보라를 키우고 있었다. 마거릿 모리스Margaret Morris는 대서양을 오가며 사업하는 퀘이커 상인의 딸이자 아내였다. 마데이라에 사는 아버지의 한 편지는 데보라를 키우는 일이 마거릿의 건강에 "해로울" 수 있다고 잔소리했다. 그녀는 아기를 "베티 슈트의 막내딸"이나 "다른 건강한 사람"에게 맡기거나 심지어 "우유로 키워야" 했다. 아버지는 "그것"—육아? 아니면 아기?—이 "모든 걸 장악하기" 전에 당장 멈추고 유모를 쓰라고 했다.[4]

1698년에 태어난 한 상인이 유모를 쓰라고 지시하는 것은 특이한 일이 아니었다. 유모를 고용하는 것은 17세기에 사회적 지위가 있는 여성들 사이에서 아주 전형적인 일상이었고, 이후 그 추세가 쇠퇴할 때도 귀족, 상류층, 성직자, 법률가, 노예주, 상인, 의사의 가족들에선 여전히 일상적인 것이었다. 이들 가족의 여성들은 가사나 사업을 운영하거나 다시 출산하도록 요구되었고, 다른 이들을 고용하기 위한 자원을 가졌다. 잘사는 이들 사이에서는 젖이 나올 때 섹스를 금지하는 것이 관행이었기에 진작에 '수거위의 달'을 보내느라 애태우던 남편들을 더 조바심치게 만들었다. 모유 수유는 또한 임신을 새로 할 가능성을 떨어뜨린다고 여겨졌다. (이 마지막 문장은, 인구학적으로 볼 때 개별적으로 신뢰할 수 없다 하더라도 실제 사례였다.) 마거릿은 데보라에 대한 아버지의 충고를 따르지 않았다. 나중에 쌍둥이 아들을 낳고서 따르긴 했지만.

앤 스태퍼드나 데보라 모리스 같은 17, 18세기의 아기들의 수유 기간은 때로 1년(고아원에서 전형적인 기간)이었고, 19개월(인구학자들의 평균 추산)일 경우도 있었고, 두 번째 여름을 맞을 때까지(17세기의 흔한 권유)일 경우도 있었고, 1년까지로(18세기 식자층의 견해) 잡기도 했다. 그것들은 각기 수백 시간의 노동이다. 젖 떼는 시기는 주로 아기의 성장과 건강 상태에 따라 결정되었다. 수유와 유아기는 서로를 규정한다고 간주되었다. 아기는 "어머니의 가슴에 매달려 있는" 동안엔 아기—"젖먹이" 또는 "젖 먹는 아이"—였다.[5]

영국 여성들과 북미 정착민 여성들 사이에서는 이러한 첫 번째 모유 체제 기간에 젖 떼기가 해산과 함께 시작되었다. 새로 엄마가 된 이들의 가슴은 산파나 모유를 받을 다른 해산 도우미가 빨아주었다. 1682년 결혼생활의 즐거움을 다룬 한 풍자의 글은 비위가약해 "여주인의 젖을 빨 수 없어" 곤란했던 한 유모에 대해 언급했다. 다른 누군가 "회당 12펜스를 받고 막 해산한 젊은 여성의 젖을 빨도록" 사람을 찾아야 했다. "안 그러면 젖을 빨리지 못해 가슴이 곪고 짓물러 딴딴하게 자랄 것이다." 보통의 도우미라면 모유가 나오도록 **빨았다.**[6]

아마도 모유 수유는 그런 여성들이 다른 친지나 지인의 제스처—기술적 묘사보다는 가까운 거리와 관찰에 의해—를 알아낸 것과 같은 방식으로 익혀졌을 것이다. 얌전하게 가슴을 풀고, 아기를 가슴에 놓는 이 방식들은 육체 앞에서, 안전하고 폐쇄적인 정조에 대한 17세기의 일반적인 자세로, 손을 잡고 꽉 잡히는 것처럼 일찍이 쉽게 배운 동작들이었을 것이다. 확실히 모유 수유는 일상적이고 격리되지 않은, 방을 가로질러 목격되는 매일매일의 활동에 속했다. 17세기 메릴랜드에서 로스 애시브룩이 "왼쪽 가슴을 열어 자기 아기에게 젖을 물리고" 있었을 때 방문한 한 이웃 남성은 탁자 앞에 앉아 그녀가 "훌륭한 저장고"를 가졌다고 언급했다. 나는 사람들 앞에서 수유하지만 어떤 남성이 그것에 대해 이러쿵저러쿵 참견하기를 바라지 않는다.[7]

쉽게 배웠든 어렵게 성공했든, 신체적 노력이 필요했다. 수기로 적힌 요법과 여성들 사이의 편지는 그 노동의 정도를 인식했으며, 가슴이 딱딱해지거나 염증이 있을 때, 혹은 젖이 말랐을 때 어떻게 대처해야 하는지에 대한 조언을 반복했다. 1800년 에스더 콕스는 딸에게 모유가 응어리지지 않으려면 가슴을 차게 하지 말라고 주의를 주었다. 섬세하게 다뤄야 하는 영국산 도라지는 뿌리를 자르면 흰 즙이 흐르는데 젖을 내는 데 좋다고 권장되었다. 레이디스맨틀이라는 식물도 마찬가지였다. 많은 곳에서 번역된 연구자베르나르디노 라마치니Bernardino Ramazzini는 "모유가 과다하거나 젖이 너무 가늘게 나와 흘러넘치는 등 유모의 젖몸살이 얼마나 고통스러운지 모두가 안다"라고 썼다. (여기서 유모는 자기 아기에게 젖을 물린 여성들과 다른 아기에게 젖을 물리도록 고용된 여성들 모두를 포함한다.) 라마치니는 아기를 유모의 희생으로 혜택을 받는 존재로 그렸다. "아기가 점점 커가고 엄청난 양의 젖을 빨아 먹으면서" 유모의 몸은 "영양가 많은 즙을 갈취당한다. [⋯] 그렇게 지쳐서 그들은 야위게 되고 갈대가 된다"라고 그는 썼다.[8]

페기 모리스의 아버지가 1761년에 수유가 신체적으로 소모시킨다며 걱정스럽게 잔소리한 것도 다소 관습적인 상황이었다. 아마도 현대에 들어맞는 표현을 찾자면 칼로리가 많이 소모된다고 해야 할 것이다. 한 아기에게 수유하는 것이 하루에 10킬로미터 이상 걷는 것만큼의 에너지를 소모한다고 읽은 적이 있다.

마거릿 콜리어가 행한, 그리고 마거릿 모리스에게 추천된 재택 유모 수유는 18세기에 절정에 다다랐다. 18세기 중반의 처트시 교구에도 지방이나 런던에서 유모 일을 한 콜리어 같은 여성들이 상당히 많았다. 그것을 가내 공업cottage industry이라고 불렀다. 그것이 이루어진 방식은 입소문이거나, 혹은 더 부유한 이웃이나 이전 고용주를 통해서였을 것이다. 또 다른 방식은 런던의 잡지에 광고를 내는 것인데, 처트시는 도시의 아기들을 위한 건강한 교외 환경을 제공한다고 스스로 내세웠다. 바람직한 유모가 광고 문안에 다음처럼 묘사되었다. "양질의 모유를 제공할 수 있는 훌륭한 성정의 여성이 아기를 키워줍니다. 그녀는 인근 교외의 공기 좋은 곳에 삽니다." 이런 광고는 외울 정도로 동일한 문안들을 사용했고, 우리가 알아낼 수 있는 한 콜리어 같은 유모들을 가리키는 실제 단어들에 가깝다. 다음은 유모에 관한 유일한 문학이자 특별한 시다. "건강한 여성이 양질의 모유를 갖고서 건강한 공기 속에서 아이에게 기쁜 마음으로 젖을 물리려 합니다."[9]

런던 고아원이 유모를 고용함으로써 콜리어와 많은 처트시 이웃 여성들은 신문 광고비를 아끼면서 확실하고 정기적인 수입을 얻었다. 처트시 여성들은 매달 마을의 나무다리 위를 오가고 대도시로 향하는 바지선 옆을 지나가면서 유모 일로 일주일에 2실링 6펜스를 벌어들였다. 인근 농장의 남성 일꾼은 일주일에 6일을 일하고 9~12실링을 받을 수 있었다. 농장의 여성 일꾼은 3~5실링을 받았고 그것도 어느 계절인가에 따라 달랐기에, 두 아이를 키우는 것으로 잃어버린 임금을 보충할 수 있었다.

마거릿 콜리어가 앤 스태퍼드 같은 고아를 양육하게 되면 첫 해에 아기에게 필요한 고아원 옷을 지급받았다. 모자, 헌 옷, 기저귀 커버, 셔츠와 리넨 속옷, 신발과 스타킹이 그것이다. 겨울에는 외출용 담요가 제공되었다. 이 의류들은 마거릿이 들기에 특히 가벼웠을 것이다. 그녀의 무릎에 놓인 아기가 유별나게 나긋나긋하고 옷이 헐렁해 보였을지도 모른다. 고아원의 의사들은 뻣뻣한 덮개와 꽁꽁 싸매는 끈처럼 그 당시 일상적인 의복들에 반대하고 있었는데, 그것들이 열을 과도하게 발생시키고 답답하게 한다고 여겼기 때문이다. 이 기관은 의도적으로 아무 의복도 제공하지 않았다.

어쩌면 마거릿은 자신만의 방식을 고수했을 수도 있다. 단단히 싸매기는 아기를 고요하고 더 만족스럽게 할 수 있다. 아마도 그녀는 앤을 자기 아기를 통해 알게 된 방식대로 단단히 싸맸을 것이다. 3월에 두 번째로 받아들인 고아인 모드 손더스에게도 똑같이 했을 것이다. 고아원의 감독관들은 마을을 방문하면서 보고서에 첫 방문을 받은 유모들이 다른 유모들에게 감독관들이 간다고 미리 알려줬다며 불만을 토로했다. 앤과 모드에게 고아원이 정한 옷을 입히라는 이웃들의 얘기가 은밀히 전해졌다. 그녀가 낳은 아이는 고아원에서 지급한 옷을 입히지 말아야 한다는 얘기도 함께.

18세기의 처트시 같은 마을들이 여러 곳에 있었다. 특히 영국과 미국의 도시와 큰 마을에서 가까운 지역에는 가내 공업이 널리 퍼져 있었다. 예를 들어 1761년 필라델피아 근처에는 페기 모리스가 아버지의 충고를 따르길 원했다면, 베티 슈트의 딸이 그녀를 거절했다 해도 걱정이 없을 만큼 유모를 구하기가 쉬웠다. 보스턴 외곽의 해안가 마을들이 그러했다. 런던 주위에는 더 많은 곳들이 있었는데 예를 들면 도킹, 엡솜, 레딩, 워킹엄, 혼처치처럼 수도로 들어가는 도로를 따라 즐비한 작은 지역들이 그러했다. 그곳들은 가장 가시적으로 유모 수유의 공동 사용이 더 광범위하고 오래 지속된 곳이었다. 모유 수유만이 아기를 살아 있게 할 믿을 만한 방법이었다. 우유로 키우는 것, 페기 모리스의 아버지가 추천하려고 했던 그 방식은 분명히 위험했다.

당신이 부유하다면 유모를 어떻게 선택할 것인가? 모리스의 가족들 같은 이들은 "양질의 모유가 넘치는"―1761년의 페기 아버지의 말투라면 "건강에 유익한"―것은 물론이고, "건강하고, 냉철하고, 훌륭한 성정을 지니고, 청결하고, 조심스러운" 여성을 찾으라고 권유받았다. 가까이 있는 것도 아이를 쉽게 방문하는 데 도움이 됐다. 부모가 아기 양육을 감독하기에 너무 '멀리 떨어진' 경우 조바심이 흔히 있었다. 짧은 방문들이 앞뒤로 있다. 1750년대에 폰테프랙트에 살던 상류층의 제인 스크림셔는 첫째 아들 톰을 유모에게 맡기고 두 번 방문했다고 기록했다. 그녀의 딸은 맡겨지고서 훨씬 일찍 젖을 뗐다—15개월이 아닌 5개월째에. 비록 요크셔 여성의 걱정대로라면 "배운 이들"은 아기가 "반년 미만으로 젖을 먹어선 안 된다"고 생각하긴 하지만. 사건은 유모가 아기와 함께 집을 방문했을 때 일어났다. 제인이 자신의 딸을 다시 돌려보내고 싶어 하지 않았던 것이다.[10]

이제 유모의 노동을 바라볼 때이다. 그 당사자들은 어떻게 느꼈을까? 그런 노동의 장면은 항상 감정으로 가득했다. 그러나 젖을 먹이던 감각들은 과거로 거슬러 올라가 알아내기 어렵다. 마거릿 콜리어는 어떤 감정으로 그 노동에 임했을까? 그녀의 젖꼭지를 무는 강한 압착, 그녀의 무릎에 놓인 한 명 이상의 아이들의 무게, 아이를 감싼 포대기와 겨울 담요의 상대적인 뻣뻣함을 어떻게 느꼈을까? 자신의 아기와 1월에 들인 고아를 동시에 나란히 키우면서, 또는 자기 아기의 이유기에 드는 감정은 어땠을까? 아이에게 안락을 제공하면서 어떤 즐거움이나 짜증이나 분노를 느꼈을까? 유모들의 말이 부재한 탓에 가능성들은 오로지 결과나 나중의 행동을 통해서만 짐작할 수 있다. 취약한 상태에서 새로운 집으로 온 고아원의 아기들은 다른 아기들보다 사망할 가능성이 많았다. 그러나 나이를 먹은 고아들은 유모를 '엄마'라고 불렀고, 많은 가난한 가족들은 결국 고아원의 아이를 맡겠다고 자청했다.

완전히 더 나은 자원을 가진, 상인 가장의 잔소리에도 자기 아이에게 수유한 페기 모리스의 감정은 어떠했을까? 일반적으로 연대의 증거는—그리고 더 특별하게, 감정의 범위의 증거는—찾기 어렵고 가장 부유한 이들 사이에서도 쉽지 않다. 1636년 한 엘리트 계층의 묘비에는 "빌리지 않은" 모유—아기 엄마 자신의 모유—로 수유한 한 아이가 선택되었고 다른 아이들보다 선호되었다는 것이 암시된다. 같은 세기의 어떤 유언장들은 자기가 직접 낳고 수유한 아이들에게 마찬가지로 더 많은 유산을 남겼다.[11]

내가 발견한 부분에서는 17세기와 18세기 초까지 어디에서도 수유가 연애와 비슷하다는, 수유가 연애**라는** 최근의 표현에 정확히 필적할 만한 것이 없다. 에로틱한 로맨스에 대한, 혹은 우리가 진한 키스를 나눌 때 만들어지는 실체—"만족의 묘약"—가 되는 최고의 호르몬 작용에 대한 문학적 유추를 향한 어떤 기대도 없다. 그 감각들—그것들이 정확히 무엇이었든—은 부재했던 것이 아니라, 지금 발견될 만한 기록의 흔적을 거의 또는 전혀 남기지 않은 것이다.[12]

어쩌면 17세기에는 비유적 반전에서만 필적할 만한 것이 있을지도 모른다. 1692년에 런던 출신인 앤 베서스트는 신비주의 종교단체의 일원이었는데 신과의 황홀한 합치를 표현할 비유를 찾고 있었다. 그녀는 겉보기에 친숙하고 강력한 것, 모유 수유lactating를 찾았다. "그 신성한 단어는 내 안에서 증대하고 나를 채운다"라고 그녀는 어느 밤 적기 시작했다. "내 심장의 삶을 그것으로 가져가면서." 그러고서 "오, 감춰진 샘, 위안으로 가득 찬 가슴. 나는 가슴에 가득한 젖으로 앞으로 솟구치며 그대에게로 팽창할 준비가 되어 있다. 바로 그대로부터 나의 충만함이 그러한 충만감과 풍부함으로 흘러 편안해지면서 즐거워지네." 가득 찬 모유, 열린 분수, 안락한 충만감, 방출된 쾌락, 하나가 된 키우는 이와 키워지는 이. 나는 더 뜨거운 감정의 온도의 표현을 찾기가 어렵다. 이것은 신성한 명부의 에이드리언 리치—"성적 행위와 같다"—이다. 이것은 세속을 벗어난 매기 넬슨이며, 그 "종점이 없는 에로스"는 여기서 황홀한 대단원을 지닌 종교적 성애이다.[13]

"아주 성공적으로 젖을 잘 물렸다"라고 1840년 오리건 시골에서 선교사 메리 리처드슨 워커가 썼다. "내가 젖을 잘 물리게 되어 정말 기쁘다. […] 며칠을 결실도 맺지 못한 채 그냥 보냈다. […] 훨씬 좋아졌다. 아이에게 젖을 먹이는 대부분의 경우 주로 모유로 먹이고 있다." 19세기 여성들의 일기에는 우리가 한두 세기 전부터 소리 내어 공유했다고 상상할 수 있을 짧은 구절들이 기록되어 있고 그것들은 모유 수유가 자리를 잡고 유지하는 일상의 리듬을 전한다.[14]

18세기 중엽부터 19세기가 끝날 때까지—두 번째 모유 체제—**누구의 가슴인가**라는 질문이, 안고 젖 먹이는 것에 대한 중심 관심사로 남았다. 가장 뚜렷하게 변화한 것은 감상주의—대중문화에서 모성을 숭배하는 새 방식, 그리고 수유 노동이 독특한 방식으로 감정과 조합되고 재조합되는 방식—의 도래였다. 그 변화는 남의 아이에게 젖을 물리는 이들뿐만 아니라, 자기 아이에게 젖을 물리는 이들에게까지 영향을 미쳤다.

언제나 감상은 있었지만 '이즘ism'은 다르다. 이즘은 상황이 어떤지 어떻게 되어야 하는지 지시하고 묘사하고 형태화하고 재묘사한다. 다양한 것들을 취해 하나의 식별 가능한 형태로 찍어내고자 한다. 이 경우에 이즘은 감정에 중점을 두었다. 즉 어머니와 아이의 자연스럽고 친밀한 근접성에. 모유 수유로 길러진 감상적 연대는 엄마 되기의 기본 특징이어야 했다. 가능하다면 자기 아이에게 젖을 물리는 것은 필수적인 일이면서도 신성하고 행복한 일이었다.

18세기 후반부터 모유 수유의 행복한 감각이 새롭고 특징적으로 규정되며, 도덕화되고, 표명되고, 느껴지고, 상기되고, 기록되었다—즉 감상적으로 다루어졌다. 감정에 호소하며 도덕화되었다. 수유할 의무를 기분 좋게 완수하는 것은 "가슴 뛰게 하는 최고로 달콤한 기쁨"을 줄 것이다(윌리엄 부컨William Buchan 의 베스트셀러『어머니에게 주는 조언Advice to Mothers』). 모유 수유는 "가장 부드럽고 사랑스러운 종류의 기쁨을 위한 최고의 원천"이다(미국의 산파인 메리 왓킨스 Mary Watkins 가 1809년에 쓴『엄마의 배려, 혹은 교양 있는 여성 안내서Maternal Solicitude, or, Lady's Manual 』). 조심스럽게 "고통스러우면서도 즐겁게 하는 감각"으로 느껴지기도 했다(1858년 신시내티 출신 작가 앤 앨런Ann Allen). 한 살 된 아이의 젖을 떼면서 "내 가슴을 열망하던 사랑스러운 작은 딸의 입"이 그립다(1784년 데번

셔주 공작부인의 편지)는 문장에선 시대의 흐름을 읽을 수 있다.[15]

"너무 달콤한 업무 […] 내 사랑에게 영양분을 주는 일"이라는 1857년 아칸소주의 한 판사 아내가 쓴 구절은 감상주의가 지배하고 있다. "아기가 밤중에 소리 없이 깨어 내 젖가슴에 안기는 일이 더 이상 없을 시간을 상상할 때 내 눈동자를 흐릿하게 만드는 게 바보 같은 눈물일까?" 감상적인 엄마 노릇을 깊이 천착한 레베카 터너Rebecca Turner는 이같이 "꼬마 제시"를 위해 일기를 적어가면서 모유 수유를 귀중한 일로 묘사했다. 달콤한 감각은 느껴지고 지시되고 느껴지거나, 지시되고 느껴지고 다시 지시되었다. 자연과 문화, 생리학과 보고의 회로망을 강화하는 가운데.[16]

부유한 이들 사이에서 모유 수유는 이제 감정의 사안—말하자면, 신체 건강이나 청교도의 경건한 사명이라기보다—으로 대두되었고, 지나치게 달콤한 판단주의를 제공하게 되었다. "그녀는 아주 사랑스러운 아이를 가졌어"라고 미국 남부의 상류 사회에 속했던 엘리너 루이스는 1827년 오랜 친구에게 편지를 쓰면서 "그러나 그녀는 무력한 엄마야. 아이에게 젖을 물릴 수도 없고 아이 돌보는 것에 대해 아는 게 거의 없어"라고 덧붙였다. 결정타는 비교하기였다. "네가 내년 가을에 내 귀여운 보물을 보게 되길 바라. 그의 **헌신적인** 엄마도." 서체가 강조된 헌신! 모성적 감정의 정수이다![17]

이 달라진 시대에도 젖을 떼는 것은 여전히 남편에 대한 관대함으로 여겨졌지만 우선 남편은 축복받은 아기와 엄마를 응시하는 것을 즐기도록 고무되었다. 오늘날의 시각에선 역겹고도 은근히 오싹한 방식으로. "가슴에 귀여운 아기를 안은" 아내는 "남편에게 세

상에서 가장 우아한 황홀함의 대상"이었다. 또는 그래야만 했다.[18]

이즘이 불평등한 사회에서 매양 그렇듯 감상주의도 부당하게 작동했다. 이처럼 교육받고 감상주의에 젖은 고객들의 구미에 맞추느라 유모 광고는 첫 문안을 바꾸어야 했다. "**유모 자리를 구함**, 젊은 여성으로 나이는 스물한 살이며, 출산한 지 3개월이 되어 양질의 모유를 제공할 수 있고 상냥한 성정을 지녔음." "**유모 자리를 구함**, 양질의 모유를 지닌 건강한 젊은 여성이며 **막 시골에서 왔음**." 이것은 더 이상 유모에게 아이를 맡겨 그녀의 집에서 키우도록 두지 않았음을 의미한다. 이제 유모는 입주 하인으로 '자리'를 구함으로써 고용주와 아이와 한 지붕 아래 함께 살게 되었다. 그녀는 건강과 자기 집의 청결함과 시골에 산다는 사실보다 자기 자신과 성격의 장점을 강조했다. 저는 건강해요, 저는 상냥해요.[19]

유모 일은 더 이상 가사노동에 부가적인 형태가 아니라, 유모를 그녀의 아이들과 떨어지게 하는 집안일의 임시 형태가 되었다. 우리에겐 오로지 상상하기만 가능하다. 1880년대 매사추세츠의 우스터에서 살던 아일랜드 태생 여성인 메리의 노동과 그녀가 느꼈을 감정을 상상해보라. 그녀의 기록을 보관한 고용주인 패니 워크먼Fanny Workman, 미국의 지리학자—옮긴이은 빅토리아 시대의 상류층에 속했으며 산을 오르고—빙하까지도—잡지에 기사를 게재하는 (《유아기Babyhood》를 비롯하여) 여성이었다. 그녀의 글은 널리 읽혔고, 다른 색조나 기원을 지닌 전 세계에 대해 백인 상류층 사회, 즉 앵글로아메리칸 '문명'이 우월하다는 '교육된' 믿음에 정통했다.[20]

아일랜드 이민자인 메리가 자신의 아이를 낳았다는 것은 유모 일이 그녀에게 가능한 수입원이자 직업임을 의미했다. 메리는 워크먼의 집에 살러 들어왔고, 새 옷을 받았으며, 차와 얼음물과 피클을 요리사에게서 몰래 건네받아 이익을 챙겼다(워크먼이 이렇게 불평했다). 그러나 그녀 자신의 아이와 떨어져 노동하는 것이 지속하기 어려운 일로 판명됐다. 그녀의 아이는 아마도 친척이나 더 하층에 위치한 다른 유모 손에서 자라면서 허약해져, 결국 메리는 6주 뒤에 일을 그만두고자 했다. 자기 아이 건강에 대해선 열성이었던 워크먼은 메리의 아이를 데려오게 해서, 나중에 아기 돌보기에 부적절하다고 밝혀진 곳을 꾸려 맡겨버렸다. 메리의 근심은 모유와 직업을 대가로 치르게 했다. 그녀는 모유가 스트레스로 모두 말라버려 직업을 떠나게 되었고 우리가 돌아보는 역사에서도 사라졌다.

이러한 유모 일은 부분적으로 화폐 거래였다. 메리와 자신의 아기, 메리와 워크먼의 아기 사이에 일어난 감정 교환이나 메리가 자신의 고용주에게 느꼈을 감정은 우리에게 감춰져 있다. 분명한 것은 워크먼이 메리의 감정을 무시했다는 점이고, 아마도 그런 여성은 자기 아이들을 진심으로 보살피지 않는다고 생각했던 워크먼 계층의 의사들과 의견이 같았을 것이다. 그들이 편리하게 믿었던 감정이란 오로지 특권계층을 위한 것이었다. 아일랜드 여성이나 흑인 여성이나 외국인 여성들은 감정이 덜 두드러진다고, 심지어 아예 부재하다고 여겨졌다.

엄마 되기를 주로 감정의 사안으로 묘사하는 방식으로서 감상주의는 19세기 이래 다양한 형태를 취해왔다. 모성 애착 이론이 그 한 사례이다. 부드러운 마음을 지닌 노동계급 어머니라는 20세기의 이상화는 또 다른 사례이다. 최근 모성의 기억이 지닌 정서적 질감, 또는 엄마 되기는 어떤 느낌이었을까라는 나의 최초의 호기심을 이끈 질문 역시 마찬가지로 그 사례에 들어갈까?

유모 일을 둘러싼 특유의 감정은 그 임금 노동이 사라지면서 훨씬 더 희미해졌다. 1930년대 이후로 영국이나 북미에서 유모가 있었다는 증거는 없다. 그 이유를 한 가지로 설명하기는 어렵다. 아마도 더 매력적인 공장의 일자리들이 막 아이를 낳은 노동계급 여성들에게 점점 더 구하기 쉬워졌다는 것이 유모라는 직업이 사라진 이유에 들어갈 것이다. 고용주들이 이러한 단기간 하녀에게 의존하는 것을 너무도 분명하게 싫어했기 때문일 수도 있다. 아기들을 위한 새로운 먹거리도 이유가 될 것이다. 어쩌면 1920~30년대 의학 전문가들이 유모의 장점에 별로 관심을 보이지 않았을지도 모른다. 혹은 20세기 초에서 1960~70년대로 오면서 여러 지역의 고아원 모유 은행들이 번창했기 때문일 수도 있다.

이 마지막 이유에 있어 유모 일의 감정이란 20세기 초 시카고의 세라 모리스 어린이 병원에 근무했던 여성들을 예로 들어볼 수 있다. 5층짜리 벽돌 건물인 이 병원의 특별 동에는, 병원에 입원한 아기들이 먹을 모유를 생산하기 위해 9~10개월 동안 한시적으로 고용된 유모들이 거주하고 있었다. 이 마지막 물렁한 입천장의 헐떡임 속에서 유모 일은 유모가 한 번 더 자신의 아기와 함께하도록 해주었다. 엄마와 아기가 둘 다 '들어와' 살았다. 의사들이 주목한

바에 따르면, 모유를 만드는 가슴에 "자연적인 자극"을 주면 충분한 양의 모유가 확보되었다.[21]

유모 일로 구축된 애착은 주로 가족 이야기로 남은 까닭에 먼 과거나 이민자들의 고향에 속하는 소소한 역사를 갖는다. 한 세대 전에 미국의 역사가 게르다 러너Gerda Lerner는 "유모의 끈"에 의지하던 부유한 빈 출신의 어머니를 회상했다. 1950년대 중반 태생으로 서부 해안 이민자이자 시인인 마릴린 친Marilyn Chin은 중국의 고향에 두고 온 유모를 형상화했다. 유모를 회상하는 목소리는 미국인을 고발하는 그녀의 시에 조언과 책망이 가득한 채 나타난다. 1986년의 한 시는 선조들에게, 그리고 유모들에게 작별을 고하고 있다.[22]

역류한 모유가 정원 길에 뿌려진다. 잭슨 폴록Jackson Pollock, 미국의 추상표현주의 화가로 액션페이팅의 대가.—옮긴이을 키우는 것 같다. 몇 스푼 안 될 거라고 들었지만 흰 페인트로 작은 웅덩이라도 만든 것처럼 보인다. 5개월 전 내 발치에 고였던 양수보다는 적고, 우리가 이웃의 고양이를 위해 밖에 내놓는 접시보다는 크다.

몇 스푼 안 될 모유는 1, 2미터를 건너가고—아기는 토하고, 나는 서 있고—일반적으로 정확하게 똑같이 날카로운, 결정적인 소리를 내며 바닥에 부딪친다. 가끔은 M이 놀란 것처럼 보인다. 나는 자주 운다. 특히 그의 위장이 더 비어 있는 탓에 잠 조각이 더 짧아지게 마련인 늦은 오후에.

모유는 어떻게 생겼을까? 나는 거기서 멈춘다. 종종 그것은 엄마와 아기 사이에서 눈에 띄지 않고 드러나지 않은 채 지나간다. 어떻게 생겼는지, 또는 어떻게 상상되는지는 보통 다른 인식에 좌우된다. 17세기 사람들은 피가 모유로 변한 것이라고 생각했다. 18세기까지 이 하얀 피는 약용으로 짜냈을지 모른다. "여성의 모유는" 히스테리나 빈혈이나 시각 상실, 또는 귀나 눈의 문제를 집에서 해결하는 약재의 재료로 흔히 이용되었다. 1716년의 한 안약 제조법엔 여성의 모유 한 스푼에 상당량의 장미수, 펜넬즙, 설탕, 그리고 '황산아연'을 넣으라고 지시한다.[23]

한 유모에게서 나온 모유를 19세기의 의사가 검사했을 수도 있다. 당시 남성 의료진은 어머니와 입주 수유인 사이의 집안 거래에 끼어들기도 했다. 그의 손톱 위에 떨어진 모유의 빛깔은 거무스름한지, 푸르스름한지, 회색인지, 불그레한지? 맛은 신지, 아린지, 짭짤한지, 아니면 쇳 맛이 나는지? 비턴 부인Isabella Mary Beeton의 가사 안내서는 모성 건강에 대한 이러한 질문들을 19세기 말의 많은 가정에 널리 알렸다.[24]

20세기에 **누구의 가슴인가?**라는 질문은 세 번째 모유 체제로 들어섰다. **모유냐 우유냐**가 관건이다. 모유는 상업적 식품의 기준으로 쓰이게 되었고, 거꾸로 상업적 식품이 모유의 기준이 되기도 했다. 모든 종류의 '젖Milk'이 유리나 플라스틱 용기에 담겨 나오는 일이 점점 빈번해졌고, 액량 온스나 밀리리터를 표시한 검은 선으로 계량되었다. 21세기까지 모유 수유 지지자들은 모유의 독특함을 다시 강조하는 새로운 문구를 만들어냈다. 하얀 피가 아니라 하얀 금이자 액상 금white gold, liquid gold 이라고.

우리의 식품 선반 뒤편에 밀려, 시리얼 박스들 뒤에는 유아용 유동식 상자가 하나 있다. 내가 모유에 대해서도 아기에 대해서도 확신하지 못했던 수유 초기 시절의 한 품목이다. 한 그릇 안에 안심과 불안이 함께 있었다. 모유가 잘 안 나올 것만 같았다. 아기가 굶어선 안 되지만, 이 집에서 한밤중에 아기에게 첫 우유를 어떻게 줄지 아는 사람은 없다. 5개월 된 아기에게 유동식을 한 번에 얼마나 주어야 하나?

세 번째 모유 체제—모유냐 우유냐?—로의 갑작스럽고도 뚜렷한 변화는 인간이 아닌 것에서 만들어진 음식이 살균 처리, 깨끗한 수도 시설, 냉장 수송 및 가정용 아이스박스나 냉장고가 등장한 시대를 만나자 일어났다. 1920년대에 인공적인 음식이 유아에게 실제로 거의 위험하지 않다고 새롭게 인정되었다. **모유냐 우유냐?**는 이제 의미 있는 질문, 즉 아이를 안고 먹이는 문제를 언급할 때 일반적인 주요사항이 되었다.

사실 더 한참 전에 임시적인 플랜 B, 즉 젖이 나오지 않거나, 어머니가 아기와 떨어지게 되거나, 사망하거나, 그 밖의 어쩔 수 없는 상황에 대비한 수유의 대안들이 있어왔다. 플랜 B는 지역 생태계에 좌우되었다. '전통적인' 체로키족의 대안(이 용어는 1930년대 인류학자들이 사용했다)은 옥수수죽이었다. 제임스만에서 알곤킨어 사용자들 사이에서 대안은 생선으로 만든 국물이었다. 어머니가 수유할 수 없는 경우, 동물의 방광을 가져다 구멍 두어 군데를 뚫은 다음 생선 국물을 채워서 아기가 빨 수 있게 해주었다. 생선 알도 같이 요리해, 국물을 조리할 때 추가하기도 했다. 그러나 우선 거위 기름으로 어머니의 유방을 문지르게 해서 젖이 돌도록 도와주었다. 사디 네콕Sadie Neakok, 알래스카의 첫 여성 치안판사—옮긴이은 1940년대 초에 알래스카에 살던 이누피아크족 여성으로, "모유를 다 짜내고 나면 빌리에게 물고기의 알과 수프를 먹여야만 했다."[25]

'팹Pap'은 영국인들이나 영어 사용자가 압도적인 곳에서는 어디서나 대안이었다. 이 용어는 유방이나 유두나 젖꼭지라는 단어에서 유래해 중세부터 19세기까지 지속되었다. 근대 초 대중 해설가인 라마치니는 팹을 우유와 계란 노른자와 설탕으로 만든 것이라고 정의했다. 우유와 달콤한 것을 섞은 기본 재료는 놀랍도록 오래갔다. 1881년 애비 피셔 부인Mrs Abby Fisher, 미국에서 요리책을 출판한 두 번째 흑인 여성—옮긴이의 요리책에 소개되는 "남부 농가의 한 조리법"은 끓인 우유와 설탕을 밀가루죽과 섞어 "언제든 아기를 돌보거나 먹일 수 있도록" 만든 "영아용 식단을 위한 팹"을 가리키는 것이었다. 애비 피셔는 앨라배마주 모빌이나 그 근처에서 노예로 살았던 여성으로 추정된다. 노예해방 뒤 샌프란시스코에서 출판된 그녀의 요리책은 실제로 사용되던 조리법들을 모은 것이었을까? 아니면 역사적 호기심이었을까? 아니면 남북 전쟁 이전의 끔찍한 과거를 겨냥해 날린 1881년의 한 방이었을까? 피셔는 조리법 옆에 이렇게 적었다. "나는 열한 명의 아이를 낳아 전부 길렀다. 그리고 아이들을 모두 이 식단으로 키웠다." 노예로 산 어머니들은 그 시대를 통틀어, 다른 아이들의 유모 역할도 맡는 것이 일반적이었다.[26]

상업적 식품이 일상의 전반을 차지하게 된 것은 1869년에 미국의 유아용 식품 광고가 나오기 시작하면서였고, 이러한 제품들이 안전하다고 통용되기 반세기 전이었다. "더 이상 유모가 필요 없다!"라고 라이비히 식품Leibig's이《따뜻한 가정Hearth and Home, 1868년부터 1875년까지 출판된 미국 주간지—옮긴이》의 한 페이지에서 약속했다. 더 많은 제품들이 영국과 북미 전체에 급속도로 홍보되면서 그들의 대문자 상호가 전형적으로 모유나 과학적 승인과도 유사하다는 것이 선포되었다. 어느 시기에 어느 곳에 사느냐에 따라, 알렌버리 식품Allenbury's Food, 아놋 밀크 애로루트 비스킷Arnott's Milk Arrowroot Biscuits, 칸리크 가용식Carnrick's Soluble Food, 카우 앤 게이트 베이비 밀크 플러스Cow and Gate Babymilk Plus, 페어차일드 펩토제닉 파우더 Fairchild's Peptogenic Powder, 파렉스Farex, 홀릭스Horlicks, 저스트 푸드 Just's Food, 라이비히 식품Leibig's, 내셔널 분유National Dried Milk, 네슬레 연유Nestle's Condensed Milk, 네슬레 유제품Nestle's Milk Food, 오발틴 Ovaltine, 레발렌타 아라비카Revalenta Arabica, 로빈슨 그루트Robinson's Groats를 선반에서 집어 들게 되었다. 가장 내 마음에 든 상표인 '락토-프레파라타Lacto-Preparata'는 하이픈 양옆에 수유의 오랜 역사와 양식에 따른 조제라는 새로운 요구를 놓고서 라틴어의 권위로 광택을 냈다.[27]

제조법—'재료 상세 설명'—은 상업적 출발에서부터 그러한 제품들을 담아낼 공정한 방식으로 나타난다. 예를 들면 멜린스 푸드Mellin's Food는 화학자 구스타브 멜린Gustav Mellin의 이름을 딴 회사로, "밀에서 추출한 가용성 가루로, 보리를 녹여 넣고 칼륨이 든 중탄산나트륨을 첨가해 건조시켜 […] 수용성 탄수화물과 엿당과 덱스트린으로 전환해 기화 방식으로 엿당과 덱스트린과 단백질과 소금이 함유된 가루로 압축한 것"을 만들었다. 이 가루를 정해진 분량의 우유와 섞으면 되는 것이었다. 많은 제품들이 누구나 아는 이름이 되었다. 내 부엌 선반에 놓인 거버Gerber 상자의 아기 얼굴은 1930년대의 소비자들에게도 친숙했다. 일과 감정의 어떤 새 조합이, 실험실이나 가게와 상관없이 이러한 역사적 변화를 특징지었을까? 모유냐 우유냐에 대한 일상적 경험은 어떠했을까?

1930년대 미국 피드몬트 지역의 한 소작농의 열일곱 살 먹은 미혼의 딸이 모유 수유를 하는 중에 아기의 몸무게가 줄어들고 있었다. 그녀는 우유로 바꾸라는 충고를 들었다. 나는 그녀의 감정을 헤아릴 순 없지만 이런 노동이 엄청나게 힘들었으리라는 것을 이해한다. 소도, 얼음도, 우유 살 돈도 없고, 더군다나 우유를 타본 경험도 없는 상황에서 그녀가 매우 어려워하고 있었다고 한 방문자가 기록했다. '복지국'에서 일주일 치 양으로 분유 캔 한 통을 제공했다. 그러나 그녀가 한 번에 우유를 너무 많이 타서 시큼해졌고 결국 아이를 아프게 했다. 그녀는 친척의 소가 곧 '신선해지기를' 바랐고 여동생을 3킬로미터 떨어진 친척 집으로 매일 우유를 얻으러 보냈다.[28]

대공황기에 오스트레일리아 멜버른의 남동쪽 탄광촌인 원타기로 이민 온 가난한 영국 여성들도 자신들의 어머니처럼 상황에 따라 모유 수유를 하거나 인공식품을 사용했다. 밀크 애로루트 비스킷을 사다가 끓는 물에 넣어 부드럽게 만든 다음 연유를 넣었다. 연유는 가격이 쌌다. 통은 단정했다. 그 지역 의학 전문가들은 "모두가 좋아하는" 맛과 식감이었다고 기억했다. 그러나 마을에서 잘 사는 어머니들은 연유와 비스킷에 대해 듣지도 못했다.[29]

1940년대의 필라델피아, 2세기 전에 마거릿 모리스가 아기에게 모유 수유를 했거나 아기를 '다른 데 맡긴' 그곳에서, 셀마 코헨이라는 유대인 여성이 우유로 아이를 키웠다. 20대의 그녀는 러시아 이민자의 딸이자 고철수집 사업자의 아내였다. 그녀에게 아기를 안고 먹이는 일은 너무 지치는 노동이었다. 필라델피아 남부에서 신식의 좀 배운 어머니가 된다는 것은 미국의 책과 의사들의 조언에 맞춰 모든 일을 올바른 방식으로 해내는 것을 의미했다. 그러나 그녀는 자기 아들이 인공식품을 "게걸스럽게 먹어치우는 아기"였다고 질문자에게 말했다. 그녀는 "아기를 똑바로 안을 수" 없었다. 우유병과 우유를 더 탈 스푼을 모두 잡기 위해 "두 손이 다 필요했기" 때문이었다. 그녀는 불안과 무능력감으로, 아기가 몸무게를 늘려가는 동안 야위어갔다. 이웃 의사에게서 받은 지시사항에는 우유를 타 먹이는 방법과 아기용 시리얼 제조법이 설명되어 있었다.[30]

2차대전 이후 영국 중부지방에서는 모유 수유가 쇠퇴하고 있었다. 1960년대 두 명의 사회학자의 조사에 따르면 아마도 생후 4개월째에 노팅엄에 사는 어머니들의 60퍼센트가, 6개월째에는 90퍼센트가 아기에게 우유를 먹였다고 한다. 우유로 아이를 키우는 것은 다른 가공식품들과 더불어 '노동을 절감하는' 일이었다. 아기를 낳은 사람이라면, 우유 먹이기 시작과 동시에 젖을 '떼는' 알약을 복용해야 했다. 스틸베스트롤과 헥소에스트롤은 국립보건기구에서 자유롭게 복용 가능하다고 용인되었으며 더 필요하지 않을 땐 '씻어내면' 되었다. 젖병은 가볍고 깨지지 않는 재질이었다. 적당한 크기나 모양의 젖꼭지를 찾고 각 아기에게 맞는 인공식품을 찾아주면 된다. 어떤 이들은 베개를 받쳐 먹이기도 했다. 우유병 받침대를 1960년대 미국에서는 쉽게 구할 수 있었지만 영국에선 구할 수 없었다.[31]

"병을 사용하면 아기에게 얼마큼 주고 있는지 정확하게 알 수 있어요"라고 한 중부지방 관리의 아내가 질문자인 사회학자들에게 말하면서 "적어도 아기가 이후에 울더라도 충분히 먹었다는 것을 알게 되죠"라고 덧붙였다. 한 벽돌공의 아내는 따뜻한 날에 공원에 갈 수 있게 된 것을 기뻐했다. "냅킨과 우유병만 들고 가면 되거든요." 킹 에드워드 공원 같은 장소에서는 아이들이 뛰노는 운동장 옆에 벤치들이 들어섰다.[32]

그럼에도 1960년대 중부지방 사람들 사이에서 우유로 키우는 노동이 항상 기대만큼 쉬운 일은 아니었다. 한 자전거 포장업자의 아내는 "우유병을 들게 되면 왼팔을 두 개 가진 여자가 되는 기분이고, 조금도 충분하지 않은 느낌"이라고 했다. 우유를 얼마나 자주 먹여야 하는지 걱정하는 이들도 있었는데, 우유병을 준비하려면 시간과 노력이 들고 그 무엇도 낭비하고 싶지 않기 때문이었다. 이 경우에도 감정은 솔직하게 표현된 것이 없었다. 우유로 아이를 키우겠다고 일찍 결정한 어머니는, 아기가 '태어날 때부터 갖는 권리'라고 잡지에 선언된 것을 자신의 아이에게 베풀지 못하는 것에 죄책감을 느꼈을 수 있다. '태만하고' '회피하는', 사명을 받들지 못한 어머니로서. 이 모든 것은 몇몇 여성들이 다른 여성이나 자기 자신의 발치에 던져놓은 감정적 비난이었다.[33]

일정 기간 모유 수유를 한 그 노팅엄의 여성들은 사실 아기 돌보기를 종종 즐겼다. 오래 젖을 먹인 사람들은 소수였다. 1960년대 수유는 최저 수준을 기록했을 것이고, 그때부터 비율이 증가해 오늘날에 이르렀다. 아기를 조산아로 낳은, 폴란드인 철강 노동자의 아내였던 한 스코틀랜드 출신 여성은 "이보다 더 멋진 것은 없을 거예요!"라고 언급했다. 한 광부의 아내는 "아기 입술이 자기한테 닿는 것, 그런 걸 느끼고 싶어져요"라고 말했다. 한 가게 관리인의 아내는 모유 수유를 이렇게 생각했다. "당신들 사이의 특별한 그 무엇을 위한 것이고, 더 느낄 거예요. […] 말하자면 […] 그만큼 멋진 일도 없어요—아기가 거기에 그저 누워 있고 그 친밀감을 느낄 때 말이죠." 한 점원의 아내는 자신이 모유 수유로 키운 아이와 그렇지 않은 아이의 차이점을 지적했다. 그러나 이런 따뜻한 결합은 모두에게 적용되지 않았다. 한 대학 강사의 아내에겐 "단지 또 하나의 일"이었고 어떤 특별한 즐거움도 발견되지 않는 일이었다.[34]

수유를 그만두거나 시도조차 안 한 이들은 어려운 점을 강조했다. 집에 묶이게 되고, "옷이 절대로 깨끗해질 수 없고 거의 언제나 젖어 있다." 모유가 너무 묽고, 너무 시큼하고, 너무 많고, 너무 가늘고, 너무 적게 나왔다. 국립보건기구의 병원들은 모유 수유를 손이 아주 많이 가는 일이라고 곧잘 규정하면서도 동시에 엄격한 일정 짜기를 강조했는데, 이는 결심 그리고/또는 행운이야말로 성공을 위한 전제 조건임을 의미했다.[35]

이전 시대와 비교했을 때 가장 두드러진 것은, 쑥스러움이 전 과정에 수반되었다는 것이다. 한 여성이 이웃 남성을 앞에 두고 무심코 젖을 주던 시절은 지나갔다. '조금 의식하게' 되거나 '일종의 혐오감을' 느끼는 것이 인터뷰 대상자들에게서 관찰됐다. "아이들이 [⋯] 그걸 달라고 해요." 애들이 "더 의식하고, 더 생각하고, 더 많이 말해요." 만일 그녀 자신의 불편함이나 아이들의 말이 아닐 경우 문제는 남편들이었다. 한 전산 교환원은 "모유 수유가 좀 우스워요—그이가 그걸 더럽다고 했어요. 그이가 그랬다니까요." 공개적인 수유는 지나간 시대의 유물이 되었다.[36]

모유냐 우유냐의 선택은 각각의 견해가 비교되고 다른 관점에서 이해됨을 의미했다. 당신이 기피한다면 누가 '수유'를 경험하고 싶겠는가? 이는 1970년대 런던의 힐러리 잭슨의 논리였다. 당시 런던에서는 열 명 중 여섯 명쯤의 어머니가 생후 5주째에 모유 수유를 했고, 네 명쯤의 어머니가 생후 5개월째에 수유하고 있었다. "사람들과 밖에서 식사하는 중이었는데 젖이 새어 나와 아시다시피 친구들이 그 일로 진짜 괴로워했어요. 친구들이 밖으로 나가 걷다한 아이를 봤는데, 그게 시작됐죠. 이게 그런 일이잖아요." 한 음식업 관리자는 병원에서 우유 먹이던 것을 기억했다. 그녀는 다른 사람들에게 이렇게 물었다고 했다. "언제 커튼을 활짝 여실 건가요?" 그 병동은 그녀에게 "외양간처럼, 젊은 여자들이 좁은 칸막이 방에 든 것처럼" 보였다.[37]

아니면 모유 수유는 "바보 같은" 짓이었다. "아이가 먹고 있는 걸 볼 수 없고, 적당히 먹였는지도 알 수 없기" 때문에. 베라 아밧은 분명하게 눈금으로 측량하기를 선호했다. "아기를 우유병으로 먹이면 아기가 먹는 게 정확하게 보이잖아요." 1970년대 구내식당 노동자들은 가구가 비치된 두 칸의 방의 갑갑한 구석에서 아기의 우유병을 준비했다.[38]

과거의 흔적이 흘러넘치는 곳이라면 어디나 감각과 감정이 최고로 복합적으로 드러났다. 힐러리 잭슨과 베라 아밧이 살던 1970년대의 런던에서 우유병으로 아기 키우기는 만족할 정도의 편리함, 슬금슬금 올라오는 죄책감, 양을 확인하는 안심이 교대로 들게 했을 것이다. "더 행복할 거예요. […] 왜냐하면 […] 더 편하니까요." 모유 수유는 만족할 정도의 편리함, 불끈불끈 솟아오르는 자부심, 아프다가 나중에 즐길 만한 느낌, "육체적"이거나 "성적"이지 않은 "기분 좋은" 느낌을 교대로 갖게 했을 것이다. 어쩌면 오로지 실용주의만 있었을지도 모른다. "정말 아무것도 못 느꼈는데요."[39]

오늘 오후에, 이 젖을 올리는 아기와 함께한 나는, 젖을 토해낸 장소가 실내가 아니라 정원 길이고 아기의 분노를 판단할 이가 아무도 없다는 것을 다행으로 여긴다. 햇살이 기분을 북돋는 회복을 암시한다. 모유를 길에서 씻어내고 햇빛이 비쳐들게 고개를 돌려, 아기 얼굴을 닦아주고 그 얼굴에 다시 키스한다. 오늘의 특별한 순간이다.

아기를 안고 먹이는 일은 기초적인 일, 인간 활동의 자연스러운 근본으로 보일지도 모른다. 그러나 아마도 정확하게 그것은 가장 다양한 활동이면서 가장 기초적인 활동이라 해야 할 것이다.

1998년에 글래스고 출신 시인 재키 케이Jackie Kay는 '커다란 젖 Big Milk'이라는 제목의 단편을 출판했다. 이야기의 앞머리는 화자의 수유하는 연인과 아기에 대한 감정의 분출, 불만 토로, 명상이 부분부분 섞여 있다. "나는 내 연인을 사랑한다. 그리고 그녀의 아기를 사랑한다." 그러나⋯⋯.

마지막 대목은 화자의 생모와 양모에 대한 감정의 분출, 불만 토로, 명상이 부분부분 섞여 있다. 생모는 아이에게 2주간 스푼으로 젖을 먹여주고는 떠나버렸다. 양모는 "나에게 목장 우유와 스코틀랜드식 오트밀을 먹였고, 밤에 내 베개를 푹신하게 채워주었다." 하룻밤을 관통하여 서술되는 7~8페이지가 있고 우유에 관한 모든 것이 있다. 아기를 안는 것은 애착이다. 그리고, 그러나 그것은 복잡하다.[40]

1998년의 케이의 이야기는 연속성과 변화를, 과거와 20세기 말 새로움의 혼합을 드러낸다. 첫 구절은 수유와 갓난아기 사이의 끈끈한 초기의 연대를 반향한다. 젖을 빼는 아기―두 살짜리―는 "실제로 나의 연인인 엄마의 마음에서 말고는 더 이상 아기가 아니었다." 그사이 레즈비언 어머니들이 눈에 드러났고, 기꺼이 '밖으로' 나왔다. 20세기 후반의 다른 곳에서와 마찬가지로 스코틀랜드에서도. 모성, 출산, 이성애적 재생산이라는 주어진 연관 관계를 무효화하면서.

화자의 연인은 잠자면서도 노동한다. "아기는 여전히 맹렬하게 젖을 빨고 있다. […] 믿음을 넘어서는 것이다. […] 연인이 고갈되어버린다 해도 놀랍지 않다. 아기는 모든 것을 가져간다. 영양분을. 비타민을. 모든 것을. 그녀는 비타민을 수십 병을 사고 또 사면서도 그것이 전부 의미 없음을 깨닫지 못한다. 아기가 그녀를 가졌다. 아기는 그녀를 장악하려고 들어왔다. 깨어 있을 때나 잠들어 있을 때나, 밤이든 낮이든. 나의 연인은 성자이고 창백하고 탈진했다. 그녀는 진이 빠져 건조하다. 머리카락도 푸석푸석하다. 한때는 반짝였건만."

영양가 있는 즙이 고갈되고 '해로운' 수유는 새롭게 계속된다. 감상적인, 성스러운 헌신의 반향. 아기 돌보기, 혹은 아기는 강력하게 장악해간다. 아마도 지나치게. "아기가 그녀를 가졌다"고 했다. 이제 비타민을 대신한다. 이제 한때 반짝이던 머리카락의 디테일이 등장한다. 재키 케이는 아기가 엄마를 소유하는 것에 역설적인 페미니스트 비평을 부여한다. "여성은 그녀의 가슴이 다시 그녀 자신의 것이 될 때까지는 자유롭지 않다. 나는 여성의 참정권이나 선택권보다 이것을 더 확신한다." 케이의 다른 페미니스트적인 언급은 진술되지 않았지만 명확하다. 여성의 몸에 대해 어떤 강박도 수치도 없다. 섹스는 말할 수 있다. 선택권이란 출산뿐만 아니라 '모유냐 우유냐'도 아우른다.

모유 수유의 노동은 화자의 질투와 사랑을 통해, 그리고 감정의 프리즘을 통해 나타난다. "너는 남자보다도 나빠"라며 케이의 연인이 확언하며 분노한다. 연인은 단지 산업사회 이후의 농업으로 혹은 전기 유축기가 도입되는 것으로 이해되는 비유에 손을 뻗는다. 그녀의 "가슴은 아기만을 위한 모유 기계이다."

이 1998년의 이야기에서 가까운 과거는 가족사로, 모계 세대로 그림자를 드리운다. "어머니와 다른 색 피부"는 화자의 유아기에 대한 설명을 조금씩 곁들인다. 자신을 흰 피부의 생모에게서 태어난 짙은 색 피부의 아기로 그리면서. 케이 자신의 전기엔 스코틀랜드인 생모, 나이지리아인 아버지, 공산당과 핵무기감축 캠페인을 위해 일했던 좌파 유형의 양부모가 나온다. 1950년대 글래스고에는 고아원도 유모도 없었다. 입양아는 안전하게 구입한 우유로 생존할 수 있었고 사랑받을 수 있었다. 이야기는 묻는다. 그것으로 충분한지.

기록들에서 나온 그토록 수많은 파편을 보고 난 뒤, 첫 번째, 두 번째, 세 번째 모유 체제에서 나온 그토록 수많은 사소하고도 확증되지 않은 일화들을 보고 난 뒤, 나는 다음 디테일의 유머와 직접성에 감탄한다. "연인의 가슴 한쪽이 처졌다는 사실을 아기가 그 가슴들을 따로따로 부르기 시작한 뒤에야 알게 됐다. […] 왼쪽 가슴이 아주 컸다. 오른쪽 가슴은 거대한 쌍둥이 옆에서 보면 작고 살짝 위축되어 있다. 커다란 젖Big Milk이다." 또는 시내를 돌아다니며 "두 시간 20분에 걸친 결혼 기념일 식사"를 하고 난 다음 구절에서도. 연인의 가슴은 무거워졌고 상처가 나 있었다. "우리가 집에 돌아오자 연인은 계단을 허겁지겁 올라가 욕실 개수대 구멍을 막았다. 젖은 흐르고 또 흘러나왔다. 그녀가 그것으로 나를 쏠 수도 있을 만큼 아주 많았다." 단순히 가득 찬 젖이 아니다. "커다란 총 젖"이다.

15.
불확실성 또는 생각 실험

문제는 내가 작은 글씨들을 읽지 않았다는 것이다. 그 짧고도 마음을 잡아끄는 문장이 말하고자 하는 것은, 아마도 이 아기 안내서가, 어쩌면 모든 유아 설명서가 그렇듯, 항상 젖을 올리면서도 위험할 정도로 아픈 일은 없다고 할 만한 아이에게는 그다지 효과적이라고 할 수 없다는 것이다.

대신에 나는, 우리가 난관을 타개하는 날과 내가 아기 안내서를 들고 정원을 걷는 날 사이를 여전히 왔다 갔다 하고 있다. 이것을 하고, 저것을 하십시오. 이렇게 해보시고, 저렇게 해보십시오. 이렇듯 21세기의 안내서들은 다양한 역을 맡고 있다. 당신과 아기한테 통하는 거라면 뭐든 해보세요. 많이 안아주세요. 아기에게 나쁜 습관을 들이는 '다 해주는 엄마'가 되지 마세요. 아기를 그냥 두세요. 아무것도 안 할 때 문제가 해결되는 경우가 꽤 자주 있습니다. 누가 욕을 먹고 싶겠는가? 내가 얻은 가장 너그러운 팁은 커뮤니티 센터 사람에게서 들은 것이다. 거기서 세라라는 검은 머리 여성과 친구가 되었다. 그녀는 이미 두 아이를 낳아봤기에, 아기가 태어나면 잠을 많이 못 자고, 아기들이 전부 제각각이라는 사실을 알고 있다.

현대의 안내서들은 불확실한 상태가 흔하고 일시적이라고 독자에게 장담하기를 좋아한다. 아마도 불확실한 상황, 뭘 할지 모르는 상황은 방해받는 상황이나 밤길을 걷는 상황과 비슷할 것이다. 단정하기 어려운 엄마 되기의 이 차원은 과거의 반향을 지닌다. 뭘 할지 아는 상황 또는 뭘 할지 모르는 상황의 역사는 어떠할까? 안내서의 역사는 어떠할까?[1]

여기에 하나의 소규모 생각 실험Thought experiment이 있다. 한 웅장한 기록보관소, 지금껏 출판된 모든 책의 저장소를 걷는다. 기록보관소 직원에게 17세기부터 영국과 북미에서 출판된 모든 안내서나 유아 설명서를 부탁한다. 그것들을 출판된 세기별로 나열해, 저자 알파벳순으로 정리한다. 그리고 둘러본다.

17세기 책 중 제일 먼저 들게 되는 것은 리처드 울스트리Richard Allestree의 『숙녀의 소명 The Ladies Calling』(1676)이 될 것이다. 이 책은 갈색의 송아지 가죽으로 묶였고, 앞표지와 책등 모서리에 살짝 무늬가 들어갔다. 옥스퍼드의 인쇄공과 제본공이 아주 우아하게 만들었다. 많은 부분이 아주 친숙한 느낌이다. 저자명이 들어간 속표지가 있다. 95페이지까지 매겨져 있다. 좀 낯선 것은 서체이다. s자를 길게 써 이탤릭체 f처럼 보인다. 'Sucking빨다'이 'fucking성교하다

'처럼 보인다. 이 판본엔 친필로 "세라 버크리지의 책, 1688년"이라고 적혀 있다. 버크리지는 젊고 그 책에 열광했었는지, 아니면 젊고 정서하는 것에 열정적이었는지 "SB"가 그녀의 성과 이름 위에 정교하게 소용돌이치는 글씨로, 아주 가늘게 잉크로 다시 씌어 있다.[2]

17세기 책장에 꽂힌 책들은 얼마 안 되어 그저 한 아름에 불과했다. 기록보관소 직원은 그녀의 임무대로 친절하게 해석해주어야만 했다. 그중에 지금과 같은 안내서는 한 권도 없다는 사실을 말이다. 울스트리의 『숙녀의 소명』은 여성의 일반적 행실—홀륭한 도덕과 행동—에 대한 안내서로, 모성을 아내가 되는 한 단계로 규정하고 있다. 아기를 돌본다는 것은 신체적으로 주의를 요하는 단순한 문제이다. 즉 "유아기의 가장 첫 부분은 양육자가 아기 몸에 관심을 가져야 하는 유일한 시기이다." 다른 여성적 행실에 대한 안내와 아이가 아플 때 처방을 포함한 의학 논문들이 있고, 임신과 출산에 중점을 둔 몇 가지 주의할 점이 첨가되어 있다. 1671년 제인 샤프가 펴낸 『산파의 책 The Midwives Book』의 4백여 페이지 가운데에는 "아이에 대하여"라는 5페이지에 걸친 산후조리 대목이 있다. 거기에는 생후 4개월 즈음이 되면 포대기에서 아이 팔을 풀어주라고 씌어 있다. 조금 우는 것은 괜찮은데 왜냐하면 울기 시작하면서 유머가 배출되고, 두뇌와 폐의 기능을 활성화하기 때문이다. 많이 우는 것은 위험한데—아기가 "우느라 배를 부풀리다가 찢어질" 수도 있기 때문이다.

18세기 책들에는 많은 공간이 할당되어 있다. 한 "뛰어난 의사"가 썼다는 익명의 도서가 제대로 된 첫 번째 안내서 사이에서 시선을 끌지도 모른다.『유모를 위한 안내: 혹은 어린아이를 키우는 올바른 방법 *The Nurse's Guide: Or, the Right Method of Bringing up Young Children*』(1729)에 나오는 25개의 건조한 소제목들 가운데 열여섯 개가 수유에 관한 것이다. 도서명의 'Nurse'는 '엄마'든 고용된 '시골 유모'든 젖 먹이는 여성이다. 이가 나는 것, 수면과 운동이 별도의 장을 차지하고 있다. 이 책장은 오로지 남성 의사들에 의해 쓰인 안내서 장르가 세기 후반부에 급격히 유행한 것을 인상적으로 전시한다. 안내서의 몇 저자는 속표지에 고아원 경험을 내세우기도 한다. 즉 집에서 얻은 지식이 아니라는 것. 이 저자들은 1750년대 처트시에서 앤 스태퍼드와 그녀의 옷가지를 유모인 마거릿 콜리어에게 보낼 때 포대기를 무시했던 남성 의료진과 다름없다. 그들 중엔 남성 산파나 약제상이나 산부인과 의사도 있다. 대부분은 유아 사망률을 낮추기 위해 책을 쓰게 되었다고 설명한다.[3]

이 책장들에서 판본을 가장 많이 찍은 책들에 눈이 간다. 이미 인기 작가가 나타난다. 책등에 마이클 언더우드Michael Underwood의『아이들의 질병에 관한 논문 *Treatise on the Diseases of Children*』이라고 적힌 열 권의 영국 책과 네 권의 북미 책들이 있는데, 이 책의 주요 부분이 유아에 관한 일반적인 처치를 다루고 있다. 초판이 나온 시기는 1784년, 미국의 독립이 인정되었던 즈음이고, 마지막 판본은 19세기 책장으로 넘어가 있었는데 나온 시기는 1848년, 유럽 한복판이 다시 혁명으로 폭발했던 때이다. 이러한 혁명들 사이에 있는 "지성 있는 부모들"(언더우드의 격려사)은 자세한 목차를 참조하기 위해 최선을 다했을 것이다. "태변, 무엇인가?" 15쪽으로 가면 된다. 18세기 말의 독자들은 그 목차 페이지를 일종의 색인으로 여길 수 있다. 태변의 "잔류", "병일 경우"는 15쪽. "그것을 배출하는 적절한 방법"은 18쪽. 그리고 나중에 "지켜보기"―밤새 깨어 있기―"또는 수면 부족"은? "'동작'과 '휴식'에 대하여"(운동)는?[4]

이런 위세 부리는 의학 설명서는 더 가볍고 문학적인 취향의 출판으로 확산된다. 『부인의 도서관*The Ladies Library*』(초판 발행은 1714년이고 8판본까지 나옴)는 인간이 백지상태로 태어남을 시사한다. 교육이 전부다. 속표지 옆 페이지의 판화에는 잘 차려입은 한 여성이 천장 높은 집의 서재에 자리하고 있다. 그녀는 엄청나게 두꺼운 책을 정독하고 있다. 날개 달린 천사들이 언뜻 보기에 그녀를 방해하지 않은 채 발치에서 놀고 있다.[5]

이제 더 들여다보면, 그 칸의 책들은 리넨과 면으로 만들어진 종이에 인쇄되어 있다―종이의 표면은 견고하고 질감이 살짝 거칠다. 페이지의 크기는 상당히 획일적이고 전형적으로 '8절판'이다. 즉 더 넓은 종이를 세 번 접어 각 종이당 여덟 개의 낱장을 만들어낸다. 이러한 8절판 책들은 상당히 고르게 나열되어 칸을 채우고 있다. 다들 손에 비슷하게 들어온다. 19세기 책장으로 옮겨가면 1870년대에 이르기 전에 종이가 목재 펄프로 만들어진다. 내지는 쉽게 부서지는 재질이고 누렇게 변한다. 활자체가 더 규칙적이고, 색다른 서체나 무작위로 대문자를 사용하는 경우가 적어진다. s를 기다란 f로 쓰는 것은 사라졌다.

19세기 책들은 책장 한 벽을 다 채운다. 존경받는 아내이자 어머니인 필자들이 쓴 다양한 판본이 새롭게 등장하여 의사들이 쓴 책들과 나란히 놓인다. 차일드 부인, 윌리엄 파크스 부인, L. H. 시고니 부인, 워렌 부인이 그 필자들이다. 그들의 문체는 감성적이며, 아줌마스럽고, 자신감 있고, 은밀하다. 리디아 시고니의 『어머니들에게 보내는 편지 Letters to Mothers』는 지나치게 감상적이며 수다스러운 장면으로 시작한다. "당신은 지금 아이를 품에 안고 앉아 있죠. 나도 그래요. 이렇게 행복한 적이 없었어요. 당신도 안 그래요?" 『집안의 의무 Domestic Duties』는 경험 많은 B 부인과 신참내기 L 부인이 나누는 대화 시리즈로, 여기서 L은 새로운 엄마가 갖추어야 할 지식과 덕목을 체득하는 역할을 맡고 있다. B는 유아에게 신체적 교육과 도덕적 교육 양쪽 모두가 필요하다고 말한다. (유모는 아기를 절대로 혼자 두어서는 안 되기에, 하녀가 아기방에 석탄, 물, 식사를 가져다줘야 한다.) "아기가 생후 4개월이 되면 유모 팔에서 움직이기 시작할 것이다. 시선을 끄는 대상을 향해 소리 지르고, 손이 안 닿는 데 있는 물건을 불완전한 시력으로나마 붙잡으려 할 것이다." 『아기의 전기 The Biography of a Baby』 같은 제목을 지닌 19세기 말 책들의 작은 일군은 아동 연구 운동의 헌신자로 자신을 내세우는 이들에 의해 집필되었다. 도시 빈민가 주민들을 위해 만들어져 작은 문고판으로 인쇄된 책들도 있다. 전문 잡지들이 본격적으로 나왔다는 것도 새로운 현상이다. 《어머니의 잡지이자 딸의 친구 The Mothers Magazine and Daughters Friend》, 《집에 있는 어머니 The Mother At Home》, 《유아기》가 그것들이다.[6]

19세기 말까지 훑어보면 감성적 조언들이 과학주의에 길을 내

준 것으로 보인다. 에밋 홀트L. Emmett Holt의 『어린이 돌보기와 먹이기Care and Feeding of Children』는 하얗게 코팅한 Q&A 교리 문답서이다. 아기는 생후 몇 개월쯤 욕조에 담가 씻길 수 있을까? 목욕은 어떻게 시키나? 온도는 얼마가 적당한가? 문체가 간결하고 명확하다. 독자의 '메모'를 위해 뒤쪽에 백지 여러 장이 들었다. 6판이나 나왔다는 것은 이 책이 "아기를 키우는 하녀를 위한 설명서"로, 그리고 어머니들이 건강한 아이의 요건을 파악하는 수단으로 "꾸준히 사용되었음"을 말한다. (아픈 아이의 경우에는, 반드시 의사에게 상담해야 한다.) 구성은 이렇다. 목욕, 생식기, 눈, 입, 피부, 의복, 기저귀, 아기방, 환기, 몸무게, 성장과 발달, 이의 상태. 아기 먹이기에 관한 30여 장. 아기가 아프지만 심각한 상태는 아닐 경우―예를 들어 수면 장애, 신경과민, 배앓이―를 위주로 한 이러저러한 주제들. 이중 배앓이 증상은 아이가 심하게 울고, 발을 웅크리고, "얼굴 근육을 찌푸리고," "통증을 표시"한다. 홀트는 만약 이것이 계속되면, 테레빈유 열 방울을 떨어뜨려 가스가 배출될 때까지 배를 문지르면 된다고 지시한다.[7]

　마지막으로 20세기의 책장은 대량판매용 문고판본으로 가득하다. 양차 대전 사이에 나온 한 문고판은 담배 열 개비 가격에 지나지 않는다. 트루비 킹, 벤저민 스포크Benjamin Spock, 페넬로페 리치Penelope Leach, 그 밖에 흔한 이름을 지닌 알려지지 않은 필자들이 있다. 1948년에 나온 『어머니가 알아야 할 것들Mothercraft Manual』은 작은 시계가 들어간 도표들에 몸무게 눈금과 그에 맞춘 정확한 지시사항들까지 들어가 있다. 내 경우처럼 생후 6개월이 된 아기에 대해 저자 트루비 킹의 도표는 이렇게 지시한다. "열여덟 시간을 잔다," 몸무게는 7.5킬로그램, "바닥에 내려놓고, 적당한 스펀지를 깔아줘도 된다," 그리고 "처음으로 자신을 인식하고, 손가락, 발가락, 장난감을 가지고 논다. 이가 나오기도 한다." 벤저민 스포크의 아기 책을 펼쳐보면 새로 추가된 항목들이 있다. 1946년에 나온 초판에서 그는 입양을 별거 부모, 일하는 엄마와 더불어 "특수한 문제"라고 제시한다. 1998년의 마지막 판본에 그는 게이와 레즈비언 부모 되기의 항목을 추가한다.[8]

나는 이 모든 책의 조언에서부터 호감이 갈 정도로 침착한 검은 머리 여성 세라에 이르기까지 선택 사항들을 다시 점검해보면서, 나의 사학자로서 노하우와 그녀의 현대적 통찰을 교환한다. 아마도 아기들이 이른 밤중에 깨지 않으리라 신뢰할 정도로 자란 것 같다고 그녀는 말한다. 우리는 집을 빠져나와 중간에서 만나, 그녀의 개를 산책시키는 45분간 어른인 우리 자신에 대해 깊은 대화를 만끽할 수 있을지 모른다.

그렇게 많은 조언이 각 세기를 지나오며 축출되었다. 17세기의 얇은 수집에서 대량판매용 현대 도서까지, 리넨과 면으로 만든 종이에서 목재 펄프까지, 의사들 그리고 나중엔 나이 든 여성들이 집필한 책과 해설은 넘쳐난다. 각 세기의 책장마다 조금 더 시간을 할애하다 보면 앞으로 나타날 역사적 유형이 드러난다.

어느 세기든 아기 돌보기에서 압도적인 관심은 젖을 먹이고 떼기이다. 즉 모유/우유에 관한 것이다. 또 다른 일반 주제는 수면과 배변이다. 모든 아기는 먹고 자고 싼다.

여러 주제가 오간다. 사라진 주제는 초유의 위험, 찬물 목욕의 이점, 유아의 사악함(이는 1930년대까지 이어졌다)이다. 새로 나타난 주제는 일정 짜기(특히 19세기 말부터), 세균 논쟁(동시에 나타난 세균에 대한 귀중한 통찰로), 트림과 가스 배출(아기 혼자 재우기, 똑바로 눕히기, 홀로 두기라는 현대의 권고들에 대한 부작용으로 보임)이다. 신선한 공기 쏘이기의 장점은 떠오르다 가라앉다 다시 떠오른다.

공식적인 의학은 각 세기를 넘어가면서 한결같은 목소리를 낸다. 지식과 분야별 하위영역으로 이뤄진 또 다른 자잘한 이론들—몇 가지는 의학과 직접 관계되고 몇 가지는 그렇지 않다—이 시간을 거치면서 안내서에 도입된다. 이러한 목록이 책장들에 표시된다. 조산학, 철학, 골상학, 해부학과 생리학, 심리학, 소아 의학, 우생학, 영양학, 행동주의, 정신분석학, 인류학, 신경학. 백 년 동안 골상학은 두뇌의 다양한 부분들이 다양한 정신력과 연관되어 있다는 가정하에 인간 정신을 연구했다. 소아 의학은 19세기 중반에 특징적이고 꾸준한 한 의학 분야로 나타났다. 19세기 말과 20세기 초의 우생학은 훌륭한 자손과 '우수한 유형'으로 기대되는 인간을 어떻게 얻을 수 있는지 연구했고, 나중에 인종주의 사이비 과학으로 불신받아 사라졌다. 행동주의는 환경에 대한 아기들의 반응을 관찰함으로써 유아의 심리를 해석했다. 정신분석은 유아의 발전 단계의 새로운 모델과 신경증이나 구강 만족 같은 개념들을 제공했다.

이러한 분야 각각은 다양한 질문과 다양한 답들을 제시했다. 18세기의 철학은 이런 질문을 던졌다. 만일 정신이 백지상태라면 아기를 어떻게 기르고 교육해야 하는가? 19세기 우생학의 질문은 이러했다. 각각의 아기의 혈통에는 어떤 기질이 존재하는가? 그리고 어떻게 지배층 백인종을 보호할 수 있는가? 20세기 인류학은 이렇게 묻는다. 칼라하리 사막의 !쿵족!Kung 이나 아마존의 예쿠아나족Yequana 같은 사람들의 유아 양육의 실제는 어떠하며, 서구의 방식과 어떻게 비교되는가? 학문 분야와 근본적인 질문 모두가 종종 행간에 존재한다. 대답—누군가에게 '어떻게 할지'를 말하는 것—만이 텍스트에서 무고하게 나타난다.

아기에 대한 비유는 시대를 받아들였다. 18세기 말 영국이 거대한 해양제국이었을 때는 아기의 등쪽이 '배의 용골'을 연상시켰다. 용골이 배의 굳건한 기초인 것처럼, 아기도 자기 등에 의지하여 누워야 했다. 반면 19세기의 감상적인 부인들은 아기가 부드러운 싹과 같고, 감정과 사고를 '소심한 넝쿨손'처럼 내보낸다고 상상했다. 에디슨이 전화를 발명한 1870년대에는 아기의 신경계를 막 새로 설치된 전화 시스템으로 다시 상상했다. 진화 유전학의 등장으로 아기들은 원숭이로 비유됐고—그들은 '자신의 조그만 발 양쪽을 서로 마주하게 놓고' 앉는다—각각의 유아 발전 단계가 유인원으로부터 인간으로의 다윈식 진화를 모방한다고 간주했다. 행동주의로 인해, 아기들은 집에서 키우는 반려동물만큼 훈련 가능한 강아지에 비견됐다.[9]

17세기의 임시 조산사와 19세기 부인들의 목소리를 제외하면, 압도적인 인상은 오늘날 우리가 'mansplaining'남자'와 '설명하다'의 합성어로, 남자가 모든 것을 가르치고 설명하는 것을 뜻함—옮긴이'이라고 부르는 것에 다름아니다. 1695년에 헨리 뉴컴Henry Newcome, 영국의 비국교도 전도사—옮긴이은 어머니들의 '비인간적이고 타락에 가까운 게으름'을 깨우치는 자로 행세했다. 18세기의 일반적인 의학 설명서는 "여성의 이해"가 더 빈약하다고 추정하고서 그것에 "의도적으로 맞추었다." 존 D. 웨스트John D. West는 『처녀 시절과 어머니의 시기 Maidenhood and Motherhood』(1888)에서 두 페이지 반에 걸쳐 아기를 미지근한 물에 목욕시키는 법을 정확하게, 더 다정한 말투로 설명하였다. 어떤 권위자는 비누를 추천하고 어떤 이는 추천하지 않는다며 그는 이렇게 적었다. 저는 중간쯤으로 맞춰보라고 추천합니다. 1970년대 영국 의학 협회의 출판물들은 어머니와 아기의 의료 검사에 대해 "당신의 머리는 절대 걱정하지 마세요"라고 말했다. 그리고 "모든 여성은 유모차 쇼핑을 좋아합니다." 정말 그런가?[10]

19세기 부인들의 목소리를 포함시키면 동등하게 강력한 인상이 거만한 위탁에 추가된다. 유모나 산모 간호사나 귀부인의 유모나 하녀를 잘 가르치세요. 아기가 말을 시작할 때 낮은 계층의 하인들과는 얘기하지 못하게 하세요. 이 위탁된 엄마 노릇이라는 상은 나중에 어머니-아기 쌍으로 대체되고 19세기 말에 가서야 사라졌다.

마지막 유형—현대의 안내서에서 가장 친숙한 유형—은 엄중함과 응석받아주기, 엄격함과 안아주기 사이를 추처럼 왔다 갔다 하는 것이다. 추를 한쪽으로 밀면 이렇다. "대부분 아이들의 심성은 못 쓰게 되거나 최소한 손상을 입는데 그것은 **응석을 다 받아**

주어서"—이 사이에 가벼운 흔들림이 있다—그리고 "친절해서이
다"(1693). 어쩌면 아이가 애착이 너무 심해질 수도 있으니(20세기
초의 행동주의 학파), 아기를 내려놓고 혼자 두어야 한다. 추를 다
른 쪽으로 가져가면, 리디아 시고니의 1848년 저서에서 아이를 팔
에 안고 앉은 도입장면이나 1946년 벤저민 스포크의 다정하게 대
하라는 따뜻한 권고가 있다.[11]

어느 오후 유모차를 끌고 가는 한 여자가 나를 흘깃 쳐다보는
데. 내가 M을 똑바로 두기 위해 착용한 띠 포대를 아이에 대한 애착
의 양육법이라고 나름 해석한 모양이다. '아기가 유모차 안에 두는
게 아니라면 난 시내에서 옷도 걸쳐보지 못했겠군.'

생각 실험은 순전히 상상이나 공상이 아니다. 영국과 북미라
면 런던의 국립도서관으로 걸어 들어가라. 그리고 워싱턴 D. C.의
의회 도서관을 추가하고 거기에 오타와의 캐나다 도서관도 더해보
라. 그러면 어느 정도 그것을 현실적인 것으로 여길 것이다.

워싱턴의 의회 도서관에 들어가면, 생각 실험이라는 것이 정
치, 외교, 복지에 관한 공식 기록 칸 옆에 있는 아주 사적이고 사소
한 것으로 여겨질 수 있다. 그러나 그렇지 않다. 설명서가 주장하는
이해관계는 종종 두드러지게 제국이나 국가 규모가 되며 신중하게
확대되고 대규모가 된다. 18세기 중엽, 7년 전쟁이 프랑스에 맞선
대영제국을 피폐하게 하는 동안 고아원 담당 의사들은 보병과 동
원령을 염두에 두고 유아사망률을 개선할 방안을 모색했다. 리디
아 차일드Lydia Child는 『어머니의 책The Mother's Book』을 '미국의 어머

니들'에게 헌정하면서 "우리 공화국의 안전과 번영이 똑똑하고 분별력 있는 그들에 전적으로 달려 있다"고 썼다. 미국이 공화국이 되어 그 미래가 시민들에 의해 좌우되는 상황이 되자, 모성을 일깨우는 설명서의 연속적인 흐름이 국가적 기반이 되었다. 20세기 중반에 벤저민 스포크는 더 평화로운 미래를 약속했다. 아이를 제대로 키우는 것은 "다른 사람을 돕고, 인간관계를 강화하며, 세계 안보를 가져오도록 기르는 것"이었다.[12]

더 작은 규모로 실험해볼 수도 있다. 필라델피아 도서관협회에 가서 역사가 찰스 로젠버그Charles Rosenberg가 기증한 2백 권에 달하는 어머니 설명서 컬렉션에 대해 문의하면 된다. 기록보관 담당자인 제임스 그린이 그의 어머니가 벤저민 스포크의 『유아와 어린이 양육에 대한 상식적인 책The Common Sense Book of Baby and Child Care』의 출판으로 눈이 뜨여 아기에 대한 생각을 어떻게 바꾸었는지 얘기해줄지도 모른다. 그의 형은 1944년, 스포크 이전의 보다 엄격한 체제에서 태어났다. 제임스의 유아기는 아주 달랐다. (도서관에 있는 스포크의 1946년 판에는 "당신 자신을 믿으세요", "아기를 즐기세요"라는 구절이 나온다.)[13]

성, 젠더, 재생산을 연구하는 킨제이 연구소의 기록들로 조심스레 올라가볼 수도 있다. 언젠가 내가 그랬던 것처럼. 그 기록들은 3층에 숨겨져 있다. 모든 사람이 섹슈얼리티 연구를 지지하는 것은 아니므로. 에로틱한 작품들이 걸린 베이지색 화랑의 킨제이 연구소에 들어서면, 유아 양육에 대한 권고사항을 연구하는 것이 격식을 차리고 내숭 떠는 것처럼 느껴질 수도 있다. 아줌마 같고, 관습적이고, 이성애 규범적이고. 여성은 진보하는 중이라고 메리 멜렌디Mary Melendy의 1903년 작 『처녀-아내-엄마를 위한 완벽한 여성다움Perfect Womanhood for Maidens-Wives-Mothers』이라는 킨제이 도서관 소장본이 주장한다. 그러나 이런 구절도 있다. "우리는 가장 신성하며 고상한 인생의 사명—여성다움과 어머니다움—을 잊어서는 안 된다." 그러나 진보 페미니스트 샬롯 퍼킨스 길먼Charlotte Perkins Gilman이 쓴 『아이들에 대하여Concerning Children』(1900) 같은 또 다른 해설의 흐름은 관습과 주류의 젠더 기대에 거침없이 맞서고 있다. 킨제이 연구소의 20세기 말 레즈비언 자료들—주로 지하 출판물—은 아이를 만드는 일이 재생산을 개편하는 것뿐 아니라 가족을 새로 만드는 것도 포함한다고 전제한다. 질리언 한스콤Gillian Hanscombe의 1981년 작 『요람 흔들기Rocking the Cradle』의 부제는 '가족생활의 도전A Challenge in Family Living'이다.[14]

물론 일반적으로 아기를 기록보관소에 데려올 수 없지만, 옛날 책들이 디지털화된 이래로 그것들을 집에서 노트북으로 스캔하며 읽을 수 있다. 기록보관 담당자와 접촉할 수 있고 그의 어머니 이야기도 들을 수 있다.

현대의 안내서들을 집어들 때마다, 독서는 나를 좌절시키거나 어리둥절하게 만든다. 독서를 하다 보면 '~을 해야 한다'나 '~이어야 한다'는 구절이 M의 면전에서 난처한 상황을 만든다. 우리가 다른 건 잘하고 있을지라도 한 가지 사안에 대해선 실패하고 있음을 보여준다. 나는 그를 잊어버리고 우리를 잊어버린다.

왜 내 아기는 45분 이상 낮잠 자는 일이 없는 것일까? 그를 똑바로 세워 보살피고 재울 때마다 띠 포대 안에 미끄러뜨려 넣는 게 잘못하는 걸까? 오래된 유아 매뉴얼을 읽다가 한 학파가 최상의 아기들은 낮잠을 안 잔다고 주장했다는 사실을 알고는 호들갑스럽게 기뻐했다. 아기들은 자극을 선호한다. 기쁨은 순식간—M이 나만큼이나 지치고 기분이 안 좋아져 더 많은 잠이 필요하다 젠장—이지만 나는 다른 학파를 세울 수 있다는 것에 두 손가락을 걸겠다. 모든 불확실한 확실성과 거창한 이해관계에 대해서 말이다. 젖 빨기, 낮잠 자기, 개떡 같으니.

내가 이전 삶에서 물려받은 공격적 페미니즘은 오로지 제한적인 도움이 될 뿐이다. 그 특정 페미니즘—젠더와 성은 사회적으로 만들어진다, 여성성에 대한 주장들은 그저 주장일 뿐이다, 젠더와 섹슈얼리티는 인종과 계급과 교차한다는—은 내가 그 설명서들에 이데올로기 비평을 수행하는 데 도움을 준다. 좌파, 우파, 좌파, 우파, 진보, 보수. 그러나 비평은 궁지에 몰렸을 때는 피로함도 불확실성도 해결하지 못한다. 여기 지금이라는 흐릿함 속에서, 실망스럽게도 나는 대개 다음에 뭘 해야 할지 알고 싶을 뿐이다.

역사는 페미니스트들이 많은 전투를 치렀음을 말해준다—선거권, 성차별, 재생산권, 보편적 아동 복지, 또는 관심을 가져야 할 많은 이들을 위해. 페미니스트들은 몇 가지는 승리했고 몇 가지는 승리하지 못했으며 새로운 연합체를 구축하기도 했다. 1970년대의 가장 결정적인 승리는 젠더와 욕망에 대한 문화적 강령을 개방해 폭파시킨 것, 그리고 여성성을 모성과 분리해낸 것이었다. 이제 여성은 '진정한' 여성이 되기 위해 어머니가 될 필요가 없어졌다. 한편 어머니다움이 억압적인 제도였다 해도, 엄마 되기는 회복될 수 있었다. 감사할 일이다. 그러나 페미니스트들은 다른 이들에게 무엇을 할지 말해주는 편이 아니었다. 멘토가 되어주기? 가능했다. 귀감이 되어주기? 가능했다. 어머니 노릇에 대한 처방은? 가능한 게 많지 않았다.

나는 M이 띠 포대 안에서 잠들어 있는 중에 공원에 들어서, 잔디 깎는 기계의 작업과 떨어져, 조용히 서 있는 전나무 쪽으로 걷고 있다. 나무의 실루엣들이 내가 피곤해 그런지 흔들리며 춤춘다. 문서보관소로의 여행은 하나의 생각 실험이다. 내가 그것을 그다지 믿지 않기 때문이다. 나는 책의 역사, 그리고 우리가 할 일을 알게 되는 역사 사이에, 또는 불확실성이 축출되는 역사 사이에 그다지 많은 연관성이 있으리라고 생각하지 않는다.

첫 시작의 질문은, 20세기 말 대형시장이 생기기 전에 누가 이 책들을 읽고 있었는가이다. 1688년 영국, 세라 버크리지가 조심스럽게 자신의 이름을 울스트리의 『숙녀의 소명』에 적어 넣고, 명예혁명으로 피 흘리지 않은 채 제임스 2세를 타도하고 윌리엄 3세를 왕으로 등극시킨 그 시기를 돌아보자. 글을 읽을 수 있는 여성이 전체 여성의 4분의 1이 안 되었다. 설사 글을 읽는다 해도 대부분은 가죽 장정의 책을 구할 여력이 안 되었다. 대부분은 자신을 '숙녀'로 보지 않았지만 고투하는 계층에 속한다고 여겼다. 글을 읽을 줄 아는 어머니-고용주보다 글을 읽을 줄 알고 지시받는 어머니들이 더 많았고—유모와 가내 하인들은 더 많았다. 그러는 동안 대서양의 저편에서 북미대륙을 지배하던 원주민 부족들은 주로 구전과 대면 방식으로 지식을 만들고 전수하고 있었다. 잠식해 들어오던 백인 정착민 중 몇몇은 숙녀의 소명을 염두에 두었을지도 모르지만, 대다수는 서점을 본 적도 없는 이들이었다. 그들 가운데 노예 소유주들은 노예가 된 이들의 문자해독력을 부인하려고 무지 애썼으며 그 시도들을 법으로 새겨놓기까지 했다.

두 세기가 지나, 19세기의 감상적인 안내서들이 과학적인 설명서로 바뀌어갈 때 미국 인구의 5분의 1이 문맹인 상태로 남아 있었다—이는 백인의 10퍼센트 이상, 그리고 나머지 전체 인구의 거의 80퍼센트에 해당했다. (이것이 그들이 통계를 내는 방법이다—백인, 또는 '검둥이와 그 외'.) 20세기에, 문자가 널리 유포된 곳에서조차 육아 안내서는 종종 읽히지 않은 채 사라졌다. 1916년 밀워키 아기 경진대회 우승자인 칼린 부인은 이렇게 말했다. "저는 아기를 제 방식대로 키웠어요. 저는 […] 어떤 책도 읽지 않았어요." 그는 인쇄된 조언의 세계를 거부했다. "저는 제 아들을 저 스스로 키웠고 제가 실수한 것 같진 않아요." 1956년과 1968년에 벤저민 스포크가 자신의 베스트셀러 안내서를 개정하던 시기에도, 랭커셔의 노동자 여성들은 그나 다른 작가들의 육아 안내서를 거의 읽지 않았다고 밝혔다.[15]

또 다른 사안—내 머릿속 논쟁이 피로의 일부를 날려버렸다—은 그 안내서들이 일반적으로 서술적이지 않았다는 것, 즉 사람들이 알고 있는 것과 행하는 것을 보여주지 않고 오히려 공공연히 개혁적이었다는 것이다. 이것은 사람들이 알고 **행해야만 하는** 것이지, 지금 **하고 있는** 것이 아니며, 새로 엄마가 된 이들이 할 줄 알아야만 하는 것이기도 하다. 17세기 조산사였던 제인 샤프는 아주 이르고 드문 예외였다. 유아 양육에 관한 그녀의 빈약한 5페이지는 오히려 방어적으로, 자신은 독자들이 이미 알고 있는 것을 기록했을 뿐이라고 시인하며 끝난다. "어떤 것은 이미 전에 알고 있는 이들에게는 말할 필요도 없는 것일 수 있다." 그러나 "뭔가 알고 있는 사람들도 어떤 것에는 무지할 수 있다. 이전에 알았던 것이 이제 알지 못하는 다른 것이 되었을지도 모른다. 그리고 그녀가 알지 못했던 것을 다른 사람이 알고 있을지 모른다." 그렇지 않으면, 논쟁과 새로움은 특히 가르치려 드는 남성들에게 그 장르의 품질 보증 마크이다. 개혁은 입문서의 가장 첫 번째 규칙이다. 마이클 언더우드가 1784년에 쓴『아이들의 질병에 관한 논문』을 읽어보자. "보모, 보통 소용없는 논쟁", "아기의 첫 옷을 다룰 때의 실수들", 아기 돌보는 이들이 쉬운 길을 찾느라 "아편제를 사용하는 것에 대한 경고". "아이들이 성적 욕구가 없다는 신화"는 1949년의 정신분석 안내서에 나오는 한 장의 제목이다.[16]

마지막 질문은, 대부분의 안내서에 쉽사리 유포된 현실과 동떨어진 아기와 엄마의 모습에 대한 것이다. **~이어야 한다가 ~이다**나 **~일 것이다**로 쉽게 미끄러져 간다. 19세기의 감상적 어머니들은 유아의 욕구에 직면했을 때 굳이 힘들지 않은 채 자신을 부인했고 인내했다. 기껏해야 아기의 넝쿨손을 해결하느라 약간의 추가 기도가 필요했을지 모른다. 20세기 초 '트루비 킹 아기'는 지나치게 뚱뚱하지 않았고 "살아 있는 가장 행복한 것"이었으며 감정 없이 순응하는 아이였다. 이 아기는 생후 1개월째엔 하루 스물한 시간을 자고, 6개월째엔 하루 열여덟 시간을 잔다. 트루비 킹의 한 설명서에서 아기의 목소리는 1944년의 한 시간표를 복화술로 이렇게 말한다. '아침 6시에 나는 일어나요. 엄마가 내 기저귀를 갈아주고 젖을 먹여줘요. 그러고 나면 나는 침대에 돌아가 다시 자요.' 밤 9시 반이나 10시엔(이런 애매모호한 표기는 굉장히 드문 편) '엄마가 다시 젖을 주는데, 나를 너무 많이 깨우지 않으려고 깜깜한 방에서 먹여줘요. 잘 자요, 여러분! 아침까지 나한테서 아무 소리도 안 들릴 거예요.'[17] 가엾은 것.

따라서 근본적인 질문—뭘 할지 아는 것의 역사는 어떠한지, 사라져버린 불확실성의 역사는 어떠한지?—은 결국 대답 없이 남는다. 연구가 나를 실망시킨 몇 순간 중 하나이다. 생각이 실패했기에 하나의 생각 실험으로 남게 된다. 내 머릿속 논쟁도 멈춘다.

숲속에서 개구리들이 짝짓기하는 거대한 파도 모양 소리를 거의 두 번 들을 수 있다. 한 번은 바깥에서, 녹색의 습지 위로 맴돌고 소용돌이치는 것이고, 또 한 번은 고막 안에서 울리고 튀어 오르는 소리다. 마치 소라고둥을 귀에 가까이 댄 것처럼. M은 기절한 듯 침묵으로 빠져들다가도 다시 내게 코를 박는다. 그가 한 팔을 뻗어 헛되이 소리 나는 쪽을 가리켜 보이는데 눈에 띄는 것은 찾지 못한다. 만일 머리를 너무 빨리 돌리면 소리가 고막을 울리고 튀어 오르기

더 힘들 것이다. 마치 불분명한 발음이 예리한 부분을 발견할 때처럼. 불면이 소리라면 이런 것이리라는 생각이 든다.

어느 오후, 뜻밖의 재미로 나는 1942년의 아기 안내서 안에서 독자의 목소리를 만난다. 앤더슨 올드리치와 메리 올드리치의 『아기도 인간이다*Babies Are Human Beings*』라는, 이 스펙트럼의 따뜻하고도 모호한 말미에 자리한 책이었다. 대학 도서관 소장본의 60쪽에 한 독자가 연필로 특정 부분을 표시하고 이렇게 적어놓았다. '오 정말 진실이야Oh my how true.' 이 책은 계속 읽히고 메모도 계속 추가되었다. 얼마 뒤에 다른 사람이 책 여백에 덧붙였다. '이건 정말 짜릿했다I got a kick out of this'라고. 그다음 또 다른 이가, 한 아이를 염두에 두었는지 이리 적었다. '수잔의 식욕은 의문이 일 정도였다.'[18]

1942년에 『아기도 인간이다』가 그 대학 도서관에 꽂혔을 때, 미국 여대생들은 무릎선의 반팔 드레스를 입었고, 캠퍼스에는 전쟁에 나갈 육·해군 훈련생들이 활보하고 있었다. 아마도 그 책은 대출되어 바로 끼적여졌을 것이다. 사람들은 1940년대 이전부터 'a kick out of'를 쓰고 있었다. 'Oh my'는 확실히 옛날식 표현이다.

60쪽의 '오 정말 진실이야.' 연필을 쥐고 있던 이 독자에게 깜짝 놀랄 정도로 진실이었던 것은 "서로 부딪치는 생각들의 떼구름"으로, 올드리치 부부는 그것을 어떤 엄마―책의 용어에 따르면 '평균의, 젊은,' 대학교육을 받은 엄마―가 자신의 아이를 가질 때 듣게 될 것들이라고 했다. 나는 그 부딪치는 생각들의 수많은 원천을 분리해본다. "의사들의 주의 깊고 과학적인 지시사항들, 친할머니와 외할머니가 조언한 것들, 간호사가 들려준 다른 아기의 사연들, 그녀가 병원 침대에 있을 때 방문한 친구들이 해준 제안들, 그리고 무엇보다도, 아마도 자신이 자라면서 겪고 들은 희미한 기억들."

올드리치 부부는 이 모든 것들이 새로 엄마가 되는 이들의 마음속에 "두려운 불확실성의 안개"를 만들어낸다고 생각했다. 독자들의 감탄사는 그랬다. 맞아요!

나는 그 페이지를 뚫어지게 쳐다본다. 이 한 줄기 뜻밖의 즐거움은 한 어머니의 불확실성 확인에서라기보다 정보의 원천의 전 범위에 대한 자발적인 동감 표시에서 온다.

한 사람만의 어린 시절, 아는 게 많은 손위 여성, 의학 전문가, 친구와 동료, 그리고 기억, 지시사항, 사연, 조언, 제안, 또한 이 1942년의 목록에 대한 독자의 열광은 대면 지식 습득의 더 많은 역사를 위한 범주들을 제시한다. 이것은 뭘 할지 알게 되는 방식 중 하나이고, 지금 나의 현재에서는 세라 같은 친구를 만드는 일이다.

입문서들이 지식 습득 역사의 작은 일부에 불과하다는 사실을 이 목록이 제시한다는 것이 더 맞는 표현일 것이다. 결국 다양하게 접근한다면, 즉 사람들이 실제로 지닌 지식을 표현한 것이라기보다, 실패하거나 김빠진 수많은 일련의 제안이나 시도로 읽는다면 말이다. 어떤 이들은 입문서를 읽었다. 실제로 20세기 말에 이르기까지 유아 양육자의 다수가 책을 읽었으리라고 보는 게 안전하다. 그러나 방법을 일러주는 책은 수많은 다른 유형의 지식 생성과, 더 많게는 실제로 일어나는 지식들과 변함없이 교차하고 주장한다. 그것은 한 특정 아기로 제시된 제약과 엉뚱함을 포함한다.

엄마 되기란 실체가 있는 것으로, 감각으로 느낄 수 있고 물질적이며, 직접 경험하는 것이라고 생각하는 중이다. 아기는 결코 단순한 생각 실험이 아니다.

16.
병원 처방과 의혹들

세라가 주변에 없거나 친구에게 전화하기 너무 늦었을 때, 나는 이 시대의 회고록과 에세이, 즉 무엇을 알고 어떻게 행동하는지에 대한 21세기의 목소리에 귀 기울이곤 한다. 런던의 리사 버레잇서, 케임브리지의 레이철 커스크, 더블린의 앤 엔라이트, 워싱턴 D.C.의 로네 오닐 파커 뉴욕의 레이철 주커, 로스앤젤레스의 매기 넬슨과 세라 망구소도 일화에서 생각한다. 독자가 이성애자 백인 여성의 모성애라고 여기게 되는 것들이 우세하다. 추정컨대 나처럼 이민자의 시선에서 본다면. 그러나 그뿐만이 아니다. (시카고의 작가 율라 비스Eula Biss, 메릴랜드의 산문작가 리아 퓨퓨라Lia Purpura, 위니펙의 성전환남성 트레버 맥도널드, 브루클린의 리브카 갤천 등 이 책더미는 계속 늘어날 것이다.) 이 책들에 빠져들면서, 이 시대의 안내서를 읽을 때 내가 느꼈던 '~을 해야 한다'나 '~이어야 한다'라는 구절이 사라진다. M이 다시 초점의 대상으로 들어온다.[1]

과거의 한 회고록 작가가 다시 머릿속에 떠오른다. 『아기도 인간이다』의 페이지 여백 필자들과 같은 시대를 산 오티스 버거, 붉은 머리의 맨해튼 상류층 출신으로 1949년에 익명으로 『일기』를 출간했던 그녀는 자신의 병원 출산 경험을 아주 상세하고 독특하게 기술한 바 있다. 그녀의 일기는 젖먹이 시기까지도 계속되는데 오티스는 이 시기에 출생에 관한 그랜틀리 딕-리드의 저서에서 아기에 관한 스포크 박사의 저서로 독서 대상을 바꾸었고, 개인 병원 병실에서 빌리지에 있는 방 다섯 개짜리 집으로 돌아왔다. 다시 떠올려볼 가치가 있다.

1940년대의 다른 극점에는 앨라배마의 흑인 조산사 오니 리 로건Onnie Lee Logan의 솔직담백하고 활기 넘치는 기억들도 있다. 이런 목소리는 기록보관소에서 대단히 드물다. 그러나 1989년 그녀는 인쇄를 염두에 두고 구술 자서전을 풀어내, 긴밀한 관계를 유지했던 한 하버드 졸업생을 통해 '모태 지혜Motherwit'라는 제목으로 펴냈다. ("당신이 내용의 3분의 2는 이해하지 못할 것이라는 점을 안다"라고 오니 리는 시민권 획득 이전의 모빌에 대해 캐서린 클라크에게 진술하면서 자신의 이야기를 젊은 백인 질문자를 위해 부연하고 각색했다.) '모태 지혜'는—그녀 같은 여성 기독교도에게—'천상에서 온 지혜'뿐만 아니라 출산과 아기에 대한 '상식'도 함축한다.[2]

따라서 여기에 앎의 역사를 살펴볼 방법이 있다. 무엇을 할지 알기에 대한 올드리치의 자료 목록—기억들? 할머니들? 의사와 간호사들? 친구들?—을 취하여 1940년대 오티스와 오니 리의 세계로 시작해 죽 펼쳐보자. 아기에 대해 알고 행동하는 것에 대해 보다 풍부한 역사를 발견할 것이다. 이 역사는 그 페이지로부터 노하우가 가장 일상적으로 만들어지는 관계의 더 광범위한 살아 있는 세계로 뛰어오른다.

"그녀 자신의 양육에 대한 희미한 기억"이라고? 나의 유아기는 새벽 2시에 우유를 먹은 것, 전업주부 어머니와 판매원 아버지를 포함한다. '희미한 기억'이란 권리에 관한 것이다. 기억의 휴지기를 채우는 것은 여름 담요의 하얀 스크래치, 저녁 커튼의 역광 스틸, 부모님의 언쟁, 어마어마한 정서적 온기이다. 내가 사랑을 듬뿍 받았다는 것은 분명하다. 그러나 나 자신의 기억이 어디서 끝나는지, 유아기와 유년기에 부모님과의 표면적인 이야기가 어디서 시작되는지는 불확실하다.

회상해보면 나에게 가장 인상적인 것은 아기들의 완전한 부재이다. 우리 식구는 친척과 떨어져 살았다. 아기들은 그저 다른 어딘가에 있었다. 도서관이나 운동장이 멀리 보이는 가운데 도로를 건너는 유모차 안에서 들려 나오면서. 아기에 대한 노하우는 남은 것이 없다. 다만 유모차의 내 자리를 발로 차던 한 어린 자매의 아득한 잔상이 있을 뿐이다.

오티스 버거와 같은 1940년대 여성들에게 자신의 양육에 대한 기억은 어땠을까? 올드리치의 『아기도 인간이다』에 따르면, 대학교육을 받은 계층 사이에서 영아기와 유아기에 대해 남아 있는 인상은 '엄마의 보살핌을 받거나 사랑받거나 안아주는 것이 아기에게 나쁘다'라는 느슨한 감각이었다. 그들 세대의 아기들은 엄격하고 규칙에 맞게, 가능한 한 적게 안아주면서 키워졌다—"말하자면 '사람 손이 안 닿게', 그리고 우리가 사는 크래커 상자들처럼 셀로판지에 싸여." 1차대전부터 그 직후 10년간의 그런 특징은 방법 안내서에서 익숙하다. 손이 안 닿은 아기들, 아기침대에 싸여 홀로 놔둔 아기들은 트루비 킹 시대에 안내서를 읽는 중상류층의 특징이자 캐리커처였다. "아기에게 규칙적인 습관을 만들어줄 필요성에 지나친 강조란 있을 수 없다"고 한 어머니가 적었다.[3]

만일 오티스 버거가 1920년대에 특권을 누린 자신의 영아기와 유아기에 대한 기억이 있었다면, 그것들은 그녀가 뉴욕의 아파트에서 글을 쓸 때 명쾌하게 수면 위로 떠오르지 못했을 것이다. 그러나 그녀에게 이모가 20세기 초의 엄격한 일정표를 새롭게 일깨워주었다. 이모의 첫아기는 친척의 설명에 따르면 일정표에 쉽게 적응되었지만, 둘째 아기는 첫해의 대부분을 배고파 울부짖으며 보냈다. 오티스는, 어쩌면 그 때문에 자신의 사촌이 지금 그렇게 안절부절못하고 침착하지 못한 것인지 의아해했다. 아이 때 오티스는 '선머슴' 같은 아이였다. 돌봐주어야 할 아기가 있지도 않았고 그녀는 인형을 갖고 놀지도 않았다. 그녀 자신의 아기가 생기기 전에, 아기에 대해 아는 것이 전무해 보이는 그 상태를 채운 것은 시끄럽게 울어대는 아기를 안고 거실 바닥을 오가는 지친 부모들을 그린 특이한 잡지 사진이나 만화였다.

1940년대의 오니 리 로건의 세계와 그녀의 기억은 어떻게 대조될까? 유엔과 거대 기업들이 있는 뉴욕은—부자들에게는—세계의 번영하는 수도처럼 여겨졌지만, 앨라배마에서 대공황의 여파는 노예제와 인종 분리의 더 오랜 역사를 조합해냈다. 오니 리 같은 흑인 하녀들은 백인의 집을 뒷문이나 옆문으로만 드나들었다. 오니 리의 어린 시절에 대한 기억은 마렝고 카운티의 스위트 워터에서 형성되었는데, 그녀는 그곳에서 치료제로 쓸 약초를 수집하는 법을 배웠다. 테레빈과 '돼지비계' 기름으로 만든 연고는 이가 나기 시작하는 아이의 잇몸을 문지르는 데 사용되었다. 작고 노란 꽃이 피는 쓴 식물은 하계열여름에 어린아이에게 아무 증상이나 원인 없이 나는 열— 옮긴이에 좋았다. 이 처방들은 처음에 '인디언 사람들로부터' 나왔다고 했고 그녀의 어머니 같은 조산사들에 의해 보존되고 전해졌다.[4]

이러한 시기의 가난한 흑인 가족들은 백인 상류층 가족에 비해 일반적으로 대가족이었다. 오니 리는 열여섯 명의 아이 중 열네 번째였기에 많은 형제를 보살피지는 않았을 것이다. 그러나 작은 아기들이 있는 확대가족이 아주 많았고, 세대와 가정 간 계보가 복잡했다. 옛날 사람들은 엄격했다. 어린 시절은 규칙을 따라가는 시기였고 돕는 것에 능숙해지는 시기였다. 유타주에서 북쪽으로 조금 떨어져 살던 앨라배마인 마거릿 찰스 스미스는 다음과 같이 회상했다. "저는 자라면서 배울 수 있는 모든 것을 조금씩 배웠어요. 이런 걸 해야 할 순간이 언제 오게 될지 모를 일이니까요." 치료제에 대한 그녀의 배움은 그 지역의 촉토족에게서 전해 내려왔다.

오티스 버거와 오니 리 로건의 특정 기억들로부터 뻗어나가면 어떻게 될까? 나중에 어른이 되었을 때 어린 시절의 어떤 기억이 떠올랐을까? 회고록이나 인터뷰에서 회상으로 떠오르는 특별한 일화들이 중요해 보이는 기억들을 조명한다―유년기의 특정 조건들, 아기들에게 익숙함. 이러한 일화들은 기억 가운데 기억, 즉 단편적인 것 가운데 단편적인 조각이다.

"어머니가 나를 등에 업었다. 내가 계속 칭얼대자 어머니가 나를 지게 요람에서 안아 올렸다. 어머니 등에 업혀 있던 것이 기억난다." 1884년에 태어난 위네바고족 여성의 첫 번째 기억은 소용돌이치는 물과 빈 요람을 들고 가는 한 여성이었다. 마운틴 볼프 우먼은 입양 조카딸인 위스콘신대 인류학자에게 자신이 어머니와 언니와 마을에서 돌아오던 이야기를 들려주었다. 그들은 함께 급류가 흐르는 개울을 건넜다. 언니는 빈 요람을 앞에서 들고 가면서 물을 헤치고 갈 수 있을 정도로 치마를 올려 잡았다. 대부분 초기의 기억은 모호하지만 하나의 조각이 아주 뚜렷하고 정확하게 만져질 수 있다. 마운틴 볼프 우먼의 어머니는 그녀가 레비스 개울과 빈 요람을 무서움 때문에 기억하는 거라고 생각했다. 인류학자인 조카딸은 위네바고족 사람들은 생후 2년 차의 사건을 기억하는 것이 아주 머리가 좋은 것이라 여겼기 때문에 그녀가 기억하는 것이라고 생각했다. 어떻게 그런 기억이 나중에 어른이 된 여성으로 하여금 지게 요람을 사용하게 했는지 우리는 알지 못한다.[5]

"나는 아기들 사이에서 컸고 나 자신도 아이에 불과했을 때 아기들을 보살폈다"라고 1820년대와 1830년대 오하이오에서 어린 시절을 보낸 백인 정착민 마리아 브라운은 기억했다. 그녀의 어머니는 젖이 '나온다'고 느낄 때마다 에임스빌 정착민 교회를 떠나 집에 있는 아기에게 서둘러 돌아오곤 했다. 아이가 있는 친척들도 그

집의 방 세 칸에 살았다. 마리아의 아버지가 서른셋의 나이에 일찍 죽어 어머니의 재혼을 촉발했고 마리아가 여덟 살일 때 첫 이부 여동생이 태어났다. "나는 어머니가 키우는 것을 본 대로 동생을 전적으로 맡아 키웠다. [⋯] 어머니는 아기에게 젖 주기 위해 데려가는 것 말고 아무것도 할 게 없었다고 말했다." 관찰하다 보면 하게 된다. 그러나 1846년에 마리아의 아들이 태어났을 때 그녀 자신의 엄마 노릇에 끼친 영향은 아주 조금 유용했을 뿐이었다. "나는 준비된 것이 거의 없었다." 그녀의 아들이 태어난 후 더 중요했던 것은 오히려 가족의 기대였을지 모른다. 다 자란 이부 여동생이 이번엔 마리아를 도와주게 되었다―19세기 변경 지역의 확대 가족에서는 익숙한 관습이었다.[6]

특정한 딸이 동생들 돌보기를 도와야 한다는 사실은, 아기 돌보기를 훈육의 한 방식으로 만드는 가운데 어떤 시간과 공간에서 공식화되었다. 어머니의 보조 역할은 빅토리아 시대의 부유층 대가족에서 맏딸에게 부여되었다. 마거릿 맥이완은 부모가 클라이드 해변으로 여름휴가를 갔을 때 어린 다섯 동생을 돌보도록 남겨졌다. 아버지는 편지로 그녀에게 즐겁게 지내면서, 성품을 다스리고, 아침에 제시간에 일어나는 모범을 보여주라고 지시했다.[7]

다양한 민족 공동체에서 20세기 노동계층 가정의 소녀들은 일반적으로 어린 동생들을 돌봤다고 회상했다. 1905년생으로 나중에 극작가가 된 앤 메그너 던스트Anne Megna Dunst도 시칠리아계 미국인 가정에서 아기들을 돌본 맏딸이었다. "내가 일이 끝날 때까지 여동생을 안고 있어라"라고 그녀의 어머니는 말했다. 여섯 살 때 그녀의 기억에는 긴 부츠를 받은 것과 새로 생긴 남동생의 모슬린 모자를 만든 것이 포함되어 있다. 막내 여동생과는 침대를 같이 썼다. 어떤 아기들은 앤을 기분 좋게 했지만 어떤 아기들은 그렇지 않았다. 랭커셔의 프레스턴 출신인 영국 숍 주인 필립스 부인은 "물론 모든 이들이 아기들과 놀아줬죠"라고 회상했다. "인형을 갖고 놀지 않았어요. 아기들과 놀았죠. 아주 고단한 일이었고, 누군가 젖을 주러 잠시 들르면 정말 반가웠어요." 그녀는 일곱 형제 중 하나였다. 그녀가 젊은 시절 랭커셔에서는 성별 역할이 엄격하게 구분되어 있었다. 딸들은 어머니의 견습생으로 행동했고, 아들들은 농장에 나가 일을 돕거나 쇼핑 심부름을 했다. 질문자는 이런 역할에 다음처럼 꼬리표 붙이기를 강요했다. "그럼 정말 어머니 대역이나 다름없었네요?" 대답은 이랬다. "그냥 어린 여자 어른 같았죠."[8]

아기 돌보기는 때로는 아이의 놀이처럼 여겨졌고 때로는 힘든 노동이었다. 노예제의 시대를 통틀어 노예화된 여자아이들은 비교적 일찍부터 흑인이나 백인 아기를 다룬 경험이 있었다. 1828년 노스캐롤라이나주 플랜테이션 농장에서 엘리자베스 케클리는 고작 네 살이었을 때 주인의 갓난아기를 돌보았다. 엘리자베스라 불린 흑인 아이가 똑같은 이름의 백인 아기를 돌보았던 것. 그녀의 일은 요람을 흔들어 아기 얼굴에서 파리를 쫓아내는 것이었다. 그 기억에는 폭력도 연관되었다. 아기를 바닥에 떨어뜨려 심하게 매질을 당한 적이 있다.[9]

아기 돌보기에 관한 일화들은 이전에 노예 생활을 했던 이들의 기억을 통해 다시 얘기되고 각색되어 1930년대 백인 질문자들에게 전해진다. 노예제가 종식되었을 때 일곱 살이었던 메리 스미스는 어린 동생들을 맡아보게 되었다. 그녀는 비계 많은 고기가 아기를 조용하게 만들 수 있다는 것을 알았다. 어머니가 "들판에 나가기 전에 제 옷에다 비계[고기] 한 덩이를 꽂아놓았고 저는 아기가 울 때 그를 들어 올려 그것을 빨게 했어요." 실비아 위더스푼처럼 한때 노예였던 여성은 갓난아기의 정확한 몸무게와 기분을 알았다. 어머니가 "가장 작은 아기를 내 등에 업혀 묶어주면 저는 아무 불편 없이 놀 수 있었어요." 남북 전쟁 이전의 드넓은 농장에서 주간에 일하는 노예들의 숙소는 흑인 아기들을 돌보는 어린 흑인 아이들로 채워졌다.

어떤 이들은 아기 주변에서 성장한 기억을 소중하게 여겼다. 1970년대에 캐시 케이드는 어린 시절의 기쁨을 성인 레즈비언 정체성으로 결합시키게 된 것을 행복하게 여겼다. "여동생과 남동생을 돕고 함께하길 좋아했던 내 존재 전 부분이 다시 살아났어요, 모성은 내 안의 부치butch를 많은 부분 충족시켜요. 아니면 그게 지배하는 팜므femme인 건가요?" 1942년에 올드리치가 지식의 자료 목록에 어린 시절의 기억을 포함시킨 것은, 우리가 어떻게 형성되는가에 대한 그들만의 심리학적으로 적용된 생각을 확실히 반영했다. 즉 기억은 정신에 이르는 입구이고, 정신은 우리가 어떻게 경험하고 행동하는가를 정한다는 생각을 말이다. 그러나 어린 시절의 기억은 어머니 노릇 연습이나 아이들 놀이로 나타나기도 하고 트라우마로 나타나기도 한다. 기억은 다양한 과제와 결과를 수반한다. 유년기와 아기 시절에 대한 나 자신의 기억은 빈약하고 동떨어진 것으로, 너무나 실체가 없는 것으로 느껴져 심지어 동생과 전화로 애기할 때 주제로도 떠올리기 힘들다.[10]

"양쪽 할머니들의 조언"은? 연장자나 노인들의 지식은 올드리치의 문장에서 핵가족 안의 친척의 말로 나타난다. 친할머니와 외할머니는 각각 그들만의 조언을 한다. 더 넓은 캔버스에다 압축해보면 그 조언의 구절은 세대 사이의 강력한 유대를 환기시킨다. 노년의 여성들은 모두—할머니 산파, '최고 연장자들', '최고 수장'— 전수되어온 노하우의 저장고이다.

아기의 할머니들은 나의 매주 생활에서는 대개 부재한다. M에게는 세 명의 할머니가 있다. 먼저, 멀리 떨어져 사는 노쇠한 나의 아버지. 다음은 자신의 아이를 가져보지 않은 K의 양어머니. 그다음은 K의 친어머니로 수백 킬로미터를 운전해 와 친절한 사례들을 이야기해주면서도 며느리에게 무엇을 하라고 가르치는 투가 되지 않도록 신경 쓰는 분이다. "아기가 정말 힘든 시간을 보내고 있네, 안 그러니?" 감정이입이 내가 그녀와 친밀해지도록 마음을 흔들고 변화시키기까지 한다. 사려 깊게도 그녀는 물어보기만 하지, 가르치지 않는다. "아이 속이 좀 나아지고 있니?"

오티스 버거의 친척들 일군은 뉴욕의 교외에 살았고, 그녀의 어머니는 두어 블록 떨어진 곳에 살았다. 아기에 대해서 아는 것이 거의 없던 오티스는 자기가 어쩔 줄 몰라 막막함을 느끼고 있다고 일기에 썼다. 맨해튼의 아파트에서 갓난아기를 데리고 산다는 것은 그녀가 직면한 "중대한 위기"로 진심으로 조언을 구할 이가 아무도 없었다. 그녀에게 필요했던 것은 "경험적인 조언, 혹은 내가 아는 누군가"였다. 오티스는 '어머니'라는 단어를 "권위와 세상 돌아가는 이치"라고 연관지었지만, 『일기』에서는 귀중한 경험을 지녔다기보다 세대 차이를 구현하는 인물로 나타난다. 새로 어머니가 된 이들은 다른 시대의 특징이었던 엄격한 일정표를 거부했고, 의료 처방에 대한 자기 어머니의 존중에 분개했다. "만일 내가 아기 자체보다 아기 돌보기 규칙에 더 몰두한다면, 그것은 실패가 될 수밖에 없다"라고 일기에 적혀 있다. 오티스는 정신분석학적 접근—어쩌면 아기가 태어날 때 축축했던 트라우마로 목욕을 싫어하는 게 아닐까?—을 채택했지만 그녀의 어머니는 "정신분석을 믿지 않았다."[11]

아기의 다른 할머니가 가끔 던지는 충고가 더 낫게 들리지는 않았다. 아기가 울 때마다 젖을 먹이고 아기 중심적으로 접근하는 것은 오티스가 해석하고 관찰하는 데 많은 신경을 써야 함을 의미했다. 그러나 이 할머니는 아기가 내는 소리가 소통의 수단이라고 생각하지 않았다.

이러한 세대 간 불일치는 다른 가족의 역학관계, 추가되고 발설되지 않은 문화적 변화에 의해 첨예화되었을지도 모른다. 오티스의 어머니가 처음으로 부모가 되었을 때, 모성은 여성에게는 지배적 이상이었고, 어머니의 사랑과 자기희생과 과학적 조언에 기초하여 모든 것을 포괄하는 정체성이었다. 그녀는 불행한 결혼생활 속에서, 그녀의 딸은 용납할 수 없는 방식으로 어머니의 사명을 자발적으로 특권화하며 머물렀다. 이제 1940년대의 문화적 혼합에 새로운 것은 유독성의 반-어머니anti-mother 분위기였다. 필립 윌리 Philip Wylie의 단숨에 베스트셀러가 된 『독사들의 세대*A Generation of Vipers*』는 지배하려 드는 도덕주의적 어머니들에게 나타나는 문제를 포착하기 위해 '어머니 중심주의momism'라는 단어를 만들어냈다. 많은 젊은 백인 여성들은 그 공격에서 빅토리아 시대에 전형적인 감상주의와 내숭에 대한 신랄하고 반가운 비평을 발견했다. 몇몇 페미니스트들은 윌리가 격렬한 여성 혐오를 드러낸다고 보았다. 어떤 이들은 불평등이 어머니로 하여금 부적절한 권력을 추구하게 만들어 그들의 삶을 아주 협소하고 가정에 갇히게 한다는 것을 알아차렸다.

오티스가 자기 어머니를 "권위와 세상 돌아가는 이치"로 자리매김하고 또 그러지 않았던 것은 이 변화하는 시기의 풍경이었다. 1940년대 대학교육을 받은 이들에게 할머니의 조언은 시대에 뒤떨어진 것일 뿐만 아니라 동시에 지배하려 드는 것으로 쉽게 여겨졌다. 즉 어떻게 해야 하는지에 대한 과도한 권위를 향해 재빨리 가는 것으로 말이다. 그녀의 어머니는 이 점을 알고 있었던 것으로 보인다. 일기에는 이렇게 씌어 있다. "어머니는 체념하듯 말했다. '글쎄, 너한테 젖 먹이는 일정에 대해 말할 수 있고 뜨개옷들도 좀 줄 수 있어. 하지만 이제 다 **구닥다리**로 보겠지. 현대의 아기들은 그런 뜨개옷은 죽어도 안 입을 것 같구나.'"

주로 지켜보고 해보는 것이 1940년대 남부 흑인들이 자신의 어머니에게서 양육을 배우는 방식이었다. 1943년 노스캐롤라이나에서 첫아기를 낳은 셜리 엘리엇은 질문자에게 이렇게 말했다. "아,

저는 배우는 것에 대해선 많이 알지 못하지만 뭐 그냥 어떻게 하는지 보고, 그렇잖아요, 어떻게 [어머니가] 젖을 먹이고 기저귀를 가는지 보는 거죠. […] 뭐 워낙에 이렇게 저렇게 하라고 따로 시간을 낼 수가 없으니까요." 루스 쿠퍼는 이렇게 묘사한다. "어머니가 아이가 자라는 걸 옆에서 유형별로 보여주는 거죠. 그렇게 아이 키우는 방법을 알게 됐어요. […] 어머니가 할 일과 하지 말아야 할 일을 알려줬어. […] 어머니가 아기를 가질 때마다, 제가 그 애들을 많이 보살폈죠." 오티스 버거의 세계의 세대 차이 대신, 연속성과 친족이 있었다. 관찰과 행동은 양육의 기억을 겹쳐 쓰고 확장시켰다.[12]

이러한 남부 흑인 세계에서는 자신의 어머니 주변에 있는 것에 덧붙여 오니 리 같은 할머니 산파의 모태 지혜가 있었다. 이렇게 공동체에서 존경받는 여성들은 출산에 대해서 아는 것만큼 아기에 대해서도 잘 알았다. 오니 리도 산파 일을, 젊어서 죽은 자신의 어머니와 노예제에서 살았던 친할머니에게서 배웠다. 그녀와 같은 시대를 산 앨라배마인 마거릿 스미스는 그녀를 키워준 아프리카 태생의 할머니에게서 노하우를 익혔다. "이 나라로 팔려 들어온 할머니는 내가 아는 모든 것을 가르쳐준 분이에요. 이 나라에 들어왔을 때 할머니 표현에 따르면 제일 큰 여자애였기 때문에 이것들을 알고 있었대요." 처방에 따르는 규정된 약, 지역의 토속 치료법, 아프리카의 실제 관례가 함께 섞여 오니 리와 마거릿이 알고 보여준 방식이 되었다. 이 뽑을 때의 노하우는 아기의 목 주위에 '걸음마 띠 tread sash'를 걸어두거나, 두더지 발을 거꾸로 엎어 아기 목 주위의 조그만 주머니 안에 넣어두는 것이었다. 젖을 먹이는 문제에서는

'빗을 집어 가슴께를 빗어 내려라. 마치 소 젖통을 쏠어주듯 머리빗이 가슴을 편안하게 해줄 것이다.' 익숙한 시골의 경험이 산파와 젖먹이는 어머니 사이에서 공감을 형성했다. 빗은 '응어리를' 풀어준다. '송아지를 안아 젖을 먹일 때처럼, 처음 송아지에게 젖을 먹여보면, 그것이 젖꼭지에서 나오는 것처럼 느껴진다.'[13]

1940년대까지, 이러한 비전문 조산사의 노하우는 주에서 요구하는 교육과 면허 정책에 따라 어느 정도 재형성되었다. 의학 규범서에는 지켜야 할 것들이 있었다. 오니 리가 나중에 하버드 교육생인 질문자에게 회상했듯, 그녀는 표준 의학을 자신이 갖고 있던 방식에 짜 넣었고, 그녀의 표현에 따르면 "정신없이 진보했다." 오니리는 아기가 부모와 자는 걸 그만두게 하기 위해 자신이 즉흥적으로 취한 방법을 설명했다. 그 훈련은 아기를 침대 안에 혼자 두어야했다. 비록 "옷 서랍장을 가져와 그 안에 베개를 놓아두어야" 했을지언정. 오니 리는 주로 작은 베개와 매트리스를 가져다가 아기를 종이상자 안에 놓아두거나, 속이 빈 줄기로 엮은 두 개의 평평한 의자를 같이 놓고 그 주변에 시트를 고정한 뒤 베개를 매트리스로 삼았다. 유타주에서 마거릿 스미스는 의학적 훈련에 더 일상적으로 맞섰다. 그녀는 줄기로 엮은 평평한 의자를 알고 있었다. 그것은 출산하는 여성이 몸을 기대기에 좋았다. 그녀는 아기가 "면직물로 둘러싸인 종이상자 안에서" 자야 한다고 명확하게 지시했다. 그러나 "일상적으로 아기를 어머니와 함께 침대에 둔다"고 말했다. 아마도 오니 리가 더 규칙을 따르는 편이었거나, 젊은 백인 여성과 대화하면서 영향을 받았던 것이리라. 마거릿 스미스의 말은 자메이카 출신 흑인 연구자와의 협업으로 기록되었다.

노인과 연장자가 조언할 때, 새로 부모가 된 이들이 그 말을 경청하고 그들의 행동을 받아들이는 방식은 맥락에 크게 좌우된다. 어떤 사회는 연속성과 전통으로 간주한다. 어떤 사회는 진보나 세대 차이를 기대하거나 어머니의 돌봄을 회의적으로 취급한다. 근대 초기의 한 격언은 모태 지혜 1온스가 목사 설교 1파운드의 가치를 지닌다고 했다. 목사의 설교에 맞선 모성 상식을 호의적으로 가리키면서. 그러나 1840년대에 'mothersome'이라는 단어는 어머니처럼 걱정이 많다는 것을 의미했다, 그리고 'mother'라는 동사는 '**과도하게 친절을 베풀어 돌본다**'를 의미하기도 했다. 어머니의 충고를 묵살할 방법이 한 가지 이상은 있었던 것이다.[14]

양치기였던 헬렌 클라셰는 이렇게 말했다. "관찰하고 경청하는 것 말고는 어떻게 배울지 모르겠어요. 뭐가 좋고 뭐가 나쁘다는 걸 그렇게 알게 되는 거죠." 헬렌은 1880년대 나바호에서 태어났다. 젊은 여성으로서 그녀는, 양을 치고, 괭이질하고, 추수하고, 양새끼 보는 일이 남성도 여성도 할 수 있는 일이던 세계에서 살았다. 남자는 씨를 심고 경작했고, 여자는 요리하고 직물을 짜고 아기를 돌봤다. 어머니 노릇에 대해 헬렌은 이렇게 회상했다. "가르침은 단순히 이랬어요. '좋은 어머니가 되어라. 좋은 부양자가 되어라. 올바르게 생각하라.'" 나바호족의 사례와 말들은 어머니 쪽에서 가장 강했다. 거주 형태가 처가 중심이었기 때문이었다. 어머니와 아이들은 외할머니를 뜻하는 **마사니**masani 가까이 살았다. 상호의존과 호혜성이 세대 간에 조성되었고, 할머니들이 종종 아이를 양육했다. 그러나 헬렌의 할머니 빅 갭 우먼은 너무 폭력적이어서 피해야 할 정도라, 뭔가 배우기에는 부정적인 본보기였다.[15]

할머니의 조언은 1950년대 베스널 그린, 노동 계층의 이스트 런던 지역에서 막강한 권위를 발휘했다. 조앤 윌킨스는 예배당 건물에서 살았는데 모퉁이만 돌면 어머니의 집이었다. 아기에게 무슨 문제가 생기면, 그녀는 "언제나 엄마한테 가서 잠시 얘기하곤 했어요"라고 했다. 아침에 함께 장보는 것이 일상이었고, 어쩌면 나중에 차나 식사를 함께하러 들렀을지 모른다. 그러나 그러한 근접성과 일상사의 손쉬운 공유도 변하고 있었다. 젊은 가족들이 이스트 엔드를 떠나 그린레이 같은 새 주택부지로 이사 가자, 젊은 어머니들은 그들의 엄마를 그리워했다.[16]

할머니의 지식은 거리를 뛰어넘어, 여행이나 이민이 함께하는 것을 가로막은 경우 편지로 공유되었다. 1903년 중국으로 간 미국 선교사 프랜시스 터틀은 첫아기가 막 태어나자 "무엇을 해야 할지 알지" 못할까' 걱정했다. "'더운 날씨에 아기에게" 플란넬을 입혀야' 하는지 그녀는 우편으로 어머니에게 물어보았다. 20세기까지 줄곧 프랜시스 같은 중산층의 미국 여성은 출산과 양육을 가장 강력한 세대 간 연대로 보는 편이었다. 작은 옷을 몇 벌이나 만들어야 할까? 어떤 할머니는 노골적으로 말했을 수도 있다. 1901년에서 1902년 사이에 뉴욕시에서 서른여섯 살 먹은 애니 윈저 앨런은 어머니로부터, 남편이 그녀와 아기가 자는 침대를 같이 써서는 안 된다고 충고하는 편지를 받았다. "너의 **지저분한** 생활의 내막까지 알고 싶지는 않았다만"이라며 어머니는 각방 쓰기에 대한 중산층의 요구를 일깨우는 내용을 적었다. "공동 주택[…]에서나 있는 일이지, 그런 것을 들어본 적이 없다." 신선한 공기와 적정한 온도가 아이 키우는 데 중요하다는 지적도 포함되었다.[17]

할머니나 비전문 조산사의 특정 상식은 실제 경험과 재능에서 나온 것으로, 배의 도선사나 목수나 정치가들이 일군 정교한 지식체계와 같은 것이었다. 나는 제인 샤프의 1671년 작 『산파의 책』에서 '아이에 대하여'의 두세 페이지를 되짚어봤다. 샤프는 근대 초의 관습과 연속성의 세계에서 여성들이 필요한 노하우, 일상적인 방식의 요령을 기록하고 있었다. 아기를 "스스로 원하는 것 이상으로" 깨운 채 두지 말라고 하면서 그녀는 "아기를 재우기 위해 요람을 흔들거나 자장가를 불러주는 방법을 써보라"고 권했다. 또한 "아기를 종종 팔에 안아, 춤추게 하라"고 했다. "한 번에 너무 많이 먹이지 말고, 자주 조금씩 젖을 주어" 소화를 잘 시키게 하라. 젖을 양쪽 번갈아 먹여라. 이것이 17세기 영국인들의 세대를 넘나들어 전수된 정보 꾸러미, 흑백 유형으로 구분될 필요가 거의 없을 정도로 연속적인 연장자 여성 지식 중 우리가 지금 얻을 수 있는 가장 근접한 것들이다.[18]

비전문 조산사들은 아기에 대한 노하우를 20세기로 잘 전수했다. (그들은 현대의 약품과 규제들이 미치는 어디서나 언제나 '전통적인' 조산사로 알려졌다.) 하얀 앞치마를 두른 이 방문자들을 'handy woman' 또는 'missus'라고 불렀던 랭커셔의 어머니들은 비전문 조산사를 의학 면허를 소지한 조산사보다 선호했는데, 그들이 더 다정하고 덜 무뚝뚝했기 때문이었다. 뉴욕으로 이주한 유대인과 이탈리아 이민자들 사이에서, 19세기에서 20세기로 전환하던 시기의 로어 이스트 사이드에서 조산사의 조언은 오래된 민족 전통을 만들었다. 아드리아해 항구도시 바리에서 이민 온 레티시아 세르페는 조산사가 자신의 첫아이를 "다리가 길고 곧게 자라도록" 포대기에 싸던 것과 아기들이 원할 때마다 젖을 먹이던 것을 기억했다.[19]

20세기 초의 여러 세대를 거치면서 할머니 산파와 핸디 우먼들은 의료 위생을, 앎의 더 오랜 형태에 포함시켜, 현대의 살균을 모태 지혜와 만나게 했다. 런던 교외가 확장되던 1890년대에 젊은 신혼부부들이 많이 살던 크리클우드에서 조산사 레이턴 부인은 자신의 일에 지역 의사들의 의견을 접목시켰다. '이세이'라 불린 미국에 이민 온 일본인 첫 세대 여성들은 전통과 의료 혁신을 조합한 일본에서 훈련받은 조산사들의 조언을 채택했다. 조산사를 둔다는 것은 '아타리매'—흔하고 적절하며 일상적이고 자연스럽다는 뜻—였고, 젊은 이민자들이 보통 일본에 자기 어머니와 시어머니 모두를 두고 온 탓에 특히 값진 것이었다. '토쿠 시모무라'나 '사와 뱁부' 같은 대담하고 인상적인 시애틀의 조산사들은 아기를 깨끗하게 씻기는 방법을 직접 보여주거나 리졸을 효과 좋은 소독약이라고 추천했다. 특별히 이민자 공동체 내에서 조산사들은 연장자의 목소리가 될 수 있었다.[20]

언덕과 평지와 녹 빛 산들로 이루어진 뉴멕시코주 산미겔 카운티에서 수많은 히스패닉계 미국인 여성들은 1920년대부터 1970년대까지 혜수시타 아라곤으로부터 배웠다. 혜수시타의 노하우는 나이 든 스페인 조산사와 그 할머니를 통해 전해 내려왔을 뿐만 아니라 그녀가 지역 소도시에서 받은 산파 수업에서 얻은 것들이기도 했다. 콩을 먹으면 젖으로 키운 아기에게 가스를 많이 차게 한다. 아기를 큰 사각 보자기에 싸면 목을 보호할 수 있다. 아기들이 '움직이고 밖으로 나가려고' 하지 않는 한. 레드 리버에서 여성은 아기를 보살필 수 있었는데, 맥주를 마시고 이삼 일간 "아기가 빨아 먹게 두고"서야 출산했다. 캐모마일차는 허약한 아기, 아픈 아기에게 좋다. 손톱은 짧고 깨끗하게 유지해야 한다.[21]

'양쪽 할머니로부터의 조언들'은 한 세대에서 다음 세대로 공유된 모든 것―어머니의 어머니나 친척이나 손위 이웃의 노하우뿐 아니라 전통적인 조산사와 치료사들의 '정교한 지식체계'까지 포함할 수 있었다. 가장 일반적인 사실은, 공유된 앎이 실용적이고 현실적이고 결정적으로 경험에 의거했으며, 말로 설명되기보다 눈으로 보고 직접 따라 하면서 익혔다는 것이다. 어머니가 정말 보고 싶다. 나는 아주 멀리 떨어져 살기를 택한 사람이다. 어머니가 가까이 없다고 불평할 수는 없지만 아쉽기 그지없다.

"의사들의 주의 깊고 과학적인 조언들, […] 육아와 관련된 이야기들"은 어떠한가? 1942년에 올드리치 부부가 그려 보인 세계에는 "일반적인 수유 시간"에 맞춘 놀이방을 지닌 병원이 있고, 의사의 사무실을 처음 방문하는 것은 기정사실이었다. 그 세계 안에서 안내서를 포함한 전문지식은 완전히 일반적이었다. 그러나 아는 것에 대한 이러한 광범위한 의료화는 사실상 새로운 것이었다.

19세기에서 20세기로 넘어가는 시기에조차, 그리고 과학적인 안내서가 읽고 쓸 수 있는 여성에게 의학 전문가의 육아 상담을 받도록 소개한 지 한참 지난 뒤에조차, 미국 여성의 절반가량이 의학 전문가의 조언이나 치료를 받지 못할 정도였다. 이 상황은 오니 리 로건의 앨라배마 세계의 사람들에게도 마찬가지였다. 의사와 간호사, 진료소와 팸플릿은 지역에 한참 후에야 들어왔고 때로는 환영받았지만 때로는 그러지 못했다.

의사의 사무실 방문을 내게 상기시키는 '건강 검진'은 1920년대와 1930년대에 처음 시행되었다. 프랭클린 박사는 무뚝뚝하고 조용하고 실용주의적이다. 그녀는 달랜다. 어떤 부모들은 출산 후 6개월 차가 두 번째 난관임을 알게 됩니다. 어떤 아기들은 잠이 거의 사라지기도 하죠. 몸무게, 키, 귀, 목구멍, 배를 살핀다. 젖을 올리는 데 먹는 약을 계속 복용하고, 성장 수치에 맞춰 복용량을 늘려야 합니다. 젖도 계속 먹이시고요. 그녀는 나에게 똑똑한 사람 대하듯 말하고 사무실 안에서 나 역시 내가 똑똑하다고 느낀다. 우리가 아기에게 하는 거울 반응 같은 건가, 나는 의아해한다. 내가 혀를 아이에게 내밀고 아이도 자기 혀를 내밀어 나에게 바로 응답한다. 그가 웃음 짓고, 나도 웃음 짓는다.

오티스 버거의 뉴욕에서는 전문지식이 다양한 형태로 나타났다. 병원 의료진은 그녀에게 유동식 제조법을 알려주고 키, 몸무게, 유동식과 일정표에 대한 기록을 집으로 갖고 가게 한다. 한 의사가 뭔가 "설명하기에 너무 복잡하다"고 말하는 것을 오티스는 "많은 남자들처럼 여자를 깔보는 태도"에서 나온 것이라 느꼈다. 한 가정 방문 간호사는 환영받지 못할 "사회복지사의 태도"를 지녔다. 반면에 한 "친절한 여의사"는 도움이 되었고 젖 달라고 할 때 우유 먹이기로 바꾸는 것을 지지했다—오티스는 이를 사전에는 없지만 용어들을 섞어 "요구 시간표demand schedule"라고 불렀다. 그러는 한편 남편이 스포크 박사—친절하게도 우상파괴를 주장하는 1946년 초판본—를 소리 내어 읽는 것이 그녀에게 "즐거운 함성"을 내지르게 했다. 오티스는 돌봄의 역학이 예상했던 바보다 훨씬 전적으로 중요한 것임을 알았다. 마침내 그녀는 합리적 관찰이라 생각한 바를 실천하게 됐고, 이는 "책이 말하는" 것과 최선을 다한 대화였다. "현대 여성"은 "많은 전문가들의 생각만큼 그렇게 정신없진 않다"라고 그녀는 말했다.[22]

의학 전문지식 중 이러한 취사 선택에 있어 중산층과 엘리트층의 오랜 역사가 있다. 한 세기 전, 1840년대에 사회개혁가 엘리자베스 캐디 스탠턴Elizabeth Cady Stanton은 아이 돌보기라는 주제에 대해 그녀가 읽을 수 있는 "모든 것을 읽었다." 그녀는 "어둠을 밝히는 하나의 강력한 광휘"를 발견했는데, "그것은 스코틀랜드의 골상학자 앤드루 컴Andrew Combe이 '영아기'에 대해 쓴 것이었다." 19세기 말 과학만능주의가 도래하자 그러한 취사 선택은 긴급한 의무로 떠올랐다. 《유아기》라는 잡지에 글을 쓰면서 한 어머니는 "그러한 문헌을 꾸준히 읽고 공부하는 것"이 "어머니의 직업"이라고 생각했다. 내가 프랭클린 박사에게서 들은 것과 달리, 많은 조언들이 단호한 권위적 어투로, 어머니들이 혼자서는 안전하게 행동할 수 없음을 시사했다. 그녀가 일정 짜기와 눈물에 대한 이야기를 읊는 동안 오티스의 이모는 과장된 어투로 이렇게 물었다. "의사들이 만일 너에게 이렇게 하라고 **지시**한다면 네가 뭔가 다르게 하는 걸 염려하고 그럴 건 아니지 않니?" 그러나 순종은 완전한 사실이 아니었다. 1930년대에 "웬만큼 괜찮은 환경의" 아프리카계 미국인 가정 출신으로 교사의 아내였던 매리언 마크스는 아기가 젖 먹을 시간을 계획표의 추천에 맞춰 짰다. 그러나 한 번도 새벽 2시 수유를 위해 아기를 깨우지 못했다. "아기에게 젖 먹이려고 일어난 적이 한 번도 없어요. 아기가 그냥 괜찮은데 젖 먹이겠다고 깨우는 게 바보짓 같아서요. 그냥 모르겠더라고요." 그녀의 의사도 동의했다. "뭐잘하셨습니다. [⋯] 다른 사람들한테도 그렇게 하라고 가르치세요."[23]

전문지식에 대한 스포크의 특별한 브랜드는 다른 것들보다 이해하기 쉬우면서도 덜 권위적인 것으로 받아들여졌다. 1946년 저서의 첫 줄은 이렇다. "당신은 당신이 생각하는 것보다 많이 알고 있습니다." 대학을 졸업하고 1948년에 첫아기를 낳은 옥스퍼드의 한 어머니는 "스포크 박사와 함께한 것은 아주 분별력 있는 선택이었다"라고 썼다. 1950년대 말의 또 다른 이는 이렇게 선언했다. "스포크 박사는 그 당시 모든 지식의 원천이었다고 할 수 있다." 또 다른 이는 오티스 버거의 경험을 뚜렷이 그대로 되풀이했다. 이전 세대들은 "아이가 울면 내버려두라는 구식대로 키워졌다. 정원에 놓인 유모차 말이다. 그것을 배워야 했다." 그러나 그녀는 다르게 시도 중이었다. 스포크는 "아이 양육에 대한 생각의 선두에서 옳았다." 미주리주 포트 레너드 우드에 살던 군인의 아내는 스포크에 대해 이렇게 생각했다. "훌륭했다. 특히 집을 멀리 떠나, 새롭게 뭔가 일어날 때마다 달려가 의논할 어머니가 곁에 없는 초보 아기엄마에게."[24]

아이 양육 매뉴얼을 훑다가 나는 19세기 말과 20세기에 도시와 시골의 가난한 이들을 겨냥한 얇은 팸플릿을 기억한다.《영아 키우기*Infant Care*》또는 《캐나다의 엄마와 아이*The Canadian Mother and Child*》라는 제목의 이 팸플릿은 진료소, 사회복지사, 공중보건 관리들을 언급했다. 팸플릿의 대상 독자는 전문가의 의학 조언들을 어떻게 찾아다녔을까?

이 팸플릿을 1천2백만이 넘는 독자에게 발행한 미국 아동국의 전성기에, 평범한 엄마들이 전문적인 정부 관료의 조언을 구하는 수백 통의 편지를 썼다. "여기 산에 사는 사람들은 아기를 너무 거칠게 키우고 내 아기를 **책 같은** 아기라고 불러요"라고 1917년 겨울에 버지니아의 H. S. 부인이 썼다. 부디 설사에 대해 조언을 주세요. 그녀는 "저는 아기한테 규칙적으로 젖을 먹입니다"라고 『영아 키우기』에 나오는 처방전 용어를 빌려 자세히 언급했다. 그리고 "매일 산책 시킵니다." (아마도 아기가 젖을 너무 많이 먹었다고 답을 받은 것으로 보인다.) 1924년 뉴멕시코에서 N. F. 부인은 생후 3개월 된 아기가 손가락들을 자꾸 빼는데 어떻게 해야 하냐고 물었다. "아이 손을 꼼짝 못 하게 잡아도 풀어주자마자 바로 빨아대고 팔도 쓰려고 해요. 벙어리장갑을 껴두었더니 그것까지 빨고 있어요." (답: 작은 나무 부목을 아기 팔에다 놓든지, 아이 옷소매를 침대에 고무줄로 묶어두세요. 그러면 팔을 움직여도 입까지 닿지 못할 것입니다.) 뉴저지의 C. S. 부인은 『영아 키우기』를 읽고 있음에도 불구하고 아기가 난제였다. 이 유동식이 정확한가요? (당신의 의사에게 물어보세요. '비록 아주 친절한 마음에서 나왔더라도 의심할 바 없이 과학적 가치가 전혀 없는' 다른 조언들은 신경 쓰지 마시고요.)[25]

그러나 오니 리 로건이 살던 흑인들의 앨라배마에는 공중보건 관리와 의사들이 아예 없거나 무시되었다. 정부 보조가 붕괴되기 직전 1930년대와 1940년대에 산모와 유아 진료소가 하나 있었지만, KKK 지역에 있었다. 그녀는 가난한 흑인들은 백인이 운영하는 진료소보다 조산사를 선호했다고 말했다. 그들은 백인 의사를 두려워했다. 돌이켜보면서 그녀는 이것을 노예로 사는 사람들에게 행해진 의학 실험의 역사와 연결시켰다. 앨라배마의 모자보건국은 진료소들이 수많은 흑인 인구를 감당하지 못했다는 오니 리의 평가에 동의했을 것이다. 1944년에 그들의 통계에 따르면 12퍼센트의 여성들이 진료소에 드나들었다. 유타주의 마거릿 스미스가 아기를 가졌을 때, 그녀의 풍자적 시선에 의하면 여성들은 "의사가 너무 많이 말하는 것은 따르지 않았다. 의사가 전혀 없는 곳에선." 1955년 앨라배마의 상황을 심사숙고하면서 마렝고 카운티의 한 시민권 운동가는 간명하게 표현했다. "흑인들은 하찮은 직업만 갖도록 허용되었다. [⋯] 앨라배마 전 지역에서 흑인 의사는 아마 다섯 명도 안 될 것이다."[26]

다른 지역에서 의학 전문지식은 오래된 앎의 형태에 비해 환영받지 못했다. 1950년대 런던의 베스널 그린에서 밴턴 부인은 어머니에게서 배운 것을 '복지국'의 정보와 비교했다. "저는 어머니를 더 주목해요. […] 어머니는 아이가 여덟 명이었고 우리 모두 잘 컸거든요. 경험은 설명이 필요 없어요. 어느 정도 그렇지 않아요? 만일 어머니가 근처에 산다면, 그 조언이 꼭 필요하진 않을 거예요." 그리고 다음과 같이 덧붙였다. "제가 병원에 있을 때, 그들은 아기를 어떻게 목욕시키는지 가르쳐줬어요―아이를 무릎 위에 수건을 깔고 눕혀야 한다고. 그런데 집에 오자마자 어머니가 얘기하시더라고요. "그렇게 번잡하게 할 필요 없다. 그냥 물에 담그고 씻기면 된다."[27]

M은 누구의 무릎에도 누우려 하지 않는다. 이제 그는 혼자 자세를 바로 할 수도 있고 우스꽝스럽지만 똑바로 서기도 한다. 옆을 흘깃거리며 붙잡기도 하고 활짝 웃기도 하면서.

"친구들의 […] 제안"은? 커뮤니티 센터에서 갈색 곱슬머리를 질끈 묶은 한 여성이 어떤 딜레마에 대해 목소리를 내고 있다. 유치원 보모가 버스 정류장까지 나와달라는데, 딱 그 시간에 아기가 첫 낮잠을 자려고 해요. 10분 동안 아기를 요람에 두고 나와도 될까요? 한 아버지가 아이를 대신 데려올 이웃이 있는지 묻는다. 그러나 우리 대부분은 이런 일에 초보인지라 제안할 게 많지 않다. 세라는 아직 여기에 없다. 나의 일상적 친구들, 오랜 친구들은 일하고 있고 다른 일과대로 살고 있다. 그 대비는 나의 직장이 째깍거리며 돌아가는 그 순간 초라함을 느끼게 한다.

나는 M이 울면 집 안 어디에서든, 정원 중간쯤에 있을지라도

들을 수 있다고 스스로 생각한다. 거리에서는 그렇지 않다. 그러나 7개월 차가 되었는데도 그는 문이 긁히거나 쾅 닫히면 깨어나기에 나는 그렇게 많이 나가 있지 못했다.

친구들의 특별한 역할을 어머니, 친척, 이웃, 할머니의 역할과 구분하는 것은 오니 리 로건의 앨라배마에선 거의 의미가 없었다. 그녀의 지역과 가족 세계는 같은 세대만의 모임을 따로 만들어내지 못했다. 그녀가 오랜 경력으로 조언했던 많은 여성들 사이에서 '친구들의 제안'의 특별함이라는 것은 1970년대와 1980년대 초에 인종적으로 섞여 있던 그녀의 고객들에게 가장 친숙했을지도 모른다. 그 시기까지 시민권 운동의 성과로 가난한 흑인 공동체에 가장 기초적인 진료 서비스가 가능해졌고, 오니 리의 지식으로 혜택을 입었던 이들에는 반문화counterculture에 속한 젊은 백인 여성들도 포함되었다. 의사와 간호사들의 직업적 강권을 미심쩍어했던 이 '백인 소녀들'은 친구와 동년배들, 동일한 벨 보텀의 가치를 지닌 다른 히피 유형들의 구전을 통해 그녀를 발견했다. (의사들은 경쟁을 좋아하지 않았다. "내가 수많은 백인 소녀들, 멋지고 뛰어난 백인 소녀들과 일하기 시작하자 그때부터 그들이 불평하기 시작했어요"라고 그녀가 말했다.)[28]

지식과 경험을 공유하는 또래로서 '친구'라는 특정 범주는 세대가, 그리고 세대 변화가 가장 뚜렷하게 눈에 띌 때 등장한다. (동일한 시대에 사는 사람들을 뜻하고, 더 나이 든 집단과 젊은이를 구별하는 '세대'라는 개념은 19세기 초에 형성되었다.) 또래 친구를 갖는 것은 1940년대에 많은 것을 수반했지만, 오티스 버거에게는 별로 그렇지 않았다. 그녀는 자칭 '외로운 늑대'였고 어릴 때는 선머슴이었다. 비록 이전에 대학 룸메이트들이 있었고, 하우스 파티들에도 참석했고, 쌍둥이를 키우던 교외의 또래를 방문하기도 했지만—세대적 연결의 모든 특징들— 의지할 가까운 여성 친구를 사귀는 유형은 아니었던 모양이다.

"중요한 것은, 구성원들이 그들 자신을 자기들만의 시험에 관해 자유롭게 표현해야 한다는 것, 함께 공감하고 어려운 경우에 서로의 경험을 통해 도움받을 수 있다는 것이다." 1840년《뉴컴의 모성 연대를 위한 매뉴얼Newcomb's Manual for Maternal Associations》에 이렇게 나와 있다. '친구들의 조언'을 통한 가장 눈에 띄는 앎의 역사는 어머니 동호회의 역사이다. 1810년대와 남북 전쟁 시기 사이에 미국의 복음주의 '모성 연대' 회원들은 그저 한 사례일 뿐이다. 그러한 모임들은 영아기부터 아이의 '통치와 훈련'을 위한 지시사항들을 공유했다. 입문서 도서관들도 많이 만들어져, 서로 다른 종류의 노하우가 뒤섞였다. 아이들의 마음을 이리저리 쉽게 물처럼 바뀌는 것으로 상상해보라, 토론은 이렇게 진행되었다. 유티카에서 동호회 회원들이 쓴 헌장에는 어머니, 할머니, 친척과 구별되는 형제자매 세대의 감각이 분명하게 드러나 있다. 각 어머니는 '자매 회원에게 자신만의 경험이 제공할 수 있거나 상황이 필요하다고 여겨질 경우 힌트들을 조언'해야만 했다. 자매애는 자기 표출과 공감, 연결의 통용을 나타내는 환영받는 비유였다.[29]

19세기 영국에서 평범한 도시 여성들은 일반적으로 교구에 대한 강한 책임감을 지닌 중상계층 후원자들의 지원 하에 몇몇이 함께 만났다. 1890년대 런던의 킬번에서 일상적인 동호회 숫자는 3백 개에 달했다—걱정스러울 정도로 높은 수치의 조직가들이 개인적으로 기독교적 모성애와 가정생활의 신성함이라는 빅토리아 시대의 가치를 심어주고 싶어 했다. 더 일반적으로 런던의 동호회들은 60~70명의 여성이 모였는데, 반드시 더 낮은 계층의 동년배 사이에 대화의 기회를 많이 주어야만 했다. 참석자들은 특히 겨울에 자주 만났고 이는 교회 홀과 학교 교실에 따뜻한 난로가 설치되기 때문이었다. 행사는 주로 기도로 시작해 기도로 끝났고, 남편이 일터에 나가 있는 낮 두세 시간 동안 치러졌다. 큰 모임은 놀이방도 운영했다. 젊은 어머니들에게 할인 직물 견본으로 기운 온갖 바느질감은 물론 저렴한 출판물이나 유익한 도서의 초록도 들려졌을 수 있다. 우리는 그러한 책들이 읽혔는지, 그들이 바느질하거나 아기를 무릎에 놓은 채 서로 무슨 이야기를 나눴는지 알지 못한다. 이따금 발견되는 후일담에 따르면 어떤 '존경할 만한' 여성들이 각종 '가십과 구걸행각' 때문에 동호회를 떠나기도 했다.[30]

이런 공동체의 후손인 우리 아버지라면 유익한 도서에 대해 자신만의 신랄한 견해를 가졌을 것이다. 건강하던 시절 아버지는 자신의 사회주의자 어머니와 '유익한' 모임에 나가던 것, 그곳의 뜨거운 차 한 잔, 샌드위치, 이웃들로 가득한 마을회관, 자신의 어머니가 공상적 개혁가들의 온갖 망상에 웃음을 참느라 어깨를 들썩대던 것을 즐겁게 기억하기도 했다.

"우리는 그냥 친구들의 동호회를 만들었어요"라고 1930년대 필라델피아에서 중상류층 흑인 어머니들이 동호회를 만들도록 도왔던 매리언 마크스가 회상했다. 의사, 장의사, 교사, 사업주의 가족에서 나온 같은 연령대의 이러한 여성들은 그 도시의 사방팔방으로 흩어져 다니기도 했다. 그들은 아이 동호회Tot Club를 만들어 '아이들도 함께 모았다.' 위스콘신의 가필드에서 지역 여성들은, 그 카운티의 한 간호사가 용기를 부추겨 '더 건강한 아기들 클럽'을 만들었다.[31]

1950년대에 같은 생각을 가지고 모인 한 가톨릭 동호회는 라 레체 리그La Leche League, 국제모유수유연맹가 되었다. 젖은 아기가 달라고 울 때 먹이지, 시간표대로 먹이지 않았다. 아이 양육은 특별한 소명이었다. 좋은 엄마 되기는 신뢰와 안전을 조성한다. 20년이 지나『우리 몸 우리 자신』을 쓴 페미니스트 집단은 라 레체 리그의 『모유 수유의 여성적 기술Womanly Art of Breastfeeding』에 인쇄된 지식을 좋아했다. 단, 어째서 여성의 역할이 아이를 낳고 기르는 것인지를 설명하는 끔찍한 내용은 그냥 지나가야 했을 것이다. 그들의 해방운동가류의 놀이집단과 생활협동조합은 나쁜 과거에 확고히 대치되는 일련의 엄마 되기 형태들을 시험했다. 1970년대 중반의 런던에서 테리 슬래터는 엄마와 함께한 어린 시절에 대해 회상하고는 자신이 선호했던 순간순간의 따뜻함보다 오히려 원치 않았던 충고들을 떠올렸다. 아기에 대해 배우기는 테리의 주택조합에서 하는 일이었다.

또래들과 함께하는 것은 아기에 대해 특별한 지향성을 표출하는 것도 아니고, 엄격함이나 응석받이로 키우는 것에 대해 한결같은 입장을 견지하는 것도 아니었다. 그러나 그것은 전수된 전통과 가십과 공감의 연속성에 대한 세대적 순간의 독특한 감각을, 그리고 뚜렷한 젊음의 분위기로 수행된 모든 최신의 것을 부추겼을지도 모른다.[32]

기억들과 하얀 가운의 전문가들, 조산사들, 연장자들, 친구들, 또래들. 한 개인이 엄마 되기에 대해 알게 되는 데에는 여러 가지 독특한 방식들이 있다. 어떤 생애든 혹은 어떤 순간이든 그것들은 존재하거나 부재할 수 있다. 그것들은 받아들여지거나 무시되거나 거부되거나 개조될 수 있다. 그것들은 '전통적인' 조산 일의 정교한 지식체계에서처럼 과도할 수도 있다. 그것들은 어떤 진료소 사무실에서, 혹은 어머니 동호회에서, 또는 마을회관에서 제도화될 수도 있다. 그것들은 또한 새로운 미디어로 내보내질 수도 있다. 1940년대에 스포크 박사의 색인을 들추던 그 옥스퍼드의 독자들이 집주인과 수다 떨거나 여성 단체 모임에 가기 전에, BBC에서 도널드 위니콧의 '훌륭한 엄마 되기good enough mothering'라는 그의 인기 브랜드 설교를 경청했을 수도 있다.

올드리치 부부는 그들 자신의 20세기 중반이라는 순간에 대해 독특한 지점을 지적하고 있었다. 즉 지식의 원천이 다양하다는 것이다. 그것들은 그 가운데서 선택되어야만 한다. 1946년 이후 그들의 책을 읽으며 책 여백에 끼적거리던 어머니에게 인식의 순간이 있었을지도 모른다. **정확히 이거야!** 저자에게도, 개개의 어머니에게도 이것은 하나의 '혼란의 구름'을 일으켰다. 어떤 문제를, 어떤 딜레마를 말이다. 더 넓은 지점은 보다 중립적이다. 즉 아기에 대한 앎은 언제나 혼합적이다. 다소 신중하게 말해, 엄마 노릇을 어떻게 하는지 알게 되는 것은 한결같이 관찰과 노하우와 실천을 함께 직조하기를 수반한다. 그 함께 직조하기, 다시 말해 혼합적이라는 사실은 세대 변화에 따라, 또는 전문지식이나 혁신에 대한 날카롭게 상반된 주장들에 의해 수면 위로 떠오른다. 그것이 가장 주목을 끌 때에만 그렇다.

내가 아는 한, 단순한 전통이나 순수한 형태의 과거는 어디에도 없다. 17세기 영국에서, 제인 샤프는 모든 어머니들이 똑같이 하는 것은 아니라고 말했다—한 여성이 한 가지를 알고 다른 여성은 다른 것을 알 수도 있다. 할머니의 지식을 칭송했던 20세기 초 나바호족 사이에서 헬렌 클라셰는 자기 친척이 나쁜 사례가 되는 것을 보았다. 소용없어진 지식을, 또는 고칠 필요가 있는 지식을, 또는 전문지식으로 대체된 지식을 '전통적'이라고 부르는 것은 편리하다. 전통은 희생양과 축하하는 자 양쪽 모두를 가리키는 라벨이다. 그러나 언제 어디에서도, 무엇을 할지 완벽하게 알았던 적은 없었고, 완벽하게 불확실한 적도, 완벽하게 부재한 적도 없었다.

커뮤니티 센터에서 유치원 보모와 아기 문제를 얘기한 여성은 스쿨버스에 대한 딜레마에 여전히 해답을 못 찾았다. 그 대화는 다른 데서 표류했고, 한 사람의 기저귀 갈아주기와 한 아기의 울음이 끼어들었으며, 나의 위축된 침묵에 의해 더 나아가지 못했다. 곱슬머리 여성은 시어스 박사 책의 신봉자이지만 이 문제는 그 책들이 도와줄 수 있는 문제가 아니다. 내 친구 세라가 도착했다.

17.

아기 맡기고 찾기

아기를 맡겼다가 찾는 것. 아기를 건네고 낮 동안, 밤 동안, 한 계절 동안 떠나 있는 것. 아기를 건네받는 것. 옆방에서 아기 돌보는 소리를 듣는 것, 혹은 도청되는 것. 혹은 아기의―울고, 부르고, 웃는―소리를 전혀 못 듣는 것. 집에서, 가까이에서 아기를 불운의 풍랑으로부터 보호해줄 누군가를 안다는 것.

내가 처음으로 한 시간 동안 맡길 때 아기는 띠 포대 안에서 반쯤 잠들어 있었다. 부드러운 자줏빛 천이 가우리의 등에 매어졌다. 나는 주름을 바로 펴준다. "아기가 깨어나 찡그리면 어떤 상황인 건지 정확히 알죠!" 실험은 정기적인 아기 돌보기를 기약했다. 즉 약간의 일을 하고, 청구요금을 지불하고, 부부가 되고, '정상임'을 느낄 기회이다.

우리는 한 해 동안 도시를 떠날 친구들을 통해 가우리를 알게 되었다. 그녀는 현금이 필요한 학생이고, 가족으로 지내는 여동생이며, 아기를 좋아하고 나의 가장 내밀한 삶에 기꺼이 접근할 수 있게 된 반半-이방인이다. 1960년에 《뉴욕 타임스》는 베이비시터를 교외의 부부들이 토요일 밤에 영화를 보거나 볼링을 치러 갈 때 부르는 사람으로 간주했다. 이 용어는 널리 사용된 지 이제 30년이 지났다. 2차대전 이후 가정부 일의 감소와 현대적인 10대 소녀들의 등장—1940년대 초 군인들과 관계를 갖던 거리의 '빅토리 걸즈', 그리고 전통 팝에 열광하던 1950년대의 '보비 삭서'를 통해 진화한—은 아기(혹은 더 큰 아이들)를 맡겼다 찾는 특정 버전을 만들어냈다.[1]

아기를 맡겼다가 찾는 것은 친족과 지인이 필요했고, 짧은 시간과 긴 시간 모두 수반했으며, 또 다른 이름의 엄마 노릇이었다. 아기를 처음 맡겼을 때, 그리고 이렇게 조용한 책상에서 집필하는 지금 또다시 나는 주목한다. 감정의 교환, 돌봄의 삼각법을. 자줏빛 띠 포대는 가우리와 아기와 나의 체취를 담는다.

1846년 봄, 에멀라인 스폴딩은 서부로 나가 살 기회를 꿈꾼 많은 젊은 여성 중 한 명이었다. 그녀는 이전에 매사추세츠주 로웰에 사는, 푸른 눈의 당당한 여공이었으며 결혼한 직후 남편은 일리노이 대초원에서 농사를 지을 생각이었다. 에멀라인보다 일곱 살 어린 여동생으로, 가족들에게 집으로 돌아오라고 다정하게 편지를 쓰던 루시가 그들과 동행했다. 루시는 붐비는 승합마차에서 언니의 아기를 부러워했다. 아기는 앨러게이니 산맥을 지나는 동안 내내 울었고, 정어리처럼 빽빽하게 끼인 채 이동하는 확대가족 중 불편함을 표현할 수 있었던 유일한 구성원이었다.[2]

로웰의 공장에 다닐 때, 두 자매는 여름에는 새벽 5시에, 겨울에는 동틀 무렵에 일을 시작했는데, 아침 7시와 낮 12시에 30분 휴식이 있었다. 한동안 그들은 일몰이 보이는 창문 앞에서 덜거덕거리는 똑같은 방적 기계를 돌렸다. 이 소리는 19세기 산업 도시의 새로운 리듬이고 소음이고 웅웅거림이었다. 언젠가 일리노이주에서 그 두 여성이 회반죽을 바른 오두막에서 부엌을 함께 사용하고 아기 조지를 같이 돌보며 밀밭과 소들, 그리고 거울처럼 평평한 표면 때문에 '거울 대초원'이라 불리던 곳의 전망을 함께 누리던 시기가 있었다. 그들은 루시가 '반은 살아 있는 피조물'이라 불렀던 공장 기계 대신 온전히 살아 있는 아기를 함께 키우게 된 것이었다. 아이를 재우던 흔들의자가 있었고, 의자 여섯 개가 충분히 놓일 만큼 큰 얼룩진 나무 식탁, 요리용 스토브 옆에는 걸레 매트, 구석에는 물통을 두는 선반도 있었다. 그것이 방에 있는 전부라고 할 수 있었다. 벽난로와 회반죽을 칠하지 않은 한쪽 벽에 걸린 조각보 커튼까지.

　　루시가 담당한 꼭 필요한 동생 역할은 저절로 부여된 것으로, 심지어 19세기 초의 웬만큼 잘사는 이들 사이에서도 팽배했던 감상적 모성 관념을 반영하는 것이기도 했다. '보통 사람들'과 재산이 적은 사람들은 1831년에 출간된 『어머니의 책』의 저자도 인정했듯이, 아기를 완벽하게 돌볼 수 없다. "다른 이를 돌보는 일은 같이 신경 쓸 필요가 있고, 자매들이 […] 맡아주어야 한다." 에멀라인의 동생은 그 역할을 어떻게 맡을지 이미 알고 있었다. 열서너 살에 로웰 공장에 다닌 후 루시는 다시 소금기 가득한 해변의 베벌리로 보내졌는데, 거기에는 결혼한 다른 언니가 두 아기를 키우고 있어 일손이 필요했던 참이었다. 에멀라인처럼 루시도 책을 좋아했다. "아기는 [그녀의] 발치에서 놀고 있거나 [그녀의] 무릎에 누워 있고, 보물 상자와 커피 자루, 강한 외국산 향수들이 방치된 조금 지저분한 방에서" 그녀는 찰스 디킨스의 『오래된 골동품 상점』을 읽었다. 일리노이에서 그녀는 시골 학교 교사 자리를 찾고 있었다. 변경에 사는 백인 여성들은 보통 선교사나 교사나 아내였던 것이다.

2년이 지나, 그동안 가르치는 일을 하던 루시는 다시 에멀라인을 위해 똑같은 일을 해주었다. 조지는 죽었다. 다음 아기인 로티는 늘 엄마보다 이모를 더 따랐다. 에멀라인의 식구들은 변경 도시인 우드번으로 이사했고, 그곳에서 에멀라인의 남편은 목사가 되려고 농사일을 그만두었다. 오두막은 좀 작지만 구색을 갖춘 집으로 바뀌었다. 에멀라인은 작은 벽돌 교회의 여성들을 조직해 '우드번 신자들의 바느질 회합'을 만들었다. 젊은 여성들이 일리노이주로 이민 오기 전에 읽은, 서부 생활을 재치 있고 명쾌하게 묘사한 작가 캐럴라인 커크랜드Caroline Kirkland는 모든 여성이 간호사, 요리사, 방 청소부, 식당 종업원, 교사는 물론이고 그 자신의 재봉사 일까지 도맡아야 했다고 썼다. 에멀라인은 다시 임신했다.

에멀라인이 자신의 아기들과 동생과의 관계에 대해 썼을 편지는 어떤 것도 남아 있지 않다. 루시가 어머니와 다른 자매들에게 보낸 편지는 결혼한 삶의 '가정의 행복'에 관한 결과적 관점의 많은 것을 드러낸다. "아기들을 정말 잘 키우고 싶다"고 1850년에 썼지만 세탁, 빵 굽기, 양조, 옷 수선까지 일에 보태지자 그녀의 인내심은 '프랑스식 이별말 없이 자리를 비우는 것—옮긴이'을 고했다. 편지가 덧

붙여졌다. "언니를 돌보는 이 모든 일을 이제까지 내가 어떻게 해냈
는지 모르겠어."

루시 라컴Lucy Larcom은 결혼한 적이 없었다. 그녀가 이후 유명
한 시인이 되었기에 독자들은 1894년에 출간된 그녀의 『인생, 편
지, 그리고 일기Life Letters and Diary』에 수록된 가족과 주고받은 편지
를 읽게 되었다. (이 책의 남성 편집자는 루시의 종교적 헌신과 위
대한 문학적 성공을 부각시키기 위해 공장 노동과 여동생 역할은
서둘러 지나가버렸다.) 에멀라인에 대해 루시는 "우리의 애정에는
단 한 번도 금이 간 적이 없었다"고 생각하고 싶어 했다.

아기를 돌보는 여성 도우미와 한집에 사는 확대가족의 그러
한 장면들은 눈에 띄게 다양하게 나타났다. 때로는 아기 맡기기가
형제자매의 나이순으로 올라가기도 내려가기도 하고, 세대를 넘나
들며 맡겨지기도 한다. 1950년대 초 리버풀의 아일랜드 가톨릭 신
자들의 빈민가에서 일상적인 유형은 여성이 남편을 집으로 데려와
자기 어머니와 함께 사는 것이었다. 드물게는 아기를 가진 부부가
자신들만의 집을 빌리기도 했다. 또한 젊은 비혼모들이 부모의 집
에 데리고 함께 사는 혼외 출생아도 많았다. 이 모든 것들은, 환경
적 스트레스와 인성 계발에 관심을 가진 사회 심리학자들의 소규
모 팀 현장연구물에서 행간으로 읽어낸 것이다. 외부인들은 이런
리버풀인들의 거리가 비행과 공공기물파괴로 점철되었다고 보았
지만, 그래도 대부분의 가족은 거기서 적어도 두 세대를 이루어 살
았고, 이주하길 원한 이들은 거의 없었다.[3]

부엌의 식탁에 일상적으로 올려져 있던 빵과 잼과 마가린에 대한 대화, 닦아야 할 플라스틱제 식탁보에 대한 대화, 최근에 얼마나 굴뚝 청소를 했는지에 대한 대화를 엿들을 수 있기를 나는 기대했다. 이러한 확대가족 살림을 도운 수많은 무언의 추정들을 모을 수 있으리라 기대했다. 이를테면 아침에 제일 먼저 일어나는 이가 화덕의 불을 켠다는 것, 찻주전자가 오븐 안에서 따뜻하게 유지된다는 것을 말이다. 나는 아기가 잼 타르트나 덤플링이나 고기와 그레이비를 언제 처음 먹게 되는지도 궁금하다. 대부분의 가족이 차마실 때마다 막 조리된 뜨거운 음식을 냈을 텐데, 그녀가 '시식'할 때 아기는 누구의 무릎에 앉혔을까?

부엌이 딸린 한 거실에서 U 부인(심리학자가 이렇게 기록했다)은 딸 엘라가 훌쩍이며 들어달라고 팔을 내뻗자 그녀를 들어 올렸다. 때때로 U 부인은 아기를 한 팔에 안고 다른 팔에 먼지떨이를 들고 돌아다니기도 했다. 굴뚝 청소를 두 달 전에 했음에도 불구하고 바람이 불어 연기를 도로 방 안에 가져왔다. 이런 테라스식 주택은 원래는 잘 지어졌고 깨끗하게 유지됐으나, 1950년대까지는 종종 눅눅했고 수리가 필요했다. 바깥에서는 아이들이 공습으로 파괴된 거리에서 놀면서, 2차대전이 남긴 커다란 구멍들을 임시 운동장으로 사용했다. 방 한구석에는 유모차가 서 있었다. 엘라는 낮에도 밤에도 그 안에서 잠들었다. 집에서 어떤 여성이 유모차를 흔들어 아기를 재웠을까? 혹시 아기가 울게 내버려뒀을까? 몇몇 확대가족에서 연장자 여성은 'mother'—아이들은 그녀를 이렇게 부르는 소리를 들어왔다—로 알려졌고, 생모는 그들과 구별하여 'mum'으로 알려졌다. 아마도 우리는 이것을 '확대된 엄마 되기 extended mothering'로 불러야 할 것이다.

또 다른 집에서는 유니스의 혼외 출생아인 조이스가 매일 목욕을 했다. 유니스의 어머니는 비교적 어린 자식들 모두 일주일에 적어도 세 번씩, 가끔 네 번씩 목욕을 시켰다. 이를 위해, 그들은 부엌의 화덕에서 물을 끓여 불 앞의 욕조에 부었다. 세숫비누 한 조각을 하얀 에나멜 욕조에 던져 넣고, 물을 휘저으면 비누 파편들이 그 안에 원래 있었던 것처럼 거품을 가득 일으킬 수 있었다고 어머니는 말했다. 더 큰 욕조들은 주석으로 만들어졌다. 또 다른 집에서는 젊은 여성이 이렇게 말했다. "우리 어머니는 나와 우리 아이 모두를 위해 요리하신다. 일흔여덟 살이신데도 아주 훌륭한 요리사이다. 나는 설거지를 도맡는다." 대가족에서의 습관과 돌보기의 공유를 고려했을 때, 그곳을 방문한 사회 심리학자들이 아기들이 일찍 젖을 떼는 것을 발견했다는 점은 놀랍지 않다. 유모차나 침대에서 우유병을 기울이는 것—그들이 일상적으로 관찰한 습관—은 'mum'이나 'mother'가 할 수 있는 일이었다.

이러한 집에서, 그리고 아기를 키우는 데 있어 확대가족은 이웃이나 친구와의 관계보다 우선순위를 가졌다. 유니스는 아마도 이웃을 방문하는 일이 없었을 것이다. 남편이 떠나버린 한 여성에게 자기 아기의 작아진 옷을 갖다 주는 일은 있었을지라도. 아기를 돌보는 일은 유동적이었고 삶과 가족과 사랑에 대한 다른 기대들로 엮었다. 또 다른 테라스에서 스무 살의 몰리는 혼외관계로 생긴 아기를 낳아 기르고 있었지만 여전히 댄스 홀을 다녔다. 그녀는 자신이 춤에 미쳤다고 말했다.

심리학자들은 이 빈민가에서 삶의 유형이 처가 거주형이고 심지어 어머니-지배적이라고 진단했다. "만일 그런 라벨을 유용하다고 여겼다면." 그들의 현장연구는 연장자 어머니의 말에 지배되었다. 즉 결혼했든 안 했든 새로 엄마가 된 더 젊은 여성 집단보다, 아이를 다 키웠거나 학교에 보낸 여성의 목소리가 더 많이 반영되었다는 것이다. 젊은 여성이 자기 어머니와 맺는 관계에서 나는 감사, 의존, 공모, 분개, 그리고 분리와 힘에 대한 공포가 있었으리라 추정한다. 나는 이러한 유대가 간단했다고는 믿지 않는다. 그러나 감정의 결이 무엇이었건, 증거자료는 그 유대가 좀처럼 깨지지 않았음을 암시한다.

이러한 'mum-mother' 관계들은 나쁜 기질, 돈 다툼, 혼외 출생아를 헤쳐나갔다. 그들은 일반적으로 그 주가 끝나갈 때 문제 상황을 해결했다. 심리학자들은 그 관계가 젊은 여성이 매춘의 길로 들어서거나 인종의 벽을 넘어 결혼할 때에만 깨졌다고 보았다. 안타깝게도 이 연구자들은 아프리카인이나 서부 인디언 후손의 부모가 관련된 현지 가족들에게는 관심이 없었다. 따라서 연구자들이 1950년대 리버풀인들의 사회를 조사한 대로, 두 인종 사이에서 태어난 갓난아기와 함께한 버려진 이 젊은 여성들을 나는 더 따라갈 수 없다.

가우리가 집에서 사용하는 멕시코 스페인어에서 베이비시터는 '니녜라niñera'이다. 그 단어는 양쪽 언어에 모두 있었다. 1988년

북부 서스캐처원주의 평원으로 가보면 베이비시터에 해당하는 크리족 말이 선뜻 떠오르지 않는다. 그해 여러 크리족 여성들이 양차대전 사이의 삶에 대한 인터뷰에 응했는데, 한 여성이 자신의 할머니가 "내가 아는 한, 그들이 부르는 그 유일한 '베이비시터'였다"고 말했다. 그녀는 또 다른 크리족 여성에게 말하고 있었고, 그렇게 영어 단어를 빌려오는 것—'그들이 부르는 그' 베이비시터—은 인근 백인 캐나다인들의 어휘와 기대에 빚진 것이었다. 할머니의 육아는 20세기의 많은 원주민 국가의 확대가족에서 통상적이며, 심지어 기본이었다. 가끔 첫째나 나중에 태어난 아기는 온전히 입양되기도 했는데, 이 관습은 1950년대 리버풀에서도 드물지 않았다.[4]

앨버타주에서 엠마 민데의 첫 아이가 M과 같은 개월 수였을 때는 그녀가 호베마에서 산 지 2년도 안 된 시기였다. 1928년에 자작나무 껍질로 만든 카누가 여전히 가끔 사용되고 있었는데, 선체가 아주 약해서 배를 탄 사람들은 신발을 신지 않을 정도였다. 수상비행기가 하늘에 나타나기 시작했다. 엠마는 막 결혼해서 크리족 보호구역의 천주교 선교 지구에서 남편의 부모와 함께 살고 있었다. 그녀의 주요한 기억은 중매결혼으로 모르는 가족 안으로 들어가 말없이 지내는 스트레스였다. "그때 아주 힘들었어요. 그들이 가르치는 것에 제가 익숙하지 않아, 아무 말 없이 귀 기울이려고 노력했어요. 지금은 친척인 그들을 만족시키려고 노력했죠." 가족 중 더 젊은 축에 속하는 여성들은 공동으로 생활하도록 기대되었다. 연장자 여성들은 조언을 주었다. 과묵함과 자기 통제가 크리족의 중요한 덕목이었다.

모유 수유는 일상적인, 생모만의 일이었다. 또 다른 평원 크리족 여성인 글레시아 베어Glecia Bear, 크리족 지도자―옮긴이는 아기가 "젖을 빠는 동안 안겨 있고, 제가 입 맞춰주고 안고 풀어줬어요" 모스 백Moss bag, 원주민 여성이 유아를 감싸는 데 쓴 가방형 포대기―옮긴이에서. (그녀는 아이를 할머니에게 맡겨 우유나 조제분유를 먹이던 20세기 후반의 젊은 여성들에 대해 무안하게 생각했다.) 때때로 아기들은 교차로 젖을 먹었다―예를 들어 쌍둥이가 있는데 친척이 둘 다 돌볼 수 없을 경우. 1928년 엠마 민데는 어쩌면 구슬 장식 가방을 만들려고 시어머니인 메리-앤 민데 곁에서 이끼를 모았을 것이다. 시어머니는 땔감을 줍고 있었을 수도 있고, 밀가루 포대로 속옷을 만드느라 바느질 중이었을지도 모른다. 아마도 메리-앤 민데는 한번 쓴 이끼를 흔들어 털고 아기 다리 사이에 새 재료―으깬, 발그레한, 흡수력 있는―를 두었을 것이다. 아니면 엠마 남편의 숙모인 제인 민데가 그렇게 했을지도 모른다. 그녀도 엠마가 임신한 동안 아주 가까이서 지냈다.

1928년까지 간혹, '전통적인' 크리족이 쓰던 이끼가 천 기저귀로 대체되었다. 겨우내 어떤 크리족 여성은 기저귀를 "밖에다 높이 던져 얼리기 전에" 안에서 손으로 빨았다고 엠마 민데는 회상했다. 관건은 감기에 안 걸리는 것이었다. 빨래는 땀나는 노동이었다. 여름에 습지에서 가족의 옷을 빠는 것이 가장 쉬웠고, 젖은 옷을 버드나무 덤불에다 던져두면 금방 말랐다. "아이를 기르면 세탁할 게 엄청 많아요"라며 엠마는 웃었지만, 뜨거운 날 습지에 나가는 것은 놀러 가는 기분이 들 수도 있었다. "전 '소풍 나온 것'이라고 생각하곤 했어요." 음식을 가져가기도 했냐고 질문자가 물었다. "좀 오래 있게 될 때 가끔이요."

엠마의 기억에 메리-앤 민데와 제인 민데는 둘 다 간단히 '민데 부인'으로 등장했다. 그들은 크리족 말로 '니시코스nisikos'로, 이 단어는 '아버지의 여자 형제, 어머니의 남자 형제의 부인, 시어머니, 시아버지의 남자 형제의 부인'을 지칭할 때 모두 사용되었다. 이 두 여성 중 한 명이 이유기에 아기와 함께 자도록 역할을 도맡았을 것이다. 따뜻한 수프, 아마도 버펄로 가죽에서 나온 부스러기를 수프로 끓여놓고 아기 테레사가 깨서 엠마의 젖을 찾으면 먹이곤 했을 것이다. 아니면 그 역할을 엠마의 어린 시누이 중 하나인 열한 살의 저스틴이 맡았을 수도 있다.

엠마의 추억에 잠긴 목소리는, 두 명의 민데 부인과 사는 동안 자신을 쑥스러워하는, 심지어 조용한 여성이었다고 묘사한 것에 비해 훨씬 재미있고 자신감이 넘쳤다. 엠마 민데는 계속해서 세 딸을 키워내고 나중에 손녀도 키워냄으로써 여러 세대에 걸친 확대된 엄마 되기라는 크리족 관습을 이월한 한 명의 니시코스이다.

내가 1988년 엠마 민데의 인터뷰 자리에 있었다면 호베마 근처의 크리족 선조나 동시대 보호구역에 대한 이야기를 물어봤을지 모른다. 오래 지속된 유사한 전통은 많은 원주민 국가에서 육아 경험을 형성했다. 아니면 대화에 집중하여, 유사한 거친 북쪽 기후의 초기 거주자인 17세기 마이애미어와 몬타녜어 사용자의 일부다처제 가족에서의 확대된 엄마 되기라는 주제를 꺼내 들었을지도 모른다.

이러한 17세기 사람들 사이에서도 새 아내들은 남편의 가족들에게로 건너왔고, 종종 그녀들 자신의 가족과는 상당히 떨어져 살았다. 아마도 그녀들 역시 말없이 전전긍긍하며 건너왔을 것이다. 우연히 들른 유럽인 관찰자들은 일부다처제가 원주민 가족 안에서 결혼의 조화나 불화 중 한 가지를 조성할 수 있다는 것에 동의하는 편이었다. 한 관찰자는 인디언 남성들이 자기 여자 형제와 결혼하는 경우가 자주 있는데 그 여성들이 오히려 더 잘 지낸다는 추정 때문이라고 생각했다. 다른 관찰자는 많은 남성이 "친척은 아니더라도, 상당히 조화로운 방식으로" 두 아내와 살았다고 지적했다. 이를 탐탁지 않아 한 프랑스 사제에 의해 편집된 몬타녜어 사전의 한 항목은 이렇게 번역됐다. "나는 이미 아내를 두고 있는 남자와는 결혼하지 않겠다."

20세기 초 크리족과 가톨릭 방식이 섞여 양육된 엠마 민데는 17세기의 일부다처제를 완전히 생소한 과거의 것으로 바라봤을지도 모른다. 크리족의 지도자들도 한때 일부다처제를 실행했다. 그러나 아마도 그 대화는 전환하여, 하나의 결과 또는 어쩌면 여성에게 장려된 공동 육아라는 주제로 중심축을 옮겨갔을 것이다. 아기를 안고, 젖 먹이고, 돌보는 것이 성인 여성들 사이에서 공유되었다. 그런 춥고 험한 기후에서도 많은 아이를 기를 수 있는 것은 가정의 힘에 있어 결정적이었다. 17세기 마이애미족 말에서는, 20세기 크리족과 달리 '어머니'와 '이모'가 정확히 같은 단어로서, 어떤 하나로 정체화된 것을 가리키는 용어의 주목할 만한 융합이었다.

처음 '아더마더링othermothering'이라는 용어를 접했을 때 나는 그 억양을 정확히 맞게 살리기 위해 이 단어를 소리 내어 발음해야 했다. 단어의 의미가 살아나도록 충분하면서도, 연결이 끊어질 정도로 길지는 않은 'other'와 'mother' 사이의 적절한 쉼을 찾기 위해. 단어가 빈집 안으로 울려 나간다.

이것은 과거의 단어가 아니라 20세기 말에 나온 단어다. 이 단어를 새로 만든 남다른 흑인 페미니스트인 퍼트리샤 힐 콜린스Patricia Hill Collins는 '어머니들'과 '다른 이들'을 으깨 뭉쳐서 하나의 동사로 만들었다. 그녀는 다른 사람의 아이를 키운다는 활짝 만개한 엄마 되기를 포착하기를, 그리고 주류에 의해 인식되지 못한 돌봄 관습에 경의를 표하고 분석하기를 원했다.[5]

내게 앨라배마의 오니 리 로건이 다시 떠올랐다. 1930년대에 미래의 조산사는 남편이 이전의 결혼에서 얻은 딸을 유아기부터 다섯 살이 될 때까지 키웠다. (아이의 생모와 그 관계에 대해 내가 아는 것은 없다. 다만 태어나서부터 다섯 살 때까지라는 이 사실만 안다.) 남편의 혈연적 유대를 넘어, 아마도 사랑의 충동이라 할 수 있을 오니 리의 이 아더마더링에 대한 심오한 역사적 설명은 서아프리카의 기원, 그리고 노예제 기간과 그 이후 흑인들의 생존 전략으로부터 나온다.

2백 년 전 한 세기의 끝자락에서 열여덟 살의 노예화된 위니 잭슨을 상상해보라. 그녀는 버지니아주에서 가장 넓은 농장 중 하나인 마운트 에어리에서 앤 오글 테일러의 가정부였다. 거의 4백여 명의 노예화된 이들이 밀과 옥수수를 농사짓는 곳이었다. 존 테일러는 4대째 노예 소유주이자 열정적인 기업가로 의회에 진출하기를 바랐다. 위니의 남편인 해리는 스무 살로 그들의 마부였다.[6]

앤 테일러가 가는 곳에는 해리가 그렇듯 위니 잭슨도 갔다. 겨울이 되면, 아나폴리스로 갔고 나중에는 워싱턴 D. C.로 갔는데, 위니의 첫 아이(나중에는 둘째 아이도, 셋째 아이도)를 남겨두고 갔다. 위니는 마운트 에어리의 흑인들 공간—부엌, 대장간, 목공소, 노예 오두막, 주 건물 통로, 들판을 통과하는 오솔길—에서 갑갑한 도시 구역과 타운 하우스의 뒤 계단으로 자리를 바꿨고 그곳에서 벨 소리가 날 때마다 움직였다.

우리가 위니에 대해 알 수 있는 것들을 보여주는 상점의 책과 업무기록과 노예 물품들은, 그녀가 없을 때 아기를 누가 돌봤는지 말해주지 않는다. 아마도 밤에는 그녀의 여동생인, 직물을 짜던 필리스가 돌봤을 것이다. 그리고 낮에는, 두 여동생이 어린아이였을 때 존 테일러 3세가 1792년 대량으로 노예를 팔 당시 살아남은 성인 여성 중 한 명이 돌봤을 것이다.

4월 중순에서 10월 중순까지 위니는 마운트 에어리에서 살았다. 10월 중순에서 4월 중순까지는 도시에서 살았다. 예닐곱 명의 다른 노예화된 가사 근로자들이 일 년에 두 번 농장과 도시 사이의 160킬로미터를 오갔다. 축소판으로 자세히 보면 그들의 이동은, 래퍼해넉 강의 50킬로미터를 따라 줄줄이 늘어선 여덟 개의 농장 사이를 반복해 옮겨 다닌 구역의 수백의 농장 노예로 반추할 수 있다. 가족들은 당겨지고 찢어지고 부서지고 때로는 복구됐다.

강제 재배치나 장시간 노동에 의해, 아기에게 엄마가 따라붙을 기회는 오두막 벽에 선반을 고정하는 못보다도, 또는 흙바닥 중앙의 저장 구멍 위에 걸쳐진 나무판자보다도 빈약했을 것이다. 그래서 필리스 이모가 있다. 그래서 '이모'다.

　노예화된 사람들은 자기 아이가 아닌 아이를 키우는 성인 여성을 '이모'라고 불렀다. 노스캐롤라이나주 페이엣빌 근처 농장에는 케이티 이모가, 메릴랜드주엔 컴퍼트 이모와 또 다른 케이티 이모가, 조지아주엔 맨디 이모가, 켄터키주에는 캐서린 이모가 있다. 19세기의 가장 유명한 노예 서사 중 하나인 『나의 구속과 나의 자유 *My Bondage and My Freedom*』에서 프레더릭 더글러스Frederick Douglass, 미국의 노예해방론자─옮긴이는, 농장 부엌에서 아이에게 빵조각을 두껍게 잘라주고 가끔 자기 아이에게 더 호의를 베풀던 케이티 이모 중한 명을 그려낸다. 더글러스의 어머니가 케이티 이모에게 아이가 그녀를 불쾌하게 할지라도 제대로 돌봐야 한다고 맹렬한 잔소리를 하던 장면을 그는 '교훈적이고 흥미롭다'고 여겼다.[7]

　아더마더링은 책에서 길고 정처 없어 보이는, 현재까지 계속되는 어떤 활동에 대한 하나의 길고도 오래된 동사이다. 초기에 서아프리카 사회의 여성들은 농사를 지으면서도 아이 양육의 임무를 공유했고, 확대가족 집단이 핵가족 단위보다 중요했다. 17세기에서 19세기까지 그들의 노예화된 후손은 부분적으로는 엄마 노릇을 친족을 넘어까지 확대하였기에 살아남았다. 그들은 다른 여성 친족이나 비친족의 엄마 되기라는 공동체 규범을 만들었고, 노예해방 이후에도 이어진 그 '이모'가 누구였는지를 다시 기술했다. 그 동사를 행하는 것은, 20세기 말 즈음 '아더마더'라는 새로운 단어

조합을 거치며 계속되었다.

1990년 신시내티부터 살피면서 퍼트리샤 힐 콜린스는 그녀 자신의 아프리카계 미국인 공동체의 아더마더링을 바라보았다. 그녀가 관찰한 바에 따르면, 백인 중산층 어머니들은 어머니가 아이 양육에 대해 거의 모든 책임을 진다고 생각하여, 그것을 하나의 직업으로 간주했다. 그녀는 이와 대조되는, 흑인 가사 노동자인 세라 브룩스가 한 이웃의 도움에 대해 한 말을 전했다. "그녀는 비비안을 봐주면서 나에게 어떤 대가도 요구하지 않았어요. […] 우리 모두 가난했기 때문이라고 생각해요. 그래서 자기네들이 돕는 처지가 된 것 같아요." 아기를 여기저기 맡기고 건네주는 것은, 아더마더에게 먹고살기 힘든 '생모'에 대한 공감을 불러일으켰다.[8]

가우리가 허리께 걸쳐진 M과 함께 밖으로 나가면, 나는 보통 집 뒤편 근처 모퉁이까지 산책한다. 밝은색 아기용품과 면직물이 사라지자 나무 책상과 의자는 원래의 세피아 빛깔을 되찾는다. 매주 월요일 10시에서 12시까지, 그리고 매주 수요일 같은 시간은 '자기만의 방'이다.

버지니아 울프Virginia Woolf는 어떻게 책을 쓸 수 있을지 많이 고심했다. 그녀는 1920년대 케임브리지대학 강연에서 모성은 자체의 장르—희곡이나 시보다는 소설과 논픽션 산문—를 갖는데 소설과 산문이 집중을 덜 요구하기 때문이라고 설명했다. 나는 그보다도 집중을 덜 요구하는 것을 생각 중이다. 일화 외에 무엇이 가능할까.[9]

울프가 글을 쓸 수 있었던 것은, 그것도 유창하고 길게 쓸 수 있었던 것은 그녀에게 아이가 없어서였을 뿐 아니라 하인이 있었기 때문이다. 그 점이 내게 그녀의 통찰에 대한 기묘한 관계를 생각해보게 한다. 아버지가 내게 뇌졸중 이전에 아버지의 이모가, 울프의 블룸즈버리그룹에 속한 레베카 웨스트Rebecca West의 하녀로 일했다고 말한 적이 있다. 그 이모는 청소부이자 하녀였다. 아버지가 나에게 알려주려던 것은 웨스트 가족이 문학적이며 독특했다는 것이었다—그녀와, 역시 작가인 아이아버지 H. G. 웰스는 결혼하지 않았다. 가사도우미로 생활을 영위했던 수많은 노동자 계층과 마찬가지로 나의 아버지도 계급 위계를 끔찍하게 싫어했지만, 그 가족과의 인연에는 은근히 자부심을 지녔다.[10]

울프의 방대한 일기는 케임브리지대학 강연을 제외하면, 하인들과의 다정한 관계, 격분, 불화는 물론 그들과의 언쟁도 드러낸다. 지시를 주고받는 것은 잔인하고 멀어지게 만들거나, 화나고 공격적으로 만들 수 있고, 적의와 요구가 담길 수 있고, 헌신적이고 냉정할 수 있다. 적어도 20세기 초 다른 가정에서 지시에 따라 맡겨지는 아이를 동반한 경험의 범위만큼 다양하다. 확실히 그러한 범위는 17~18세기의 고용주와 피고용인 사이에 일어났던 이전의 상호작용을 특징짓기도 했다. 즉 우리가 식별하기 훨씬 어려운, 친밀하고 간헐적인 상호작용과 위탁을.

가정부 일에 대한 어휘는 옷감에 대한 어휘와 마찬가지로 힘들고도 아주 가까이 있는 사용을 명명한 것이었다. 수 세기를 거쳐 어머니 역할을 위탁받은 이들을 가리키는 단어로 흔하게는

'maid-of-all-work', 'domestic', 'char', 'skivvy'가 있었고 'nurse', 'nurse-girl', 'nursemaid', 'mother's help'도 있었다. 다른 단계의 노동을 가리키는 말로는 'upper nurse', 'lady nurse', 'nursery governess', 'nanny'가 있었다. 'Nursie!', 'Mammy!', 'Girl!' 한쪽에서 이렇게 외치면 대답은 이러했다. 'Missus', 'mum(여성을 높여 부르는 ma'am의 축약형)', 또는 아마도 숨죽인 소리로 'piker(인색한 고용주를 부르는 1920년대 미국말)'.

20세기 초 울프의 집에서 아이를 돌보며 같이 살던 전형적인 인물은 상류층 유모가 아니라 'nurserymaid'나 'housemaid'였다. 바로 로어브로턴에 살았던 앨리스 피셔, 대가족의 막내였던 그녀의 아버지는 런던에서 온 소목장이였고 어머니는 웨일스 출신이었다. 앨리스 피셔가 시중든 가족은 '스코틀랜드 사람들'—그녀가 거의 본 적 없는 키 큰 검은 머리 어머니와 목사였다. 일주일에 0.5크라운을 받으면서 앨리스는 그녀가 '모든 것'이라 부른 일을 했다. 아마도 그것은 아이 각각을 깔끔하게 챙겨주고, 먹이고, 유모차에 태워 공원에 나가고, 목욕시키고, 씻기고, 재우는 일들을 의미했을 것이다. 앨리스가 인터뷰한 당시는 이미, 가정부 일이 대부분의 영국 여성들의 삶의 핵심에 더 이상 존재하지 않던 때였다.[11]

"한밤중에 아이들이 좀이라도 울 때 그녀가 일어나 애들한테 가본 기억이 저한텐 한 번도 없어요"라면서 그녀는 말을 이었다. "하지만 제가 애들이 좀 칭얼대고 있었다고 아침에 말하면 그녀는 그래? 안 들리던데? 그랬죠. 그들은 애들 소리를 듣고 싶지 않았던 거예요—저는 일주일에 0.5크라운을 받으면서 그 모든 일을 해야 했어요."

매주 수요일 반나절과 일요일 예배 이후는 쉬는 시간이었다. 아이들을 맡기고 넘겨주는 중요한 순간이었다. 아이가 걷게 된 이후로는 "저를 막 따라왔어요"라고 앨리스는 기억했다. 아이어머니가 "말하길―이건 네 엄마한테 그다지 좋게 보일 행동은 아닌 것 같구나―자기한테 그렇다는 거잖아요. 저는 아이들이 조금 먹어도 그냥 두곤 했어요―아시잖아요."(그 집 음식은 정말 형편없었어요.) "너희 엄마 오시기 전에 서둘라고 말했죠." 그녀는 당신을 어떻게 불렀나요? "말하고 싶지 않아요. 아이들이 울고 있을 때는 […] 나쁜 말로 불렀거든요." 그렇지 않으면 엘리스라고 불렀다고.

이와 동일한 20세기 초반 대서양 건너편에서는 마사 헤이굿 홀Martha Haygood Hall이 뉴욕, 보스턴, 시카고에서 인터뷰한 하녀들이 아이를 맡고 건네는 다른 장면들을 그려냈다. 애 보는 하녀들 대부분은 젊고 미혼이었다. 많은 이들이 독일, 스웨덴, 아일랜드, 영국에서 막 건너온 이주자들이었다. 이직률이 높았다―두 달마다, 다섯 달마다 바뀌었다. 일 년을 머무는 것은 예외적이었다. 홀은 하녀들이 보호받지 못하는 상태임을 파악했다. 그녀도 이전에 아이 보는 하녀였다가 사회학을 공부하는 학생이 된 경우였다. 그녀는 공원에서 만나고, 다른 하인과 음식을 들고, 밤에 대기하고, 머리칼을 딱 연필 크기 웨이브를 만들기 위해 지지는 그들의 세계를 알고 있었다.[12]

"우리는 사이 괜찮아요", "전 느낌이 좋았으면 해요", "그녀는 저한테 원한이 있어요", "그녀는 저를 정말 좋아해요. 어디서나 만나고 싶어 할 진짜 멋진 여성이라고 생각해요" 등이 아이 보는 하녀와 어머니 사이의 관계를 보여주는 말이었다. 캐시는 마사에게, 세탁해야 할 양말 때문에 여주인이 씩씩거리며 자기를 '밀치고' 다치게 했다고 말했다. "아이어머니가 아이들에 대해 나한테 조언을 구하지 않았어요—우리는 시간이 왜 그런지 들어맞지 않아요—내가 애들과 있으면 그녀는 밖에 있고 아니면 그 반대고. 그래서 어쩔 수 없이 아이들에 대해 얘기할 수 없게 됐어요. 그럴 시간이 있길 그토록 바랐지만 말이죠. 그녀는 도와주려고 노력했지만 도리어 방해가 됐어요."

독일 태생의 리사는 전형적인 어머니와 거리가 멀었던 'F 부인'을 위해 일했다. F 부인이 질투했던 건 "아기가 저를 사랑해서였어요. 아기는 내게 특별한 방식으로 애정을 표시했는데 내가 아기를 들어 올릴 때 발로 제 작은 문신을 툭툭 치는 거였어요. 부인이 아기방에 와서 말했죠. '가끔 네가 부럽다. 아기가 그렇게 너를 좋아하니 말이야. 나한테는 어떤 특별한 '방식'도 보여주지 않잖아.' 저는 부인한테, 너무 많이 떨어져 있으니 그런 거라고 말해주고 싶었어요."

"저는 아기 부모와 그리 잘 지내지 못했어요"라고 애나는 말했다. "그래도 아기가 저를 좋아했고 저도 아기를 좋아했어요. 아기는 저한테 뭐든 해주려고 그랬죠."

이런 위탁받은 어머니들, 어쩌면 이전의 자기 자신에게도 해당될 그 감정적 딜레마를 파악하려고 하면서 마사 홀은 버지니아 울프의 지인이었던 영국 시인 루퍼트 브룩Rupert Brooke의 20년 전 구절을 빌려왔다. 그들은 '안개의 한가운데 있는 방랑자들이다,' 그들은 '그림자를 보고 울고, 움켜잡으며, 말하지 못한다/그들이 도대체 사랑하는지를, 아니면 사랑하고 있는지, 누군가를.' 브룩은 하녀와 아기가 아니라 배신당하거나 양가적이거나 끊어진 성인의 사랑을 생각하고 있었다. 이 관계들은 혼란스럽고 궁핍하고 잘린 관계였다.

이러한 20세기 초 이전에 어머니와 하인 사이에 아기 맡기기의 감정적인 취지는 우리에게 거의 남아 있지 않다. 아내이자 엄마인 아기 매뉴얼 저자들은 대부분 마찰 없는 위탁을 위한 처방을 제공한다. 장면과 감정들은 위탁이 실패한 곳에서, 역할이 제대로 수행되지 못했을 때 주로 표면화된다. 1825년 귀족이자 어머니인 프랜시스 파크스의 경우, 한밤중에 아기가 평소보다 오래 우는 소리에 아기방으로 올라가 보니 유모가 술에 취해 바닥에 널브러져 있었다.[13]

혹은 비슷한 경우로 1865년의 엘리자 워렌은 세탁부에게 깜박한 메모를 전하러 가는 길에 노동 계층 지구에 자신의 갓난아기 아들과 유모차를 맡긴 곳을 방문한다. 비쩍 마른 돼지 한 마리가 먹을 것을 찾느라, 불행히도 아기가 싸인 포대기에 코를 파묻고 헤집는다. 바람은 차고 살을 에는 듯하다. 집 안에 연쇄 탁아의 놀랄 만한 광경이 펼쳐져 있다. 아이 돌보는 소녀 헤스터가 할머니를 방문 중이고 할머니는 노동 계층 여성의 아이들을 돌보며 먹고산다. 엘리트층 독자들이 몸서리치도록 표현된 장면이다. 소녀는 교활해 보이는 무지 덩어리로 출연하고, 귀족인 워렌은 화가 나서 숨을 못 쉴 지경이고, 아기는 부들부들 떨며 창백해진다.

간혹, 아주 간혹 다른 쪽, 즉 하녀의 시선이 있다. 열일곱 살도 채 안 된 메리 앤 애슈퍼드는 19세기로 넘어가는 시기, 런던 개러웨이 커피하우스 수석 웨이터의 아내에게 고용되었다. 그것은 위니 잭슨이 마운트 에어리에서, 워싱턴 D. C.에서 앤 테일러를 위해 대기하고 있던 바로 그 시기다. 아마도 메리의 지난번 고용인과 마찬가지로 아기는 특별히 그녀에게 '맡겨졌다.' 이 어머니가 메리에게 원한 것은 "아이를 돌보고, 힘든 일들을 전부 도맡는 것이었다." 메리가 40년 뒤에 지은 『인생Life』은 실제로 아이를 맡아보던 것에 대해선 거의 이야기하지 않는다. 그녀를 더 나은 일자리로 옮기게 해주었을지 모를 더 많은 기술은 그녀에게 허용되지 않았다. "어떤 재주든 지식이든 요구되는 것들을 그녀는 내가 하게 놔두려고 하지 않았을 뿐 아니라, 나를 아이와 함께 엉뚱한 곳으로 보내려 했다. 그러면서 자기가 그 일을 했다." 아이 돌보기—보살피고 뒷바라지하기—는 시장에서 원하는 노하우의 규모에서는 저급한 일로 취급되었다.[14]

21세기의 진화론적 인류학자들이 모든 돌봄 노동자가 애착을 갖는다고 생각한다는 것을, 나는 이미 알고 있다. 출산이 돌봄을 결정짓지는 않는다. 아무리 호르몬 작용에 도취한다 해도. 아이를 안는 것은 다른 것이다. 20세기의 많은 집단에서 건강한 애착은 아기 돌봄이 유지되는 받침돌이다. 임신은 선택이지만 돌봄은 결합하는 것이다. 즉 주고자 하는 마음, 보호하고자 하는 감정이다.

우리의 아기를 맡기고 찾는 것은 분명히 친절한 상호 간의 특정한 간계, 말하자면 보이지 않게 맴돌다가 결정적으로 쉽사리 나타나는 것이 필요하다. 가우리는 그 게임을 절묘하게 해내지만, 2위의 자리가 K에게는 더 닿기 어렵다. 젖을 먹이고 쉬던 중엔 잠잠했던 우리의 비대칭이 눈에 띄게 거슬린다. 우리는 서로 노려보고, 아기의 머리 위로 말없이 다투거나, 그보다 낮게는 눈썹을 치켜뜨고, 매끄러운 성공에는 고개만 한번 까닥거린다. 평등은 포착하기 어렵다. 바로 아기를 위해, 그리고 우리를 위해, 무언가 가지려던 우리의 시도에 눈감는 가운데.

'K가 그에게 마땅히 주어질 것을 받길 바란다'라고 연장자 남자 동료가, 내가 이 책을 쓴다고 하자 발언한다. 그 발언은 그가 떠나는 등 뒤에서 요동치며 꼬리를 문다.

아버지 되기fathering와 아기 돌봄의 역사에 대해서 우리는 아직 상대적으로 잘 알지 못한다. 확실히 갓난아기에게 마음 쓰는 것caring about은 있었다. 하지만 돌보는 것caring for도 있었던가?[15]

'마음 쓰는 것'은 기꺼이 드러난다. 예를 들면, 19세기 중산층 아버지들은 사랑스러운 자식들에게 투자하도록 장려되었다. 1860년 변경의 법관이자 사업가였던 존 웨슬리 노스는 아내와 여동생과 집에서 함께하던 시간은 많지 않았지만, 앤 노스는 생후 8개월 된 딸에 대해 이렇게 썼다. "아버지가 집에 오자마자, 딸아이가 뛰어오르며 그에게 다가간다. 웃고 옹알이하며 '버! 버!' 하고 외친다."

'돌보는 것'은 어떠했는가? 내가 아는 한, 17세기에 아기를 안은 아버지 그림이 한 장 있는데, 그것을 보려면 1661년의 암스테르담에 가야 한다. 분명히 한밤중이고 그리고 겨울이다. 난로 불빛이 나무 바닥을 가로질러 일렁이고, 고리버들 바닥을 댄 의자 다리, 벽난로 위쪽 모서리 끝, 남성용 긴 잠옷과 아기의 덜렁거리는 왼쪽 팔. 한 방—나무판자로 덮였고 4주식 침대, 납 틀 창문, 문 열린 낮은 요람 위엔 담요가 있는—에 희미한 그늘이 져 있다. 아버지는 불 쪽으로 걸음을 디디며 아마도 서성이는지 아니면 문제가 있는가 보려는지 빛 쪽으로 다가가고 있다. 아기 안은 모습이 어색하다. 큰 아기가 아버지의 왼편으로 당겨져 있다. 그렇다. 아니면 그의 몸에서 떨어진 채 들려 있다.

그 어색함이 아버지의 문제인지 화가의 문제인지 나는 모른다. 어쩌면 열심히 보느라고 그리되었는지도 모른다. 그 남성은 집중하여 아기 얼굴을 들여다보고 있다. 아버지가 역할을 아주 잘 수행하는 경우, 아니면 어머니가 아기 보기에 너무 피곤하거나 냉정한 사람이거나 몸이 아픈 경우일 것이다. 그녀는 움직이지 않은 채, 주름 한 점 없는 시트 밑에서 자고 있다.

나의 최상의 추측은 남성의 아기 돌보기에는 풍요로운 돈주머니가 있지만, 그것들은 역사의 단절되고 감춰진 이음매를 따라 꿰매져 있다는 것이다. 즉 경제적으로 여유가 없는 19세기 중산층의 소규모 가정에서는 아마도 투자된 아버지의 기대—마음 쓰기—에 비해 하인이나 여성 친족이 부족했을 것이다. 아니면 고립의 필요성이 강제되었을 수도 있다. 즉 시골에서 정부 공여 농지에 있는 아버지와 어머니일 수도 있고, 어머니가 아프거나 다시 출산 중이었는지도. 아니면 비정상적이거나 특수하게 허용된 경우일 수도 있다. 이전에 남의 사생활을 캐는 언론인이었던 회색 턱수염의 링컨 스테펜즈는 1928년 63세에 처음 아버지가 되자 아기에게 신경 쓰는 즐거움—'요람에서의 하찮은 일'—에 대해 썼는데, 자기 자신의 이름을 알리기 위해 밖으로만 나다니는 자존심 강한 젊은 남성들을 향한 기사였다.

20세기 중반 영국에서 아기 돌보기에 대한 최초의 구체적 증거를 얻을 수 있다. 한 신문이 '가정적인 남자'에 대한 논의로 채워졌다. 일요일 아침, 그의 상대인 사랑하는 어머니가 점심 식사를 준비하는 동안 유모차를 민 것을 자랑스러워하는 아버지 이야기였다. 이것은 새로운 것으로 보였다. 샐퍼드의 노동자 계층의 아버지인 레이 로치포드는 경멸했다. 남자 녀석이 유모차를 미는 것은 "생각도 할 수 없는" 것이었다. "웃음거리일 뿐이다." 비방이 이어졌다. "계집애 같은 자식"(1930년대 에든버러), "마누라한테 휘둘리는 놈"(1950년대 노팅엄). 그럼에도 또 다른 남성이 자신의 딸 유모차를 밀며 마을을 돌고 동네 술집까지 데려간 일이 있었다. "오, 그래요. 그 사람은 기저귀를 갈 수 있었어요. 내 말은, 아버지들이 별로 관심 없던 시대였으니 뭔가 특별했다는 말이에요." 1940년대에 한 스코틀랜드 여성은 자기 남편에 대해 이렇게 말했다. 이런 관여에는 그들의 아버지 세대와 비교하여 단축된 노동 시간이 한몫했다. 1949년 1월 5일에 〈여성의 시간〉이라는 인기 라디오 프로그램의 청취자들은 진행자 조앤 그리피스가 이렇게 토론을 마무리하는 것을 들었다. "따라서 모든 아버지는 핀을 찌르지 않고 아기 기저귀를 편안하게 채우는 법을 배우고, 아기를 똑바로 안는 방법처럼 유용한 것들을 많이 배워야만 합니다." 이 마지막 구절의 말투를 정확히 알기 위해, 글로 옮긴 기록 말고 녹음한 것을 직접 들어봤으면 좋겠다.

20세기가 끝나갈 때까지 육아에 관여하는 아버지들―여전히 도와주는 역할로만 등장하지만, 분명히 더 자주 함께 있는―이 점점 많이 보이게 됐다. 아버지들을 위한 전단이 《당신의 아기이기도 합니다 Its Your Baby Too》 같은 제목으로 산부인과 클리닉에 비치되었다. 영국 에이번의 어머니들을 대상으로 한 아버지의 육아 관여―'도움'―에 대한 통계 조사에서 긍정적인 대답의 비율이 1950년대에는 3분의 1이었고 1990년대에는 4분의 3까지 올라갔다. 분류한 바에 따르면 가장 좋아하는 일은 아기 목욕시키기였다.

아마도, 1661년 암스테르담을 생각해보면 밤은 그 자체의 특수성을 갖고 있었을 것이다. 몸들이 가까이 눕고, 잠이 더 많이 장려되는 곳이라면 어디서든. (아니면, 약간이나마 바라건대 더 나은 밤이라는 달콤함을 갈망하는 큰 아기의 어머니에게는 그렇게 여겨질 수 있다) 1830년대 말 매사추세츠 출신의 앨라배마주 변호사인 링컨 클라크는 밤에 자기 아이들이 잠들지 못할 때 함께 앉아 있곤 했다. 1921년에 애버딘셔에서 농장 하녀로 태어난 웨스트 부인은 훌륭한 남편은 '집에서 돕는 사람'이라는 1988년의 말에 동의했지만 이렇게 덧붙였다. "우리 시대에는 절대로 안 돼요, 절대로. 밤에 요람을 흔들 수야 있겠지만 그게 전부예요."

혹은 어쩌면 밤의 특수성이 내 입장의 희망 사항일지 모른다. 검약한 스코틀랜드 목사와 검은 머리의 아내 밑에서 일하던 가정부 앨리스 피셔는 나중에 우체부와 결혼했고 외동딸을 낳았다. 밤에 그녀는 잠 못 자는 아기를 아기침대에서 들어다 자기 침대로 데려와 "우리 사이에 놓았다. 그제야 울기 시작했다." 더 늦은 시각에 대해 앨리스는 이렇게 말했다. "아니. 그를 깨워서는 안 된다. 아기는 옆에 있는 아기침대에 있었다—아기가 소리 지를 것이다."

그래서 아버지 육아의 풍요로운 주머니에 대한 나의 최상의 추측은 과장일 수 있겠다. 내가 연구한 과거 사회는 남성적 행동과 여성적 행동이라는 엄격하고 종종 양립할 수 없는 기대에 전형적으로 좌우된다. 좀 자란 아이들은 아버지의 책임으로 들어가기도 하고 그 책임으로부터 나오기도 했지만 아기들은 어머니, 자매들, 이모, 할머니, 여성 노예와 하녀의 품에 머물렀다. 그것은 17세기에 구체적으로 시작되었다. 서아프리카 공동체든, 원주민 국가든, 영국 도시와 마을에서든.

올해, 나는 강의 개요에서 대명사들에 의문을 품는다. 처음으로, 나의 젠더를 나머지 전부에서 분리시키고서 이렇게 덧붙여본다. 그녀/그녀의/그녀의 것. 캠퍼스의 LGBT 센터는 LGBTQ+로 이름을 바꾸는 중이다. 그러나 우리가 신중하게 대학 웹사이트에 젠더 중립적 베이비시터 구인 광고를 낸 것에는 열네 명의 여성이 응답했고 남성은 한 명도 응답하지 않는다.

K도 역사학자이다. 이 끝나지 않은 해빙 무드의 와중에, 과거와 현재의 '파더링'에 대해 그의 의견을 물어볼 틈이 간신히 생긴다. 우리가 아이를 맡기고 찾을 때, 또는 눈앞에서 사라진 뒤 운동장에 도착할 즈음, 그는 '새로운' 아버지인가? 아니면 엄마 노릇 하

는 아버지인가? 아니면 더 폭넓은 젠더를 지닌 좀 급진적이거나 좀 시시한 존재인가?

누가 아기를 안을 것인가 묻는 것은 생모나 어머니를 수많은 설정의 순수한 중심으로부터 몰아낸다. 때로 그녀는 한쪽으로 밀쳐지기도 하고, 프레임으로부터 거의 완전히 무시된다. 가족의 '핵심적인 것'이 완화되거나buffered, 뒤흔들리거나buffeted, 수많은 다른 가족과 가구 형태로 폭발한다. 위계는 아주 가까이 나타나거나, 일을 맡은 손이다─형제자매 순, 연장자 가족의 권위, 계층 배경, 인종 특권, 노동관계.

한편으로, 특정한 아기를 키우고 돌보는 것이 출생에서부터 변함없이 나오는 것은 아니다. 대리모 출산, 입양, 유모 일, 가정부 일, 공동육아를 보라. 다른 한편으로 적어도 20세기 중반까지 돌본다는 것은 오로지 여성에게만 연결되었다. 섹스와 젠더에 관해 이보다 더 보수적인 역사가 있을까?

19세기 말부터 시작된, 아기를 우유로 키울 수 있게 되었다는 사실은 남성을 결정적으로 엄마 노릇을 하도록 이끌지 못했다. 조제분유의 등장과 동등한 부모 노릇의 가능성 사이의 긴 세기의 정지상태는, 여성과 남성에 대한 기대가 기술보다도 더 단단하고 냉철하게 도금되어 있음을 보여준다. 모성에서 여성성을 분리하는 것이, 즉 여성이 어머니와 다름을 보여주는 것이, 여성에게서 엄마 노릇을 분리해내는 것보다 더 간단했다.

그럼에도 불구하고, 오늘날 내가 사는 지역의 병원은 성전환

남성이 출산할 때를 위한 정책을 갖고 있다. 위니펙의 한 성전환남
성은 라 레체 리그의 상담사로 일한다. 21세기 지금, 여기에서 내가
가우리와 아기가 돌아오길 기다리는 동안, 출산과 양육은 여성이
라 불리는 사람들로부터 그 끝에서 느슨해지고, 풀려나고 있다. 새
로운 트랜스 히스토리가 20세기 말 육아에 참여하는 아버지와 여
성 해방의 혁신 위에 그 자체로 층을 이룬다. 섹스와 젠더의 정의는
헝클어지고 불확실게 남아 여전히 진행 중이다.

　일주일에 두 번 세피아 빛깔의 책상에서, 나는 직장 복귀를 준
비한다. 메모하고 기록하면서 나는 언제나 가우리와 아기의 귀가
에 귀를 기울이고, 아기에게 들릴 그녀의 뮤지컬 대사 같은 긴장감
넘치는 서술을, 나에게 들릴 그들의 귀가 소리를 기대한다. **우리 이
제 다 왔다. 손잡이가 있네. 잠깐만 기다려봐.** 나는 그들의 귀가를 원하
면서도, 구멍 나고 단절된 연구를 계속해나가려는 욕망을 알아차
린다. 가르치기로 돌아가기 위한 준비가 늘 불완전하다는 것도.

18.

종이꽃

인생에서 아이를 키우는 시점에 대부분의 사람들은, 대부분의 시간과 장소에서 일하고 있다. 호황이었던 1950년대의 주부도 첫 아이(다음에는 둘째, 그다음에는 셋째)를 키우면서 교외의 집에서 청소하고, 요리하고, 장을 보고, 가계부를 적으며 자기만의 방식대로 살림을 했다. 여가는 오로지 극소수의 삶만 지배했다. 아기에게 전적으로 어머니로서만 몰두하는 것은 상대적으로 드문 경우의 상황이었다.

그것은 반복되고, 강력하고 단순하게 유지된다. 어머니가 되는 순간, 즉 엄마로서 역할하는 생애 지점에 대부분은 일한다. 변하는 것은 단지 노동의 형태와 그들이 위치한 장소이다—즉 엄마 노릇이라는 활동을 다른 모든 것 주변에서 어떻게 어디서 수행하고, 곡예 부리고, 쥐어짜고, 즐기는가이다.

집에 있는 어머니와 '일하는' 어머니 사이에서 많이 알려진 긴장 관계를 부채질하는 것은 현대의 죄책감이라는 특별한 부담이다. 그 죄책감은 이전의 많은 전례에서는 흘러나올 수 없다. 원주민 세대도, 농장의 여성도, 노예화된 사람도, 새로운 이민자도, 고용주 계층 아래 있는 이들도 기원이 아니다. 그 죄책감은 내 생각에, 다른 일은 모두 집안의 하인에게 맡기고 육아에만 신경 쓴다는 빅토리아 시대의 감상주의적 환상에서 유래한다. 또한 다른 세대주의 존재를 간과한 어머니-아기 애착 이론에서, 그리고 경제적 번영과 한 가족의 임금이 표준처럼 여겨지던 역사적으로 드문 시기로부터 유래한다.

이 죄책감은 나에게 상대적으로 친숙하지 않다. 이것을 개별적으로, 전기적으로—이 사람 저 사람 특유의 감정으로서—말고 달리 듣는 데 시간이 좀 걸린다. 나의 런던 할머니는 한 푼이라도 더 벌기 위해 돌과 물을 거리로 지고 와 계단을 닦았다. 나의 어머니는 '가족을 위해' 일했다고 말하면서 자기 경력이 아닌 가계 수입 때문이었음을 신중하게 강조했다. 어머니는 비록 여성해방운동을 지지하진 않더라도, 아버지와 함께 시작한 회사에서 자신을 '그저' 비서로만 대했던 남성들에게 분개했던 이야기를, 남성적 호전성에 대한 경멸과 엮어 들려주었다. 어머니가 일하지 **않았음**을 가리키는 내용은 딱히 없었다. 그러나 어머니가 언제 어디서 어떻게 일과 초기 양육을 함께했는지 내겐 불분명하다.

커뮤니티 센터의 몇몇 여성들이 직장으로 복귀하자마자 죄책감은 짧은 육아 휴가, 불안정한 근무 시간, 경제적 후퇴, 피고용인들이 가정의 완벽한 지원을 받는 가장이라는 고용인의 기대에 대한 불쾌한 반응으로 나타난다. 즉 한 사람의 통제를 넘어서는 일련의 험악한 경제 구조에 대한 반응이다. 6주를 쉬고서 주당 40여 시간의 노동으로 돌아가는 것. 아니면 죄진 듯 감사하며 두세 달을 보내는 것. 빠르게 사라지는 나 자신의 휴가—한 학기에다 여름을 더하면 거의 9개월—는 미국의 표준에 따르면 대단히 너그러운 것으로 보이고, 영국의 표준에 따르면 괜찮은 편으로 보인다. 나는 큰아기를 붙잡고 있는 것을 팽팽하게 당긴다.

모든 신경과 분노를 역사적 호기심에 맞추었다. 모성에 대한 과거의 기록들을 뒤적거리면서 지난날 어머니의 죄책감을 찾는 것이 아니다. 19세기 산업화의 영향인 근대 노동 법규나 활동사를 찾는 것도 아니다. 이전의 법과 정책 토론은 내 앞에 놓인 짧은 전망, 즉 한 사람이 한 아기를 옆에서 다루는 방식에 푹 빠져드는 것으로부터 너무 멀게 전개된다.

오히려 나는 엄마 노릇을 하는 생애 지점에서 일과 조화를 잘 이뤄온 역사를 찾는다. 나는 런던 이스트 엔드의 피바디 빌딩에서 나의 할머니의 '투덜거려서는 안 되는' 모성에 상상력을 섞어본다. 내가 만난 적이 없는 여성을 낭만적으로 그리지 않는 것은 힘들다. 내가 아는 것은 이디트 놋Edith Knott이 부모가 돈을 벌어오라고 했기에 학교를 일찍 그만두었다는 것, 《타임》지의 십자말풀이를 라틴어나 그리스어가 필요한 경우만 아니라면 5분 안에 풀었다는 것, 검은 머리에 성질은 급했고 기네스 맥주를 좋아했다는 것, 파시스트인 오즈월드 모즐리에 반대했다는 것, 그리고 나의 아버지를 아주 강렬하고도 안목 있게 사랑했다는 것이다.

나는 이디트 놋이 내가 생계를 위해 하는 일을 '일'로 간주했을지 안 했을지 모른다. 그러나 나는 내가 지닌 가능성들이 부분적으로 그녀의 유산이라고 생각하길 좋아한다. 《타임》지 십자말풀이, 단어와 논쟁에 대한 아버지의 사랑, 의지력 강한 딸들에 대한 아버지의 인정. 어쩌면 그녀는 중산층의 방식들이나, 뭔가 행동하는 것이 아닌 가르치고 쓰는 것에 대한 아버지의 조롱을 공유했을지도 모른다.

대부분의 시간을 낭만적이거나 감상적이지 않게 그것과 잘 지낸다. 엄마 노릇 하기와 일하기―어떤 방식에서는―를 함께.

그리하여 나의 리듬이 아기의 리듬에서 스터터 스텝 구기 종목에서 드리블을 하다 빠르게 페인트하는 일―옮긴이 으로 떨어져 나올 순간이 온다. 갑자기 9월 어느 날부터 다음 날까지 나는 '근무 중'으로 돌아간다. 오늘 첫날 아침에 나는 눈을 뜨고 흐릿한 불빛 아래서 그에게 젖을 먹인다. 머리맡 시계의 붉게 빛나는 숫자들을 보건대, 꽤 이른 시간이다. 그는 내 몸에 붙어 가라앉으면서 한숨을 내뿜고 까무룩 잠으로 빠져든다. 내 어깨에서는 그의 머리가 내 목 뒤쪽으로 감긴다. 6시 20분, 그는 게걸음으로 문틈까지 기어간다. 구석과 계단을 찾아서.

생후 9개월. 이제 몇 주 동안 낮잠과 낮잠 사이 두 시간 반의 시간이 우리에게 보통의 성인의 삶에 더 근접한 리듬을 주기 시작했다. 즉 뭔가 하기 위한 준비로 일단 젖을 주는 것 대신에, 다음에 무슨 일이 일어날지 자발적으로 결정하기에 충분한 시간이다. 주말에 이런저런 일도 처리하고 소풍도 갈 수 있을 정도로 여유로워졌다. 이제 나는 가르치는 일을 하게 될 것이고 K는 일을 쉬게 될 것이다. 나는 서둘러 나가게 될 것이고 그는 집에 머물 것이다. 그가 우리 직장에서 받은 휴가의 매일매일의 모습은 더 어리고 더 작은 아기와 함께하던 나의 리듬과 습관과 대조를 이룰 것이다.

오늘 아침에는 내가 신발을 골라 양쪽 다 자유로운 손으로 끈을 묶는다. 도로에서의 내 발걸음은 8킬로그램쯤 더 가볍게 땅을 밟는다. 마치 길이 튀어 오르고 내가 사춘기 이전의 체조 선수라도 된 듯하다. M은 늘 내 왼쪽 엉덩이, 그러니까 심장 쪽에 걸쳐 있곤 해서, 이 새로운 균형감이 처음에는 한쪽으로 처진 느낌으로 다가온다. 나의 손 흔들기는 주저하면서 계속된다. 그의 손 흔들기는 통통거리고 천진하다. 그와 K가 대화한다. 한쪽이 상대에게 어떤 다른 방을 가리키면서. 나는 떠나간다.

사무실 책상 위에서 나를 기다리는 마닐라 폴더는 다시 사용될 일련의 강의 메모들이다. 인류사를 전반적으로 훑는 개론 강좌다. 전체를 관통하는 특유의 경제적 흐름이 있다고 기억한다. 첫째로 '집'과 '일터'가 같은 장소였던 가족 경제가 있었다. 그러고서 대중 시장이 발달했고, '가정에서의 일'—대중 시장에 공급할 상품을 집에서 만드는 일—이 그 가족 경제에 추가되었다. 그리고 산업화가 진행되고 공장들이 세워졌으며, 가정이 '집'과 '일터'로 쪼개졌다. 즉 분리된 일터와 그에 대한 모든 법규들이 태어났다. 가족 경제. 그다음에 홈워크. 그다음에 분리된 일터. 겹쳐지는 과거들, 일에 대한—그리고 물론 아이를 키우는 일에 대한 특유의 맥락을 지닌 각각의 과거들.

양육과 노동에 역사를 부여할 때 주요 이슈는 그것들이 같은 곳에 위치하느냐, 아니면 '집'과 '일터'로 나누어졌느냐이다. 아기가 있는 곳과 나머지 일이 있는 곳으로. '출산과 관련된 어머니의 일'이라고 20세기 초의 몬태나 농장 여성들의 삶에 끔찍한 경외감을 표현하면서 한 개혁가의 그룹이 썼다.[1] 내 친구 마이판위는 그것을 '군사 작전'이라고 불렀다. 양철 병정이 목숨을 걸고 참호를 파고, 식량을 배급하고, 공격 계획을 세우고, 언덕을 행군하고, 그전에 일어난 일을 주시하고, 자리에서 일어나, 이 모든 것들을 다시 반복하는 것.

17세기 영국 남동부의 오디햄, 치스힐, 네이징처럼 작은 시골 마을에서 아기를 먹이고 닦고 감싸는 일은 음식 준비, 화로 관리, 실 잣기, 물 끓이기, 양조와 증류, 약을 체에 걸러내는 일과 결합되었다. 실 잣기는 바깥에서만 가능했는데, 빛을 이용하기 위해 기계를 출입구나 길로 끌어왔다. 거리는 아침에는 주로 여성의 공간이었고, 점심때가 되면 들판에서 돌아오는 남자들로 채워졌다. 때로는 행상인들이 옷과 담배를 팔았고, 이웃에 사는 농부가 고기를 팔려고 멈추기도 했다. 동전과 물품이 교환되었다.[2]

이것이 엄마 노릇을 하는 생애 지점에서 가족 경제의 한 사례이다. 중요한 노동은 가족 주변에서 일어났다. 많은 노동이 일반적인 여자 일, 일반적인 남자 일로 지정되었다. 아이를 키우는 일과 노동은 **나란히 공존**했는데, 이 단어는 이렇게 가까이에서 바로바로 일어나는 일을 가리키는 냉정한 추상 동사이자 비현실적 동사이다. 아이를 키우는 일과 노동은 같은 장소에서 이루어졌다.

오디햄의 한 집 안이나 치스힐의 문지방에서 일하는 것이 모든 필요조건을 충족하진 않았다. 아기를 기르고 아기와 함께하면서 다른 전술이 수반되었다. 건초를 만들고, 가축을 돌보고, 남편을 술집에서 데려오고, 해진 천을 배수로에서 빨고, 집달관을 방문하고, 가축을 외양간에 가두고, 꿀벌을 모으고, 순무를 뽑고, 양배추를 확인하고, 출산하는 이웃을 거들어야 했다. 아기들은 옮겨져야 했고 손으로 만든 가죽 장화를 신고 흙길에 발을 디뎌야 했다. 비틀거리며 걸을 수 있는 지금의 내 아기처럼 건강하게 자란 아기들은 자꾸 주저앉으려 하고, 진흙이나 이파리나 길가를 탐험하려고 떼를 썼을 것이 분명하다.

아기를 지켜보는 사람 없이 잠깐 놔두는 것도 이 17세기 영국 마을의 관습이었다. 아기를 지켜볼 나이 먹은 아이들이나 하인이 없는 작고 가난한 가정 사이에서 특히. 아마도 어머니는 돼지를 끌어오려고 숲으로 가거나, 밀가루를 만들기 위해 방앗간으로 향하거나, 실을 헹구려고 물을 길어오거나, 음식을 남편에게 가져다주기 위해 나가야 했을 것이다. 아기가 아직 작고 움직이지 못하게 하는 일이 어렵지 않을 땐 아무도 안 보더라도 잠깐 놔두고 나가기가 더 수월했다.

이런 마을에서 추운 날에는, 안에서 아기와 함께 약초밭에서 일하는 것이 나았다. 아주 작은 아기들은 통상 일단 젖을 먹이고 잘 감싸서 침대에 뉘었다. 아주 추운 날 이런 아기는 난로 근처나 불 옆에 가능한 한 안전하게 눠두었을 것이다. 탈 만한 것이나 재가 안 날리게 잘 덮거나, 불과 아기 사이에 젖은 통나무를 두기도 했다. 임시변통으로 의자를 뒤집어 돌려 의자 다리에 아기를 기저귀로 묶어 일종의 천 틀을 만들고 둘 다 난로 근처에 두기도 했다. 때로 는 뭔가 고정된 것에 뿔을 매두어 좀 자란 아기가 혼자서 우유를 먹 을 수 있게 했다.

추수의 따뜻한 시기에는 아기를 나무 그늘에 눠두었다, 네이 징에서 날씨가 좋은 날에 현지 농부와 수공업자의 아내들은 마을 의 공동 장소에서 뜨개질을 했다. 서쪽의 여성들은 돌과 실패를 손 에 든 채 걷고 실 잣고 걷고 실 잣기를 반복했다. 1주일에 한 번, 지 역 시장에서 다른 생필품과 식재료를 구했다. 남성이든 여성이든 농업에 종사하는 노동자들은 임금이나 현물을 얻기 위해 일해야 했고, 현지 음식점에서 빵과 맥주를 샀다. 생계도 유지하고 아기도 키우기를 둘 다 해내는 것은 그들에게 힘들었다. 임금이 턱없이 낮 아서 아이 하나를 키우기에도 빠듯해, 빈민 구제 대상에 처하는 경 우가 많았다.

21세기 초 네브래스카나 몬태나의 정부 공여 농지에 정착한 이들은 이러한 가족 사업의 상황들을 인식했는지도 모른다. 그러 나 네브래스카의 정부 공여 농지의 삶은 17세기 네이징 공유지의 삶보다 더 고립되었다. 네브래스카 농부의 한 아내는 아기를 돌보 면서 우유를 짜고 버터를 만들기 위해 휘젓고, 가금류를 키우며 부 엌 텃밭을 가꾸고, 앵두나무 열매와 크랜베리를 모으는 일을 한꺼번에 해냈다. 집 밖에서의 노동도 아주 많았다. 식물을 심고, 잡초를 뽑고, 경작하고, 건초를 만들고, 수확하기 등. 어떤 이들은 아주 많은 수의 가축을 돌보기도 했다. 짐마차를 타고 마을까지 가는 것이 근대 초 영국의 공공장소나 시장에 걸어가는 것보다 선택지가 적었다. 여성과 그녀의 아기가 있을 곳이 아무 데도 없었다. 당구장, 술집, 우체국, 대장간, 이 모든 것이 남성의 공간이었다.[3]

그녀와 비슷하게 고립된 몬태나나 콜로라도의 동시대인들이 생계를 꾸려가는 데 중요했던 것은 집에서 샘까지의 거리였다. 그리고 남편이 평소에 조를 짜서 통에 물을 길어오는지 아닌지도 관건이었다. 때로는 가축을 먹이고 물을 가져다주는 일이 여성의 일이었고, 때로는 고용된 사람이나 남편의 일이었다. 여름의 무더위가 고비였다. 낮에는 아기를 가장 시원한 곳인 지하 저장고에 잠깐 두었을 것이다. 모든 일을 운영하는 요령은, 경험자의 제안에 따르면 언제나 아침에 제일 먼저 해놓는 것이었다—어머니의 수면이라는 특정 상황에 새로 주름살을 만드는 일이었다.

바다는 가족 경제를 추위와 태양보다 조수와 바람에 더 맞춰 조율했다. 1차대전 이전의 스코틀랜드의 골스피에서 베티 서덜랜드 같은 어부의 아내는 거실의 검은 판석 위에 놓인 요람을 흔드는 데 한쪽 발을 사용했다. 판석은 다른 방의 나무 바닥과 달리 지독하게 차가웠지만, 이 방은 불가에서 요리하는 곳이고 장화와 방수포들이 소금기를 머금고 젖은 채 돌아다니는 곳이었다. 현관문은 보통 잠가놓지 않았다. 바깥 길은 해안선을 따라 나 있었지만 베티는 항상 부엌 텃밭으로 가로질러 걸었고, 밑으로는 북해가 흘렀다. 아

기 돌보기는 어촌마을의 손위 친척의 도움을 받았다. 그리고 남편
이 젖지 않게 이른 새벽에 필요 장비를 배로 나르고, 썩은 해초들을
감자 뿌리 주위에 비료로 밀어 넣고, 새조개와 홍합을 모으고, 남편
의 낚싯줄에 미끼를 놓고, 훈제 생선을 만들고, 불을 피울 전나무
열매도 모아두어야 했다.[4]

베티는 매일 아침 생선을 지역의 골스피 골프 호텔과 소규모
농장주에게 팔았다. 등에 짊어진 꽉 찬 생선 바구니의 무게는 몸을
앞으로 숙이게 만들었다. 바구니의 밧줄이 팔 위쪽을 파고들어 눈
에 띄는 자국을 남겼다. 생선들은 어쩌면 나무로 만든 버터통에 담
긴 계란이나 오트밀로 교환되거나 돈으로 교환되어 바구니의 짐이
천천히 덜어졌다. 여름에 베티는 지금의 운동화처럼 고무 밑창을
댄 즈크화를 신고 골스피의 도로를 밟았다. 더 무거운 신발은 겨울
에 그녀의 긴 치맛자락 아래에서 닳아갔다.

이 모든 가족 노동은 일반적으로 성장한 아이들이 없는 남편
과 아내에게는 지나치게 많은 일이었다. 그래서 다른 가족의 과부
나 어린 소년 소녀가 돈을 받고 일요일을 제외한 매일 미끼 모으고
낚싯줄 준비하는 일을 도왔다.

베티 서덜랜드는 골스피에서 차와 버터, 설탕과 밀가루를 샀
다. 유모차는 가게 밖에 놔두었고 아기는 그 안에 있었다. 필요한
것의 나머지는 대부분 가족의 노동으로 충당했다. 해덕, 도다리,넙
치처럼 낚싯줄로 잡는 생선, 대구처럼 그물로 잡는 생선, 못생기고
팔 수 없어도 맛 좋은 메기, 소금에 절인 청어, 텃밭의 감자와 순무
와 양배추, 암탉이 낳은 계란이 가족의 노동으로 얻어지는 것들이

었다. 베티는 굴뚝 사슬에 붙어 있는 고리 끝으로 불 위에 걸린 번철에다 귀리 비스킷을 구웠다. 그것들은 바다로 눅눅해지는 날씨에도 여러 날 동안 깡통에 담겨 신선하게 유지되었다. 적어도 그녀의 아들과 며느리가 자신들을 방문한 한 인류학자에게 풀어놓은 기억에 따르면.

나의 직장에서, 오래된 옛 역량이 갑자기 제자리로 돌아온다. 어른의 인사들이 복도에서 반복된다. 일을 빨리 처리하는 요령도 익숙하게 떠오른다. 자격과 재능을 갖춘 감정이 쥐어짠 시간과 낮춰진 에너지와 나란히 놓인다. 나는 머리에서 피로를 눌러 나의 내장으로 몰아낸다. 이것이 가능한 정도로. 아이 양육과 현대 직장의 딜레마는 내가 읽은 바에 따르면, 젠더 중립적으로 평등하게 대우받는 것과 특정 기술 또는 요구를 가졌다고 인식되는 것 사이의 긴장이다. 오후 늦게 대학에서 집으로 서둘러 돌아오는 것은 좋은 기회―공개 토론, 독서와 글쓰기 그룹―를 놓친다는 것을 의미한다.

19세기에 대중 시장과 산업화의 등장으로 '직장'은 단순히 사람이 일하는 서로 다른 환경뿐만 아니라, 훨씬 더 필연적으로 새로운 종류의 장소, 즉 피고용인들이 임금을 받는 공장이나 사무실처럼 한 회사나 사업의 부지도 의미하게 되었다. 그러나 양육을 하는 시점에 놓인 사람에게 19세기 대중 시장의 더 중대한 영향은 우선 '홈워크'였다. 학교 과제로서 홈워크가 아니라, 대중 시장에 내다 팔 물건들을 자신의 집 안에서 만드는 홈워크이다. 홈워크는 공장이나 사무실에서의 노동과 대비되며 가정주부의 일과도 대비되었다. 홈워크는 가족 수입에 임금을 보탰고, 현금 유입은 다른 곳에서 만들어진 제품을 살 수 있게 해주었다.

종이꽃 접기는 20세기 초 뉴욕시의 이탈리아인 공동주택에서 가장 흔한 홈워크 형태에 속했다. 조화는 '이탈리아인의 사업'이라고 알려졌다. 1913년경의 조사에 따르면 어느 정도 자란 아기를 키우던 젊은 이탈리아 여성 한 명이 1주일에 8달러에서 12달러라는 예외적인 수입을 올렸는데 이는 술집의 짐꾼이었던 남편의 수입에 맞먹었다. 결혼 전에 공장 숍에서 종이꽃 사업을 배운 그녀는 빠르고 숙련된 기술을 갖추었다. 시어머니가 집안일과 아이 양육을 도와준 덕에 그녀는 아무런 방해 없이 자유롭게 일할 수 있었다. 그녀가 계약인으로부터 가져온 꽃들은 해외에서 만들어져 그녀의 집에서 갈라지거나 접혔다. "하루에 1달러 50센트를 벌 때도 있고, 3달러를 벌 때도 있어요"라고 그녀는 계산했다. 노동은 하루의 길이를 늘렸다. "홈워크를 하루 얼마로 계산할 수 없어요. 밤의 반을 일로 보낼 때가 있는데 그러면 하루라는 게 실제로 이틀이니까요."[5]

이러한 이탈리아인 공동주택에서 더 전형적인 장면을 보면, 아이 하나를 데리고 집에서 일하는 사람은 가족 전체 수입의 약 4분의 1을 벌었다. 공장에서 온 흰 상자에서 내용물이 식탁 위로 꺼내졌다. 그녀는 식탁 앞에 앉아 아이를 보면서도 일할 수 있었다. 좀 큰 아기는 혼자서 설 수도 있어 두 손을 자유롭게 했다. 혹은 아기가 나무 조각 요람에 일단 들어가면 일하러 일어설 수 있었다. 144송이의 꽃으로 이뤄진 한 그로스를 만드는 데 최소로 요구되는 기술은 꽃잎을 한 장씩 골라내고 줄기를 분리해서 각 끝을 부엌 식탁 위 판자 조각에 펼쳐놓은 풀 반죽에 담그는 것이었다. 가장 기술이 많이 요구되는 것은 꽃잎을 줄기 위에 슬며시 얹히는 일이었다. 벨벳 꽃잎 한 장과 비단 꽃잎 두 장이 달린 꽃잎 세 장짜리 제비꽃은 한 그로스에 6센트를 벌 수 있었다. 받은 돈으로는 먼저 임대료를 내고 그다음에 음식과 의복을 사고 보험료를 냈다. 흰 상자는 끈으로 묶어 공장으로 돌려보내는데 보통 걸어갈 만한 거리에 있었다. 더 믿을 만한 높은 급료를 받는 일을 하기 위해서는 감독관과 친하게 지내거나 그가 언어를 모르는 지역을 피하거나, 계약자를 다른 사람으로 바꿔야 했다. 요령이 필요했다.

이웃들은 이탈리아어로 대화했다. 나이를 좀 먹은 아이들이 계약자에게서 새 상자를 날라 왔다. 이 뉴욕의 공동주택에서는 다른 홈워크도 흔했다. 견과 깨기. 장화 구멍 뚫기. 담배 말기. 사탕 포장하기. 인형 옷 바느질하기. 드레스 허리 부분에 꽃줄기 수놓기. 셔츠에 구슬 장식 붙이기. 침실용 실내화 코바늘뜨기. 침대 덮개 끝에 달 술 만들기. 넥타이 꿰매기. 안전핀에 카드 붙이기. 가터벨트 조립하기. 남성들의 칠 마무리하기. 레이스 당기기. 상표 붙이기. 인조 보석 장신구 만들기. 아기 모자 만들기. 깃털 만들기. 스파게티 만들기. 더 많은 종류의 홈워크가 다양한 도시와 지역에 집중되어 있었다. 19세기 뉴잉글랜드주에서는 야자수 잎 모자 만들기와 레이스 만들기가, 미국의 남동부에서는 의자등 깔개와 침대 덮개 짜기가, 아이오와주에서는 단추 만들기가, 캘리포니아주 차이나타운에서는 손수건 만들기가, 런던의 이스트 엔드에서는 시가와 자루 만들기가, 리즈에서는 모직물 재단하기가 흔했다. 20세기의 홈워커들은 버몬트주에서는 집에서 뜨개질을 했고, 뉴욕주 중앙에서는 전기 부속품을 조립했고, 맨체스터에서는 비옷을 만들었다.

홈워크는 더 오래된 가족 경제에 변화를 가져왔다. 뉴욕시에 사는 한 이탈리아인 이민자 어머니가 시칠리아 소작농의 가족 경제 안에서 자랐을지 모른다. 여름의 열기 속에서 호수나 강이나 공설 분수에서 물을 긷거나 빨래하고, 요리하고, 바느질하고, 실 잣는 노동을 했을 수 있다. 그녀의 왼쪽 손가락은 밖에서 낫질을 처음 배울 때 **칸네다** cannedda 로 보호되었을지 모른다. 그녀의 뉴욕시에서는―버몬트주나 맨체스터의 홈워커들에게도― 임금 노동과 무임금 노동이 이제 같은 장소에서 서로 섞이고, 근무 시간은 가정 내부와 외부에서 강요된 경제적 리듬에 따라 늘어나거나 줄어들었다.

이탈리아 공동주택에 살면서 홈워크를 한 여성들의 한 계승자로, 1970년대 뉴욕 의복 산업의 홈워커인 중국계 여성 리 부인을 들수 있겠다. 그녀는 1989년에 광둥어로, 아이아버지가 식당에서 벌어 온 돈은 집 임대료의 절반에 불과했다고 회상했다. 리 부인은 집에서 일했는데, 아이를 돌봐줄 사람이 가까이에 아무도 없었기 때문이었다. 1970년대는 1913년과 마찬가지로 홈워크가 다른 종류의 임금 노동보다 더 적은 임금을 받았다. 홈워크는 jyu tauh gwat, 돼지 목뼈였다. 영양가 있지만 고기가 별로 없어 '간장 닭고기'에 비해 얄팍한 먹다 남은 부위로, 쉬운 일을 가리키는 중국의 의복 속어이다.[6]

리 부인은 한 동남아시아 출신의 학자이자 운동가에게 자신의 일에 대해 설명했다. 베이비시터를 고용하는 것은 비쌌다. 그녀가 한 사람에게 지불해야 했다면 하루에 남는 돈은 10달러뿐이었을 것이다. 집에서 아이가 깨어 있으면 "모서리 회전이나 다듬기 같은, 재봉틀을 사용하지 않는 부수적인 일만 할 수 있었어요. 하지만 아이가 잠들면 내 차례였어요. 전속력으로 몰입했죠. 집안일을 하면서 아기에게 피해를 줄 수도 있는 재봉 일도 모두 한꺼번에 끝냈어요"라고 그녀는 말했다. 재봉틀은 점심시간에도 계속 돌아갔다(피자든 중국식 라면 한 그릇이든 그녀가 무엇을 잡든). 가장 좌절감이 든 순간은 일감을 옷가게에 서둘러 주고 와야 했을 때였다. 아기가 침대에서 울어도 침대로 가볼 시간이 없었던 것이다.

'피해를 줄 수도 있는 재봉 일'이라고? 시계가 4시 50분. 4시 52분을 가리키지만 나는 인터뷰 읽기를 끝내기 위해 서두르는 중이다. 리 부인의 아기가 침대에서 울었다는 것이 내 가슴에 다가와 시간이 지난 젖이 흘렀다. 내가 운이 좋다는 생각과 함께 공감이 나를 움찔하게 만든다. 일과 가사 배분의 딜레마는 분명히, 그런 육아의 이해관계가 최고로 다양하게 드러나는 지점이며, 가장 물질적으로 다른 이들과 맞서게 될 수 있다.

리 부인도 그랬다. 아마도 딸이 바닥을 기어 다니며 다칠까 봐 전전긍긍했을 것이다. 리 부인은 손가락을 재봉틀 바퀴 안으로 거의 밀어 넣을 뻔했다. 실행 계획, 치다꺼리, 급조. "그때부터, 아이가 깨어 있는데 재봉 일을 해야 할 때마다, 재봉틀과 나를 범퍼 패드로 싼 철제 칸막이로 빙 둘렀어요." 위험에 가까워지는 것을 막기 위해서다. 군사 작전이다. 양철 병정을 도열시켜야 한다.

대중 시장과 공장의 등장에 대한 거대한 역사적 서사는 내 현재 수업의 10주 차 강의에 나온다. 그때는 11월이 될 것이고 내 아기는 11개월째로 넘어간다.

수업 제목은 '시장 경제의 등장'으로 뉴잉글랜드의 신발 제조업 이야기를 통해 그 변화를 조명해보는 것이다. 내 강의 노트에 의하면, 17세기와 18세기에 마을의 제화공은 자신의 부엌이나 작업장에서 대략적인 주문제작 신발을 만들었다. 그러고 나서 운송 변화—도로 확장, 운하 건설, 철도 부설—가 처음으로 대중 시장을 가능하게 만들었다. 상인이 개입하고, 계약자는 홈워커들에게 규격대로 재단된 신발 걸감의 바느질을 의뢰했다. 그것들은 나중에 장인의 가게에서 두꺼운 밑창 가죽과 못을 가지고 '바닥을 붙였다.' 이 신발들은 마을 제화공의 신발보다 더 먼 시장으로 나가 팔릴 수 있었다. 이를테면 브로건 단화라 불린 안감을 대지 않은 작업화는 남인도제도나 서인도제도의 노예화된 남녀들을 위해 만들어졌다. 결국 신발 만들기는 공장에서 기계화되었고, 공장의 꼭대기 층은 주로 재단과 바느질 위주였으며, 지층은 무거운 증기력 기계들로 꽉 찼다. 공장의 굴뚝은 뉴잉글랜드의 교회 첨탑보다 더 높게 올라갔다. 자급자족 마을의 가정이라는 오래된 세계는, 강으로 이어진 공장이라는 새로운 세계로 바뀌었다. 물물교환과 지역 시장은 임금과 공산품에 자리를 내주었다.

엄마 노릇을 하는 생애 시점에서의 노동의 역사로부터, 즉 나의 새로운 유리한 위치에서 뉴잉글랜드의 신발 제조를 바라보면 어떨까? 나는 동부 해안의 신발 생산을 일반적으로 설명하는, 역사가 메리 블루엣Mary Blewett의 1988년 저서 『남성과 여성과 일Men, Women, and Work』을 다시 펼쳐본다.[7] 책의 서두에서, 신발 제작은 남성 장인 공예였고 다른 가정은 지역 물물교환으로 신발을 얻었다—버터, 치즈, 밀랍, 수지, 사과주와 바꾸든가, 아마나 양털 빗질, 옥수수 껍질 벗기기, 양파 수확 같은 노동을 약속함으로써. 물물교환과 노동은 종종 가정 내 여성의 노동, 즉 일반적으로 아기 돌보기로 수행되는 종류의 일을 수반했다.

다음으로, 대중 시장을 위한 '홈워크'가 특히 아이를 가진 여성에 의해 수행되었다는 내용이 나온다. 1797년에 린을 여행하던 로버트 길먼은 뉴잉글랜드의 그 작은 마을이 "남부 주들에까지 여성 신발을 수출로 공급하는데, 여성들도 일한다"라고 서술했다. 19세기 초까지 뉴잉글랜드 주민들은 '슈바인딩shoebinding'이라는 용어를 만들어냈는데, 이는 송곳으로 가죽 겉에 구멍을 내고, 뒤나 앞이나 양옆 솔기를 꿰매 붙이고, 안감을 대고, 위 단면을 묶고 때로는 수공예 구멍이나 디자인을 더하는 여성의 노동을 가리키는 말이었다. 슈바인딩은 두 손에다 신발 쬠쇠라 부르는 새로운 도구가 필요했다. 자신의 부엌에서 일하는 홈워커는 마을의 옛 제화공들처럼 의자에 걸터앉지 않았지만 쬠쇠로 고정된 구두를 무릎 사이에 집어넣고서 자유로운 양손으로 송곳과 바늘을 잡았다. 1836년에 소프로니아 길포드는 곧 남편이 될 찰스 피셔로부터 새로운 구두 쬠쇠 한 쌍을 받았다. 아이도 키워야 하는 홈워커는 작업이 더딜 수도 있었다. 소프로니아와 같은 시대를 산 해나 매킨타이어는 작은 아이 둘을 직접 키우고 있었는데 신발 네 묶음, 그러니까 약 240켤레의 슈바인딩을 끝내는 데 11개월이 걸렸다.

이어 19세기 중반에는 본격적인 산업화가 여성은 가정, 남성은 직장이라는 분리를 부추겼다. 존경받는 여성의 일은 돈 버는 것이 아니라 가정에 충실하고 아이를 키우는 것으로 재구성되었다. 증기력으로 가동되는 신발 공장은 홈워크를 더 무용지물로 만들었고 대개 아이 키우는 이들은 제조업에서 배제되었다. 신발은 이제 한 단일건물 안에서 완성되었고, 기계로 신발을 박음질하는 매일 열 시간 노동을 위해 집에서 나올 수 있는, 대부분 미혼이나 아이 없는 젊은 여성들에 의해 마감되었다. 그들 중 몇몇은 '성 크리스피누스의 딸들'이라는 미국 최초의 전국 여성노동조합을 조직했다. 공장들은 새로운 스타일의 신발을 대량 생산했다. 예를 들어 여성용 하이버튼슈즈는 가죽보다 저렴한 수입 서지 천으로 만들었다. 나중에 장미 모양 리본과 버클이 달린, 검은 글러브 키드의 크로케 신발, 또는 분홍색으로 끝을 장식한, 단추 달린 워킹화처럼 색다른 신발도 만들었다. 1860년에 한 아이를 키우던 구둣방 주인의 아내였던 메리 영처럼 아이를 키우는 시점에 있던 뉴잉글랜드 여성은, 공장에서 기숙하면서 일하는 사람으로 남거나, 또는 홈워크로 임금이 깎이고 나중엔 아예 없어지는 상황을 받아들여야 했다.

이것이 1880년대까지 뉴잉글랜드의 신발 제조에 관한 이야기다. 이야기의 마지막 부분에서 새로 아이엄마가 된 이들에게 정확히 무슨 일이 일어났는지는 알아내기 힘들다. 그들은 공장의 조건에 맞서 투쟁하고 파업을 벌인 메리 블루엣의 이야기에도 나타나지 않고, 그곳을 방문했던 개혁가들의 특별한 관심 대상도 아니었다. 신발 공장에서 일한 아내들의 극히 일부—예를 들면 1870년대 경제 불황기에—는 아이들과 기숙하지 않았는데 이는 나이를 좀 먹은 아이가 있다거나 다른 곳에서 돌봐주는 경우였다.

내 아이를 잊는 시간은 그다음에 이어지는, 문득 다시 아이가 생각나는 순간에 의해 강력하게 인식된다. 바라건대 지금 아이는 낮잠을 자고 있을 것이다. 팔은 머리 위로 올리고 얼굴은 면 담요의 파란색, 빨간색, 초록색이 빙빙 도는 페이즐리 패턴 쪽으로 돌린 채. 이제 공원에서 낙엽 사이로 비틀거리며 걷는다. 오르막을 만나면 아버지가 몸을 굽혀 양손을 잡아준다. 팔다리와 함께 삼각형이 뒤죽박죽으로 보이는 한 쌍이다.

아이를 키우는 생애 지점에 있는 사람에게 분리된 일터에서 일자리를 지킨다는 것은 무엇인가? 치다꺼리, 빈틈없이 계획 세우기, 할당하기, 급조가 나란히 이어지기보다 서로 어긋난 장면을 이룰까? 뭔가 빠진 듯한 혼란스러운 장면은 상당한 장래 계획이나 공식 계획을 요구했고, 특정 일터 문화에 대한 탐색이 필요했다. 노동자의 상황에 있다는 것은 이제 경제적 필요, 또는 용돈이라도 버는 방법, 또는—아주 최근에야—경력이나 소명이라는 딱지가 붙었다. 나는 여기에 있다. 이렇게 나 스스로 묘사해보건대, 따라서 나는 계속 여기에 2년간, 5년간 있을 수 있다.

공식적인 탁아가 직장을 염두에 두고 생겨났다. 주간 탁아시설, 놀이방, 놀이 학교, 방과 후 돌봄. 이 시설들은 한 관심 있는 독지가와 설립자의 말에 따르면, 일하러 '집을 떠나 밖으로 나가야만 하는 일하는 여성들의 편의를' 도모하고자 시작되었다. 초창기 시설 가운데 한 주간 영아 탁아시설은 1873년 런던의 켄잘 뉴타운에서 설립되었는데 지역에서는 '애들이 우는 곳'으로 알려졌다. 공장 개혁가들은 영양 결핍 상태의 아기들과 높은 유아 사망률에 충격받아 이러한 기구를 해결책으로 보았다. 이후 지방 자치정부와 민간 기업들이 가담했다.[8]

1880년대 상업적인 전력 세탁소에서 일하는 런던의 어머니에 대한 연구에 따르면 그들의 아기의 반이 친척에게 맡겨졌고, 3분의 1은 이웃을 베이비시터로 썼고, 약 14퍼센트는 주간 탁아시설을 이용했는데 이는 적은 수치였다. 중산층 개혁가들과 일하는 어머니들은 한결같이 이웃과 탁아소의 상대적 장점을 똑같은 방식으로 보지는 않았다. 아이 봐주는 이웃은 좋은 평판을 유지할 필요가 있다는 점을 알았다. 아이 봐주는 사람으로서 '나쁜 이름을 얻는 것'은 노동자들의 동네에서 끔찍했다. "아마 어떤 이는 두세 명을 돌봤을 거예요"라며 20세기 초 한 일하는 어머니가 이렇게 덧붙였다. "믿을 수 있는 사람이어야 했어요. 자주 그런 얘길 했죠, '아, 그 여자는 안 돼' 같은 말이 나오면 알다시피 공장에 소문이 좍 퍼졌어요. 못 듣고 말 못 하는 이들의 언어가 환상적이었죠."

1946년 로스앤젤레스의 할리우드. 후아니타 러블리스는 2차 대전 초기의 애국 시기에 한 항공기 공장에서 일했다. 그녀는 싱글맘이었다. 아이아버지는 전쟁 노역을 피한 것을 떠벌리고 마을을 전전하며 시비 거는 유형의 남성이었다. 아기가 태어나자 후아니타는 한 식당 종업원으로 일했고 나중에 일자리를 하나 더 구해 그리스식 스테이크 식당에서도 일했다. "아기를 바구니에 담아, 제가 일하는 동안 사무실에 뒀어요." 쉽지 않았다. 그래서 한동안 "제가 일하는 동안 아기를 돌봐주는 집에서" 살았는데, "집 하나를 엄마 두세 명이 아기들과 함께 지내며 공유하는 게 진짜로 아주 흔했어요." 그녀가 1980년대의 질문자에게 설명한 바에 따르면 "집을 가진 과부들 몇몇은 아이를 키우는 엄마들에게 방을 임대하고서 유색인종 하녀를 고용하기도 했어요. 아이가 정말 많아서 거의 사업이나 전문직에 다를 바 없었죠. 사람들이 함께 모여 집을 빌리고 가정부도 빌리고. 저도 수년간 그렇게 지냈어요. 그게 우리가 찾은 방법이었어요." 그녀는 종업원 노동조합에 가입했다.[9]

후아니타는 1980년대에 1946년을 돌아보면서 자신이 사는 시대의 로스앤젤레스도 바라보았다. 그녀는 더 강력했던 노조들이 지금은 없음을 아쉬워했고, 스포크 박사를 읽는 그녀 세대의 어머니들이 아기를 위해 올바른 선택을 한 것인지 확신하지 못했다. 그녀는 '여성 해방'을 조건부로 지지했고 이렇게 말했다. "살아남기 위해서는 거의 두 가족 수입을 벌어야 해요—만일 집을 살 계획이고 가구와 옷도 사고 아이를 키워야 한다면요."

1956년 런던의 브릭스턴. 셀마 L—연구자는 그녀의 성을 밝히지 않았다—은 자메이카에서 이민 온 중산층의 감리교도로, 카리브해의 영국 이민 물결에 휩쓸려 일하러 온 여성이었다. 셀마는 런던 시내에 있는 한 의류 회사의 기계공으로 일자리를 얻었고 집에서도 부업으로 옷을 만들었다. 그녀의 근무 시간에 아기 글로리아는 그 지역의 런던 카운티 지방의회 주간 탁아시설에서 돌봐졌다―다른 이민지의 표현에 따르면 '내버려졌다.' 카리브해에서 온 많은 다른 이민자에게 영국 날씨는 고역이었다. 영국인들이 무지하고 둔감하다고 생각하는 이민자도 있었다. "사람들과 같이 있을 수 있는 데가 없었어요"라며 브릭스턴의 또 다른 이민자가 말했다. "흑인들 술집이 따로 있던 미국과 달랐고 그게 다였어요." 대부분 교육과 경제적 풍요를 위한 더 나은 기회를 원했지만, 육아 문제는 새로운 도전이었다. 자메이카의 아더마더링의 관습은 런던의 삶과 대조를 이루었다. 브릭스턴에 살던 한 사람은, 카리브해의 확대 '가족 단위' 대 '할머니도 이모도 없이 완전히 혼자'인 생활이라는 표현을 썼다.[10]

1960년대 랭커셔 북부 지역은 생활 수준이 향상되었다. 노동 계급 가족의 이전 세대에서는 할머니가 돈을 받으면서 아이를 봐주었기에 어머니는 임금 노동을 하러 가고 자신을 위해 용돈을 벌 수 있었다. 이제 아기가 어머니만의 책임이라는 사회적 기대가 부상하고 있었다. 프레스턴의 통신 판매 회사인 피터 크레이그스는 아이 키우는 어머니들을 위한 특별 단기 야간 근무제를 운영했다. 어떤 어머니는 술집의 청소 임시직을 구했다. 버렐 부인은 학교에서 비상근 비서로 일했다. 그녀는 첫 아이를 유모차에 태워 학교로 데려왔는데 "아주 괜찮았어요. 아이가 조금이라도 칭얼거리면 집에 데리고 가게 해줬어요. 제 근무 시간은 아주 유연했어요. 딱 제가 원하는 대로 일할 수 있었죠. 그래서 아기가 자고 있을 때 대부분의 일을 해치웠어요." 아기가 자라면서 급조는 계속되었다. "아이가 기어 다니고 아장아장 걷는 단계가 되자, 교장 선생님이 자기 사무실 한가운데에 커다란 놀이 울을 만들어주셨어요. 그래서 그 안에서 놀게 했답니다."[11]

버렐 부인의 이야기는 아기가 "무대 주변을 뛰어다니는", 즉 내게는 내년 여름이라고 추정되는 단계까지 죽 앞으로 이어진다. "하루는 아기가 도망가서 수업이 끝날 시간이 되기 전에 종을 울려버렸어요. 그래서 생각했죠. 그래, 지금이 아이가 유아원에 가야 할 때야. 그래서 아이를 유아원에 데려다 놓고 돌아와 아이가 거기 있는 동안 근무했어요." 역설적이게도 버렐 부인처럼 비상근 근무 여성들에게 있어 1960년대의 그 상대적 번영은, 간신히 입에 풀칠하려고 애썼던 이런 종류의 문화적 수용을 점차 가로막게 되었다.

최근의 경제적 변화에 대한 통상적인 이야기는 이전 시대로부터 느슨해진 세계를 제안한다. 대기업의 세계화는 제조업 쇠퇴를 가져오고 있다. 아이를 키우는 어머니를 비롯한 여성들의 고용 증가 수준은 현대 경제의 뚜렷한 한 특징이 되어왔다. 최근 미국의 한 평가 보고서는 아이들과 함께 사는 여성의 반 이상이 노동인구에 들어간다고 산출한다. (그러한 평가는 아기를 보는 성전환남성이나 집에 있는 아버지는 고려하지 않는다. 그러한 통계는 아더마더링이나 위임받은 돌보기에 대한 정보도 제공하지 않는다.) 공식 임금 경제에 대한 여성 참여 증가가 생활 수준의 전반적 향상에 나란히 따라오긴 했지만, 불평등 속에서의 상승이었다.[12]

최근 수십 년에 대한 이러한 이야기에, '노동'의 더 꽉 찬 정의는 물론이고, 지나간 방식이 계속 이어지고 있다는 사실 역시 덧붙일 수 있다. 아이를 키우는 시점에서의 일을 감안하는 사람이라면 누구에게나, 과거의 오랜 영향력은 가족 배경과 인종이나 계급에서 물려받은 개인적인 환경으로부터 온다. 그리고 노동과 양육의 어긋남이나 나란한 공존이라는 뿌리 깊고 되풀이되는 딜레마뿐만 아니라 젠더와 그 밖의 다른 정체성에 발생한 특권이나 불이익(여성에게는 주로 불이익)에서도 온다. 경제학자들은, 사랑일 뿐만 아니라 노동이기도 한 엄마 노릇을 계산할 방법을 찾아낼 수 있을까? 여기 후기 자본주의 아래서, 엄마 노릇의 많은 노고가 가시화되고 가치 있는 것으로 자리 매겨질 수 있을까?

나는 17세기의 네이징이나 19세기 말 뉴욕의 공동주택의 디테일을 상기하고 재작업하는, 노동에 대한 이런저런 대화를 듣는다. 자신의 2인 농장에서 아르웬은 한 농업 가족 경제의 유형들을 조정한다. 이제는 남성 혹은 여성이 주로 무엇을 하는가에 대한 기대보다 선호도나 기술로써 역할들이 분배되는 것이다. 나와 같은 시기에 직장으로 복귀한 학교 교사는 일을 그만두고 아마도 집에서 탁아시설 사업을 시작하는 것에 대해 생각 중이다. 간접비용 없이 온라인으로 모든 것을 팔 수 있다며 그녀는 새로운 종류의 '홈워크'를 상상한다.

9개월, 10개월, 11개월. 나는 전화로 아기 놀이방의 대기자 명단에 대해 다시 얘기하고, 아기가 몇 개월이 될 것이고 어느 달에 K의 휴가가 끝나는지에 맞춰 적절한 장소를 찾아본다. 직장의 크레슈 créche—1970년대에 페미니스트 행동주의와 함께 등장한 용어—는 이미 꽉 찼다. 차로 10분 거리에 가정 탁아시설이 있는데 한 여성이 아이들을 자기 집에 데리고 있는 곳이다. 교회나 사원에서 운영하는 비영리 주간 탁아시설도 있다. 상업적인 놀이방도 있다. 내가 지금은 안 나가는 커뮤니티 센터에서 BDLC, PDO, CCC처럼 놀이방들의 머리글자가 얘기되곤 했다. 그러나 내 머릿속에 더 떠오르는 것은 지금 당장의 실행 계획이다. 젖 짜는 기구로 안에서 일하는 동안, 10분간 바쁘다고 알리는 노란 포스트잇 메모를 내 사무실 문 앞에 붙여두는 것. 아직도 젖을 올리는 우리의 아기가 병에 든 것을 받아들이게 될까 안 될까. 수업을 쉬는 시간에 K가 아기에게 젖을 먹이러 나한테 데려오는 습관이 얼마나 지속될까. 다음 수업을 준비하고 연구비 지원재단 응모를 다시 시작할 저녁의 에너지를 어디에서 얻을까.

아침마다 직장의 7층 복도 위 내 발걸음은 고요하고 일정하다. 나는 완전히 몰두한다. 세 시간 뒤, 아기가 부드럽게 끌리는 가죽을 신고 걸어오면서 그의 키들대던 웃음이 조바심으로 바뀐다. 나를 꼭 붙잡는 것이 너무도 성급해 거의 사나울 정도이다.

19.
오크 세탁통

2년을 앞으로 빨리 감고, 대서양을 건넌다. 이제 현대의 용어로 '걸음마쟁이toddler'라고 부르는 아기가 짧고 다부진 구절로 말을 하게 되자, 딱 잠이 돌아오고 내 머릿속에서 문장들이 길어지기 시작한다. 다 됐잖아, 하고 그가 말한다. 싫단 말이야. 여기까지. 젖을 뗐는데도 아이가 나를 쳐다보는 시선의 강렬함은 누그러지지 않았다. 신생아 때 관리하지 못한 손톱으로 생긴 눈 밑 흉터는 그의 뺨으로 내려오기 시작했다.

초기 영아기는 아무것도 제대로 정착되지 않은 느릿한 시간 왜곡의 기간이었다. 아주 많은, 때로 너무도 많은 일들이 한꺼번에 일어났다. 오랜 과거가 된 아기의 젖 올리기는 가끔 나를 엉망진창으로 만들어놓곤 했다. 이제 엄마 노릇이 익숙해지기 시작한다. 다른 사건들이, 아이의 성장과 해야 할 일을 섞어 짜는 와중에 시간 구분을 살짝 방해한다. 1년의 연구년을 위해 영국으로 돌아오게 된 사건, 그리고 둘째 아이를 기다리게 된 사건이다. 제인 라자르Jane Lazarre는 1976년에 쓴 『엄마의 매듭The Mother Knot』에서 그 시간을 이렇게 썼다. "당신이 외적인 삶에 침체되어야 하는 그 유예된 시간 중 하나였다. 그래서 당신에게 뿌리내리기 시작한 새로운 것들 일체를, 또 다른 새 요구에 시달리지 않고 한동안 평화롭게 키울 수 있는 그런 시간."[1]

엄마 노릇 하기의 역사는 내게도 자리를 잡고, 차례대로 경외감을 일으키고 균형을 잡으며 강요한다. 시간과 장소와 사람에 그토록 뚜렷하게 의존하는 그 수많은 동사들. 임신하다conceiving, 유산하다miscarrying, 임신하고 있다carrying, 출산하다birthing, 해산하다lying-in. 그리고 다른 특성을 지닌 범주의 단어들, 울음 듣다hearing tears, 안다holding, 보다seeing, 냄새 맡다smelling, 방해받다being interrupted, 잠자다sleeping, 잠 안 자다not sleeping, 먹이다feeding, 알지 못하다not knowing, 알아내다seeking to find out, 아기 맡기고 찾다passing back and forth, 준비하다providing······.

그리고 재료 사용하기. 새로운 임신에 있어 나를 정신적 여행으로 떠나게 하는 것은 북미의 우리 집 다락을 통해서이다. 우리 셋은 여기 영국 마을의 작은 테라스식 주택에 한 달 정도 머무르면서, 새로운 생활을 찾아나가고, 한 의사와의 진료를 등록하고, 안식 기간의 연구 메모를 풀고, 내 아들 또래의 아이들을 찾아 주위의 거리를 살폈다. 그러나 모성성과 아기 장비는 대양을 건너 상자에 담겨 있다—다락 계단 제일 위에 남겨진 아기 바구니와 함께한, 만일 팬

찮다면 아기 물건들의 고고학이라 부를 수 있을 것이다. 무엇이 필요하다고? 그리고 도구들이 우리가 그것을 사용하는 동안 오히려 우리를 만들기도 한다는 사실을 고려한다면, 그 물건들은 엄마 노릇하기의 어떤 과거를 밝혀줄 것인가?

아기를 키우는 곳이라면 어디에나 항상 몇 가지 물건이 있다. 오늘날 산사태처럼 쌓인 물건은 우리 집과 개인의 거의 모든 것들과 마찬가지로, 부분적으로 대량소비 증가의 영향이다. 백 년 동안 기성 유아복 산업은 아기들이 특정한 색상을 필요로 한다고 제안해왔다. (1918년에 나온 첫 산업 무역 저널은 남자아이에게 분홍색을 추천했다. 여자아이는 분홍색, 남자아이는 파란색이라는 분명한 구분은 20세기 중반까지 확고하지 않았다.) 오늘날 가장 비싼 소비재는 아이를 맡을 어머니를 대신해줄 물건들이다. 자원이 풍부한 19세기와 20세기 초 가정에는 아기 그네가 필요 없었다. 아이 보는 하녀들이 아이를 옮기고 달래고 놀아주었기 때문이다.[2]

내가 생각해보고 싶은 아기 물건은 엄마 노릇의 도구들이다. 그 것들은 똑똑하고 적절할 수 있다. 또는 잘못 설계되거나 불친절할 수 있다. 한결같이 이 물건은 아기 돌보는 이와 도구, 또는 아기 돌보는 이와 아기, 또는 엄마 노릇과 다른 종류의 활동이나 욕망 사이의 관계를 표현하고 형성하기도 한다. 1970년대 런던에서 시장 연구자 폴린 디거리Pauline Diggery는 부드러운 운반 도구인 아기 자루를 받지 않으려 했는데, 자신을 다시 '여성으로 느끼고' 싶었기 때문이다. 역사적인 도구들이 가장 흥미롭게 드러날 경우는, 남겨진 문자 기록이 거의 없을 때, 그리고 엄마 노릇 하기에 대해 남겨진 단어들이 수적으로 가장 적은 곳에서 나오는 물건이고, 그 물건이 과거로 거슬러 올라가 가장 많은 것을 이야기할 수 있는 경우이다.[3]

육아와 관련된 커다란 물건은 때때로 박물관이나 그림에 남게 되는데, 구겨지거나 놓치거나 간과하기 힘든 종류의 도구들이다. 한때 머리와 팔다리를 단단하게 고정하여 아기를 옮기던 원주민들의 지게 요람은, 워싱턴 D. C.의 스미스소니언 자연사국립박물관이나 나의 버스 노선 종점 근방의 피트리버스 박물관 같은 곳의 소장품목에 들어가 있다.[4]

1830년대 다코타족 여성들은 칼집부터 담배 파이프 주머니에 이르는 모든 종류의 운반 도구를 만들고 사용하는 데 아주 익숙했다. 1835년에 한 여성이 아기를 빨간색, 크림색, 검은색으로 꾸민 지게 요람에 지고 움직였다. 아기는 바깥쪽을 향한 채 발을 편편한 나무 등받이 바닥에 붙어 있는 나무 조각에 얹어놓았다. 사슴 가죽으로 만들고 호저 바늘 공예로 전부 덮은 두 개의 넓은 끈이 생가죽 커버 안에 아기를 완전히 싸 묶었다. 가장 넓고 거친 가시는 호저의 등에서 나왔다. 그것들은 치아로 작업하여 납작하게 만든 다음에 염색한 것이다. 날씨, 구름, 비를 관장하는 천둥 신인 와킨얀 Wakinyan 형상이 그 요람 바닥에 장식되어 있었다. 깃털과 조개껍데기와 옥수수를 아기 요람의 궁형 꼭대기에 걸어놓았다. 이것은 기구치고 딱딱하고 심지어 무거웠는데, 분명히 다코타 인들에게는 가장 중요한 육아용품이었다. 지게 요람은 아이를 옮기는 단순한 행위에도 미학적 창조성과 영적 안녕을 새겨 넣었다.

미시시피강과 미네소타강 주변의, 여름이 계속되고 겨울이 짧은 마을에 살던 다코타족은 이사를 자주 다녔고 야생 먹거리에 의존했으며 자주 전쟁을 치렀다. 지게 요람은 어머니가 나무를 베는 동안 나무껍질로 된 오두막 기둥이나 나뭇가지에 매달아놓거나, 비슷한 요람에 든 다른 아이와 연결하여 조랑말 양쪽으로 균형을 잡아 걸쳐놓기도 했다. 무엇이든 수집하는 여행가 조지 캐틀린은 1835년 익명의 원주민 여성에게서 지게 요람을 구입했고 자기 앞에서 등에서 지게를 내려놓는 여성을 묘사했다. 다코타족 여성과 결혼한 미국 장교였던 세스 이스트먼이 그 시기에 그린 유화는, 가죽을 무두질하는 한 여성과 그 가까이에 있는 다른 여성들, 그리고 몇 발자국 떨어진 곳의 지게 요람 안에 반쯤 선 채 기대 잠자는 아기가 있는 여름의 한 장면을 보여준다. 여성의 머리카락은 산발로 풀어진 채 손은 무두질 도구를 꼭 누르고 있고, 시선은 희미하고 산만한 염려를 담아 아기의 머리를 향해 있다.

20세기 초기 슈피리어호수 근처에 살던 오지브와족 사람들에게는 지게 요람을 흔드는 것을 가리키는 데에만 사용하는 동사가 있었다. 일단 일어서서 가슴 주변이나 이마에 두른 가죽끈이 성인의 등에 메고 걸어갈 수 있게 요람을 잡아준다. 이런 빨갛고 파란 지게 요람 역시 단단한 물건으로 길이는 60센티미터 정도 될 것인데, 한쪽 끝에는 아이의 발을 위해 곡선의 나무 조각을 대놓았고, 다른 쪽 끝 위에는 수직으로 고리를 달았다. 고리는 겨울에는 담요를, 여름에는 햇빛을 막는 얇은 천을 걸기에 좋을 뿐만 아니라 운반용 가죽끈을 부착하기에도 좋았다. 바닥에 앉아 자기 앞에서 발가락 위에 지게 요람을 놓고 좌우로 발을 움직이며 흔들어주면 아이를 재울 수 있었다. 아이가 곧고 용감하게 자라기를 바라는 오지브와족 사람들의 염원은 지게 요람의 단호한 형태에, 그리고 아이의 팔과 다리와 등을 단단히 맸던 보살핌에 표현되었다.[5]

지게 요람 사용은 육아를 운반과 보호의 수단 그 이상으로 만들었다. 그것은 하나의 예술품이고 영적 마력이었으며 잠드는 것을 돕고 성격을 형성하는 도구였다. 지게 요람의 마지막 잠재적 용도, 그리고 분명히 가장 세속적인 용도는 그 물건을 칭하는 나바호족 용어에 드러난 대로, '아기 기저귀'였다. 천이나 일회용 기저귀가 애리조나 사막에서 널리 쓰이기 전에 나이 든 나바호족 여성들은 클리프로즈cliffrose의 여린 나무껍질을 모아 어머니들이 아기 아래와 다리 사이에 놔두게 했다. 실제로 사막의 클리프로즈는 지게 요람에 아주 강하게 접합되었다. 어쩌면 그런 연유로 지게 요람과 유용한 클리프로즈가 같은 이름을 갖게 된 것일지도 모른다.[6]

내가 구비한 첫 물건―실제로 사용하게 되기 전까지는 사용법을 잊고 있던―은 고무줄이다. 리벳과 단춧구멍 사이에 8자 모양으로 꼬인 고무줄이 임신한 허리 위에서 움츠러든 진을 슬쩍 들어준다. 1797년 버킹엄과 에식스의 지역 자선단체에 따르면 아기를 위한 최소한의 필수품에는 시트 세 장, 담요 두 장, '가죽 시트' 한 장 (짐작건대 출산 시 온통 젖게 될 것을 대비해), 침실 가운 두 벌, 나이트 캡 두 개, 침대보 세 장, 아기 모자 세 개, 아기 셔츠 세 벌, 면 싸개 한 장, 플란넬 싸개 한 장, 그리고 "충분한 소품"―아마도 기저귀로 쓸 천 조각들이 포함되었다. 수프나 맥주를 넣어 끓인 죽도 해산 음식으로 필요했을 것이다. 출산하는 여성들은 아기를 위해 자선단체의 모자 하나와 셔츠 한 벌, 약간의 플란넬을 구비해야 했다. 남은 물건들은 다른 사람이 재사용할 수 있도록 세탁해 두었다. 한 세기 뒤에 런던의 여성들은, 출산을 도우러 간호사가 올 때 친절하게 처신하고 존경받기 위해 깨끗한 시트 두 장, 깨끗한 베갯잇, 아기의 하반신을 따뜻하게 하기 위해 아기 배에 묶는 줄과 면 플란넬로 만든 등받이 플란넬 같은 잡동사니들을 준비해두었다. 다음 세대는 그러한 정신적 목록에다 고무 기저귀 용품을 추가했다.[7]

혹시 1797년의 이 "소품"과 이후의 잡동사니들 사이에 위안을 주는 물건도 있었을까? 과거에 사용한 흔적이 남은 가장 작은 육아용품들은 아기를 즐겁게 하거나 달래는 용도로 사용되곤 했다. 1664년 셰틀랜드 해안의 난파선에서 발견된 조그만 방울이 달린 청동 딸랑이는 맨 위에 매달기 위한 부품이 있었다. [그 배는 네덜란드 동인도 무역선 켄네머란드로, 장난감이 오래전부터 교역품목이었음을 환기시켰다.] 좀 더 입수하기 어려운, 산호나 은으로 만든 것은 당시 엘리트계급의 초상화에 나타나 있다. 17세기 유럽인들은 산호가 악마의 눈을 멀게 하며, 매끄럽고 단단하고 고른 표면이 아이들 치아 성장에 좋다고 생각했다.[8]

더 이상의 모성 용품들은 우리에게 남지 않았다. 가령 아기 물품 보관에 쓰이는 젖먹이용 가방이나 설탕 천 조각 같은 것. 해진 옷을 잘라 만든 작은 천 조각에 빵, 우유, 설탕을 잔뜩 싸서 아이에게 건넸을지도 모른다. "영양분을 얻고 자랄 수 있도록"(18세기 말

가난한 유럽 어머니들이 주목한 것). 또는 "빵 조금이나 반죽 크래커와 설탕을 […] 리넨 조각에 싼 것"은 "아이들이 자고 있건 깨어 있건 입속에 들어가 있었다"(19세기 초 미국). 또는 'comforters', 'dinky feeders', 'dormels', 'titties'로 번갈아 알려진 작은 고무젖꼭지도 있었다. 동시대 미국인들이 'pacifiers'라고 부르고 영국인들은 'dummies'라고 부르는 것. 나는 뭉툭한 빨간색 플라스틱 재질의 치아 발육 장치를 기억하는데, M의 입에 늘 너무 커 보였다. 그가 내 셔츠나 부드러운 재질의 장난감의 한쪽 끝을 씹는 것을 정신없이 좋아하던 것도 기억한다.[9]

대부분의 물건이 물론 완전히 없어졌다. 1840년에서 1950년까지 수십의 흑인 아이들이 루이지애나주 오클리 농장에서 태어났지만, 고고학자들은 그곳에서 잼 항아리 조각, 인형 머리, 담배 파이프, 기름 램프, 칫솔들 가운데 육아 도구의 어떠한 구체적인 힌트도 복원하지 않았다. 있을 수 있는 예외로 오두막의 경사진 마룻장 사이로 사라져버린, 구멍 뚫린 영국의 '브리타니아' 페니 동전 하나. 이것은 아마도 실비아 프리먼이 1855년에 태어난 것을 기념하는 동전일 것이다. 미국 남부 전 지역에 걸쳐 사는 시골 흑인들은 구멍 난 동전을, 악으로부터 보호받기 위해 착용했다. 때로 그 동전들은 신발 발가락 끝에 밀어 넣어졌다. 어떤 시기에는 이가 나는 아기들의 목 주위에 놓였다.[10]

요람과 아기침대들은 커다란 육아 도구에 해당되지만, 서구의 물건으로서 여행자나 인류학자들에 의해 거의 수집되지 않았고,

육아용품으로서 박물관에 소장할 가치도 없다고 여겨졌다. 그것들을 원주민의 지게 요람 옆에다 두어 비교해보라. 그것들은 아기를 키운다는 것이 주로 정적이고 가정의 일임을 가장 강력하게 표현하는 듯하다. 서구식 요람은 흔들리고 아기침대는 흔들리지 않지만 그중 어느 것도 원주민 여성들이 했듯 아기를 여기저기로 옮기기 위해서나 밖에서 공동 노동하는 동안 아기를 넣어두기 위해서 설계되지 않았다. 나의 미국 집의 나무 조각들로 만든 아기침대는 그 구석을 벗어난 적이 없었다.[11]

세스 이스트먼이 다코타족의 무두질하는 여성을 그린 시기와 거의 같은 시기에 노섬벌랜드의 수채화가 존 헨리 몰John Henry Mole 은 아기를 돌보는 영국 시골 여성이 있는 19세기의 장면을 포착했다. 그녀는 집 안의 화로 옆에서 머리는 단정하게 양쪽으로 묶고, 무릎을 조심스럽게 세워 그 위에서 아기를 돌보고 있다. 막 아기를 들어낸 요람은 그녀로부터 관객 쪽으로 기울어진다. 그것은 목재 장치가 덮개로 달리고, 안에 담요가 든, 두 개의 반원형 흔들 받침대가 부착된 사물이다. 사용하느라 부드러워진 한 쌍의 목재 손잡이 혹은 꼭대기 장식이 한쪽 끝 위쪽에서 돌출되어 있다. 이 기본적인 형태는 17세기 전부터 알려졌고, 목재 조각되거나 고리버들이나 라임 나무 잔가지를 엮어 만들어졌다. 여성의 시선은 그녀의 무릎 곁에서 기도하는 또 다른 아이에게 살며시 머물러 있다. 태양이 옅은 빛깔의 담요와 여성의 머리칼과 아이들의 하늘거리는 흰옷을 비춘다. 예술가의 시선은 흡족해하며 감상적이다.[12]

전형적으로 여성 친척이 만들고 장식했던 아메리카 원주민의 지게 요람과 달리, 이 목재 요람은 보통 남성 소목장이나 목수나 아버지들이 만든, 성별 분업의 산물이었다.

지게 요람처럼, 이런 목재 요람의 용도도 처음엔 한 장소에 아이를 단단히 묶어두는 것이었다. 엄마 노릇을 한다는 것은 아기 몸의 모양을 만들고 바로잡는 사안이었다. 한 가지 방법은 아기를 무릎에 두고 다리를 쭉 뻗게 한 다음, 싸개로 다리 둘레를 발가락부터 몸통까지 안전하게 감아 팔 밑에서 멈추는 것이었다. 두 번째 싸개로는 아기를 손가락 끝부터 어깨까지 싸고, 세 번째로 고정용 천으로 이마와 어깨를 묶었다. 그리하여 빵 덩어리나 껍데기에 들어간 거북처럼 단단히 싸인 상태가 되었다. 이 빵 덩어리 같은 아기는 이후 비난받았다. 영국과 미국의 많은 요람들은, 노섬벌랜드의 수채화가가 그린 것과는 다를지라도, 윗부분을 따라 구멍이나 나사들이 있었다. 요람에 그것들이 없다면, 매트리스 아래 침구들을 집어넣어 아기가 움직이지 못하게 될 수도 있었다.

요람 끝에 돌출된 꼭대기 장식은 요람을 흔들기에도 편리하고, 또 털 감기나 싸개 환기에도 소용이 있었을 것이다. 요람은 가끔이나마 어떤 직업을 딸려 나오게도 하였다. 부잣집에서는 아기가 조용하고 편안하게 있도록 '요람 흔드는 사람'을 고용했다. 아기 흔들기가 잠을 규칙적으로 자게 해주는 면도 있었다. 1732년에 목사의 부인 수재나 웨슬리Susanna Wesley, 영국 신학자 존 웨슬리의 어머니로 열아홉 명의 자식을 낳았음—옮긴이는 아기들을 요람에 깬 채로 누이고 흔들어 재우던 것을 묘사했다. "그리고 아기들이 깰 시간이 될 때까지 계속 요람을 흔들었다." 그 과정은 간명하게 묘사되었다. "이는 아이들에게 규칙적인 수면 습관을 갖게 했다. 처음에는 오전 세 시간, 그리고 오후 세 시간, 그다음엔 두 시간을 재웠고 아이들에겐 그것으로 충분했다."[13]

존 헨리 몰의 수채화 묘사에는 기분 좋은 향수의 분위기가 담겼다. 1852년 영국의 시골은 산업화의 영향을 받아 급속도로 변모하는 중이었지만, 그 아기 보는 여성은 더 단순한 시절을 함축하는 예전 시대를 반영하는 듯하다. 그렇더라도 요람을 흔들던 세계와 일반적으로 연결되어 있는, 아기 두르는 싸개가 없다는 것은 눈여겨볼 만하다. 18세기 중반부터 의사와 중산층 부모들은 아기를 싸는 것이 잔인하고 아기를 가두는 것과 마찬가지라는 견해를 어렴풋이나마 갖게 되었다. 몰의 수채화 속 아기는 통통하고 행복해 보이고, 헐렁한 옷을 입고 어머니의 무릎 위에서 팔다리를 자유롭게 벌리고 있다. 독서량이 많은 19세기의 해설자 비턴 부인은 "인디언 여자들"과 "우리 할머니들"의 관습을 똑같은 강도로 불평했다. 그녀는 아메리카 원주민(혹은 폴리네시아인이나 이누이트족 원주민)이 아기를 판에 대고 묶는 관습을 "등판 붕대 감기"라 표현하면서 자유와 운동이라는 근대 개념을 거스른다고 내세웠다. 백 년 전 영국 여성들의 건강하지 못한 아이 "엄마 노릇"은 더 나쁘다고 선언했다. 비턴 부인의 경멸은 엄격하게 하이픈을 붙인 싸개 천 목록, 즉 옛 방식이라고 거부된 도구들 전체에 걸쳐 있다. 말하자면 롤러, 붕대, 허리끈, 줄뿐만 아니라 턱-고정 천, 등-고정 천, 몸-고정 천, 이마-천까지도.[14]

싸매어 키우기가 사라지면서 요람 흔들기도 사라진다. 많은 이민자와 노동 계층 공동체는 여전히 요람을 보유했다. 그러나 19세기 중산층 소비자에게는 평평한 침대가, 그다음엔 아기침대가 대세였다. 엄마 노릇을 한다는 것은 아기에게 신체적 자유와 독립성을 허용하는 것을 의미했다. 딜레마는 아기가 낮 시간 잠을 알아내도록 안내하거나 내버려두는 것, 그리고 그들을 안전하게 두는 것이었다.

19세기 말 아기침대는 막 움직이게 된 아기가 떨어지지 않게 난간을 높였다. 1881년 잡지 《집에서At Home》의 한 삽화는 빳빳한 하얀 모자를 쓴 작은 아이들이 난간 없는 아기침대에서 놀고 있는 모습을 보여준다. 아크메사는 1901년 자사의 아기침대가 난간이 상당히 높고 단단히 조인 축을 사용해 확실하게 사고를 방지한다고 선전했다. 가끔 경첩 달린 옆문은 아이를 쉽게 들어 올리고 나오게 할 수 있는 묘책이 되었는데 나중에 현대의 서랍식 형태에 자리를 내주었다.

나는 생후 18개월 된 아이를 재우려고 등을 토닥이던 수많은 시간을 기억한다. 아기침대 난간의 얇은 모서리가 갈비뼈 하나를 불편하게 누르고 숙취 상태의 내 눈은 어둠 속에 감겨 있었다. 그 침대든 내 자세든 한쪽이 완전히 잘못됐다. 1986년에 시인인 앤 윈터스Anne Winters는 밤 시간 창밖을 내다보며 근심이 사라진 고요한 시간에 대한 표현을 찾으려 했다. 19세기의 무두질하는 다코타족 여성이나 요람을 흔들며 앉아 있던 같은 또래의 영국 여성에게는 거의 이해되지 않았을 그 비유가 내게 말을 건다. 그녀는 주목하고 알아차린다. 행성 같은 요람 위에 걸린, 그녀와 아기 사이의 어두운 공

간을. 아기도 행성과 같다. 다른 행성을 사랑하는 또 하나의 행성.[15]

나는 우리의 아기침대를 그렇게 많이 좋아하지도 않았고, 그것이 없어도 거의 개의치 않는다. 사실 옆집 이웃이 우리에게 별도의 목재 틀을 지닌 아기 바구니를 주겠다고 한다. 흔들의자 받침을 달고 매트리스를 더 두껍게 하고 소비자 안전 기준표시를 지워버리면 이전 시대의 고리버들 요람을 연상시킬 물건이다. 내가 미리 기획했듯, 디테일이 전부 다시 심각한 사안이 된다. 약간의 자신감과 아주 많은 감정이, 이번에는 내가 덜 초조해할지라도, 다락방에 팽개쳐둔 물건들 사이에서 안식한다. 이 새 바구니가 침대와 벽 사이에 맞을까? 다음 아기가 복통을 앓으면, 이 전체가 한 귀퉁이에서 지탱될 수 있을까? 흔드는 건 침대 발치에 있는 의자에 맡겨도 될지 모른다. 아니면, 지난번처럼 아기가 주로 우리와 한 침대에 있게 될 것이다.

내 고무줄처럼 유용한 물건들은 스스로 육아 도구라고 알리지 않는다. 우연한 언급에서 회고적으로 나타날 뿐이다. "작은 새 양초의 끝"이 깨무는 산호 장난감을 대신했을지도 모른다(1653년 런던). 꿀 묻은 손가락에 들러붙은 깃털이 아기를 즐겁게 했을지도 모르고, "정원의 양귀비 바구니"가 주부가 일하는 동안 아기를 "졸립게" 만들었을지도 모른다(더 자세한 언급 없이 19세기 초반 오하이오에서 기록). 20세기 중반 아일랜드 시골에서는 기네스 유리병이 아기에게 먹이기에 적절한 디자인이라고 판명되었다. "시골에 있으면 병이 불 속, 그것도 덮개 없는 불 속에 떨어지고, 그게 플라스틱인데 너무 많이 넣으면 안 돼요"라고 니나 브래디는 설명한다. "아기가 울면. 그것을 먹이면 돼요."[16]

광부의 딸이자 1920년대에 아이들을 출산한 메리 시달은 연구자들에게 그녀의 "꼬맹이들"을 세탁통에 넣었다고 말했다. 평평한 바닥에 지면으로 주저앉은 커다란 이 통은 빨래를 물에 불리고 비누질하고 헹구는 데 사용했다. 일하는 동안에 아이를 통에 넣어두면 걸음마를 가르치는 데 도움이 되었다. "아이가 집 근방을 빠져나가는지 보려고 문 가까이에다 그를 놔두곤 했어요. 그 통 안에서 몇 시간이고 놀았죠. 그렇게 걷는 법도 배웠고요. 왜냐하면 아시다시피 통 안에선 몸을 잘 굽힐 수가 없잖아요. 아이를 장난감 한두 개랑 빵 통이랑 종이랑 함께 넣어두곤 했어요." 세탁통은 아연 도금된 금속이나 목재로 만들었다. 메리 시달의 것은 오크로 만들었다. 그녀의 일화는 17세기 영국과 식민지에서 아기가 똑바로 서게 도왔다는 목재 스탠딩 프레임을 연상시킨다. 아니면 더 나은 예로, 나무 둥치의 속을 파내고 안과 위 모서리를 매끄럽게 하여 똑같은 기능을 하는 장치로 사용하기도 했다. 이들 간의 차이점은 최초의 의도에 있다. 17세기의 스탠딩 프레임은 기어 다니기에 대한 도덕적 불안 때문에 만들어졌다. 당시 영국인들의 눈에는 그것이 동물이 사지로 다니는 것처럼 걱정스러워 보였고, 인류의 새 일원의 격을 짐승으로 낮추는 것과 다름없었다.[17]

아기가 잠잘 공간으로 사용된 사물들 중엔 손잡이 달린 '낡은 옷 바구니'[1817년 대고모를 방문하기 위해 셀비에서 콘까지 가면서 아기 돌보기에 매이지 않기만을 바랐던, 점잖은 영국 북부 사람

엘렌 파커의 말], '가족 옷 바구니'(1906년경 보스턴의 한 공동주택에서)가 있었다. 쉽게 균형을 잃고 쓰러지긴 했지만 '크래커 박스'도 쓰였고 돗짚자리(1903년 조지아의 한 농장에서)도 쓰였다. 바나나 상자 안에 겨울의 보온을 위해 담요를 넣고 그 사이에 갈색포장지를 끼우기도 했다(20세기 초 랭커셔에서). 오래된 서랍에다 베갯잇으로 밀가루 포대를 박음질해 쓰기도 했다(같은 시기에 남부 런던에서). 1930년대 남부의 한 세입자가 "우리 모양의 벌레 침입 방지 아기침대"를 제작하기도 했다. 지게 요람이 없을 경우엔, 뻣뻣한 가죽 조각을 안장의 뿔 위에 걸어 사용했다(1940년대에 기록된, 몬태나주 그로 반트족의 "옛 시절"에).[18]

몇몇 물건에는 전통과 임시변통이 혼재한다. 지게 요람은 나바호 사람들 사이에서 계속 사용되었다. 그들의 공간이 보호구역으로 바뀌고, 조랑말은 20세기 후반에 픽업트럭으로 바뀌었음에도 불구하고. 새로운 핵가족의 삶이 보편화된 1970년대에 생활고에 시달리던 나바호족 어머니들은 젖병을 테에 묶거나, 거기에 기대 세워놓아, 아기들이 혼자서 먹을 수 있게 했다.[19]

열정적이고도 젖을 올리던 나의 아기 때문에, 나는 '자연스럽고' 조심스러운 엄마 노릇 하기를 염두에 두는, 21세기라는 시대의 전형이 되었다. 나는 아기를 나에게 부드럽게 밀착시키는 자주색 양모 재질의 띠 포대를 사용한다—아기를 요람이나 지게 요람에 싸매지도 않고, 헐렁하게 입혀 아기침대에 혼자 눕히지도 않는다. 그 양모 재질은 일시에 훌륭한 도구로 제작되어 중산층 소비자의 물건이 되었으며, 최소한 제조사 판매부에 의한 것이긴 하지만, 아마도 아기가 계속 안겨 있어 훨씬 덜 울게 되는 '전통적인' 문화를 수용한 것이었다. (인류학자인 마거릿 미드는 아마도 이것에 쓴웃음을 지었을지 모른다. 몇몇 비서구 문화권의 전통은 그러했고 몇몇의 전통은 그렇지 않았기 때문이다. 1972년에 그녀는, 파푸아뉴기니의 먼두구모르족은 아이를 아주 싫어해, 아기를 성기게 짠 바구니에다 넣어 벽에 걸어놓았으며, 우는 소리가 들리면 바구니 표면을 신경 거슬리게 긁었다고 묘사했다.)[20]

몇 달에 걸친 노력 끝에 M이 처음으로 똑바로 서고 이윽고 정원의 길을 걷게 되면서, 그 양모 띠 포대가 정말로 필수품임이 드러났다. 돌아보건대 그 험악한 필요에 대해선 의심하지 않지만, 이 동네에서 유모차가 띠 포대보다 훨씬 자주 표준이 된다는 것을 나는 알아차렸다.

아침에 두 번째로 산기가 있고, 새 친구와 함께 축구 경기장 밖의 중고시장을 구경하고 있다. 우리의 걸음마쟁이들—친구는 쌍둥이를 키운다—은 K와 공원에서 세발자전거를 타고 있다. 케이트와 나는 새것이나 다름없어 보이는 옷들을 집는다. 신생아용, 생후 한 달에서 석 달짜리가 입을 옷, 석 달에서 여섯 달짜리가 입을 옷들. 맙소사, 정말 작다. 면제품은 발달 단계를 표시한다. 신생아용 일체형 옷. 기어 다니는 아기를 위한 무릎 패치도 있다. 나는 다소 헛되더라도 한 달째, 석 달째에 일어나는 일들을 기억해보려 한다. 다시 시작이다. 한 판매자 할머니가 무릎 위의 아기를 난폭하게 흔들면서, 한 시무룩한 10대 딸의 머리 너머로 수면 훈련을 추천한다며 말을 건다. 공감의 선들이 엉키는데, 진통이 내 주의를 끌어 수다 떨 기회가 사라진다. 나가는 길에 좋은 징조가 번쩍인다. 밝은 초록빛 용, 거울도 박아 넣고 찍찍이 꽃까지 붙은 것이 우리 집에 있는 푹신한 장난감과 완전히 똑같다.

20.

마당 아기, 무릎 아기

과부 아기Dowager babies라고 그들을 부른다. 우리가 안식년을 보내기 위해 빌린, '위아래층에 방 두 개씩'으로 지어져 나중에 현대식 욕실과 주방, 중산층 주택융자로 확장된 아담한 빅토리아 시대풍 테라스식 주택가에서, 이 명칭은 새로 태어난 아기 때문에 자리를 빼앗긴 아이들을 일컫는 말이다.

과부 아기라니? 통상 과부는 남편이 사망한 뒤 작위와 재산을 상속받고 홀로 잠들었다. 그녀는 잃은 것과 얻은 것으로 위엄을 지닌 인물이었다. 반면 엄마의 침대에서 쫓겨난 과부 아기는 더 이상 엄마가 주목하는 가장 작고 취약한 대상이 아니다. 대가족 시기에 이 단어를 크게 말하던 빅토리아 시대의 노동 계층에게 이 단어는 확실히 하나의 약속이자 경고였다. '과부 아기'를 데리고 있다는 것은 새로운 아기를 키우는 것과 더 나이 먹은 아이에게 자립을 더 많이 강요―부여―한다는 것을 의미했다.

내가 출산의 고된 노동으로 다시 사라지기 전에 본, 자리를 박탈당한 나의 과부 아기의 마지막 모습엔 케이트의 집 고양이 문이 있었다. 공원에서 돌아온 M은 도착의 작은 승리감을 표현한다. 봐, 엄마! 내가 자전거를 끝까지 타고 왔어! 아이를 생각하며, 또 우리의 친밀감을 생각하며 마음이 아프고, 그 감정은 진통의 파도에서 표류하며 떠다닌다. 바로 어제, 그가 1에서 10까지는 미국 중서부식 영어로, 10에서 20까지는 영국 옥스퍼드식 영어로 세는 것을 보았다. T 발음을 어려워하면서, 정확하게 발음하려고 애쓰면서. 이제 그 역시 여기에 속한다. 나는 그의 세계를 뒤집을 참이다.

빅토리아 시대풍 테라스식 주택에서, 그러고서 조산사가 운영하는 산부인과에서 출산하는 것은 또 다른 광경이다. 나는 정원의 벽돌 담 너머로 몸을 구부린다. 집 쪽으로 배를 감추며 땅을 디디고 얼굴은 태양을 향하고서. 사람들은 과거를 반복한다. 다시 초기 진통이다. 운이 좋다면 또다시 통증 완화제 없는 출산이 될 수도 있다. 몰리와 우리 엄마와 같은 갈색 머리를 지닌 출산 도우미 케디가 제시간에 도착하여 우리를 태우고 산부인과 건물을 향해 언덕으로 운전해 간다. 바로 "이번에는 좀 빠를 거라고 했죠!" 그녀는 나보다 키가 크고, 사람 하나를 무릎에 앉힐 수도 있을 정도로 튼튼한 편이며, 17세기의 노련한 산파들을 상상하게 하는 침착함을 지녔다. 그러나 나는 무릎을 필요로 하지 않을 것이다. 분만 욕조에 물이 채워지고 있으니까. 나는 정확하게 그 안에 어떻게 기어 올라가는지 모른다. 그러나 나는 신생아가 하얀 태중 막이 벗겨지지 않은 채 나올 것임을 안다. 스무 번 내외의 부드럽고도 신속한 밀어내기로써, 내 손으로 직접 그를 받게 될 것임을 또한 안다. 수면을 뚫고 내 앞으로 솟아오른다. 출산의 두 번째 마감도 아직 준비되지 않았는데 네가 여기에 있다. 이것은 결코 '다시' 일어난 일이 아니다. 지금 막 일어난 전적으로 새로운 사건이다. 새 얼굴이 나타난다.

아기가 태어나고 여러 날이 지나, 우리 모두 집에서 깨어 있을 때 과부 아이가 내 무릎 위로 기어 올라와, 나랑 너랑, 나랑 너랑, 나랑 너랑이라고 되뇌며 몸을 흔든다. 우리는 이제 정사각형 가족이다. 예전의 세 명이 약간 놀라는 가운데 별안간 동맹이 변화하여 아기 바구니 주변을 맴돈다.

말문이 트이기 시작해 횡설수설하면서 M의 소설은 자신의 근심을 공정한 보고라도 되는 양 고한다. 가능성이 사실이 된다. 과부 아이가 며칠 후 유치원 입구에서 내게, 어떤 가족이 아기가 '다섯 명'이라고 말한다. 그의 눈동자가 휘둥그레진다. 집으로 걸어가면서, 그가 내 손을 꼭 움켜잡고 나는 구부정하게 서지 않아도 된다. 적어도 나는 그렇게 섰다고 생각한 적이 없지만 갓난아기를 띠 포대에 담아 이동하기는 내게 다르게 보여준다. 우리는 기웃이 앞으로 나아간다.

'더블 셔플double shuffle, 좌우 발을 두 번씩 급히 끌듯 하는 발걸음—옮긴이'은 1861년에 중산층 미국인 엘리자베스 캐벗Elizabeth Cabot이 만든 명칭이다. 사료들은 어쩌다, 정말 어쩌다 이렇듯 첫 아이가 자라는 곁에서 신생아 돌보기를 드러낸다. 한 신생아의 시기를 헤아리는 것은 먼저 태어난 아이들의 젖 떼기, 걸음마, 말문 트기 같은 표식과 함께하는 것이 당연하고 또 그렇게 기억된다. 나는 이러한 과거들을, 즉 새로운 아이를 추가하면서 어린아이들을 계속 양육하는 것에 대해 예전 사람들이 논한 방식을 추적한다.[1]

과거의 언어들은 더블 셔플과 자라는 중인 큰아이 양쪽 모두를 가리키는 다양한 용어를 시사하는 일련의 전체 구절들을, 근심의 암시들을 보여준다. 북미 평원의 한 원주민 언어인 어시니보인어를 말하는 사람들 사이에는 어머니가 새로 임신한 바람에 너무 빨리 젖을 뗀 아기나 태어난 지 1년도 되기 전에 형제를 갖게 된 아기(이렇게 정의가 계속된다)를 가리키는 단어가 전해져온다. 이것은 과부 아기에 대한 어시니보인 말의 조어이고, 앞뒤로 태어난 형제에 대한 독특한 버전이자 새로 아기가 태어난 것을 반영한 것이기도 하다.[2]

19세기 말까지 영어권에서는 젖을 막 뗀 아이를 'weanling'으로 묘사했는데 이 용어는 종종 걸음마 배우기와 연결되기도 했다. 1869년에 『로나 둔*Lorna Doone*』이라는 소설로 대중적 인기를 끈, 과거의 역사적인 로맨스 세트를 좋아한 소설가는, 엑스무어의 농가로 비틀거리며 걸어가는 한 인물을 젖을 뗀 아이 같다고 상상했다. 이유와 걸음마는, 내가 찾은 바에 따르면, 다른 문화권에서도 밀접하게 연관되었다. 19세기 초 알래스카주 시트카의 틀링깃족을 관찰한 사람들은 이렇게 말했다. "어머니가 아기가 막 걸음마를 뗄 때까지 젖을 먹인다(1817년부터 1832년까지 러시아-아메리카 회사를 관리한 키릴 클레브니코프).” 또는 “아기는 걷게 될 때까지 젖을 먹었다(해군 대령이었던 프레더릭 루트케).”[3]

1930년대 미국의 남부에서는 백인 소작농 가족 중 막내 바로 위의 아이를, 과부 아이도 젖 뗀 아이도 아닌 '무릎-아기knee-baby'라고 불렀다. 이 단어는 몸이 좀 크고 똑바로 몸을 일으킬 수 있다는 점과 약간의 자율성을 지녔음을 암시한다. 즉 싸매기에는 너무 크고, 눕거나 앉는 대신 어른 곁에 설 수 있는 아기를 지칭한다. 양가성이 부족한 것이 사실이다. 가족의 규모가 중요했던 시절에 무릎-아기에게 기대된 것은 나머지 가족이 막내를 경배하는 것에 동참하는 것이었다. 한 방문자에 따르면, 무릎-아기는 때로 갓난아기를 자신의 특별한 재산으로 간주하고, 나머지 형제들보다 어머니와 갓난아기와 더 가까이 밀착되어 있었다. 어머니가 출산하고서 누워 있을 때 무릎-아기는 의자를 옆으로 끌어다 앉았다. 그는 “이런 보초 사명 때문에 소유권을 지닌다고 생각”한다고 그 방문자는 기록했다.[4]

1946년 조지아주의 시골에서는 다른 어법으로의 전환 시기에, 한 흑인 조산사가 “그녀의” 어머니들 가운데 한 명이 “무릎 아기lap baby 한 명과 마당 아기yard baby 한 명”을 데리고 있다고 언급했다. 루 델라 갈랜드, 또는 루디라 불린 어머니는 전쟁에 나간 남편 할 때문에 두 아기와 포이즌 레이크에 머물 수 없게 된 탓에 마을로 돌아와 살았다. 할렐루야 갈랜드는 목화 수확이 끝나자 바로 떠나버렸다. 무릎 아기와 마당 아기와 루 델라의 이야기는 그 조산사에 의해 다시 전해져 한 공중보건 간호사가 기록으로 남겼다. 할의 늙은

삼촌은 어머니와 아이들과 함께 살면서, 나무를 베고, 소를 키우고, 노새로 밭을 갈았다. 루 델라는 정부가 공여한 군인 체류지에 살면서 임대료를 지불했다. "그녀는 자신과 아이들과 바보 같은 존[삼촌]을 위해 식량과 의류를 배급받았지만, 정부 돈은 한 푼도 낭비하지 않았어요. 그러면서도 집을 깨끗하게 유지했고 멋진 정원도 가꿨어요."[5]

나는 그 어법이 생생하게 다가오도록 잠시 정지한다. 1946년 어느 뜨거운 오후, 조산사는 마당 아기가 "멋지고 깨끗한 정원 흙을 가지고, 루 델라가 정원 울타리 옆 멀구슬나무 이파리로 만들어준 앞치마를 두른 채" 놀고 있다고 묘사한다. 멀구슬나무 이파리는 잎맥이 레이스처럼 정교한 짙은 녹색에, 튼튼한 줄기는 실로 꿰기 좋고 사향 냄새가 났다. 무릎 아기는 "그늘 속 커다란 목화 바구니 안에"서 있었다. 때때로 루 델라는 무릎 아기를 바구니에서 꺼내 "쉬면서 무릎 아기와 마당 아기와 함께 놀았다."

과부 아기, 무릎-아기, 마당 아기, 무릎 아기. 이 용어들은 많은 문화권에서 형제간 경쟁이 예상되는 바였음을 암시한다—어시니보인족, 빅토리아 시대 노동 계층, 틀링깃족, 그리고 나 자신이 속한 문화권까지—그러나 전부 그런 것은 아니다. 나의 과부 아이에 대해 말하자면, 그는 내가 젖을 먹이려고 앉기도 전에 의자로 달려가고, 갓난아기를 팔에 안고 앉아 있으면 내 엉덩이 옆에 자기 엉덩이를 대며 알랑대기도 한다. 아기한테 스티커를 잔뜩 붙여놓기도 하고, 아기 머리를 쓰다듬으면서 대학생의 대답 같은 것을 기대하기도 한다. 밤에는 대들다가, 아기 우는 소리를 들으면 또 아기에게 더 자상하게 뽀뽀해주고 싶어 한다. V야. 그는 아기의 이름을 부드럽게 부른다. 나는 우리가 딱 맞는 이름을 골랐다고 본다.

그렇다면 갓난아기는? 그는 안정적이고 개방적이고 만족해한다. 그것이 나의 최초의 인상이다. 첫아이는 완전히 폭풍 같고 예민해서 나의 집중적인 보호를 요구했다. 이 새로운 아기는 내가 지금까지 알고 있던 아기가 아니다. 그는 아직 내가 알지 못하는 엄마 노릇을 필요로 한다. 한때 나는 달걀껍데기 위를 걷는 심정이었다. 지금은 별로 그렇지 않다.

이 아기가 태어나기 전 얼마간 나는 어법이나 어휘뿐만 아니라 더블이나 곱절의 셔플 장면을, 첫아이가 자라는 옆에서 함께하는 갓난아기를 찾고 있었다.

샐리 윌리엄스는 1820년대 초 노스캐롤라이나의 페이엣빌 근처에 살았다. 그녀는 두 아이 모두를 데리고 논으로 갔다. 울타리를 넘고 목초지와 플라타너스 나무를 지나는 긴 도보 여정이었다. 그녀는 가끔 큰아이 이삭을 등에 안전하게 매고, 아기는 옷 속에 집어넣어 앞쪽에 묶었다. 어떤 때는 치마 앞쪽을 말아 올려 거기에 아이를 두기도 했다. 샐리는 아기들을 노예 구역의 자기 집에 두고 싶지 않았고, 울타리 옆이나 산마루를 따라 난 들판에 놔두고 싶지도 않았다. 뱀이 기어 다닐지도 몰랐다. 그녀는 열일곱 살이었고 키가 컸으며, 5년간의 들판 노동으로 단련된 신체를 지녔다. 남편 에이브럼은 이웃 농장에서 노예로 일했고, 어머니는 다른 곳에서 하녀로 일했으며, 아버지는 팔려 갔다. 정오에 그녀의 수유와 들판 노동을

지원한 음식은 빵과 고기와 익힌 쌀이었다.[6]

1849년 12월, 미국의 동부 해안. 오거스타 냅의 남편 기디언은 캘리포니아로의 골드러시 대열에서 자신의 운을 시험하고 있었다. "나는 하루 종일 혼자 지낸다"라며 그녀는 일기에 다음과 같이 짤막하게 썼다. "외롭다고 말할 수는 없다. 나는 아이들과 앉아, 엄청나게 많은 것을 읽어준다. 이토록 사랑스러운 두 아이와 함께하면서 외롭다고 말해선 안 된다." 그리고 덧붙였다. "짜증이 자주 나 걱정이다. 아이들이 나를 방해하고 성가시게 한다—애들이 그렇게 하려고 한다." 이 같은 19세기의 일기와 편지는 훨씬 많다. 한 번, 두 번, 그 이상으로 증폭되는 방해의 장면이 그 안에 들어 있다.[7]

1899년 2월 18일, 조지아의 윈스 방앗간. 사소한 농장일을 거드는 한 백인 부부의 아내 매그놀리아 르 귄은 작은 메모장을 집어 들었다. "제가 여기에 남기고 싶은 기쁨을 발견할 때마다 그것들을 적어봤어요." 그녀는 세 살배기 아이 하나와 이제 막 돌을 지난 아기 하나를 키우고 있었다. 큰아이 애스큐는 4.5킬로그램쯤 나갔다. "'최고의' 아기 중 하나예요. 잠을 아주 많이 잤어요. 정말 조용했죠. 혼자서도 잘 놀았고요. 종종 그를 릴이나 제인 밀러에게 맡겼어요." 생후 석 달밖에 안 되었는데도 그랬다고 매그놀리아가 말했다. '제인 이모'라고 불린 제인 밀러는 흑인 세탁부이자 가족의 '도우미'로 밝혀지는데, '이모'라는 호칭은 아더마더링이라는 지역 관습으로 전해진 산물임이 분명하다. 새로 태어난 아기인 프레드는 4.5킬로그램이 되는 데 한 달이 걸렸다. 생후 7개월에 이 하나가 났고, 혼자 앉지 못했다. 메모장의 서두에 그는 의자에 기대설 수 있고 이가 여

덜 개 낳으며 제발, 엄마, 아빠, 야옹이 정도를 말할 수 있게 되었다고 쓰였다. 애스큐와 달리 프레드는 자기에게서 쉽게 떨어지지 못했다고 매그놀리아는 기록했다. 애스큐는 말도 일찍 시작했고 비상하리만큼 똑똑했는데, 프레드는 초기 언어는 "노래하는 것처럼 좀 느리고 질질 끌었어요." 전개되는 일기는 길고 좁은 기록원장과 농사 회계 장부가 뒤죽박죽 섞여 있었고, 어린 아기들은 가장 손이 많이 가는 존재로 그려졌다. 매그놀리아는 "아기가 걸을 때까지 내 시간이라곤 전혀 없었어요."[8]

1902년 도싯. 비올라 뱅크스가 고용한 유모가 아기인 랠프와 같이 잠들었다. 킹스턴 레이시의 거대한 영국 영지에서 태어난 첫 남자아기인 랠프는 소고기구이와 모닥불과 폭죽으로 환영받았다. 이제 한 하녀가 아기의 누나인 비올라를 돌보게 되었는데 유모보다는 급이 떨어지는 돌보미였다. 귀족의 위탁모들 사이에서 더블셔플은 사회적 성별과 지위에 대한 기대에 맞춰 형성되었으며, 아이의 풀 먹인 옷이나 하인 구역의 놋쇠 종소리만큼 엄격했다.[9]

20세기 중반 런던에서 노동자 계급의 램버스 지구에 살던 바이올렛 해리스의 말이다. "제가 레나를 가졌을 때 저는 또 다른 가여운 아이—나이도 모르는—를 침대에 뉘어 종일 돌봐야 했어요. 알다시피 계속 울어대죠. 또 다른 아기도 있었는데 […] 갓난아기보다 더 신경 썼어요." 이렇게 형제끼리 터울이 별로 안 지는 아기들은 그 동네에서도 줄어들고 있었다.[10]

1960년대 노팅엄, 아기의 일정을 관리하는 노동자 계층의 습관에 익숙한 여성들이 둘째 아이에 대해 더 유연해졌다. 한 가구공의 아내는 이렇게 생각했다. "제인과는 아주 정확하게 짜인 일정대로 지냈어요. 시계처럼 정확했죠. 아기가 자고 있으면 깨웠어요. 하지만 폴에 대해서는 마음이 바뀌었어요. 처음부터 더 긴장을 풀고 지냈어요. 하나를 키워봤으니까 그랬던 것 같아요. 별로 걱정할 필요 없죠 뭐." 걱정이 덜어진다는 것을 나도 안다. 개개의 여성이 경험이 많아지게 되면 시간 관리에 대한 태도는 종종 똑같은 방향으로 가곤 했다. 오스트레일리아의 탄광촌 원타기로 이주한 영국인 이민자들도 엄격하게 규칙을 적용했던 첫아이 이후로는 좀 더 자신에게 편안한 방식으로 아이들을 키웠다.[11]

1980년대 중반 런던. 입양에 대해 개방적으로 글을 쓰던 몇 안 되는 20세기 어머니 중 하나인 진 래드포드는 둘째 아기의 입양에 대해 기록해두었다. 1980년에 "영국인 어머니와 카리브해 출신 아버지" 사이에서 태어난 그녀의 딸은 동생을 갖고 싶다고 떼를 썼다. 진은 회의적이었다. 그녀와 남편은 너무 늙었고 또한 완전한 백인이었으며, 다른 인종 간 입양 정책이 최근에 흑인 입양자들에게 유리하게 변화했다. 그러나 한 통의 전화와 생후 3개월의 남자아기의 입양이 모든 것을 바꾸었다. "또 다른 기회였고 또 다른 기적이었으며 우리는 선택되었다고 느꼈다." 이번 상황은 더 도전적이었다. 아기가 양모와 아주 안 좋게 헤어졌고 끊임없이 울어대는 바람에 딸아이가 아기를 돌려보내자고 할 정도였다—마음속으로 자기만을 위한 아기를 갖고 싶었지, 부모의 사랑과 관심을 두고 경쟁하고 싶지는 않았던 것이다.[12]

1980년대 말 켄터키 동부에선 두 살에서 네 살배기 아이들의 반 이상이 여전히 어머니 곁에서 자곤 했는데, 어떤 아기는 새로 갓난아기가 태어나는 바람에 자기 침대로 옮겨 가야 했다. 여러 가지 이유가 있었다. "이제 시간이 됐어요." "침대가 너무 좁아서요." "우리가 잠을 잘 수가 없었어요. 둘 다 일하러 가야 하니 잠을 자야죠." 한 아이가 침대를 떠나는 것에 대한 감정은 폭넓은 것이었다. "너무 걱정돼서 밤 내내 몇 번이나 확인해봤어요." "불이 나면 어쩌나 생각도 들고, 뭔가 끔찍한 일이 애한테 생길까 겁나더라고요." "아이가 보고 싶었어요." "좋았어요." "다행스러웠어요." "내가 갈 수 있을 때마다 아이한테 살금살금 돌아가려고 해요."[13]

K는 보통 밤마다 M에게 간다. 또다시 찾아온 이 피로 속에서 나는 다행이라고 느낀다. 둘 다 보고 싶다. 그러나 내 귀와 몸은 아기의 소리에 가장 적합하게 맞춰져 있다.

딸 만 세 살이 되자 나의 과부 아이는 17세기 영국 사람들이 남성의 두 번째 단계라고 생각한 것을 획득했다. 근대 초 인생 주기의 단계에서 최소한 남자아이와 엘리트계급에 있어 첫 번째로 연상되는 것은 강보에 싸인 아기의 모습이고, 두 번째는 곱슬머리 어린 아이가 방망이와 공 또는 흔들 목마를 타고 노는 모습이다. 유아기. 그러고서 유년기의 보다 위대한 역량이 시작된다.[14]

17세기 영국 사람과 뉴잉글랜드 식민지 주민 사이에서 어머니는 이렇듯 아주 어린 아이에게 아주 가벼운 일을 시키곤 했다. 1604년경에 태어나 나중에 매사추세츠주의 식민지 주민이 된 토머스 셰퍼드는 거위를 살피라고 보내졌을 때 세 살이었다. 아이들이 역량이 되리라는 추정은 다른 시대와 장소에서도 마찬가지다. 예를 들어, 2차대전 이전의 어촌 골스피에서는 세 살짜리 아이가 해덕을 훈제할 전나무 열매를 모으거나, 닭장에서 달걀을 가져오거나, 어시장인 빌링즈게이트로 갈 다음 수송품을 위해 해변에서 고둥을 줍도록 보내졌다. 여성 어부의 아이들은 준비할 것이 많지 않은 오트밀 아침 식사를 스스로 준비해야 했다. 오트밀에다 뜨거운 물을 붓고, 버터나 소금을 약간 치는 정도로.[15]

17세기 예수회 선교사인 폴 르 죈느, 알곤킨족 사람들이 어린아이는 나쁜 짓을 저지를 수 없다고 여기고 아이에게 벌 주기를 거부하는 것에 충격받았다. 그 논평은 원주민의 방식에 대해서뿐 아니라, 근대 초기 유럽인들이 어린아이에게 기대했던 것에 대해서도 우리에게 많은 것을 알려준다.[16]

19세기에 노예화된 어머니들은 보통 아기가 두 살에서 네 살일 때 젖을 뗐는데, 이는 서아프리카의 이유 관습이었다. (모유를 대신하는, 옥수숫가루로 만든 저단백질 식단이 사용되지 않았다.) 농장주들은 이러한 늦은 이유 관습을 저지했고, 1년 이상 가는 것을 아주 드물게 '허용했다.' 그러나 노예 아이가 어머니와 강제로 헤어지는 것은 두 살 혹은 서너 살보다 훨씬 나이를 많이 먹고 나서였다. (아홉 살에서 열두 살까지가 가장 흔한 나이였으리라는 것을 나는 알게 된다.) 나는 다음의 적나라한 사실에 잠시 멈춘다. 1850년대 앨라배마 같은 남부의 여러 주에서는, 북부의 노예제 반대 운동이 거세진 것에 부응하여, 노예제를 명시하는 많은 법 중 완화된 법적 조항으로서, 다섯 살 이하의 아동 판매를 불법화했다. 그래서

일반적으로, 늘 그런 건 아니지만, 나이를 더 먹어야 했다.[17]

판단이 가능하다는 것이 종종 정확한 숫자보다 더 중요하다. 20세기 초 오지브와족 사람들은 아이의 나이를 보통 연 단위로 세지 않았다. 걸음마쟁이toddler(내가 쓰는 말로, 19세기 초부터 영어권에서 사용되던 용어)는 "기억을 할 수 있을 정도의 나이"나 "어떤 지각을 갖게 되기 전"을 묘사했다. 한 서구 인류학자에 따르면 오지브와족에게 말귀를 알아듣는 나이는 네 살에서 다섯 살이었다.[18]

아이들은 이야기를 듣고 말하기 시작할 때 시간과 공간의 특수성에 대한 파악이 분명히 증폭된다. 대부분 잘 시간에 여전히 나는 M에게 호랑이가 차 마시러 오는 이야기를 읽어준다. 아니면 고양이 모그가 밤도둑을 훼방 놓은 이야기―내 어린 시절의 또 다른 이야기에는 찻주전자와 차 한 잔 나눈 내용, 도둑이 친절한 경찰과 모그의 인간 가족들 주변을 어슬렁거리는 내용이 포함되어 있다. K는 그 이야기들이 복잡하기 짝이 없는 영국식이라고 생각한다. 이야기는 아이가 문화로 진입하는 방식이며, 아이만의 언어와 맥락을 갖는다.

18세기의 마지막 10년에 뉴저지에 살던, 피터 휠러의 노예화된 어머니는 그를 무릎에서 다독이면서 아프리카 태생의 증조부가 사슬에 묶여 아메리카에 끌려온 이야기를 들려주었다. 세대를 거쳐 내려오면서 카토바의 어른들은 아이에게 야수가 밤에 아이를 요람에서 꺼내 가거나, 말리려고 내놓은 옷들을 건드린다고 경고했다.[19]

아주 어린 아이들조차 그들이 느끼고 목격하는 세계에 대해 정확한 목소리를 낸다. 빅토리아 시대의 한 아이는 죽음에 대해 물었다. 하느님이 착한 사람들을 천국으로 데려갈 때, 그들을 밧줄로 묶어 끌고 가나요? 애석하게도 17세기, 18세기, 19세기의 위탁모들과 하인들은 아이들의 얘기 듣는 것을 질색했다. 1920년대 시카고와 뉴욕의 아이 보는 하녀들은 이런 얘기를 들었다. "나를 즐겁게 해주는 것으로 돈 받는 거잖아요." "이리 와서 나한테 이 책 좀 읽어 줘요." "당신이 어떻든 하녀일 뿐이잖아요. 당신이 말하는 걸 내가 따를 필요는 없어요." "나에 대해 아무것도 없잖아요"라는 말은 애 보는 하녀의 해석에 따르면, '당신은 내게 뭘 하라고 말할 권리가 없어요'라는 뜻이란다. 아기는 아무리 힘들어도 모욕을 주지는 않았다.[20]

아이 보는 하녀의 보살핌을 받는 더 큰 아이가 아기에게 영향을 주었다는 것을 나는 의식한다. "아기가 가끔 뮤리얼의 속임수를 써요"라고 진이라 불린 하녀가 말했다. "이따금 아기가 나를 '그녀'라고 불러요―쉬 소리를 내면서―딱 뮤리얼이 그랬거든요."

나는 큰 도로변에 있는 카페에 앉는다. V를 내 가슴에 묶으니, 그의 냄새가 콧구멍으로 들어온다. 나는 따뜻한 커피를 옆으로 조금씩 홀짝거리며 마신다. (뜨거운 음료를 아기의 머리 위에서 마시면 안 된다.) 이 아기는 피곤할 때 그럴듯하게 하품한다. 그리고 몇 주 지나 자기 눈을 친다. 그는 고요히 세상 안팎을 드나든다. 어떤 충동을 나는 알아챈다. 그것이 우리가 서로 발견하기 시작하는 지점이다.

21.

시간을 항해하기

삶이 닥쳐오는 대로 꿋꿋이 살아내는 것. 이것은 내가 아니라, 카페에 자주 가는 한 은행원이 아기를 키우는 수개월을 씁쓸하게 묘사한 방식이다. 그녀의 아기는 낮잠을 잘 안 자고 아주 가벼운 소음에도 깨어난다. 그녀는 불평하지 않는다. 그녀의 목소리는 나도 아이를 키우면서 알게 된 매사에 긍정적인 톤이다. 이것을 모성을 다룬 철학자 사라 러딕Sara Ruddick은 '회복력을 지닌 활기'라고 불렀다. 우리는 과거로부터 물려받은 시간을, 그리고 우리에게 주어진 아기를 우리만의 방식으로 항해한다.[1]

아기 카페—국립보건기구가 정한 용어—는 아기 체중 측정 클리닉, 수유 센터, 사교실로 나누어져 있다. 내가 여기서 V와 함께 만나는 사람들은 대개 처음 어머니가 된 이들이다. 적잖은 아기들이 내가 첫 아이와 드나들던 커뮤니티 센터에서 본 아기보다 개월 수가 많다는 것은, 21세기 영국의 출산 휴가가 미국보다 길다는 것을 보여준다. 카페는 많은 방문자에게 열려 있다. 지역 자동차 공장에 취직한 파키스탄 이주민 1세대의 딸, 어느 대학원생, 슈퍼마켓에서 일하는 이웃, 요사이 젠트리피케이션의 바람을 맞는 빅토리아 시대풍 테라스와 1930년대의 다닥다닥 붙은 주택들로 이뤄진 지구에 사는 변호사에 이르기까지. 나는 V의 체중을 확인하거나, 나 자신을 위해서나, 다른 누군가에게 세라 같은 친구가 되어주기 위해 가끔 이곳에 온다. 방 건너편에선 누군가 청원서를 돌리고 있다.

유아기의 이런 시간을 항해하는 것—그리고 나에게 그 짧은 시간은, 사는 데 있어서는 느릿하고 사라지는 데 있어서는 빠르다—은 대개 관리하고 어울리는 일의 문제, 즉 삶의 각 시기마다 살아내는 일의 문제이다. 아기를 돌본다는 것은 힘든 노동이다. 아기를 안으려면 종종 두 손이 필요하다. 아주 작은 아이들을 키우는 것은, 정치에서 대세를 바꾸고 혁명을 일으키고 개혁을 추구하고 문학과 예술을 창작하는 일로 이어질 개연성이 희박하다. 아마도 그것들은 나중에 새로운 통찰력이나 열정, 우선권이나 기술을 지닌 활동이 될지 모른다. 열정적이면서 아이를 가진 적이 없었던 19세기 여성 참정권 운동가 수전 B. 앤서니Susan B. Anthony는 기혼 동료들이 아이 양육의 끊임없는 일과에서 스스로 벗어나 대의를 위해 더 일해야 한다고 목소리를 높였다. 에이드리언 리치는 1960년대에 자기 아이들의 유년기 동안 성난, 그러면서도 부드러운 일기를 매일 썼지만 1976년이 되어서야 장황하고도 민중 선동적인 저서 『더 이상 어머니는 없다Of Woman Born』를 출판했다.[2]

그 청원서가 은행원과 나에게 왔다. 정부의 예산 감축이 베이비 카페들을 위협한다는 내용이다. 클립보드 뒤에서 그 여성이 우리에게 서명해달라고 부탁한다. 가끔 시간을 항해하는 것은 물려받은 삶의 시기들을 살아내는 것 이상이다. 가끔 유아기와 그 시절을 항해하는 것은 현재의 변화를 추구하는 것을 포함한다─뭔가 방어하거나 보호하는 것, 또는 뭔가 발전시키거나 창출하는 것을 말이다. 나는 박물관 벽에 있던 화가 제니 사빌의 거대한 목탄화 인물들을 떠올리며, 그림물감을 목탄으로 바꿈으로써 그녀가 어떻게 과거를 재배치하고 모성을 재해석했는지 생각해본다. 그녀는 아기가 태어났을 때를 '날아가는 것' 같다고 표현했다. 지금 내 앞에서 클립보드를 든 여성이 안은 아기가 등을 구부려 V의 얼굴 쪽으로 손을 뻗다가 놓친다.

과거는 언제나 현재에 있고, 현재는 계속해서 움직이고 있다. 그들의 엄마 노릇 하기는 어떻게 그들의 시대를 가장 활동적으로 항해했을까?

아마도 시대를 활동적으로 항해하는 가장 잘 알려진 형태는 큰 소리의 집단적 조직, 즉 있는 그대로의 세계를 의도적이고 가시적으로 다시 상상하고 다시 만드는 것일 것이다.

1917년 유대인들이 사는 뉴욕의 동부에서 클라라 샤벨슨은 세 살짜리 아들과 갓난아기 딸을 키우고 있었다. 그녀는 서른 살이었고 사람들과 얘기하고 노래하고 논쟁하는 것을 좋아하는, 연극적인 스타일의 인물이었다. 젊은 시절에 그녀는 블라우스 제조사들의 워크숍에서 블라우스 제작자의 봉기를 조직하고 이끌어 그 공로로 블랙리스트에 이름을 올렸다. 이제 그녀는 넥타이 상점에서 파트 타임으로 일하며 브루클린의 브라운스빌에서 여성 참정권 운동가이자 어머니이자 노동조합원 조지프 샤벨슨의 아내로 살고 있었다. 남편인 조지프의 유대인 활동가 가족은 1905년 러시아 혁명에서 실패하고 미국으로 이민 왔다. 브라운스빌은 오랫동안 유대인 이민자들의 게토이자 정치적 행동주의의 온상이었다.[3]

클라라 샤벨슨의 동시대인들은 그녀를 점화 플러그로 생각했다. 그녀는 자기 아이들을 집회에 데리고 다녔고, 임대료 인상 반대 파업을 조직했으며, 다른 연설가도 많았던 동네에서조차 '가두 연설가'로 유명했다. 1917년 뉴욕시에서는 임대료가 문제였다. 1차대전 기간에 건물 건설업의 일시중지로 주택 공급이 부족했고, 임대료를 지불할 수 없던 가족들은 다른 곳으로 이사 갈 엄두도 내지 못했다. 그 와중에 인플레이션으로 많은 미국인 노동자로서의 삶의 질이 떨어지고 있었다. 퇴거 반대를 외치는 시위대는 브라운스빌 거리를 가득 메우면서, 이디시어와 영어로 임대료 지불 거부를 선동하는 현수막을 들고 다녔다.

클라라의 원래 의도는 가정주부의 노동조합을 만드는 것이었다. 즉 그녀는 가정주부들의 조직이 소비자 운동과 주택 공급 문제에 초점을 맞추면, 산업 노동자 노조가 노동계급 투쟁에 중요한 것만큼이나 큰 역할을 할 수 있을 것으로 생각했다. 한 관찰자인 소피 제르송은 다음과 같이 회상했다. "확성기가 없었다. 아주 튼튼한 폐가 필요했다. 그러나 그녀의 연설에서 사람들을 주목시키는 것은 열정과 신념이었다." 그리고 덧붙였다. "그녀는 아주 단순한 좌우

명을 내걸었다. […] 그녀는 진실을 말하면 사람들이 귀 기울일 것이라고 했다."

샤벨슨은 그녀의 아이들이 아주 어릴 때 1930년대 가정주부 운동 조직의 기반을 다지는 데 조력했다. 이 운동은 노동계급 어머니들이 스스로 소식을 즉각 들을 수 있도록 굳건한 정치 조직을 창설하자는 캠페인이었다. 한 활동가가 설명한 바에 따르면, 그 시절에 모성 이데올로기를 밀어붙이고 확대하면서 그들의 공간은 "집이면서도 그 집은 예전처럼 더 이상 고립된 한 단위가 아니었다. 집에서 잘 지내기 위해서 오늘날의 여성은 그 집이 기반한 정치적이고 경제적인 기초를 이해해야만 하고—그다음에 뭔가 행동할 수 있다." 클라라처럼 이 행동주의자도 공적 삶과 사적 삶 사이에는, 그리고 자신의 아이를 보살피는 일과 남의 아이를 보살피는 일 사이에는 어떤 경계도 없다는 사실을 인식했다. 1930년대 미국 가정주부의 운동은 오늘날 별로 알려지지 않았지만, 뉴욕에서 시애틀까지, 버지니아주 리치먼드에서 로스앤젤레스까지, 그리고 그 사이의 수많은 도시와 농촌 마을에까지 영향을 미치면서 어머니와 아이들의 더 나은 삶의 질을 요구했다.

클라라 샤벨슨은 목소리를 키우고 활약을 가시화하면서 엄마 역할과 행동주의를 연이어 알렸다. 갓난아이를 데리고 그 시절을 항해하는 색다른 형태는 고요한 저항이나 냉정한 거부이다.

1896년에 창설된 미국 인디언 사무국은 특히 1910년대에 콜로라도 남서부에 현지 간호사를 보내 그곳의 우트족 보호구역 원주민의 삶을 '고양'시키고 '문명화'시키게 했다. 문화변용 사업은 문명화의 논리를 전개하는 가운데, 원주민의 육아 방식도 변화시켜야 했다. 우트족은 핵가족으로 집에서 살아야 했고 양육은, 과학적 살림과 소비재와 위생에 정통한 젊은 '진보적인' 여성들에게 맡겨야 했다. 이 안건은 1917년에 간호사 조지핀 벨트가 선보인 전시품에 요약되어 있다. 집에서 바느질한 아기 옷, 아기와 걸음마쟁이를 위한 음식, 방충망이 달린 아기침대, 놀이울뿐만 아니라 아기를 목욕시키는 법과 아기에게 뜨거운 물 주는 법도 실제로 보여주었다. 또한 고무 젖꼭지에서 '막과자'에 이르는 '부적절한 품목들'도 전시되었다. 벨트는 강연에서 부적절한 물건에 지게 요람도 포함시켰다.[4]

일부 우트족이 그 전시를 보았고 강연에도 참석했다. 그들은 가사 대회에 나가기 위해 구슬을 단 아기 옷을 만들어 전시했다. 어쨌든 미국 인디언 사무국 기록의 행간을 읽어보자면, '반동적인 원주민 여성들'과 진보 결여에 대한 불평이 반복된 것은 우트족 여성들 역시 평등주의적인 확대가족 안에서 아이 키우기를 계속했음을 암시한다. 공동 육아를 하고, 농사를 짓고, 가축을 키우고, 야생 식품을 채집하고 가공하고, 눈살을 찌푸리게 하는 문제의 지게 요람으로 아기를 나르면서. 많은 이들이 티피를 떠나 커튼과 아기침대가 구비된 정착형 거주지로 옮기는 데 관심이 없었다. 당장 요긴한 위생 습관은 받아들였고, 재봉틀과 세탁기 같은 노동 절약형 기구들의 이점을 받아들일 준비도 되어 있었다. 더군다나 그 기구들을 인디언 사무국 대회에서 상으로 받은 경우라면.

기껏해야, 현지 간호사와 그들의 상급자들이 유리한 쪽으로 슬쩍 차용했고, 최악의 경우엔 적극적인 저항이 있었다. 1920년까지 간호사들은 사라져갔고, 문명화 프로그램은 실패로 끝났다.

현재를 활동적으로 항해하는 최종적인 형태는 비밀스러운 창의성, 즉 호기심 많은 역사학자를 위해 뒤에 최소한의 증거를 남긴 활동들이다.

시간을 빨리 감아 1980년 시애틀로 가보자. 메이디 니켈레는 자신이 임신할 수 있게 되자 곧바로 레즈비언들이 부모가 될 수 있도록 돕기 시작했다. 아들 조던이 태어날 즈음 그녀는 자신의 임신을 가능하게 했던 풀뿌리를, 즉 입으로 전해지는 도시 네트워크를 확장하기 시작했다. 그녀는 다른 레즈비언 여성들이 스스로 정액을 주입하도록 도왔던 지역 여성 건강 클리닉에서 일한 여성에게서 방법을 배웠다. 이제 메이디는 게이 남성들에게 정자기증을 부탁하여 임신을 원하는 다른 레즈비언에게 정자를 배달했다. 결국 그녀는 시애틀 레즈비언 자원 센터에 정액주입과 육아를 강의하는 '아기 만들기' 수업을 열었다.[5]

1980년 레즈비언과 비혼모에 대한 기존의 편견은 이들이 어머니로 적절하지 못하다는 주장을 견지했다. 의사들은 정액을 주입하는 레즈비언 또는 부부생활 외의 방식으로 태어난 아이를 보조하는 것에 대해 이른바 의학 윤리 문제를 제기했다. 메이디는 1980년 이후 6년 동안 약 20건의 정액주입을 도와 출산으로 이어졌다고 추정한다. 지역의 레즈비언 커플에게서 태어난 많은 다른 아기를 고려할 때 그녀는 다른 사람 역시 레즈비언의 임신을 비밀리에 보조했으리라고 본다. 이러한 지하 네트워크들은 재생산의 자유가 게이 남성과 레즈비언 여성, 양쪽 모두의 시민권에 관계된 사안이라는 데 대한 공감에 기초하여 두 집단의 유대를 구축했다. 메이디는 이성애자 남성과 달리 게이 남성은 레즈비언이 어머니가 되는 것에 전혀 불쾌감이 없기에 기꺼이 정자를 기증한다는 사실을 알았다. 그녀는 자신이 부탁한 게이 남성들은 "그들이 그 가족의 일부가 아닐지라도 가족을 만들도록 돕는 것에" 열광했다고 기억했다.

과거는 언제나 현재 안에 있고, 현재는 계속해서 움직인다. 이따금 엄마 노릇 하기의 날재료들은 정치나 행동주의나 역사적 변화나 전통 수호라는 이름으로 부르는 영역으로 쏟아져 들어가면서 확장을 거듭한다.

아기 카페에서 그 은행원이 V와 나를 향해 짧은 미소를 보내며 밖으로 나간다. 나는 한 손을 풀어 청원서에 서명하고, 다음에 할 일을 적은 간단한 인쇄물을 읽는다. 아기를 당신의 앞쪽에 매달고서 시위에 참여하는 것은, 어른들의 근심을 알아보고 구호를 읽을 수 있는 더 큰 아이를 데리고 참여하는 것보다 쉽다.

내가 모은 사료에는 갓난아기를 옮기고 돌보는 것에 대한 어떤 선언도 없다. 아마도 나는 선언문을 작성하는 유형이 아닐 것이다. 나는 어머니의 권위와 경험에 기초한 정책도, 모성주의를 보수적인 시대의 페미니즘으로 보는 것도 경계한다. 그러나 내가 틀렸을 수도 있다. 명사를 동사로, '어머니'라는 정체성을 '엄마 노릇 하기'라는 행동으로 바꿔보라. 전망이 아주 다르게 보일 것이다. 후기 자본

주의하에서 모든 종류의 돌보는 이들—입양모, 생모, 고용된 위탁모, 또는 여성, 남성, 레즈비언, 게이, 성전환자, 그리고 그 밖의 사람들—이 외치는 돌봄에 대한 옹호는 실제로 광범위한 연합체를 구축할 수 있다. 21세기는 우리의 발밑에서 여전히 요동치고 있다.

그 밤의 끝에서

갓난아기는 더 이상 그다지 새롭지 않다. 그는 '밤새도록' 자기만 했다. 그 기적 같은 구절은 성인의 완전한 여덟 시간 수면을 의미하지는 않지만, 나는 충분히 쉬었고 놀랍도록 머릿속이 맑고 산이라도 움직일 준비가 되었다고 느낀다. 나는 V가 자기 몸을 수직으로 흔들면서 처음으로 끙끙거리는 소리를 내기 직전에 새들의 합창 소리와 함께 깨어났다. 어둑어둑한 아침 6시 반이다. 오크 나무 잎이 침실 창 가까이 펼쳐지고 있다. 내가 아기침대로 가자, 그가 한 팔로 수유 의자를, 다른 팔로 기저귀 더미를 가리킨다. 날이 갈수록, 우리의 일상적 습관에 통달해가는 것에 만족해하면서.

작은 의식들을 마치고서 내가 아기 발을 땅에 놓고 세우자 그가 엄청난 속도로 복도를 따라 나간다. 쉬쉬, 형을 깨우지 마라. 현관 창을 통해 새벽빛이 흘러들어와 아기를 솜털 후광을 두른 하얀 실루엣으로 바꿔놓는다. 일순간 그는 세상의 모든 아이가 된다. 작고 특징이 없고, 문화와 역사 바깥에 있는.

그러나, 물론 아니다. 모든 어머니라는 게 없듯 모든 아이라는 것도 없다—단지 엄마 노릇 하기에 대한 동사, 제각기 독특한 역사를 지닌, 포착된 한 더미가 있을 뿐. 나는 그것으로 기쁘다. 아기를 데리고 다니고 돌보는 것이 그 나름의 역사를 지닌다는 사실, 어머니의 잠이 그 나름의 역사를 지닌다는 사실을 알게 되어 기쁘다. 그 엄마 노릇은 복수이고, 시간과 장소와 상황에 따라 다르다. 이 역사들을 찾아내는 것은 국회의 논쟁이나 의회 법규에 대해 아는 것만큼이나 중요하다고 이 마지막 순간, 나는 느낀다.

역사적 망각은 우리를 묶는 직물에 구멍을 남긴다. 오로지 지나치게 쉽게 반복의 강요에 의해 자연스러워 보이는 것들은 잘못된 지위를 차지한다. 오래된 잘못된 확실성에, 혹은 보편적인 것에 호소하는 것은 오류를 계속 유지시킨다. 지금 너무 쉽게, 이렇다고 말하는 것은, 이러했고 항상 이래야만 했던 것이 된다. 잊어버리는 것, 과거를 잊는 것은 건강하지 않다. 역사적인 기억하기는 사안을 더 크게 만들고, 더 열린 결말을 만든다.

일순간 쏟아져 들어오는 빛이 아기의 실루엣의 윤곽을 드러내고 그 그림자를 나무 마룻바닥을 따라 내 쪽으로 뻗어 늘인다. 그때 아기가 나도 오고 있는지 보러 등을 돌린다. 코를 찡그리며, 나에게 우리의 아침으로 오라고 손짓한다.

감사의 말

많은 사람들이 이 책의 산파 역할을 했다. 로먼 크르즈나릭과 케이트 레이워스는 좀 더 폭넓은 독자들을 위해 글을 쓰도록 용기를 주었다. 잰클로 앤드 네즈빗에 있는 나의 런던 에이전트인 레베카 카터는 한 아이디어에서 잠재성을 보고는, 미완성 원고의 편집자 역할을 도맡았고, 그녀의 멋진 뉴욕 동료인 엠마 패리의 영향권으로 나를 데려갔다. 내가 글쓰기를 시작하자, 아르웬 도나휴, 제니퍼 플라이스너, 알렉산드라 셰퍼드, 바버라 테일러가 각 장을 읽고 이 책의 형식과 내용을 잡아주었다. 그들의 동행은 나에게는 많은 것을 의미한다. 나는 바버라 테일러의 선례가 없었다면 일인칭 화법의 글쓰기라는 모험을 하지 않았을 것이다.

문서 보관 담당자와 사서들이 면전에서 그리고 멀리서 연구 과정에 도움을 주었다. 인디애나 대학교 문서보관소, 킨제이 연구소 도서관, 필라델피아의 도서관협회, 릴리 희귀본 도서관, 옥스퍼

400

드 대학교의 비어 함스워스 도서관, 인디애나 대학교의 웰스 도서관, 윌리 하우스 박물관, 예일 대학교 도서관에 감사한다. 또한 인디애나 대학교의 예술과 인문학 뉴프런티어 재단, 예술과 인문학 대학 연구소, 옥스퍼드 대학교의 로더미어 미국연구소, 옥스퍼드 생애기술센터로부터 연구 지원금을 받았고 연구원으로 일하기도 했다.

많은 학자와 작가가 정보나 통찰력을 주었고 몇몇 장을 읽어주었다. 주디스 앨런, 에드워드 뱁티스트, 노마 클라크, 닉 쿨라더, 패러메즈 다보이왈라, 콘스탄틴 더크스, 토비 디츠, 레슬리 던랩, 메리 피셀, 웬디 갬버, 데이비드 헨킨, 마사 호데스, 라라 크리겔, 그레타 러플러, 젠 매니언, 세실리 마스턴, 앰리타 차크라바티 마이어스, 세스 로크만, 에런 작스, 시나 세일시, 러셀 쇼토, 수전 슬리퍼스미스, 크리스티나 스나이더, 미카 스택, 데이비드 텔렌, 메리 바이스너-행크스, 엘런 우가 그들이다. 인디애나 대학교의 18세기 연구 센터, 라파엘 새뮤얼 역사 연구소, 존스 홉킨스 대학교, 예일 대학교에서 청중들의 질문이 내 아이디어를 확장시켜주었다. 애정 어린 목소리로 우정을 보여준 친구들에게도 감사한다. 에이미 딜라드, 제시 아이젠버그, 세라 허위츠, 에밀리 존스, 주디 클라인, 마이판위 로이드, 일레인 모나핸, 헬레네 느뵈 크링엘바흐, 애나 스트라우트, 카렌 우디.

샐리 알렉산더, 니키 브라운, 마리 디어, 수전 구바, 낸시 슈메이커, 스티브 스토, 조디 바덴버그-데이비스는 각각 초고 전체를 자신들의 전공을 살려 읽어주면서 오류를 잡아내고 의견을 제시해주었다. 내가 예상한 바대로 그들은 책 전체를 정확하게 읽어낸 독자였다. 런던에서는 펭귄 출판사의 베네티아 버터필드가 이 주제에 무한한 신뢰와 흥미를 보여주었다. 뉴욕의 패러, 스트라우스 앤드 지루에서 일하는 세라 크라이튼은 놀라운 편집의 마술을 보여주었다.

한 아이를 그리고 나중에는 두 아이를 키우면서 쓴 이 책은 지적인 도움 못지않게 아이를 돌봐준 사람들과 친구들에게도 많은 신세를 졌다. 조지앤 케이트로나, 스테이시 덱커, 몰리 멘도타는 귀중한 기구인 블루밍턴 지역 출산 서비스 센터에서 도움을 많이 받은 세 명이다. 가우리 알파로는, 아이가 젖을 토하는데 어머니가 신참이고 어떻게 해야 할지 몰라 할 때조차 머물러 도움을 주었다. 갠샬롬의 탁아소와 SS 메리와 존은 한 걸음마쟁이에게, 나중에는 두 걸음마쟁이에게 따뜻하고 정성 어린 돌봄 공동체를 제공했다. 에밀리 파이크는 '가족 같은' 관계가 두 아이뿐만 아니라 나에게도 많은 도움을 주는 것이라는 점을 오랫동안 보여주었다.

나의 두 아이는 내가 여기서 탐구하는 상황과 관심사를 촉진시켜주었다. 아이들이 저술에 영감을 주고 방해하는 것이 어느 정도 같은 일임이 증명되었다. 그 과정에서 아이들은 이 책에 관한 그들만의 버전을 상상하고 제목을 붙였다. '두 소년과 아기 구하기'라고.

아이를 낳기 전에, 나의 파트너는 아이들이 내 성을 따르도록 해주었다. 그것은 그가 강력하게 유지해온 사랑에 대해서뿐만 아니라 평등한 아기 양육에 대해서도 확고한 결심을 보여주는 것이었다. 이 책의 저술은, 그리고 내 인생의 다른 많은 행복한 일은 사실 그의 어마어마한 배려가 없었다면 불가능했을 것이다. 이 책을, 어마어마한 사랑을 담아 이 세 사람에게 바친다. 여기서 나는 그들의 경험이 아닌, 오로지 나만의 경험을 썼음을 밝혀둔다.

연구 방법에 대하여

동사 지향적이고, 일화에 기반하면서, 일인칭 시점의 에세이 형식으로 구성된 모성의 역사라는 것이 새로운 제안으로 보일지도 모른다. 가끔 육아와 연구를 번갈아 하며 불면의 나날을 보내면서, 아무런 사전 준비 없이 그런 방법과 형식을 불러낸 게 아닌가 싶었다. 나는 처음 아기를 가진 어머니로서 그리고 역사학자로서 가야 한다고 생각했다. 나는 동료들보다 병원 대기실과 버스 정류장에서 더 자주 대화하고 있었다. 'matrescene'—어머니가 되어가는 과정—라는 학술 용어를 대중매체에서 처음 접했다. 그러나 나중에 방법을 정리하고 공식화했다. 그러한 설명이 위치할 수 있는 역사학자들의 계보학이 있기 때문에, 그러한 사업을 돕는 다른 계통이 타당하다. 나의 접근법은, 방법론들이 다 그렇듯이 현재의 질문들—어머니의 잠의 역사란? 대개 '여성'이라고 불리는 사람들을 따로 분리하여 조사하는 것을 피해야 한다고 했던 조앤 W. 스콧이 걱정스럽게도 옳았는가?—과 이용 가능한 자료들 사이에서 나온 것이다.

왜 일화들인가? 여기서 내가 추구한 일화 제시의 방법은 세 가지 다른 기원을 갖는다. 첫 번째 기원—비중은 있으나 연속적이지 않은 계통이 있음을 지적하기 위한—은 역사적 저술의 전통으로, 17세기에 나타났으며 개인적 삶과 내면세계를 탐구하는 수단으로 일화를 채택했다. 이 저술의 전통은 중요한 남성들의 행적에 대한 관습적 집착과 대조되는 것이었다. 한 17세기 해설자의 관찰에 따르면, 보통 역사학자들은 '공공 안에서 남성들'의 행위를 염두에 두었다. 그들은 '군대에, 혹은 도시의 소요에서'의 남성을 묘사하는 것을 자신의 사명으로 삼았다. 그러나 새로운 역사학자들은 '무슨 일이 있든 그들의 벽장 문을 활짝 열어놓기를' 시도했고, '대화로' 사람들을 이해하기를, 그리고 '사람들의 내적 삶과 […] 가장 사적인 순간의 목격자'가 되기를 시도했다. 대부분의 역사학자들이 정치적 서사를 말해왔다면, 이제 몇몇 역사학자들은 개인적인 이야기와 내적 경험을 기록한 일화들을 말하게 되었다. 그 해설자는 벽장 문을 열어젖힌 이들을 가리키는 투박한 이름까지 만들어냈다. 일화-기록자anecdote-grapher라는.[i]

내가 일화를 사용하게 된 두 번째 기원은 이전 시대와 공간에서 남겨진 엄마 노릇의 흔적들이 지닌 극도로 파편적이며 단편적인 특성이다. 임신과 아이 양육에 대해 남아 있는 기록들이 너무 중구난방이라 20세기 이전의 북미와 영국을 연구하는 역사학자들은 그 점을 반복적으로 언급해왔다. 그 외에 말이 많던 청교도 뉴잉글랜드인들에 대해 루스 블로흐Ruth Bloch는 "우리는 실제 아이 양육의 관행에 대해 아무것도 모른다"라고 말했다. 어맨다 비커리Amanda Vickery도 18세기 영국 북부 엘리트들에 대해서 아무것도 모른다고 동의했다. 그녀는 이 시기의 증거들이 모두 파편화되어 우리가 알 수 있는 것이 거의 없다고 썼다. 앤서니 플레처Anthony Fletcher도 좀 더 장기적인 안목으로, 17세기의 시작부터 1차대전에 이르기까지 영국 상류층과 전문가 계층 사이에서 "어머니의 관행에 대한 기록이 드물다"라고 밝혔다. 좌절을 느끼기 십상이다. 우리는 아이 양육에 대해 "놀라울 정도로 아는 게 없"으며 관련 자료들은 "짜증스러울 정도로 빈칸이 많고 불확실하다"라고 린다 오자Linda Oja는 쓴다. 그러나 작은 파편과 간혹 덩어리 같은 이야기들이 남아, 많은 역사학자들이 정확히 또 다른 채석장으로 가는 자신만의 방식에 맞춰 발굴해낸 것들이 있다. 편지의 여담, 여행담의 장면, 노예의 서술이나 농장 사업에 대한 설명에서 사소하고 상세한 부분, 재판 기록의 부수적 정보, 또는 현대로 들어와 인류학자들의 원주민 보호구역에 대한 현장연구로 남겨진 짧은 보고서, 또는 구술사나 사회학적 조사에서의 간략한 증언이 그것들이다. 일화는 그러한 증거의 파편과 덩어리들을 다시 조망하는 방식이고, 부재를 존재로 바꾸는 방식이며, 메인 드라마를 향해 **지나가는 말로** 언급된 것이다.[ii]

　내 방법의 마지막 기원은 21세기의 모성 이론으로, 정신분석학자인 리사 버레잇서가 가장 정확하게 표현한 바 있다. 그녀는 "모성은 그 자체로 일화에 적합하"며 그 이유는 "서술에 대해 아이가 행하는 지속적인 공격" 때문이라고 설명한다. 어린아이는 자꾸 어머니의 발화에 침입한다. 어머니의 개인적 서술은 "생각하고 성찰하고 잠자고 움직이고 일을 완수하는 데 끊임없이 방해받는 수준으로 구멍 나" 있다. 이렇듯 서술이 유용한 출발점으로 받아들여지지 않으므로, 버레잇서는 일화를 해석의 기본으로 삼는다. 그녀는 방해받는 상태를 엄마 노릇 하기의 주요 조건으로 조명한다.[iii]

그리하여 나는 일화를 지식을 만드는 가치 있는 상태의 하나로 받아들인다. 즉 현재의 모성으로 생산되어, 과거의 흩어진 사료에서 이용 가능하고, 역사적 집필을 통해 견고한 계보를 지닌 지식을 만드는 것이다. 분명히 이 세 가지 기원들 간에 긴장이 있다. 예를 들어 수많은 동시대의 부모 노릇을 특징짓는 방해라는 감각은 보편적이지도 초역사적이지도 않으면서 그것만의 특별한 역사를 지닌다. 어째서 엄마 노릇 하기에 대한 사료가 주로 일화로 구성되는지에 대해, 모성이 받는 방해가 유일한 설명은 아니며, 심지어 주요 이유도 아니다. 그러나 이러한 기원의 세 가지 지점에 대한 관찰은 결정적인 지점을 밝힌다. 일화를 날것이나 불완전한 것으로 생각하지 말고 정확히 필요한 것으로 생각해보자. 하나의 역사적 해석은 디테일의 격자 구조물이 느릿하게 축적된 가운데 있을 수 있다. 일화들을 나란히 놔보고, 대조해보고, 잠시 멈춰보고, 시리즈로 엮어보면 비교와 부착에 의한 완전한 역사 해석을 만들어낼 수 있다.

어째서 동사 지향적이며, 그리고 일인칭 시점의 형식인가? 물론 동사들은 일화와 특별한 관계를 갖는다. 하나의 일화는 전형적으로 하나의 장면을 펼쳐 보이거나, 한 사람 또는 일군의 사람들을 행동하고 존재하고 느끼고 생각하는 행위들을 통해 보여준다. 동사들은 언제나 우리가 시간을 어떻게 사용하거나 어떻게 살아내는지를 나타낸다. 즉 대구를 낚고, 밭을 갈고, 스푼을 깎고, 리포트를 타이핑하고, 섹스를 하고, 아이를 바라보는 것을. 엄마 노릇을 나타내는 몇몇 동사는 흔하고 구체적으로 경험된다[임신의 경우에는 태동을 느끼다quickening, 출산하다birthing, 아기의 경우에는 먹을 것을 만들어주다making provision]. 어떤 동사들은 훨씬 특정적이다[대가족 안에서 아이를 건네다handing a baby over, 또는 아기에게 젖 주는 법 가운데 우유를 먹이다bottle-feeding]. 동사들은 그 자체로 변하거나, 변화하는 활동과 첨부된 의미와 함께 나타나기도 한다. 동사를 따라가다 보면, 이브 코소프스키 세지윅의 적절한 구절을 빌려 엄마 되기를 "복수화하고 개별화하기"가 가능해진다. 혹은 또 다른 강조점을 두어, 동사로 생각하기는 순전히 자연적이거나 생물학적이라고, 필수적이거나 일상적이라고 쉽게 오해되는 것들을 다양화하고 특화하도록 돕는다.[iv]

동사로 복수화하고 개별화하는 것은, 여성과 젠더와 섹슈얼리티를 연구하는 역사학자들이 지난 40년간 배우기 위해 내놓았던 것들의 상당수를 형성한 두 가지 망설임에 응답한다. 첫 번째 망설임은 불편한 추정으로, 린다 폴록Linda Pollok이 아기의 신체적 양육과 보호라는 과제가 초역사적이라고 표현한 것이다. 정확히 그것들이 세기마다 다시 나타나기 때문에, 고려할 만한 가치가 없다는 것이 그녀의 지적이다.[v]

둘째 망설임은 1987년 조앤 스콧에 의해 이슈가 되었다. 그녀의 격렬한 논쟁에 따르면, 여성을 연구하는 역사학자들은 여성만 연구하는 것을 뛰어넘어, 그것들이 "역사 또는 역사의 다시 쓰기와의 관계를 가리키기"가 불가능한 "하위 분과"에 머물지 않게 해야 한다. 자칫하면 "여성이 분리된 영역에 속하게 되는 것"을 승인하게 될 수도 있는데 "이렇게 되면 기존의 성별 차"와 불평등의 "노선을 오히려 강조하고 실제로 정당화하기도 한다"는 것이다. 왜 스스로를 역사학자의 큰 줄기로부터 격리시키는가? 왜 남성에 대해 여성의 특수성을 강조하는가? 성별 차라는 개념의 가장 핵심적인 것에 있는 신체의 차이를 비난하게 되면, 임신과 아이 양육이 유죄로 비칠 수도 있다. 동사로 복수화하고 개별화하면서 나는, 과거의 신체적 관행들이 놀랄 만큼 다양했고 다시 파악할 가치가 있다고 한 세지윅 같은 퀴어 학자들로부터 자신감을 빌린다. 퀴어의 역사는 정확하게, 성과 여성의 관계에서 가장 규범적이었던 것으로 다시 돌아가게 만드는 도구를 제공한다. 나는 자신들의 경험을 공적으로 만들어온 현재의 퀴어 부모들의 자신감도 빌려온다. 그러한 구현들은 이 주목할 만한 가소성을 유지한다.[vi]

행동하며 글을 쓰는 가운데 나는 일인칭의 작문이 이러한 동사 지향적 접근에 보완이 될 수 있음을 알았다. 즉 필수적이지는 않더라도 부차적이지도 않다는 것을. 이렇게 하면서 나는 열린 문을 통과해 걸어갔고, 수많은 초기 페미니스트 역사학자들의 인식과 서문과 개론을 부분적으로 참조했다. 나의 서가에 있는 '소외된' 런던의 모성에 대한 기록은, 뇌종양으로 일곱 살짜리 아이를 잃은 한 역사학자의 이야기를 깊은 감동을 주는 문장들로 시작한다. 또 미국의 출산에 대한 한 역사서는 택시를 타고 가는 동안 분만한 한 가족 이야기의 '불꽃'을 기억한다.[vii] 이러한 책들은 전형적으로 자료들의 틀을 만드는 데 있어 일인칭의 접근에 문을 연다. 그리고 조심스럽게 거리를 유지한 톤으로 표현되는 주요 분석을 위해 뒤에서 문을 닫는다. 객관성이란 각양각색의 여성들이 처음으로 역사 전문분야에서 그들의 자리를 주장했던 수단이며, 집단에 합류하기 위한 낯익은 관행이자 필요한 입장이었다. 그러나 역사 기록자들 또한 객관성이 역사 서술에서 유일한 서약이었던 적이 없었다는 것을 환기시킨다. 페미니스트들은 같은 세대의 남성 역사학자들이 적절하게 또는 객관적으로 집필했다는 추정을 설득력 있게 반박한다.

나는 한 권의 책이 시작부터 끝까지 문이 열려 있을 경우 일어났음 직한 것들을 보고 싶었다. 내가 첫 아이를 키우면서 그리고 나중엔 둘째 아이까지 키우면서 행한 연구는 나로 하여금 섹슈얼리티와 모성, 임신과 아기 양육이라는 곧잘 분리된 역사들을 다시 연결하고 싶게 만들었다. 내 아이들을 위한 엄마 노릇을 해내면서 글을 쓰는 것은, 내가 지루하고 기이하게 여겼을지도 모를 축축한 천이나, 그냥 지나쳤을지 모를 수면 같은 화제들을 진지하게 생각하도록 이끌었다. 이전 세계의 방식을 배우면서 나는 위로와 정체성 분리disidentification를 동시에 맞닥뜨렸다. 이는 과거의 감각이 이전 시대 사람들의 자기 일에 대한 지각을 어떻게 형성했는지에 귀 기울이게 했고, 백인 영국인 노동자 중하위 계층인 나 자신의 혈통에서 나온 취향과 맹점을 새로이 인식하게 했다. 나는 1970년대 여성 해방론자들이 엄마 노릇 하기의 필수조건으로 '양가감정 ambivalence'이란 단어를 사용한 것에 감사하게 되었다. 그것은 빅토리아 시대풍의 감상주의로부터 어둠을 구해주었는데 이는 주로 전례에 대해서이며 이리하여 모성 경험에 대해 직접적이고 지속적으로 글을 쓰기 위한 준비가 되었다. 나는 아기를 키우면서 글을 쓴 동시대의 에세이 작가들—매기 넬슨, 세라 망구소, 레이철 주커, 트레버 맥도널드—이 내게 섹슈얼리티나 백인다움이나 젠더나 기질의 독특한 차원들뿐만 아니라 과거까지 조망하게 하는 현재에 대한 보다 예리한 감각을 부여했다는 사실에 놀라지 않았다. 무엇보다도 가장 특별한 것은, 내가 본능적으로 엄마 노릇 하기가 일의 일종이며, 사랑의 노동이며, 언제나 다른 활동들 사이에서 수행되는 한 활동임을 인식했다는 것이다.

나는 대중문화의 유유자적한 캐리커처와 대조되는 역사학자의 한 이미지를 남기고 싶어졌다. 혹은 그의 딸린 식구는 모두 보이지 않게 감춰진, 찢어지고 취약한 사본에서 먼지를 불어 날리는 탐정-역사학자라는 어느 정도 영웅적인 인물상과 대조되는 이미지를. 역사를 수행한다는 것은 엄마 노릇 하기처럼, 구체적으로 구현된 노동의 한 형태이다.

주석

인용문의 철자와 문장부호는 필요할 경우 현대식 영어로 표기했다. 이 주석의 주요 목적은 텍스트에서 인용의 출처를 밝히고 중요한 주제들에 관해 읽을 만한 참고자료들을 안내하는 것이다. 출처의 자세한 내용은 각 장에서 처음 인용할 때 제시했다. 『옥스퍼드 영어 사전』(이하 OED)은 온라인판(www.oed.com)에서 인용했다.

프롤로그

i   Anthony Fletcher, *Growing Up in England: The Experience of Childhood 1600–1914* (New Haven, 2008), quotation at 95.

ii   Ann Oakley, *From Here to Maternity: Becoming a Mother* (Harmondsworth, 1979), 42–3 (Hartley), 44–5 (Brady).

iii   M. Inez Hilger, *Chippewa Child Life and Its Cultural Background* (Washington, DC, 1951), 5; [Charlotte Teller Hirsch], *The Diary of an Expectant Mother* (London, 1917), 74.

iv   Oakley, *From Here to Maternity*, 51–2; Sharon Olds, *The Sign of Saturn Poems, 1980–1987* (London, 1991), 8–9.

v   이 구절의 원래 출처는 다음과 같다. Eve Kosofsky Sedgwick, *Tendencies* (Durham, 1993), 25.

vi　Jenny Saville, *Study for Pentimenti III (sinopia)* (2011).

1. 숫자로 본 엄마 되기

1　이 책은 그 나름의 해석, 형식, 초점을 정함에 있어 17세기 이래 영국과 북미의 여성, 젠더, 모성의 역사에 관한 가장 중요한 학위논문들을 참고했다. 나는 특히 다음의 논문들로부터 수혜를 입었다. Jodi Vandenberg-Daves, *Modern Motherhood: An American History* (New Brunswick, 2014); Katy Simpson Smith, *We Have Raised All of You: Motherhood in the South, 1750–1835* (Baton Rouge, 2013); Angela Davis, *Modern Motherhood: Women and Family in England, c. 1945–2000* (Manchester, 2012); Rebecca Jo Plant, *Mom: The Transformation of Motherhood in Modern America* (Chicago, 2010); Jacqueline Jones, *Labor of Love, Labor of Sorrow: Black Women, Work, and the Family, from Slavery to the Present* (New York, 2010); V. Lynn Kennedy, *Born Southern: Childbirth, Motherhood, and Social Networks in the Old South* (Baltimore, 2010); Marie Jenkins Schwartz, *Birthing a Slave: Motherhood and Medicine in the Antebellum South* (Cambridge, MA, 2006); Stephanie Camp, *Closer to Freedom: Enslaved Women and Everyday Resistance in the Plantation South* (Chapel Hill, 2004); Mary E. Fissell, *Vernacular Bodies: The Politics of Reproduction in Early Modern England* (Oxford, 2004); Laura Gowing, *Common Bodies: Women, Touch and Power in Seventeenth-Century England* (London, 2003); Theda Perdue, *Cherokee Women: Gender and Cultural Change, 1700–1835* (Lincoln, 1998); Amanda Vickery, *The Gentleman's Daughter: Women's Lives in Georgian England* (New Haven, 1998); Elizabeth Roberts, *Women and Families: An Oral History, 1940–1970* (Oxford, 1995); Evelyn Nakano Glenn et al (eds), *Mothering: Ideology, Experience, and Agency* (New York, 1994); Eileen Boris, *Home to Work: Motherhood and the Politics of Industrial Homework in the United States* (New York, 1994); Barbara Duden, *Disembodying Women: Perspectives on Pregnancy and the*

Unborn (1991, Cambridge, MA, trans. 1993); Ellen Ross, *Love and Toil: Motherhood in Outcast London, 1870–1918* (London, 1993); Valerie Fildes (ed.), *Women as Mothers in Pre-Industrial England: Essays in Memory of Dorothy McLaren* (Abingdon, 1990); Sally G. McMillen, *Motherhood in the Old South: Pregnancy, Childbirth, and Infant Rearing* (Baton Rouge, 1990); Sylvia D. Hoffert, *Private Matters: American Attitudes to Childbearing and Infant Nurture in the Urban North, 1800–1860* (Urbana, 1989); Elizabeth Roberts, *A Woman's Place: An Oral History of Working-Class Women, 1890–1940* (Oxford, 1984); Laurel Thatcher Ulrich, *Good Wives: Image and Reality in the Lives of Women in Northern New England, 1650–1750* (New York, 1982). 개별 주제들에 대한 그 밖의 자료는 주석에서 밝혔다.

내 사유는 다음과 같은 모성 이론가들의 연구에도 힘입었다. Lisa Baraitser, *Maternal Encounters: The Ethics of Interruption* (Hove, 2009) and Patricia Hill Collins, *Black Feminist Thought* (1990, repr. New York, 2000); 퀴어 연구에 대해서는 다음의 연구가 큰 도움을 주었다. Maggie Nelson, *The Argonauts* (New York, 2015) and Valerie Traub, *Thinking Sex with the Early Moderns* (Philadelphia, 2016). 그리고 동시대의 회고록과 에세이 작가는 8장의 주 6번, 16장의 주 1번에 표기해두었다. 후자는 모성 회고록(이 책에서 사료로 다뤄진)의 여성해방론 전통으로 확대했으며 특히 다음의 책에서 도움을 받았다. Jane Lazarre, *The Mother Knot* (Boston, 1976), Adrienne Rich, *Of Woman Born: Motherhood as Experience and Institution* (New York, 1976) and essays among Alice Walker, *In Search of Our Mothers' Gardens: Womanist Prose* (San Diego, 1983).

여기서 행한 역사적 해석에 있어 동사 지향적이고, 일화에 기반하고, 일인칭 시점으로 접근한 것에 대한 여러 논의는 '연구 방법에 대하여'를 참조하라.

2   이 문단과 다음 문단의 17세기와 18세기 출생률에 관해서는 다음의 책을 보라. C. Dallett Hemphill, *Siblings: Brothers and Sisters in American History* (New York, 2011), 21; Susan E. Klepp, *Revolutionary Conceptions: Women, Fertility and the Family Limitation in America, 1760–1820* (Chapel Hill, 2009), 41–54; Pamela Sharpe, *Population and Society in an East Devon Par-*

ish: Reproducing Colyton, 1540–1840 (Exeter, 2002).

3   이 부분에서 논의된 종합적인 출생률 변화에 대해서는 다음의 책을 보라.
Klepp, *Revolutionary Conceptions*; Herbert S. Klein, *A Population History
of the United States* (Cambridge, MA, 2004); Karen Oppenheim Mason,
'Gender and Family Systems in the Fertility Transition', *Population and
Development Review* 27 (2001), 160–76; John R. Gillis, Louise A. Tilly and
David Levine (eds.), *The European Experience of Declining Fertility, 1850–
1970: The Quiet Revolution* (Cambridge, MA, 1992).

4   Klepp, *Revolutionary Conceptions*, 87 (Hopkins), 116 (Fisher).

5   같은 책, 207 (Atlee), 88 (Bowen).

6   Robert S. Lynd and Helen Marrel Lynd, *Middletown: A Study in American
Culture* (1929), 131 (Muncie); Miriam Glucksmann, *Women Assemble:
Women Workers and the New Industries in Inter-War Britain* (London, 1990),
160–75, 231, 234, 248 (Doris Hanslow, a pseudonym); *Mass Observa-
tion*, 'Women's Reasons for Having Small Families' (1945), 4 (London
streets).

7   Kim Anderson, *Life Stages and Native Women: Memory, Teachings, and Story
Medicine* (Winnipeg, 2011), 41 (Cree); M. Inez Hilger, *Chippewa Child Life
and Its Cultural Background* (Washington, DC, 1951), 4.

8   Rebecca Walker, *Baby Love: Choosing Motherhood After a Lifetime of Ambiv-
alence* (New York, 2007); Chitra Ramaswamy, *Expecting: The Inner Life of
Pregnancy* (Glasgow, 2016), 7; and alternately, Rebecca Solnit, *The Mother
of All Questions* (Chicago, 2017); Sheila Heti, *Motherhood: A Novel* (New
York, 2018). 광범위한 근대의 한 관념으로서 선택에 대해서는 다음을 참조
하라. Daniel T. Rodgers, *Age of Fracture* (Cambridge, MA, 2011), 10–11.

9   이 구절과 다음 구절에 대해서는 다음을 참조 하라. Hugh Cunningham,
Children and Childhood in Western Society since 1500 (2nd edn, Harlow,
2005), 95, 173.

10   Carol Karlsen and Laurie Crumpacker (eds.), *Journal of Esther Edwards
Burr 1754–1757* (Newhaven, 1984), 191; Narcissa Whitman to Stephen

Prentiss, 8 May 1845, *Mrs Whitman's Letters* (Salem, 1893), 167.

2. 세대

1   Frank D. Prager (ed.), *The Autobiography of John Fitch* (Philadelphia, 1976), 37.

2   Philip Larkin, 'Annus Mirabilis', *Collected Poems* (London, 1988), 167.

3   이 문단과 다음에 나오는 여섯 문단에 대해선 다음을 참조하라. Simon Szretzer and Kate Fisher, *Sex Before the Sexual Revolution: Intimate Life in England 1918–1963* (Cambridge, 2010). 여기에 제시된 이름들은 연구자들이 배치한 것이다. 인용문에 대해서는 특히 다음을 참조하라. 203, 76, 281, 276, 321, 338, 276 (Phyllis); 304–6 (Doreen); 310 (Dora); 150, 192 (Penny); 322 (Eleanor); 304 (sitting back); 1 ('two arms'); 310 ('have a bath').

4   학자들은 빅토리아 시대 사람들에 대해 일반적 고정관념을 공유했다. 다음을 참조하라. Stephen Kern, 'When Did the Victorian Period End? Relativity, Sexuality, Narrative,' *Journal of Victorian Culture* 11 (2006), 327–8, but also Peter Gay, *The Bourgeois Experience: Victoria to Freud. Volume 1: The Education of the Senses* (New York, 1984). Samuel Johnson, *A Dictionary of the English Language* (2 vols, London, 1755).

5   근대 초 영국에 대한 접근과 증거는 특히 다음의 책을 많이 참조했다. Valerie Traub, *Thinking Sex with the Early Moderns* (Philadelphia, 2016), esp. ch. 7, esp. 180–82, plus 371–2 n. 50 (play), 371–2 n. 50 (the wordy courtesan), 377 n. 130 (dictionaries); Sarah Toulalan, *Imagining Sex: Pornography and Bodies in Seventeenth-Century England* (New York, 2007), esp. 62–91; 더 일반적인 사실에 대해서는 다음도 참조했다. Faramerz Dabhoiwala, *The Origins of Sex: A History of the First Sexual Revolution* (London, 2012).

6   극장에 가는 사람들에 대해서는 다음을 참조하라. Andrew Gurr, *Playgoing in Shakespeare's London* (Cambridge, 1987).

7   필립 라킨의 시 「Annus Mirabilis」 낭독은 다음의 사이트에서 들어볼 수 있

다. https://www.youtube.com/watch?v=5L13XXPOW_k; Hera Cook, *The Long Sexual Revolution: English Women, Sex, and Contraception 1800–1975* (Oxford, 2005).

8   Claire Langhamer, 'Afterword', in Alana Harris and Timothy Willem Jones (eds.), *Love and Romance in Britain, 1918–1970* (Basingstoke, 2015), 249 (vocabulary); April Gallwey, 'Love Beyond the Frame: Stories of Maternal Love Outside Marriage in the 1950s and 1960s', in Harris and Jones (eds.), *Love and Romance*, 100–23, 105–6 (Walker); Kathleen Kiernan, Hilary Land and Jane E. Lewis (eds.), *Lone Motherhood in Twentieth-Century Britain: From Footnote to Front Page* (Oxford, 1998).

9   Cissie Fairchilds, *Women in Early Modern Europe, 1500–1700* (Harlow, 2007), 142 (Essex); Ann Kussmaul, *Servants in Husbandry in Early Modern England* (Cambridge, 1981), 44 ('had to do'); Adrian Wilson, *Ritual and Conflict: The Social Relations of Childbirth in Early Modern England* (London, 2013), 11 (Parker); Tim Meldrum, *Domestic Service and Gender 1660–1750: Life and Work in the London Household* (Harlow, 2000), 100–110.

10   Philip D. Morgan, 'Inter-racial Sex in the Chesapeake and the British Atlantic World, c. 1700–1820', in Jan Ellen Lewis and Peter Onuf (eds.), *Sally Hemings and Thomas Jefferson: History, Memory and Civic Culture* (Charlottesville, 1999), 52–86; George P. Rawick, *The American Slave: A Composite Biography* (1941, repr. Westport, 1972), iii, 194–5, quoted in John D'Emilio and Estelle B. Freedman, *Intimate Matters: A History of Sexuality in America* (New York, 1988), 101 ('shell corn').

11   Harriet Jacobs, *Incidents in the Life of a Slave Girl, Written by Herself* (1861, repr. with an introduction by Jennifer Fleischner), (Boston, 2010), 52–61, 80, quotations at 52 ('property'), 78 ('perilous').

12   *Philosophical Transactions of the Royal Historical Society* 89 (1799), 162; Ellen Lewin, *Lesbian Mothers: Accounts of Gender in American Culture* (Ithaca, 1993), 48–9.

13   Traub, *Thinking Sex*, 371 n. 45 (terms for male and female emission);
      Thomas Laqueur, 'Orgasm, Generation and the Politics of Reproduc-
      tive Biology', in Catherine Gallagher and Thomas Laqueur (eds.), *The
      Making of the Modern Body: Sexuality and Society in the Nineteenth Century*
      (Berkeley, 1987), 110; Ann Rosalind Jones, 'Heterosexuality: A Beast
      with Many Backs', in Bette Talvacchia (ed.), *A Cultural History of Sexu-
      ality in the Renaissance* (Oxford, 2011), 35–6 (inside out); Emily Martin,
      The Woman in the Body: A Cultural Analysis of Reproduction (1987), 27 ('same
      genitals').

14   [Jacob Ruff], *The expert midwife, or, An excellent and most necessary treatise of
      the generation and birth of man* (London, 1637), 63.

15   James Marion Sims, *Clinical Notes on Uterine Surgery* (London, 1866), 369,
      quoted in Angus McLaren, *Reproductive Rituals: The Perception of Fertility
      in England from the Sixteenth to the Nineteenth Century* (London, 1984), 27;
      Margaret Jarman Hagood, *Mothers of the South: Portraiture of the White
      Tenant Farm Woman* (1939, repr. New York, 1972), 118.

16   Jennifer Evans, *Aphrodisiacs, Fertility and Medicine in Early Modern England*
      (Woodbridge, 2014); Frances Harris, *Transformations of Love: The Friend-
      ship of John Evelyn and Margaret Godolphin* (Oxford, 2003), 256; McLaren,
      Reproductive Rituals, 45 (frequency).

17   Lewin, *Lesbian Mothers* (Ithaca, 1993), 51–2 ('wanted', 'always loved');
      Mary O'Donnell et al, 'Alternative Fertilization', *Lesbian Health Matters!*
      (Santa Cruz, 1979), 49–63; Laura Mamo, *Queering Reproduction: Achieving
      Pregnancy in the Age of Technoscience* (Durham, 2007).

18   Francis Rosnin, 'Heterosexuality', trans. Joanna Oseman, Gert Hekma
      (ed.), *A Cultural History of Sexuality in the Modern Age* (London, 2014),
      27–47; Rebecca L. Davis, 'Inventing the Normal Heterosexual in the
      Twentieth-Century United States' (unpublished paper). 데이비스 교수가
      자신의 논문을 발표하기도 전에 공유해준 것에 감사드린다.

19   Traub, *Thinking Sex*, 181–2.

20   마이애미에 대해서는 다음을 참조하라. James Madison, *Hoosiers: A New History of Indiana* (Bloomington, 2014), 11; 더 광범위한 것에 대해선 다음을 참조하라. Mark Rifkin, *When Did Indians Become Straight?: Kinship, the History of Sexuality, and Native Sovereignty* (New York, 2011). 동일한 성별 노조에 대해서는 다음을 보라. Emily Skidmore, *True Sex: The Lives of Trans Men at the Turn of the Twentieth Century* (New York, 2017), esp. 19–20, 37–42; Jennifer Manion, 'The Queer History of Passing as a Man in Early Pennsylvania', *Pennsylvania Legacies* 16 (2016), 6–11, quotation at 9; and also Rachel Hope Cleves, *Charity and Sylvia: A Same-Sex Marriage in Early America* (New York, 2014).

21   Carroll Smith-Rosenberg, 'The Female World of Love and Ritual: Relations between Women in Nineteenth-Century America', *Signs* 1 (1975), 1–29, quotations at 4–5.

22   Leslie Reagan, *Dangerous Pregnancies: Mothers, Disabilities and Abortion in Modern America* (Berkeley, 2010), 15 (Coley); Mary Chamberlain, *Growing up in Lambeth* (London, 1989), 89 (Baxter); Hagood, *Mothers of the South*, 123–4 ('tobacco'); Jacques Guillemeau, *Child-birth Or, the Happy Deliverie of Women* (1612), quoted in Mary E. Fissell, *Vernacular Bodies: The Politics of Reproduction in Early Modern England* (Oxford, 2004), 152 ('delight').

3. 임신인지 알아내기

1   Linda L. Layne, 'Why the Home Pregnancy Test Isn't the Feminist Technology It's Cracked Up to Be and How To Make It Better', in Linda L. Layne, Sharra L. Vostral and Kate Boyer (eds.), *Feminist Technology* (Chicago, 2010), 90; Sarah A. Leavitt, ' "A Private Little Revolution": The Home Pregnancy Test in American Culture', *Bulletin of the History of Medicine* 80 (2006), 317–45.

2   Laura Gowing, *Common Bodies: Women, Touch and Power in Seventeenth-Cen-*

tury England (New Haven, 2003), 112.

3 불확실성에 대해서는 다음의 사례들을 참고하라. Barbara Duden, *Disembodying Women: Perspectives on Pregnancy and the Unborn* (1991, Cambridge, MA, trans. 1993), 160–62; Patricia Crawford, 'The Construction and Experience of Maternity in Seventeenth-Century England', in Valerie Fildes (ed.), *Women as Mothers in Pre-Industrial England: Essays in Memory of Dorothy McLaren* (London, 1990), 17; Sally G. McMillen, *Motherhood in the Old South: Pregnancy, Childbirth, and Infant Rearing* (Baton Rouge, 1990), 28; Jane Sharp, *The Midwives Book, Or the Whole Art of Midwifry Discovered*, ed. Elaine Hobby (Oxford, 1999), 81–2; Nicholas Culpeper, *Directory for Midwives* (2nd edn, 1650), quoted in Mary E. Fissell, *Vernacular Bodies: The Politics of Reproduction in Early Modern England* (Oxford, 2004), 152 ('Shoe').

4 Linda A. Pollock, 'Embarking on a Rough Passage: The Experience of Pregnancy in Early-Modern Society', in Fildes (ed.), *Women as Mothers*, 43.

5 이 문단과 다음 두 문단에 대해서는 다음을 참조하라. Sharp, *Midwives Book*, 81–4; Duden, *Disembodying Women*, 62–6.

6 Angus McLaren, *Reproductive Rituals: The Perception of Fertility in England from the Sixteenth to the Nineteenth Century* (London, 1984), 46. Additional information on Boyle from Wellcome Library catalogue. Sharp, *Midwives Book*, 83 (worms, spots); Stephen Wilson, *Magical Universe: Everyday Ritual and Magic in Pre-Modern Europe* (London, 2004), 119 ('sprouted').

7 Fissell, *Vernacular Bodies*, 33.

8 Layne, 'Why the Home Pregnancy Test Isn't the Feminist Technology It's Cracked Up To Be', 89–90.

9 Sandra Steingraber, *Having Faith: An Ecologist's Journey to Motherhood* (Cambridge, MA, 2001), 19.

10 McMillen, *Motherhood in the Old South*, 29 (Thomas); Edward Maunde Thompson (ed.), *Correspondence of the Family of Hatton* (2 vols, London,

1878), i, 54 (Lyttelton, 1667); Amanda Vickery, *The Gentleman's Daughter: Women's Lives in Georgian England* (New Haven, 1998), 99.

11   Kim Anderson, *Life Stages and Native Women: Memory, Teachings, and Story Medicine* (Winnipeg, 2011), 43; Ellen Ross, *Love and Toil: Motherhood in Outcast London, 1870–1918* (New York, 1983), 104, 106.

4. 10주 차, 혹은 8주 경과

1   Sandra Steingraber, *Having Faith: An Ecologist's Journey to Motherhood* (Cambridge, MA, 2001), 14–17.

2   Barbara Duden, *Disembodying Women: Perspectives on Pregnancy and the Unborn* (1991, Cambridge, MA, trans. 1993), 75–6.

3   Elaine Forman Crane (ed.), *The Diary of Elizabeth Drinker: The Life Cycle of An Eighteenth-Century Woman* (3 vols, Boston, 1994), i, 99, 6 Feb. 1763; Sarah Blank Dine, 'Diaries and Doctors: Philadelphia Medical Practice, 1760–1810', *Pennsylvania History* (2001), 413, 434, 418–19.

4   Sylvia Plath, 'Parliament Hill Fields', *Collected Poems* (London, 2002), 그리고 플라스의 녹음은 다음에서 들을 수 있다. https://www.youtube.com/watch?v=snEkUrme-28.

5   Kathryn S. March, 'Childbirth with Fear', in Susan E. Chase and Mary F. Rogers (eds.), *Mothers and Children: Feminist Analyses and Personal Narratives* (New Brunswick, 2001), 171 (1990s Nepal); Linda L. Layne, *Motherhood Lost: A Feminist Account of Pregnancy Loss in America* (New York, 2003), 247–8 (1980s Jordan).

6   Crane, *Diary of Elizabeth Drinker*, i, 109, 19 Sept. 1763 (Howell) and 3 Dec. 1763 (James).

7   Laura Gowing, *Common Bodies: Women, Touch and Power in Seventeenth-Century England* (New Haven, 2003), 121.

8   Duden, *Disembodying Women*, 62–6; Barbara Duden, *The Woman Beneath*

the *Skin: A Doctor's Patients in Eighteenth-Century Germany* (1987, Cambridge, MA trans. 1991), 162–70.

9   Angus McLaren, *Reproductive Rituals: The Perception of Fertility in England from the Sixteenth to the Nineteenth Century* (London, 1984), 39; Lyndal Roper, *Witch Craze: Terror and Fantasy in Baroque Germany* (New Haven, 2004), ch. 6, esp. 135.

10   Gowing, *Common Bodies*, 114 ('ten children'); Elaine Tyler May, *Barren in the Promised Land: Childless Americans and the Pursuit of Happiness* (New York, 1995), 21–3; Laurel Thatcher Ulrich, *Good Wives: Image and Reality in the Lives of Women in Northern New England, 1650–1750* (New York, 1982); Susan E. Klepp, 'Revolutionary Bodies: Women and the Fertility Transition in the Mid-Atlantic Region, 1769–1820', *Journal of American History* 85 (1998), 920; Crane, *Diary of Elizabeth Drinker*, i, xi (housekeeper).

11   *Pennsylvania Packet*, 11 May 1787, 10 July 1787; *Pennsylvania Evening Herald*, 27 Oct. 1787.

12   May, *Barren in the Promised Land*, 127–36, 140 (Taylor); Paul Alexander, *Rough Magic: A Biography of Sylvia Plath* (New York, 1991), 256; *OED*; May, *Barren in the Promised Land*, 11.

5. 태동

1   Gladys Hindmarch, *A Birth Account* (Vancouver, 1976), reprinted in Laura Chester (ed.), *Cradle and All: Women Writers on Pregnancy and Birth* (Boston, 1989), 63.

2   Linda A. Pollock, 'Embarking on a Rough Passage: The Experience of Pregnancy in Early-Modern Society', in Valerie Fildes (ed.), *Women as Mothers in Pre-Industrial England* (London, 1990), 46.

3   Constance Classen, *Worlds of Sense: Exploring the Senses in History and*

Across Cultures (London, 1993), 2.

4   Robert Latham and William Matthews (eds.), *The Diary of Samuel Pepys* (11 vols, Berkeley, 1970–1983), iv, 1, 1 Jan. 1663 ('undone').

5   다음을 참조하라. Barbara Duden, *Disembodying Women: Perspectives on Pregnancy and the Unborn* (1991, Cambridge, MA, trans. 1993), esp. 79–82; and Karen Newman, *Fetal Positions: Individualism, Science, Visuality* (Stanford, 1996).

6   자세한 것은 다음을 참조하라. Liza Picard, *Restoration London* (New York, 1998), 8 (signs), 13 (smog).

7   1662년의 이 초상화에 대해서는 다음을 참조하라. Catharine MacLeod and Julia Marciari Alexander (eds.), *Painted Ladies: Women at the Court of Charles II* (London, 2001), 118–22; *Diary of Samuel Pepys*, iii, 230, 20 Oct. 1662 ('copy').

8   *Diary of Samuel Pepys*, iii, 87, 21 May 1662 ('look').

9   다음의 사례를 참조하라. Anna McGrail and Daphne Metland, *Expecting: Everything You Need to Know About Pregnancy, Labour and Birth* (London, 2004), 104.

10   MacLeod and Alexander (eds.), *Painted Ladies*, 124–5 (Madonna and Child); Horace Walpole, *Aedes Walpolianae: or, A Description of the Collection of Pictures at Houghton-Hall in Norfolk . . .* (London, 1747), xvi (French convent); *Diary of Samuel Pepys*, iii, 87, 21 May 1662 ('scales').

11   William A. Pettigrew, *Freedom's Debt: The Royal African Company and the Politics of the Atlantic Slave Trade, 1672–1752* (Chapel Hill, 2013); on Castlemaine's black boy, 다음을 참조하라. *Diary of Samuel Pepys*, viii, 33, 27 Jan. 1667.

12   이어지는 몇 문단의 사우스캐롤라이나 농장 생활의 여가에 대해서는 특히 다음에 묘사된다. Charles W. Joyner, *Down by the Riverside: A South Carolina Slave Community* (1984, repr. Urbana, 2009). Marli F. Weiner, *Mistresses and Slaves: Plantation Women in South Carolina, 1830–1880* (Chicago, 1998); Jacqueline Jones, *Labor of Love, Labor of Sorrow: Black Women, Work, and*

the Family, from Slavery to the Present (New York, 2009), ch. 1; Emily West, *Chains of Love: Slave Couples in Antebellum South Carolina* (Urbana, 2004); and Cheryll Ann Cody, 'Cycles of Work and of Childbearing: Seasonality in Women's Lives on Lowcountry Plantations', in David Barry Gaspar and Darlene Gaspar Hine (eds.), *More Than Chattel: Black Women and Slavery in the Americas* (Bloomington, 1996), 61–78. 농장의 괭이질에 대해서는 다음을 보라. Chris Evans, 'The Plantation Hoe: The Rise and Fall of an Atlantic Commodity, 1650–1850', *William and Mary Quarterly* 69 (2012), 71–100.

13   사우스캐롤라이나의 바구니세공법에 대해서는 다음을 보라. John Michael Vlach, *The Afro-American Tradition in Decorative Arts* (Cleveland, 1977), 4–5.

14   Marie Jenkins Schwartz, *Birthing a Slave: Motherhood and Medicine in the Antebellum South* (Cambridge, MA, 2006), 19–20 (Douglass).

15   George P. Rawick, *The American Slave: A Composite Autobiography* (1941, repr. Westport, 1972) ii, 2, 114 (Gibson); Richard H. Steckel, 'Women, Work, and Health under Plantation Slavery in the United States', in Gaspar and Hine (eds.), *More Than Chattel*, 51–5 (timing of 'privileges'); L. E. Simpson and M. Weir, *The Weaver's Craft* (8th edn, Leicester, 1957), 43–4 (carding).

16   Jones, *Labor of Love, Labor of Sorrow*, 13.

17   V. Lynn Kennedy, *Born Southern: Childbirth, Motherhood, and Social Networks in the Old South* (Baltimore, 2010), 46 (Roach); Sally G. McMillen, *Motherhood in the Old South: Pregnancy, Childbirth and Infant Rearing* (Baton Rouge, 1990), 52 (Allston's sister).

18   Kennedy, *Born Southern*, 55 ('favoured'); Henry McMillan, giving an interview to the American Freedman's Inquiry Commission, 1863, quoted in John W. Blassingame, *Slave Testimony: Two Centuries of Letters, Speeches, Interviews, and Autobiographies* (Baton Rouge, 1977), 380 ('cut down').

19 Stephanie M. H. Camp, *Closer to Freedom: Enslaved Women and Everyday Resistance in the Plantation South* (Chapel Hill, 2004), 121.

20 속담에 대해서는 다음을 보라. Mark M. Smith, *Sensing the Past: Seeing, Hearing, Smelling, Tasting, and Touching in History* (Berkeley, 2007), 93.

6. 앞치마의 솟아오름

1 Sarah Jinner, 'A Prognostication', in *An Almanack and Prognostication for the Year of Our Lord 1659* (London, 1659), n.p.

2 Carol F. Karlsen and Laurie Crumpacker (eds.), *The Journal of Esther Edwards Burr, 1754–1757* (New Haven, 1984), 287 ('Fleshy and Fresh'); Nanci Langford, 'Childbirth on the Canadian Prairies, 1880–1930', in Catherine A. Cavanaugh and Randi R. Warne (eds.), *Telling Tales: Essays in Western Women's History* (Vancouver, 2000), 149 ('fighting bird'); Phillis Cunnington and Catherine Lucas, *Costumes for Births, Marriages and Deaths* (New York, 1972), 15 ('prodigiously', quoting Sarah Churchill); Verna Mae Slone, *How We Talked and Common Folks* (1978, repr. Lexington, 2009), 161 ('get down'); Linda Pollock, *Forgotten Children: Parent-Child Relations from 1500 to 1900* (Cambridge, 1983), 25 ('Trojan Horse', quoting Sydney Smith); Patricia Crawford, 'The Construction and Experience of Maternity in Seventeenth-Century England', in Valerie Fildes (ed.), *Women as Mothers in Pre-Industrial England: Essays in Memory of Dorothy McLaren* (London, 1990), 20 ('breeding', quoting Elizabeth Turner).

3 *OED*; Catherine M. Scholten, *Childbearing in American Society, 1650–1850* (New York, 1985), 15; Susan E. Klepp, *Revolutionary Conceptions: Women, Fertility and the Family Limitation in America, 1760–1820* (Chapel Hill, 2009); Mary E. Fissell, *Vernacular Bodies: The Politics of Reproduction in Early Modern England* (Oxford, 2004).

4   Judith Schneid Lewis, *In the Family Way: Childbearing in the British Aristocracy, 1760–1860* (New Brunswick, 1986), 72; Stella M. Drumm (ed.), *Down the Santa Fe Trail and Into Mexico: The Diary of Susan Shelby Magoffin 1846–1847* (New Haven, 1926), 245, 287.

5   Jacob R. Marcus (ed.), *The American Jewish Woman: A Documentary History* (New York, 1981), 267 (Cohen); Sylvia D. Hoffert, *Private Matters: American Attitudes to Childbearing and Infant Nurture in the Urban North, 1800–1860* (Urbana, 1989), 38 (Cabot).

6   Joanne Begiato, ' "Breeding" a "Little Stranger": Managing Uncertainty in Pregnancy in Later Georgian England', in Jennifer Evans and Ciara Meehan (eds.), *Perceptions of Pregnancy from the Seventeenth to the Twentieth Century* (Cham, 2017), 21, 25; Countess of Ilchester and Lord Stavordale (eds.), *The Life and Letters of Lady Sarah Lennox, 1745–1826* (2 vols, London, 1901), ii, 292 ('indelicate'); *Gentleman's Magazine* LXI Dec. 1791, 1100, quoted in Maurice J. Quinlan, *Victorian Prelude: A History of English Manners, 1700–1830* (London, 1965), 67.

7   이 문단과 다음 문단에 나오는 속어에 대해서는 다음을 참조하라. Albert Barrere and Charles G. Leland, *Dictionary of Slang, Jargon and Cant* (2 vols, London, 1889–90), i, x (for the assessment of slang), 165 (boozed), 297 (drunk as a lord or a fish), 345 (drunk as an emperor), 377 (flying high, paralysed), 417 (love), 522 (kisky); ii, 155 (pudding). 노동자 계층의 사례는 다음을 참조하라. Ellen Ross, *Love and Toil: Motherhood in Outcast London, 1870–1918* (London, 1993), esp. 107; Deborah Fink, *Agrarian Women: Wives and Mothers in Rural Nebraska, 1880–1940* (Chapel Hill, 1992), esp. 84.

8   Alice Domurut Dreger, *Hermaphrodites and the Medical Invention of Sex* (Cambridge, MA, 1998); Angus McLaren, *Reproductive Rituals: The Perception of Fertility in England from the Sixteenth to the Nineteenth Century* (London, 1984), 46; Stephen Wilson, *Magical Universe: Everyday Ritual and Magic in Pre-Modern Europe* (London, 2004), 161–3.

9 개요에 대해서는 다음을 참조하라. Frank Newport, 'Americans Prefer Boys to Girls, Just as They Did in 1941', Gallup, June 23, 2011. Reported at https://news.gallup.com/poll/148187/ americans-prefer-boys-girls-1941. aspx. A late-twentieth-century review of the academic literature is N. E. Williamson, 'Sex Preferences, Sex Control and the Status of Women', *SIGNS: Journal of Women in Culture and Society* 1 (1976), 847–62.

10 페미니스트와 주류 '젠더'에 대해서는 특히 다음을 참조하라. Deborah Cameron, 'Gender: The Unsettling Adventures of a Feminist Keyword' (annual lecture of the Raymond Williams Society, Oxford, 2016); Joanne Meyerowitz, 'A History of "Gender" ', *American Historical Review* 113 (2008), 1346–56.

11 Newport, 'Americans Prefer Boys to Girls'.

12 식단에 대한 사례는 다음을 참고하라. Lewis, *In the Family Way* (aristocrats); McMillen, *Motherhood in the Old South*, 37.

13 M. Inez Hilger, *Chippewa Child Life and Its Cultural Background* (Washington, DC, 1951), 7–9 (Nett Lake).

14 Laura Gowing, *Common Bodies: Women, Touch and Power in Seventeenth-Century England* (New Haven, 2003), 127 (ruffs), 128 ('foul impressions'), quoting A. M., *A Rich Closet of Physical Secrets* (London, 1652), ch. 1.

15 Laura Gowing, '"The Manner of Submission": Gender and Demeanour in Seventeenth-Century London', *Cultural and Social History* 10 (2013), 37 (Lord Mayor's court); McLaren, *Reproductive Rituals*, 50, citing a story in G. J. Witkoswki, *Histoire des Accouchements Chez Tous Les Peuples* (Paris, n.d.), 170 (botanist).

16 Marie Jenkins Schwartz, *Birthing a Slave: Motherhood and Medicine in the Antebellum South* (Cambridge, MA, 2006), 132–4 (Foster); 'A Question of Legitimacy', *Western Journal of Medicine and Surgery* (1845), 457, discussed in Schwartz, *Birthing a Slave*, 133; Henry Fielding, *The History of the Adventures of Joseph Andrews, and His Friend Mr. Abraham Adams* (2nd edn, 2

vols, London, 1742), ii, 73 (strawberry).

17 이 문단과 이어지는 네 문단에 대해선 다음을 참조하라. *A Declaration of a Strange and Wonderfull Monster: Born in Kirkham Parish in Lancashire* (1646). Gowing, *Common Bodies*, 127 (round head); Stephen Wilson, *Magical Universe*, 158 (Shakespeare); Ellen Ross, *Love and Toil: Motherhood in Outcast London, 1870–1918* (London, 1993), 111 (London's lying-in hospital); Leslie J. Reagan, *Dangerous Pregnancies: Mothers, Disabilities, and Abortion in Modern America* (Berkeley, 2010), 19 ('disfigured arm', 'deformed'); Indiana University Archives, IU Folklore Institute student papers, 70/149, Barbara J. Stanley, 'Superstitions of Pregnancy and Childbirth' (1970), 12, 15, 18, 19, 22 (Midwestern examples, 'freaks').

7. 출산이라는 것

1 Sharon Olds, *The Sign of Saturn Poems 1980–1987* (London, 1991), 8–9.

2 출산에 대한 역사는 하나의 거대한 학문 체계이다. 이 장은 네 명의 주요 인물에게 초점을 맞추었다. 17세기 이스트 앵글족 성직자의 한 아내, 18세기 한 체로키족 여성, 1930년대 미국 남동부의 한 백인 임차농, 1940년대 맨해튼 주민인 오티스 버거가 그들이다. 영향력 있고, 이제는 표준이 된, 변화의 최첨단에 대한 강력한 서사를 다음에서 볼 수 있다. Judith Walzer Leavitt, *Brought to Bed: Childbearing in America, 1750–1950* (1986, repr. New York, 2016).

3 이러한 출생 관련 비유들에 대해서는 다음을 보라. Peggy Vincent, *Baby Catcher: Chronicles of a Modern Midwife* (New York, 2002), 134, 135 (Stinson Beach, wind); Lia Purpura, *Increase* (Athens, GA, 2000), 43 (map contours); Steve Humphries and Pamela Gordon, *A Labour of Love: Experience of Parenthood in Britain, 1900–1950* (London, 1993), 15 (poker, milliner); social scientist Margaret Mead, 'On Having a Baby' (1972), extracted in Wendy Martin (ed.), *The Beacon Book of Essays by Contempo-*

rary American Women (Boston, 1996), 215; Laura Gowing, *Common Bodies: Women, Touch, and Power in Seventeenth-Century England* (New Haven, 2003), 169 (the rack, Alice Thornton).

4   근대 초 출생 문제는 영국 역사학자들 사이에서 비상한 관심을 끌었다. 전체 개요에 대해서는 다음의 졸고를 참조하라. 'Early Modern Birth and the Story of Gender Relations', *History Workshop Journal* 78 (2014), 287–94. 이 부분에서 얼스 콜른의 제인 조슬린에 대한 설명과 자세한 내용은, 그리고 최근의 과거에 대한 설명은 다음의 책에도 나온다. Linda A. Pollock, 'Childbearing and Female Bonding in Early Modern England', *Social History* 22 (1997), 286–306; Laura Gowing, *Common Bodies* and her 'Giving Birth at the Magistrate's Gate: Single Mothers in the Early Modern City', in Stephanie Tarbin and Susan Broomhall (eds.), *Women, Identities and Communities in Early Modern Europe* (Aldershot, 2008), 137–52; Adrian Wilson, *The Making of Man-Midwifery: Childbirth in England 1660–1770* (London, 1995) and his *Ritual and Conflict: The Social Relations of Childbirth in Early Modern England* (London, 2013); Mary E. Fissell, *Vernacular Bodies: The Politics of Reproduction in Early Modern England* (Oxford, 2004). 제인 조슬린에 대해서는 특히 다음을 참조하라. Alan Macfarlane, *The Family Life of Ralph Josselin, A Seventeenth-Century Clergyman: An Essay in Historical Anthropology* (Cambridge, 1970); Alan Macfarlane, *The Diary of Ralph Josselin, 1616–1683* (London, 1976). 가정을 묘사한 장면은 다음에서도 가져왔다. Catherine Richardson, *Domestic Life and Domestic Tragedy in Early Modern England: The Material Life of the Household* (Manchester, 2006).

5   18세기 체로키족의 출산과 그들의 최근에 대해서는 제임스 무니에게 조언을 구했다 James Mooney, 'The Sacred Formulas of the Cherokees', *Seventh Annual Report of the Bureau of American Ethnology to the Secretary of the Smithsonian Institution, 1885–1886* (Washington, 1891), 387, 363; Lee Irwin, 'Cherokee Healing: Myths, Dreams and Medicine', *American Indian Quarterly* 16 (1992), 239–42; Carol Neithammer, *Daughters of the Earth: The Lives and Legends of American Indian Women* (New York, 1977), 1–22;

Katy Simpson Smith, *We Have Raised All of You: Motherhood in the South, 1750–1835* (Baton Rouge, 2013). 그 밖에 자세한 사항은 다음을 참조했다. Sarah H. Hill, *Weaving New Worlds: Southeastern Cherokee Women and their Basketry* (Chapel Hill, 1997); Theda Perdue, *Cherokee Women: Gender and Cultural Change, 1700–1835* (Lincoln, 1998); Carolyn Ross Johnston, *Cherokee Women in Crisis: Trail of Tears, Civil War, and Allotment, 1838–1907* (Tuscaloosa, 2003), esp. 18–22.

6   1930년대 미국 남동부의 백인 임차농과 그들의 근황에 대해서는 현대 사회학자인 마거릿 자먼 해구드의 탁월한 비주얼라이팅과 통찰을 참조했다. Margaret Jarman Hagood, *Mothers of the South: Portraiture of the White Tenant Farm Woman* (1939, repr. New York, 1972), supplemented, about granny midwives, with Linda Holmes and Margaret Charles Smith, *Listen to Me Good: The Life Story of an Alabama Midwife* (Columbus, 1996), 96 (afterbirth); Onnie Lee Logan, as told to Katherine Clark, *Motherwit: An Alabama Midwife's Story* (New York, 1989), 147 (God, easy) and Molly Ladd-Taylor, *Mother-Work: Women, Child Welfare and the State, 1890–1930* (Chicago, 1994), 23–6 ('misery', 'hands').

7   오티스 버거의 세계에 대해서 그리고 출산 직전과 직후의 변화에 대해서는 다음을 참조했다. Abigail Lewis [Otis Burger], *An Interesting Condition: The Diary of a Pregnant Woman* (Garden City, NY, 1950). 특히 190–200 (birth)은 발행인에 의해 (저자와의 서신 교환으로) 위임을 받았다. 더 자세한 사항은 다음을 참조했다. 117 (doctors), 34 (zoology class), 61 ($750), 120–21, 140, 203 (Dick-Read), 120 (specimen), 171 (Scotch), 173 (stopping a contraction). 또한 아래의 토론을 위해서는 다음을 참조했다. 69–70, 75 (nineteenth-century novels), 98 (science). Grantly Dick-Read, *Childbirth without Fear; The Principles and Practice of Natural Childbirth* (New York, 1944); 특히 다음도 참조할 만하다. Jacqueline H. Wolf, *Deliver Me from Pain: Anesthesia and Birth in America* (Baltimore, 2009); Ann Oakley et al, 'Becoming a Mother: Continuities and Discontinuities over Three Decades,' in Fatemeh Ebtehaj et al (eds.), *Birth Rites and Rights* (Oxford,

2011), 9–27; Paula A. Michaels, *Lamaze: An International History* (New York, 2014); Wendy Kline, 'Communicating a New Consciousness: Countercultural Print and the Home Birth Movement of the 1970s', *Bulletin of the History of Medicine* 89 (2015), 527–56; Leavitt, *Brought to Bed.*

8   다음에 이어지는 네 문단에 대해서는 위에 언급된 각 주인공의 인용을 보라.

8. 안녕, 아가

1   Abigail Lewis [Otis Burger], *An Interesting Condition: The Diary of a Pregnant Woman* (Garden City, NY, 1950), 203–4; Ann Oakley, *Taking It Like a Woman* (London, 1987), 62.

2   Theda Perdue, *Cherokee Women: Gender and Cultural Change, 1700–1835* (Lincoln, 1998), 25 (ballsticks), 43; Carolyn Ross Johnston, *Cherokee Women in Crisis: Trail of Tears, Civil War, and Allotment, 1838–1907* (Tuscaloosa, 2003), 19 (fontanelle); 그리고 다음을 보라. Kim Anderson, *Life Stages and Native Women: Memory, Teachings, and Story Medicine* (Winnipeg, 2011), 57.

3   이 세 문단에서 필라델피아 자유 흑인이 이름을 붙이던 관행에 대해서는 다음을 보라. Gary B. Nash, *Forging Freedom: The Formation of Philadelphia's Black Community, 1720–1840* (Cambridge, MA, 1998), esp. 79–88; Julie Winch, *A Gentleman of Color: The Life of James Forten* (New York, 2002), esp. 113; Susan E. Klepp, *Revolutionary Conceptions: Women, Fertility and the Family Limitation in America, 1760–1820* (Chapel Hill, 2009), 118 (Dinah).

4   Nancy C. Dorian, 'A Substitute Name System in the Scottish Highlands', *American Anthropologist* 72 (1970), 303–19; Nancy C. Dorian, *The Tyranny of Tide: An Oral History of the East Sutherland Fisherfolk* (Ann Arbor, 1985), 83 (John Sutherland), 66 (address them in person).

5   Shirley Boteler Mock, *Dreaming with the Ancestors: Black Seminole Women in*

Texas and Mexico (Norman, 2010), 219, 223.

6   Buchi Emecheta recounts her experience in novel and memoir form in
    Second-Class Citizen (London, 1974, repr. Oxford, 1994), 135–8 and *Head
    Above Water* (1986, repr. Oxford, 1994), 104.

9. 눈물과 일화들

1   Anne Enright, *Making Babies: Stumbling into Motherhood* (London, 2005),
    127–30.

2   Milicent Washburn Shinn, *The Biography of a Baby* (Boston, 1900), 20
    (bagpipes); Abigail Lewis [Otis Burger], *An Interesting Condition: The
    Diary of a Pregnant Woman* (Garden City, NY, 1950), 153 (penny horn); M.
    Inez Hilger, *Chippewa Child Life and Its Cultural Background* (Washington,
    DC, 1951), 7 ('pitiful hard moan').

3   Leah Astbury, '"Ordering the infant": caring for newborns in early
    modern England', in Sandra Cavallo and Tessa Storey (eds.), *Conserving
    Health in Early Modern Culture: Bodies and Environments in Italy and England*
    (Manchester, 2017), 83–6; John and Elizabeth Newson, *Patterns of In-
    fant Care in an Urban Community* (London, 1963), 89–92, quotation at 89
    ('crafty').

4   Joanna Bourke, 'The Sentience of Infants', in *The Story of Pain: From
    Prayer to Painkillers* (New York, 2014), 214–18.

5   Lewis, *An Interesting Condition*, 23 (spine-destroying).

6   Katy Simpson Smith, *We Have Raised All of You: Motherhood in the South
    1750–1835* (Baton Rouge, 2013), 90 (Cox); Shirley Marchalonis, *The
    Worlds of Lucy Larcom 1824–1893* (Athens, GA, 1989), 70–71.

7   Emily Cockayne, *Hubbub: Filth, Noise and Stench in England, 1600–1770*
    (New Haven, 2007), 116 ('offence'); Stephanie J. Shaw, 'Mothering un-
    der Slavery in the Antebellum South', in Evelyn Nakano Glenn, Grace

Chang and Linda Renine Forcey (eds.), *Mothering: Ideology, Experience, and Agency* (New York, 1994), 245 ('bottle'); Mark M. Smith (ed.), *Hearing History: A Reader* (Athens, GA, 2004), 37 (Clark); Work Projects Administration, 'Angie Boyce', *Slave Narratives: A Folk History of Slavery in the United States. From Interviews with Former Slaves: Indiana Narratives* (Washington, DC, 1941), (formerly Angie King).

8   Marla N. Powers, *Oglala Women: Myth, Ritual and Reality* (Chicago, 1986), 56 ('frighten'); 오지브와족의 유사한 관습에 대해서는 다음을 보라. Thomas Peacock and Marlene Wisuri, *The Four Hills of Life: Ojibwe Wisdom* (Afton, 2006), 38.

9   Amanda Vickery, *The Gentleman's Daughter: Women's Lives in Georgian England* (New Haven, 1998), 110.

10   Ann Oakley, *From Here to Maternity: Becoming a Mother* (Harmondsworth, 1979), 252 ('good baby').

11   American Indian Studies Research Institute, Indiana University, Dictionary Database.

10. 산후조리 시기

1   다음에 인용된 용어에 대해서는 OED를 보라. *Magazine of Poetry* of 1892, and *Our Bodies Ourselves* (Boston, 1978); Ann Oakley, *From Here to Maternity: Becoming a Mother* (Harmondsworth, 1979), 145.

2   Patricia Crawford, *Blood, Bodies and Families in Early Modern England* (2004, repr. London, 2014), ch. 5, quotation at 147 ('curdy'); F. Truby King, *The Expectant Mother, and Baby's First Months: For Parents and Nurses* (Wellington, 1925), 59; Oakley, *From Here to Maternity*, 181 ('good thing').

3   Alexander Longe, 'A Small Postscript on the Ways and Manners of the Indians Called Cherokees', ed. David H. Corkran, *Southern Indian Studies*

11 (1969), 34; 그리고 다음을 참조하라. Julie L. Reed, 'Family and Nation: Cherokee Orphan Care, 1835–1903', *American Indian Quarterly* 34 (2010), 312.

4 Oakley, *From Here to Maternity*, 48 ('disease'), 124 ('fishing wire'), 163 ('world war').

5 Irma Honigmann and John Honigmann, 'Child Rearing Patterns among the Great Whale River Eskimo', *University of Alaska Anthropological Papers* 2 (1953), 33; Wendy Mitchinson, *Giving Birth in Canada, 1900–1950* (Toronto, 2002), 89 ('tea'); 286–8.

6 M. Inez Hilger, *Chippewa Child Life and Its Cultural Background* (Washington, DC, 1951), 15–16.

7 Margaret Charles Smith and Linda Holmes, *Listen to Me Good: The Life Story of an Alabama Midwife* (Columbus, 1996), 51.

8 이 문단과 다음 문단에 대해서는 다음을 참조하라. Mrs William Parkes, *Domestic Duties or, Instructions to young married ladies* (2nd edn, London, 1825), 319–32; Elizabeth Cady Stanton, *Eighty years and more* (New York, 1898), 118 ('Mother Monroe'); Fanny Fern [pseud.], *Ruth Hall: A domestic tale of the present time* (New York, 1855), 43.

9 Patrick Minges, *Far More Terrible for Women: Personal Accounts of Women in Slavery* (Winston-Salem, 2006), 148–50.

10 Harold Nicolson to Vita Sackville-West, 15 Aug. 1914, Nigel Nicolson (ed.), *Vita and Harold: The Letters of Vita Sackville-West and Harold Nicolson* (New York, 1992), 53.

11 Ji-Yeon Yuh, *Beyond the Shadow of Camptown: Korean Military Brides in America* (New York, 2002), quotation at 100.

12 이 문단과 다음 문단에 대해서는 다음을 참조하라. Margaret Llewelyn Davies (ed.), *Maternity: Letters From Working Women* (1915, repr. London, 1978), 46 ('luxury'), 49 ('get up'), 187 ('first night'), 189 ('pits'), 190 ('harder').

13 Carole Itter, 'Cry Baby' (1976), in Laura Chester (ed.), *Cradle and All:*

Women Writers on Pregnancy and Birth (Boston, 1989), 213.

14   Mary Chamberlain, *Growing up in Lambeth* (London, 1989), 94 ('wasn't
      allowed'); Michael Young and Peter Willmott, *Family and Kinship in East
      London* (Glencoe, 1957), 39—40 (churching).

15   이 문단과 다음 문단에 대해서는 다음을 참조하라. Helen Sekaquaptewa,
      Me and Mine: The Life Story of Helen Sekaquaptewa as told to Louise Udall
      (Tucson, 1969), 180—81.

16   Oakley, *From Here to Maternity*, 119—20, 215—16.

17   Emily Rathbone Greg (ed.), *Reynolds-Rathbone Diaries and Letters 1753—
      1839* (privately printed, 1905), 76—7.

18   Margaret Jarman Hagood, *Mothers of the South: Portraiture of the White
      Tenant Farm Woman* (1939, repr. New York, 1972), 137.

19   Connie Young Fu, 'The World of Our Grandmothers', in Asian Women
      United of California (eds.), *Making Waves: An Anthology of Writings by and
      about Asian American Women* (Boston, 1989), 37—9.

20   Helen M. Dart, *Maternity and Child Care in Selected Rural Areas of Mississip-
      pi* (Washington, 1921), 4, 30, 40—41.

21   *England's Merry Jester* (1694) quoted in Laura Gowing, '"The Manner of
      Submission": Gender and Demeanour in Seventeenth-Century Lon-
      don', *Cultural and Social History* 10 (2013), 33.

22   감정의 역사에서 나온 이 사례에 대해서는 다음을 보라. Joel Pfister, 'On
      Conceptualizing the Cultural History of Emotional and Psychological
      Life in America', in Pfister and Nancy Schnog (eds.), *Inventing the Psycho-
      logical: Toward a Cultural History of Emotional Life in America* (New Haven,
      1997), 31—2.

23   Tim Reinke-Williams, *Women, Work and Sociability in Early Modern London*
      (Houndsmills, 2014), 33.

24   Louise Erdrich, *The Blue Jay's Dance: A Memoir of Early Motherhood* (New
      York, 1995), 146.

25   Polly Clarke (Lexington) to Mrs Mary Cotton (Hopkinton), Dec. 11,

1782, Allen-Ware Papers, 1782–1866, Box 1, Folder 1782–1800, Massachusetts Historical Society.

26 Nathan Sellers to [Mrs Ann Gibson Sellers] (Philadelphia?), 12 Dec. 1785, Sellers Family Papers, American Philosophical Society.

27 Katharine C. Balderston (ed.), *Thraliana: The Diary of Mrs Hester Lynch Thrale (later Mrs Piozzi), 1776–1809* (2 vols, 2nd edn, Oxford, 1951), i, 158.

28 Jean Radford, 'My Pride and Joy', in Katherine Gieve (ed.), *Balancing Acts, On Being a Mother* (London, 1989), 138.

29 James C. Mohr and Richard E. Winslow (eds), *Cormany Diaries: A Northern Family in the Civil War* (Pittsburgh, 1982), 597.

30 Amanda Vickery, *The Gentleman's Daughter: Women's Lives in Georgian England* (New Haven, 1998), 15–16 (quotations); Adrian Wilson, *Ritual and Conflict: The Social Relations of Childbirth in Early Modern England* (London, 2013), 179.

31 Hannah Woolley, *The Gentlewomans Companion; Or a Guide to the Female Sex: Containing Directions of Behaviour, in All Places, Companies, Relations and Conditions, from Their Childhood Down to Old Age* (London, 1673), quotation at 208.

32 Hagood, *Mothers of the South*, 55.

33 Susannah Shaw Romney, *New Netherland Connections: Intimate Networks and Atlantic Ties in Seventeenth-Century America* (Chapel Hill, 2014), 66.

34 이 세 문단들에 대해선 다음을 보라. Cherrie Moraga, *Waiting in the Wings: Portrait of a Queer Motherhood* (Ithaca, 1997), quotations at 85–7.

11. 눅눅한 천

1 Li-Young Lee, 'The Waiting,' *The City in Which I Love You* (Rochester, 1990), 64.

2 이 부분에서 빅토리아 시대의 인물과 장면의 합성에 대해서 나는 다음의 자

료들에서 도움을 받았다. Annemarie Adams, *Architecture in the Family Way: Doctors, Houses and Women 1870–1900* (London, 1996), esp. 131 (kitchen), 136 (parlour), 140–3 (nursery); Jane Hamlett, *Material Relations: Domestic Interiors and Middle-Class Families in England, 1850–1910* (Manchester, 2010), esp. 47, 50, 78, 87 (parlour), 118–9 (servant), 112, 120–4 (nursery, sampler), 130 (Dutch picture); Ruth Goodman, *How to Be a Victorian: A Dawn-to-Dusk Guide to Victorian Life* (New York, 2014), 11–15, 123–7 (smell, cloth), 17, 133–4 (soap, perfume), 214–5 (nappies), 255–70 (laundry); and, illuminating Glasgow in particular, Eleanor Gordon and Gwyneth Nair, *Public Lives: Women, Family and Society in Victorian Britain* (New Haven, 2003), esp. 6, 123–5 (parlour), 45, 150–1 (servants), 96 (*Waverley Journal*).

3   Patricia E. Malcolmson, *English Laundresses: A Social History, 1850–1930* (Urbana, 1986), 23, 34, quotation at 34.

4   이 부분에서 페리먼, 바우어스, 모빌 마을에 대한 증거는 다음의 책에서 인용했다. Laurie A. Wilkie, *The Archaeology of Mothering: An African-American Midwife's Tale* (New York, 2003), esp. 25, 28, 104–6 (house and land), 33 (Willie), 83 (Hansberry), 87–8 (status), 91, 96, 97 (food and food objects), 127, 215 (antiseptics, remedies), 214 (cherub vases); Marilyn Culpepper, *Mobile: Photographs from the William E. Wilson Collection* (Charleston, 2001), esp. 9, 55. 해방 직후 백인들로부터의 격리 선호에 대해서는 다음을 보라. Paula Giddings, *When and Where I Enter: The Impact of Black Women on Race and Sex in America* (New York, 1984) and Jacqueline Jones, *Labor of Love, Labor of Sorrow: Black Women, Work, and the Family, from Slavery to the Present* (New York, 2010).

5   Ann Oakley, *From Here to Maternity: Becoming a Mother* (Harmondsworth, 1979), 163.

6   엘리 메이 버로스에 대해서는 다음을 보라. James Agee and Walker Evans, *Let Us Now Praise Famous Men: Three Tenant Families* (1939, repr. Boston, 1988). 여기서 그녀는 애니 메이 구드거로 명칭이 변경되었다. Annie

Mae Gudger, esp. liii–liv, 127–89, details at 139 (yard); 151 (soap); 152, 155, 206 (hallway); 154–5 (smells); 165, 173, 259, 272, 275, 279 (wardrobe, clothing); 173 (mantle); 177–82 (kitchen); 441 (nursing). 새디 리케츠라고 명칭이 변경된, 그녀의 이웃 엘리자베스 팅글에 대해선 다음을 보라. 같은 책, xvii, details at 191, 199–200, 364. 노스텔지어를 불러일으키는 냄새에 대해서는 같은 책, 154를, 기저귀 냄새에 대해서는 다음을 보라. Margaret Jarman Hagood, *Mothers of the South: Portraiture of the White Tenant Farm Woman* (1939, repr. New York, 1972), 105.

7 이 문단과 다음에 이어지는 다섯 문단에 대해, 이 긴 기간의 서사는 특별히 다음의 영향을 받았다. The *longue durée* narrative here is especially influenced by Kathleen Brown, *Foul Bodies: Cleanliness in Early America* (New Haven, 2009). 특히 배스컴에 대해서는 다음을 보라. 같은 책, 221, 237 ('more nice'). 18세기 하인에 대해서는 다음을 보라. Carolyn Steedman, *Labours Lost: Domestic Service and the Making of Modern England* (Cambridge, 2009), 14. 천에 대한 촉각 용어에 대해서는 다음을 보라. Amanda Vickery, *The Gentleman's Daughter: Women's Lives in Georgian England* (New Haven, 1998), 149; *OED*, 'diaper', 'nappy'; Elizabeth Roberts, *A Woman's Place: An Oral History of Working-Class Women, 1890–1940* (Oxford, 1984), 161 (the Lancaster 'wiper'); Ellen Ross, *Love and Toil: Motherhood in Outcast London, 1870–1918* (London, 1993), 138 (smelly, loops and ties); M. Inez Hilger, *Chippewa Child Life and Its Cultural Background* (Washington, DC, 1951), 15 ('sweet moss'); 그리고 다음을 보라. Kim Anderson, *Life Stages and Native Women: Memory, Teachings, and Story Medicine* (Winnipeg, 2011), 58–61.

8 Martha Vicinus, 'The Perfect Victorian Lady', in Martha Vicinus (ed.), *Suffer and Be Still: Women in the Victorian Age* (Bloomington, 1972). 이러한 가정적 여성성의 출현에 대한 고전적 텍스트는 다음과 같다. Leonore Davidoff and Catherine Hall, *Family Fortunes: Men and Women of the English Middle Class, 1780–1850* (Chicago, 1987).

9 Adrienne Rich, *Of Woman Born: Motherhood as Experience and Institution*

(1976, repr. New York, 1986), 27.

10   Eunice Murray, *Frances Murray: A Memoir* (Glasgow, 1920), 113 (dullness), 117 (babydom).

11   모빌 내전 기념비에 대해서는 다음을 보라. Culpepper, *Mobile*, 48.

12   Lucille Clifton, *Generations: A Memoir* (New York, 1976), esp. 11–12, 34, 79.

12. 방해받은 시간

1   Lisa Baraitser, *Maternal Encounters: The Ethics of Interruption* (Hove, 2009).

2   Amanda Vickery, *The Gentleman's Daughter: Women's Lives in Georgian England* (New Haven, 1988), 114–15.

3   Rebecca Allmon to her aunts, Halifax, 29 Mar. 1787, Byles Family Papers, Box 2, Massachusetts Historical Society.

4   Vickery, *The Gentleman's Daughter*, 115.

5   Ethel Armes (ed.), *Nancy Shippen, her journal book* (New York, 1968), 144 (Livingston); Vickery, *The Gentleman's Daughter*, 115–16 (Parker); Frances Marvin Smith Webster to Lucien Bonaparte, Fort Pickens, 18 Sept. 1846, in Van R. Baker (ed.), *The Websters: Letters of an Army Family in Peace and War, 1836–1853* (Kent, 2000), 109; Louisa Wylie Boisen to Herman Boisen, Bloomington, 4 Aug. 1878, and Rebecca Wylie to Louisa Boisen, Bloomington, Jan. 1875, Wylie House Museum.

6   이 네 문단에 대해서는 다음을 보라. Ann Oakley, *From Here to Maternity: Becoming a Mother* (Harmondsworth, 1979), 31, 253–4, quotations at 142 (Wright), 253 (Mitchell).

7   Eleanor Gordon and Gwyneth Nair, *Public Lives: Women, Family and Society in Victorian Britain* (New Haven, 2003), 143.

8   이 문단과 이어지는 두 문단에 대해서는 다음을 보라. Margery Spring Rice, 'The Day's Work', in *Working-Class Wives: Their Health and Condi-*

tions (Harmondsworth, 1939), 94–127; Selina Todd, *Young Women, Work, and Family in England, 1918–1950* (Oxford, 2005).

9   이 두 문단에 대해서는 다음을 참조하라. Mass Observation, 'The House-wife's Day', *New Series Bulletin* 42 (May/June 1951), 2, quoted in Clare Langhamer, *Women's Leisure in England 1920–60* (Manchester, 2000), 31–2.

10   *Manchester Evening News*, 20 Oct. 1955.

11   Mass Observation: DR1831, reply to March/April 1948 Directive, quoted in Langhamer, *Women's Leisure*, 30.

12   이 문단과 다음 문단에 대해서는 다음을 참조하라. Maria Campbell, 'Preface', in Kim Anderson, *Life Stages and Native Women: Memory, Teachings, and Story Medicine* (Winnipeg, 2011), xv (stories), and interviewed in Anderson, 같은 책, 112–14.

13   이 문단과 다음 문단은 다음을 참조하라. Oakley, *From Here to Maternity*, 252–4, quotations at 253 (factory workers), 254 (Mitchell, 'going on for years').

14   Margaret Mead, 'On Having a Baby' (1972), extracted in Wendy Martin (ed.), *The Beacon Book of Essays by Contemporary American Women* (Boston, 1996), 216.

15   Oakley, *From Here to Maternity*, 241.

13. 한밤중

1   이 문단과 다음 문단에 대해서는 다음을 보라. A. Roger Ekirch, *At Day's Close: Night in Times Past* (New York, 2005), 267–8 (Boswell and his times); Alicia Ostriker, 'Postscript to Propaganda', *The Mother/Child Papers* (1980, repr. Pittsburgh, 2009), 47.

2   근대 초의 침대들에 대해 이 부분과 다음 네 문단에서 다음을 참조하였다. John Crowley, *The Invention of Comfort: Sensibilities and Design in Early Mod-*

ern Britain and Early America (Baltimore, 2003), esp. 74 ('dagswain'), 81 (Maryland), 91 (Igbo); Jean-Louis Flandrin, *Families in Former Times: Kinship, Household and Sexuality*, trans. Richard Southern (Cambridge, 1979), 90–102; Laura Gowing, ' "The Twinkling of a Bedstaff": Recovering the Social Life of English Beds 1500–1700', *Home Cultures* 11 (2014), 275–304; Ferdinand Baynard de la Vingtrie, *Travels of a Frenchman in Maryland and Virginia*, ed. Ben C. McCary (Williamsburg, 1950), 13 ('box-like frame'); Philip D. Morgan, *Slave Counterpoint: Black Culture in the Eighteenth-Century Chesapeake and Lowcountry* (Chapel Hill, 1998), 114; Raffaella Sarti, *Europe at Home: Family and Material Culture, 1500–1800* (New Haven, 2002), 103 (Chesapeake immigrants), 119–31; John Styles, 'Lodging at the Old Bailey: Lodgings and Their Furnishings in Eighteenth-Century London', in Styles and Amanda Vickery (eds.), *Gender, Taste and Material Culture in Britain and North America 1700–1830* (New Haven, 2006), 71–5.

3   더 많은 근대의 침대들에 대해 이 부분과 다음에 이어지는 세 문단에서 다음을 참조했다. Tom Crook, 'Norms, Forms and Beds: Spatializing Sleep in Victorian Britain', *Body & Society* 14 (2008), 15–35; Judith Flanders, *Inside the Victorian Home: A Portrait of Domestic Life in Victorian England* (New York, 2003), 42–7; Hilary Hinds, 'Together and Apart: Twin Beds, Domestic Hygiene and Modern Marriage, 1890–1945', *Journal of Design History* 23 (2010), 275–304; Reader-Editors of Woman's Home Companion, *Bedtime Story. Reports on Sleeping Equipment* (New York, 1942).

4   Flandrin, *Families in Former Times*, 100 ('big beds').

5   Crowley, *The Invention of Comfort*, 167 ('mean mats').

6   여기에 조사된 켄터키주의 관행에 대해서는 다음을 보라. Verna Mae Slone, *How We Talked and Common Folks* (1978, repr. Lexington, 2009), esp. 259 (bedsharing), 251–2 (cabin), 266 and 279 (chickens), 254 (animals), 28 ('scrouging'), 32 ('puncheon'), 61 (old enough), 125 (staying

overnight); William Lynwood Montell, *Killings: Folk Justice in the Upper South* (Lexington, 1986), 29 ('you'll crave it'); 정부 개혁가들의 전망은 다음을 참조하라. Lydia J. Roberts, *The Nutrition and Care of Children in a Mountain County of Kentucky, United States Children's Bureau Publication 110* (Washington DC, 1922). 이후 인류학의 대상으로서 다음을 보라. Susan Abbott, 'Holding On and Pushing Away: Comparative Perspectives on an Eastern Kentucky Child-Rearing Practice', *Ethos* 20 (1992), 33–65, quotation at 58 (schoolteacher).

7   *Ammenschlaf*에 대해서는 다음을 보라. Lodewijk Brunt and Brigitte Steger (eds.), *Worlds of Sleep: New Perspectives* (Berlin, 2008), 18.

8   근대 초의 첫 밤과 둘째 밤에 대한 주요 설명은 다음에 나온다. Ekirch, *At Day's Close*, ch. 12.

9   William Gouge, 'The Duties of Parents', in *Of Domesticall Duties* (London, 1622), 515 ('wrangle'); 그리고 다음을 참조하라. Elizabeth Lincoln, *The Countesse of Lincolnes Nurserie* (Oxford, 1628).

10 A. Marsh, *The Ten Pleasures of Marriage Relating to All the Delights and Contentments that are Mask'd under the Bands of Matrimony* (Oxford, 1682), 122 ('tossing and tumbling'), attributed to Aphra Behn; Alan Macfarlane, *The Family Life of Ralph Josselin, a Seventeenth-Century Clergyman: An Essay in Historical Anthropology* (Cambridge, 1970), 89 ('cryings out'); Mary Collier, *The Woman's Labour: An Epistle to Mr Stephen Duck* (London, 1739), quotations at 11.

11 Narcissa Prentiss Whitman, 30 Mar. 1837, in Clifford Merrill Drury (ed.), *Where Wagons Could Go: Narcissa Whitman and Eliza Spalding* (1963, repr. Lincoln, 1997), 126.

12 이 해석과 이어지는 네 문단은 다음을 참고했다. Anne Bradstreet, *The Tenth Muse Lately Sprung Up in America, or, Severall Poems Compiled with Great Variety of Wit and Learning, Full of Delight* (London, 1650), quotation at 43 ('wayward cries'); David H. Flaherty, *Privacy in Colonial New England* (Charlottesville, 1972), 76–9 (bed-sharing); Robert S. Cox, 'The Suburbs

of Eternity: On Visionaries and Miraculous Sleepers', in Brunt and Steger, *Worlds of Sleep*, 53–73; Alec Ryrie, 'Sleeping, Waking and Dreaming in Protestant Piety', in Jessica Martin and Alec Ryrie (eds.), *Private and Domestic Devotion in Early Modern Britain* (Farnham, 2012), 73–92; Sasha Handley, 'From the Sacral to the Moral: Sleeping Practices, Household Worship and Confessional Cultures in Late Seventeenth-Century England', *Cultural and Social History* 9 (2012), 27–46.

13 이 문단의 근대의 수면에 대해서는 다음을 보라. Benjamin Reiss, 'Sleeping at Walden Pond: Thoreau, Abnormal Temporality, and the Modern Body', *American Literature* 85 (2013), 5–31; A. Roger Ekirch, 'The Modernization of Western Sleep: Or, Does Insomnia Have a History?', *Past & Present* 226 (2015), 149–92. Sasha Handley, 'Sociable Sleeping in Early Modern England, 1660–1760', *History* 98 (2013), 79–104, quotation at 84 (*Tatler*).

14 Brenda Shaughnessy, 'Liquid Flesh', *Our Andromeda* (Port Townsend, 2012), 22–7, quotation at 26.

15 Steve Humphries and Pamela Gordon, *A Labour of Love: The Experience of Parenthood in Britain 1900–1950* (London, 1993), 72–3 ('settee').

16 Elizabeth Roberts, *Women and Families: An Oral History, 1940–1970* (Oxford, 1995), 155.

17 여기서 밤 시간의 해석과 이어지는 일곱 문단은 다음을 참조했다. Mabel Loomis Todd Papers (MS496C), Manuscripts and Archives, Yale University Library, Series III: Diaries 1879–1881; Journal Volume III; and 'Millicent's Journal' Volume I. 토드는 시인 에밀리 디킨슨의 남자 형제인 오스틴 디킨슨과의 차후의 관계로 유명하다. 다음을 참조하라. Polly Longsworth (ed.), *Austin and Mabel: The Amherst Affair & Love Letters of Austin Dickinson and Mabel Loomis Todd* (New York, 1983). 그녀의 방대한 개인적 글쓰기는 다음의 자료에서 빅토리아 시대의 섹슈얼리티 역사에 대한 풍부한 에피소드로 사용되었다. Peter Gay, Her voluminous personal writings served as a rich episode in the history of Victorian s: *The Bourgeois Ex-*

perience: Victoria to Freud. Volume 1: The Education of the Senses (New York, 1984), 71–108. Identification of Molly Peyton in *Boyd's Directory of the District of Columbia* (Alexandria, 1880), 711.

18   bedfellow에 대해선 다음을 보라. Gowing, '"The Twinkling of a Bed-staff"'.

19   Jacqueline H. Wolf, *Don't kill your baby: Public health and the decline of breast-feeding in the nineteenth and twentieth centuries* (Columbus, 2001), 188 ('American babies').

20   Mrs W. D. to Mrs West, 9 May 1918, Pennsylvania, in Molly Ladd-Taylor (ed.), *Raising a Baby the Government Way: Mothers' Letters to the Children's Bureau, 1915–1932* (New Brunswick, 1986), 108; Adrienne Rich, *Of Woman Born: Motherhood as Experience and Institution* (1976, repr. New York, 1986), 31–2.

21   여기에서 사용된 증거는 과학적 수면 연구에서 끌어왔다. William Caudill and Helen Weinstein, 'Maternal Care and Infant Behavior in Japan and America', *Psychiatry* 32 (1969), 12–43; Caudill and David W. Plath, 'Who Sleeps By Whom? Parent-Child Involvement in Urban Japanese Families', *Psychiatry* 29 (1966), 344–66; M. Gantley, D. P. Davies and A. Murcott, 'Sudden Infant Death Syndrome: Links with Infant Care Practices', *British Medical Journal* 306 (6869), 16–20 (on Cardiff).

22   Abigail Lewis [Otis Burger], *An Interesting Condition: The Diary of a Pregnant Woman* (Garden City, NY, 1950), 245.

14. 가득 찬 젖

1   처음 두 부분에 나오는 존 던의 시 제목은 'The Extasie'이다. quotations from lines 4, 7–8. 옥시토신에 대해서는 다음을 보라. Sarah Blaffer Hrdy, *Mother Nature: Maternal Instincts and How They Shape the Human Species* (New York, 1999), 137–39; C. Sue Carter and Stephen W. Porges, 'The

Biochemistry of Love: An Oxytocin Hypothesis', *EMBO Reports* 14 (2013), 12–16. 에로스와 수유에 대해서는 다음을 보라. Adrienne Rich, *Of Woman Born: Motherhood as Experience and Institution* (1976, repr. New York, 1986), 37; Maggie Nelson, *The Argonauts* (Minneapolis, 2015), 44.

2   출산처럼 모유 수유와 유모 일도 자체의 역사가 있다. 여기와 바로 밑에 나오는 핵심 저작에는 다음도 포함된다. Emily West and R. J. Knight, 'Mothers' Milk: slavery, wet-nursing and black and white women in the Antebellum South', *Journal of Southern History* 83 (2017), 37–68; Marissa C. Rhodes, 'Domestic Vulnerabilities: Reading Families and Bodies into Eighteenth-Century Anglo-Atlantic Wet Nurse Advertisements', *Journal of Family History* 40 (2015), 39–63; Janet Golden, *A Social History of Wet Nursing in America: From Breast to Bottle* (Cambridge, 1996), esp. 22–3 (Boston); Marie Jenkins Schwartz, ' "At Noon, Oh How I Ran": Breastfeeding and Weaning on Plantation and Farm in Antebellum Virginia and Alabama', in Patricia Morton (ed.), *Discovering the Women in Slavery: Emancipating Perspectives on the American Past* (Athens, GA, 1996), 241–59; Valerie A. Fildes, *Wet Nursing: A History from Antiquity to the Present* (Oxford, 1988); Fildes, *Breasts, Bottles and Babies: A History of Infant Feeding* (Edinburgh, 1986).

3   병원에서의 유모 일에 대해서, 그리고 이 부분을 통틀어 특히 마거릿 콜리어에 대해서는 다음을 보라. Alysa Levene, *Childcare, Health and Mortality at the London Foundling Hospital 1741–1800* (Manchester, 2007), esp. 111, 132–3, 136 (Collier); 96, 122 (Chertsey); 106–14 (weaning); 134–5 (wages); Gillian Clark (ed.), *Correspondence of the Foundling Hospital Inspectors in Berkshire, 1759–1768* (Reading, 1997), xxxvi (inspectors); and, on the foundling's clothing, Clark, 'Infant Clothing in the Eighteenth Century: A New Insight', *Costume* 28 (1994), 47–59. 첫 아이를 가진 이들이 겪는, 가난의 특별한 위협에 대해서는 다음을 보라. Barry Stapleton, 'Inherited Poverty and Life-Cycle Poverty: Odiham, Hampshire, 1650–1850', *Social History* 18 (1993), 339–55; Patricia Crawford, *Parents of Poor Children*

in England, 1580–1800 (Oxford, 2010), 9.

4   이 부분에서 마거릿 모리스와 18세기 중반의 필라델피아에 대해서는 다음을 보라. John Jay Smith (ed.), *Letters of Doctor Richard Hill and His Children, Or, The History of a Family as Told By Themselves* (Philadelphia, 1854), 173–4, 178, 183; Catherine La Courreye Blecki and Karin A. Wulf (eds.), *Milcah Martha Moore's Book: A Commonplace Book from Revolutionary America* (University Park, 1997), 5, 19.

5   Patricia Crawford, *Blood, Bodies and Families in Early Modern England* (Harlow, 2004), ch. 5, 146 ('suckling').

6   A. Marsh, *The Ten Pleasures of Marriage Relating All the Delights and Contentments that are Mask'd under the Bands of Matrimony* (Oxford, 1682), 134.

7   정숙의 제스처에 대해서는 다음을 보라. Laura Gowing, ' "The Manner of Submission": Gender and Demeanour in Seventeenth-Century London', *Cultural and Social History* 10 (2013), 25–45, 34. Lorena S. Walsh, ' "Til Death Us Do Part": Marriage and Family in Seventeenth-Century Maryland', in Thad W. Tate and David L. Ammerman (eds.), *Chesapeake in the Seventeenth Century: Essays on Anglo-American Studies* (Chapel Hill, 1979), 141 ('good Store').

8   Katy Simpson Smith, *We Have Raised All of You: Motherhood in the South, 1750–1835* (Baton Rouge, 2013), 96 (Cox); Fildes, *Wet Nursing*, 102 (Ramazzini).; Angus McLaren, *Reproductive Rituals: The Perception of Fertility in England from the Sixteenth to the Seventeenth Century* (London, 1984), 34 (rampion).

9   Rhodes, 'Domestic Vulnerabilities', 44–5 (ads); 하인 계층의 이런 문학에 대한 보다 일반적인 것은 다음을 보라. David M. Katzman, *Seven Days a Week: Women and Domestic Service in Industrializing America* (New York, 1978), 99.

10   Marsh, *The Ten Pleasures of Marriage*, 141 ('estranged'); Amanda Vickery, *The Gentleman's Daughter: Women's Lives in Georgian England* (New Haven, 1998), 107–10, quotation at 108 (Scrimshire).

11 Fildes, *Wet Nursing*, 85 (wills), 87 ('unborrowed').

12 Hardy, *Mother Nature*, 35, ('elixirs of contentment').

13 Patricia Crawford, 'Women's Dreams in Early Modern England', *History Workshop Journal* 49 (2000), 130–31 ('word divine', 'fountain').

14 Mary Richardson Walker, *First White Women over the Rockies, Vol. 2: On To Oregon: The Diaries of Mary Walker and Myra Eells* (1966, repr. Nebraska, 1998), 331.

15 Judith Schneid Lewis, *In the Family Way: Childbearing in the British Aristocracy, 1760–1860* (New Brunswick, 1986), 210 (Devonshire); Nora Doyle, ' "The Highest Pleasure of Which Woman's Nature Is Capable": Breast-Feeding and the Sentimental Maternal Ideal in America, 1750–1860', *Journal of American History* 97 (2011), 958–73, quotations at 961 (Buchan), 958 (Watkins), 962 (Allen).

16 Sally McMillen, 'Mothers' Sacred Duty: Breast-Feeding Patterns among Middle-and Upper-Class Women in the Antebellum South', *Journal of Southern History* 51 (1985), 333–56, quotations at 333.

17 Doyle, '"The Highest Pleasure"', 969 (Lewis).

18 같은 책, 967 ('enchanting').

19 Rhodes, 'Domestic Vulnerabilities', 51 ('Wants', 'Wanted').

20 이 세 문단에 대해서는 다음을 보라. Fanny B. Workman, 'The Wet-Nurse in the Household', *Babyhood* 2 (1886), 142–4; Golden, *A Social History of Wet Nursing in America*, 141, 159–66.

21 Thomas E. Cone Jr, *History of the Care and Feeding of the Premature Infant* (Boston, 1985), esp. 46.

22 Gerda Lerner, 'Dreaming', *Women's Studies Quarterly* 11 (193), 26; Marilyn Chin, 'We Are Americans Now, We Live in the Tundra', *The Iowa Review* 17 (1987), 84.

23 Marylynn Salmon, 'The Cultural Significance of Breast-feeding and Infant Care in Early Modern England and America', *Journal of Social History* 28 (1994), 247–69, 250 ('White Vitriol').

24 Isabella Beeton, *Mrs Beeton's Book of Household Management*, ed. Nicola Humble (Oxford, 2000), 1022–4.

25 Margaret B. Blackman, *Sadie Brower Neakok: An Inupiaq Woman* (Seattle, 1989), 128.

26 Mrs Abby Fisher, *What Mrs Fisher Knows About Southern Cooking* (San Francisco, 1881), 72.

27 Ann Oakley, *From Here to Maternity: Becoming a Mother* (Harmondsworth, 1979), 187 (mixing powder).

28 Margaret Jarman Hagood, *Mothers of the South: Portraiture of the White Tenant Farm Woman* (1939, repr. New York, 1972), 55.

29 Philippa Mein Smith, 'Mothers, Babies and the Mothers and Babies Movement: Australia Through Depression and War', *Social History of Medicine* 6 (1993), 51–83.

30 Jacquelyn S. Litt, *Medicalized Motherhood: Perspectives from the Lives of African-American and Jewish Women* (New Brunswick, 1999), 58–9, 101 (Selma Cohen), 108.

31 John and Elizabeth Newson, *Patterns of Infant Care in an Urban Community* (London, 1963), esp. 38 ('swill'), 44 ('get rid'), 50, 54 (statistics), 55.

32 같은 책, 37 ('cry', 'napkin').

33 같은 책, 36 ('birthright'), 42 ('left arms'), 43 ('idle', 'shirking').

34 같은 책, 40 ('nicer'), 41 ('lips', 'closeness'), 43 ('job').

35 같은 책, 36 (too watery, etc.), 37 ('wet through').

36 같은 책, 38 (all quotations).

37 Oakley, *From Here to Maternity*, 42–3 (Hilary Jackson), 167 ('leaked'), 186 ('cowsheds').

38 같은 책, 168.

39 같은 책, 182, ('relaxed'), 177 (pain then liking, 'nothing'), 178 ('nice').

40 Jackie Kay, 'Big Milk', *Granta* 63 (London, 1998), 99–109.

15. 불확실성 또는 생각 실험

1   안내서에 대해서는 특히 다음을 보라. Angela Davis, *Modern Motherhood: Women and Family in England, c. 1945–2000* (Manchester, 2012), ch. 5; Rima D. Apple, *Perfect Motherhood: Science and Childrearing in America* (New Brunswick, 2006); Julia Grant, *Raising Baby by the Book: The Education of American Mothers* (New Haven, 1998); Christina Hardyment, *Dream Babies: Childcare Advice from John Locke to Gina Ford* (1983, repr. London, 2007).

2   이 주석과 아래의 주석들은 주로 사료에서 직접 인용하였다. 이 문단과 다음 문단에 대해서는 다음을 보라. Richard Allestree, *The Ladies Calling, in Two Parts* (4th edn, Oxford, 1676), 49–52, quotation at 49, copy held in Lilly Library, Bloomington, Ind.; Jane Sharp, *The Midwives Book, or, The Whole Art of Midwifry Discovered*, ed. Elaine Hobby (Oxford, 1999), quotation at 374.

3   Eminent Physician, *The Nurse's Guide: Or, the Right Method of Bringing up Young Children* (London, 1729); William Cadogan, *An Essay upon Nursing and Management of Children from Their Birth to Three Years of Age* (London, 1748); James Nelson, *Essay on the Government of Children under Three Heads, viz, Health, Manners and Education* (London, 1753); William Buchan, *Domestic Medicine* (Edinburgh, 1769).

4   Michael Underwood, *A Treatise on the Diseases of Children, with Directions for the Management of Infants from the Birth; especially such as are brought up by hand* (London, 1784), and many further editions.

5   A Lady, *The Ladies Library, Volume 1* (London, 1714).

6   Lydia Maria Child, *The Mother's Book* (Boston, 1831); L. H. Sigourney, *Letters to Mothers* (Hartford, 1838), vii ('you are sitting'); Mrs William Parkes, *Domestic Duties, or, Instructions to young married ladies* (3rd edn, London, 1828), 184, 186; Eliza Warren, *How I Managed My Children from Infancy to Marriage* (London, 1865); Milicent Washburn Shinn, *The Biography of*

a Baby (Boston, 1900); Sidonie Matsner Gruenberg, *Your Child Today and Tomorrow: Some Practical Counsel for Parents* (Philadelphia, 1912); Sophia Jex-Blake, *The Care of Infants, A Manual for Mothers and Nurses* (London, 1898).

7   L. Emmett Holt, *Care and Feeding of Children* (6th edn, New York, 1894), 15–16.

8   예를 들면 다음과 같다. Sir Frederic Truby King, *Feeding and Care of Baby* (London, 1913); Benjamin Spock, *The Common Sense Book of Baby and Child Care* (New York, 1946), and further editions published until 1998; Penelope Leach, *Babyhood: Stage by Stage, from Birth to Age Two; How Your Baby Develops Physically, Emotionally, Mentally* (Harmondsworth, 1974); Mabel Liddiard, *Mothercraft Manual, or The expectant and nursing mother and baby's first two years* (London, 1948), diagram reprinted in Hardyment, *Dream Babies*, 153.

9   Eminent Physician, *The Nurse's Guide*, 46 ('keel'); Sigourney, *Letters to Mothers*, vii ('tendrils'); Eric Pritchard, *Infant Education* (London, 1907), 94, (telephone); Shinn, *The Biography of a Baby*, 6 (monkeys).

10   Henry Newcome, *The Compleat Mother, or, An Earnest Perswasive to All Mothers* (London, 1695), 6–7; William Moss, *Essay on the Management and Nursing of Children* (London, 1781), title-page (comprehension); John D. West, *Maidenhood and Motherhood; or The Ten Phases of a Woman's Life* (Detroit, 1888), 25–9. The BMA is quoted in Ann Oakley, 'Normal Motherhood: An Exercise in Self-Control?' in Bridget Hutter and Gillian Williams (eds.), *Controlling Women: The Normal and the Deviant* (London, 1981), 80 (worry), 82 (pram).

11   John Locke, *Some Thoughts on Education* (London, 1693), 2 (cockering).

12   Mrs Childs, *The Mother's Book* (2nd edn, Boston, 1831), dedication; Benjamin Spock and Michael B. Rothenberg, *Dr Spock's Baby and Child Care* (6th edn, New York, 1992), xvi–xvii.

13   James N. Green, Librarian, Library Company of Philadelphia, corre-

spondence with the author; Spock, *The Common Sense Book*, 1, ('Trust yourself').

14   Mary R. Melendy, *Perfect Womanhood for Maidens-Wives-Mothers* (Chicago, 1903), 5; Charlotte Perkins Gilman, *Concerning Children* (Boston, 1900); Gillian E. Hanscombe and Jackie Forster, *Rocking the Cradle: A Challenge in Family Living* (London, 1981); 그리고 다음을 참조하라. Kristin G. Esterberg, 'Planned Parenthood: The Construction of Motherhood in Lesbian Mother Advice Books', in Andrea O'Reilly (ed.), *Feminist Mothering* (Albany, 2008), 75–88.

15   Rima D. Apple, *Perfect Motherhood*, 19 (literacy), 47 (Carlin); Elizabeth Roberts, *Women and Families: An Oral History, 1940–1970* (Oxford, 1995), 142; Lucinda McCray Beier, 'Expertise and Control: Childbearing in Three Twentieth-Century Working-Class Lancashire Communities', *Bulletin of the History of Medicine* 78 (2004), 379–409.

16   Sharp, *The Midwives Book*, 376; Underwood, *A Treatise on the Diseases of Children*; Edith Buxbaum, *Your Child Makes Sense: A Guidebook for Parents* (New York, 1949).

17   Mary Truby King, *Mothercraft* (15th printing, London, 1944), 4 ('happiest'), 66 (timetable), 164 ('21 hours').

18   C. Anderson Aldrich and Mary M. Aldrich, *Babies Are Human Beings* (New York, 1942), 60–61 (quotation, marginalia), 75 (kick), 76 (appetite), 인디애나 대학교 사우스벤드 소유 사본. 1990년 인디애나 대학교 도서관의 전자문서화로 원본 카드 카탈로그와 확인 기록이 유실되었다.

16. 병원 처방과 의혹들

1   Rivka Galchen, *Little Labors* (New York, 2016); Trevor MacDonald, *Where's the Mother? Stories from a Transgender Dad* (Dugald, 2016); Sarah Manguso, *Ongoingness: The End of a Diary* (Minneapolis, 2015); Maggie

Nelson, *The Argonauts* (Minneapolis, 2015); Lia Purpura, *Increase* (Athens, GA, 2015); Eula Biss, *On Immunity: An Innoculation* (Minneapolis, 2014); Rachel Zucker, *the pedestrians* (Seattle, 2014); Rachel Zucker, *MOTHERs* (Denver, 2014); Lisa Baraitser, *Maternal Encounters: The Ethics of Interruption* (Hove, 2009); Lonnae O'Neal Parker, *I'm Every Woman: Remixed Stories of Marriage, Motherhood, and Work* (New York, 2005); Anne Enright, *Making Babies: Stumbling into Motherhood* (London, 2004); Rachel Cusk, *A Life's Work: On Becoming a Mother* (London, 2001).

2 버거와 로건에 대해서는 다음을 보라. 가명 Abigail Lewis [Otis Burger], *An Interesting Condition: The Diary of a Pregnant Woman* (Garden City, NY, 1950), 123–5; Onnie Lee Logan, as told to Katherine Clark, *Motherwit: An Alabama Midwife's Story* (New York, 1989), 98 ('understand'), 90 ('wisdom'); Clarebeth Loprinzi-Kassell, 'Onnie Lee Logan / Matilda Mitchell: Grand Midwives', *Birth Gazette* 12 (1996), 26–8.

3 이 문단과 다음 문단에 대해서는 다음을 보라. C. Anderson Aldrich and Mary M. Aldrich, *Babies Are Human Beings* (New York, 1942), 102 ('crackers'); Lewis, *An Interesting Condition*, 241 (restless cousin), 133 ('tomboy'), 255 (cartoon). 버거와 그녀의 세계에 대한 나의 해석은 다음의 책에서 아이디어를 얻었다. Benjamin Spock, *The Common Sense Book of Baby and Child Care* (New York, 1946); Rima D. Apple, *Perfect Motherhood: Science and Childrearing in America* (New Brunswick, 2006), esp. 107–34, quotation at 83 ('too much emphasis').

4 이 문단과 다음 문단에 대해서는 다음을 보라. Logan and Clark, *Motherwit*, 62 (bitterweed), 64 (teething remedies). 오니 리와 그녀의 세계에 대한 나의 해석 또한 다음의 책에서 아이디어를 얻었다. Christa Craven and Mara Glatzel, 'Downplaying Difference: Historical Accounts of African American Midwives and Contemporary Struggles for Midwifery', *Feminist Studies* 36 (2010), 330–58; Gertrude Jacinta Fraser, *African American Midwifery in the South: Dialogues of Birth, Race and Memory* (Cambridge, MA, 1998), esp. 240, 242–4; Margaret Charles Smith and Linda Holmes,

Listen to Me Good: The Life Story of an Alabama Midwife (Columbus, 1996), quotation at 155 ('raised'); Jacqueline S. Litt, *Medicalized Motherhood: Perspectives from the Lives of African-American and Jewish Women* (New Brunswick, 2000), 63–81; Debra Anne Susie, *In the Way of Our Grandmothers: A Cultural View of Twentieth-Century Midwifery in Florida* (Athens, GA, 1988).

5 Nancy Oestreich Lurie (ed.), *Mountain Wolf Woman, Sister of Crashing Thunder: The Autobiography of a Winnebago Indian* (Ann Arbor, 1961), 1, 84.

6 Harriet Connor Brown, *Grandmother Brown's Hundred Years, 1827–1927* (Boston, 1929), 24, 33, 40, 95–96.

7 Eleanor Gordon and Gwyneth Nair, *Public Lives: Women, Family and Society in Victorian Britain* (New Haven, 2003), 146.

8 Anne Megna Dunst, 'How I Fought for My Schooling with a Baby in My Arms', *Italian Americana* 5 (1979), 249–53; Elizabeth Roberts, *A Woman's Place: An Oral History of Working-Class Women, 1890–1940* (Oxford, 1984), 23–5 (Mrs Phillips, a pseudonym).

9 이 문단과 다음 문단은 다음을 보라. Elizabeth Keckley, *Behind the Scenes, Or, Thirty Years a Slave and Four Years in the White House* (New York, 1868), 19–21; Stephanie J. Shaw, 'Mothering under Slavery in the Antebellum South', in Evelyn Nakano Glenn et al. (eds.), *Mothering: Ideology, Experience and Agency* (New York, 1994), quotations at 244.

10 Cathy Cade, *A Lesbian Photo Album: The Lives of Seven Lesbian Feminists* (Oakland, 1987), 86.

11 이 네 문단에 대해서는 다음을 보라. Lewis, *An Interesting Condition*, 111 (suburbs), 227 (crisis), 123 ('engrossed'), 92 ('psychology'), 242 ('attention'), 111 ('knitted suits'); Philip Wylie, *Generation of Vipers* (New York, 1942); Rebecca Jo Plant, *Mom: The Transformation of Motherhood in Modern America* (Chicago, 2010), ch. 1.

12 Litt, *Medicalized Motherhood*, 80 ('watching', 'pattern').

13 이 문단과 다음 문단에 대해서는 다음을 보라. Logan and Clark, *Motherwit*, 89 ('progressing'), 95–6 (bed); Smith and Holmes, *Listen to Me Good*, 42

('tread sash', moles' feet), 155 ('big old girl'), 93 ('cardboard box', 'usually put'); 99 ('comb', 'titties').

14   Bartlett Jere Whiting, *Early American Proverbs and Proverbial Phrases* (Cambridge, MA, 1977), 323 ('motherwit'); *OED* ('mothersome').

15   Karen Ritts Benally, 'Thinking Good: The Teachings of Navajo Grandmothers', in Marjorie M. Schweitzer (ed.), *American Indian Grand-mothers: Traditions and Transitions* (Albuquerque, 1999), 25–52, quotations at 38.

16   Michael Young and Peter Willmott, *Family and Kinship in East London* (Glencoe, 1957), 28–43, quotation at 28.

17   Linda W. Rosenzweig, *The Anchor of My Life: Middle-Class American Moth-ers and Daughters, 1880–1920* (New York, 1993), 117–21, quotations at 118 (Tuttle), 120–21 (Winsor Allen).

18   이러한 여러 가지 직업들의 특징으로서 예리한 지성에 대해서는 다음을 보라. Mary E. Fissell, 'Sarah Stone: Artisan of the Body' (unpublished paper); Jane Sharp, *The Midwives Book, Or the Whole Art of Midwifry Dis-covered*, ed. Elaine Hobby (Oxford, 1999), 273.

19   Ellen Ross, *Love and Toil: Motherhood in Outcast London 1870–1918* (New York, 1993), 120–21; Lucinda McCray Beier, 'Expertise and Control: Childbearing in Three Twentieth-Century Working-Class Lancashire Communities', *Bulletin of the History of Medicine* 78 (2004), esp. 397–8, 400; Elizabeth Ewen, *Immigrant Women in the Land of Dollars: Life and Culture on the Lower East Side 1890–1925* (New York, 1995), 130–36, quotation at 132 (Serpe).

20   Mrs Layton, 'Memories of Seventy Years', in Margaret Llewelyn Davies (ed.), *Life As We Have Known It by Cooperative Women* (1931, repr. New York, 1975), 43–6; Susan L. Smith, *Japanese American Midwives: Culture, Community, and Health Politics, 1880–1950* (Urbana, 2005), 60–103, esp. 78–9, 86.

21   Fran Leeper Buss, *La Partera: Story of a Midwife* (Ann Arbor, 1980), esp.

45 ('move and stay out'); 64–5 (swaddling); 50 (other midwives); 66 (beans); 67 (nursing); 79 (chamomile); 52, 68 (nails).

22   Lewis, *An Interesting Condition*, 16 ('too complicated'); 24 ('patronizing'); 160 ('whoops'); 231 ('social-worker'); 252 ('lost').

23   Apple, *Perfect Motherhood*, 25 (Stanton, Combe), 22 (constant reading); Litt, *Medicalized Motherhood*, 127 (Marion Marks).

24   Angela Davis, *Modern Motherhood: Women and Family in England, c. 1945– 2000* (Manchester, 2012), 128–32, quotations at 129 (Spock); Apple, *Perfect Motherhood*, 124 (army wife).

25   Molly Ladd-Taylor (ed.), *Raising a Baby the Government Way: Mothers' Letters to the Children's Bureau, 1915–1932* (New Brunswick, 1986), 89 (Mrs N. F.), 81–3 (Mrs C. S.), 103–4 (Mrs H. S.).

26   Logan and Clark, *Motherwit*, 102; Smith and Holmes, *Listen to Me Good*, 114; and on medical experimentation see Deidre Benia Cooper Owens, *Medical Bondage: Race, Gender, and the Origins of American Gynecology* (Athens, GA, 2017).

27   Young and Willmott, *Family and Kinship in East London* (1957), 37.

28   Logan and Clark, *Motherwit*, 129–30 (white clientele); 174–5 (complaining doctors).

29   Richard A. Meckel, 'Educating a Ministry of Mothers: Evangelical Maternal Associations, 1815–1860', *Journal of the Early Republic* 2 (1982), 403–23, quotation at 413.

30   F. Prochaska, 'A Mother's Country: Mothers' Meetings and Family Welfare in Britain, 1850–1950', *History* 74 (1989), 379–99, quotation at 397.

31   Litt, *Medicalized Motherhood*, 129–30 (Tot Club); Apple, *Perfect Motherhood*, 98 (Better Babies).

32   Lynn Y. Weiner, 'Reconstructing Motherhood: The La Leche League in Postwar America', *Journal of American History* 80 (1994), 1357–81; Terry Slater, 'Why I Decided to Have a Baby', *Spare Rib* 63 (1977), 10–12.

17. 아기 맡기고 찾기

1 　베이비시터 일에 대해서는 다음을 보라. Miriam Forman-Brunell, *Babysit-ter: An American History* (New York, 2009), esp. 14.

2 　이러한 관계들은 루시의 단어들을 통해 드러난다. 이 문단과 다음 다섯 문단에 대해서는 다음을 보라. Daniel Dulany Addison, *Lucy Larcom: Life, Let-ters, and Diary* (Boston, 1894), esp. 29–31 (the cabin), 42 ('French leave'); Lucy Larcom, *A New England Childhood, Outlined from Memory* (Boston, 1889), esp. 190 (Dickens), 226 ('half-live creature'); 261 (sardines); 258–64; 다음 필사본들이 기초가 된 한 근대의 전기에 의해 보완되었다. Shirley Marchalonis, *The Worlds of Lucy Larcom 1824–1893* (Athens, GA, 1989), chs. 2–3, esp. 32–3, 53 ('domestic happiness'), and 257 ('affection'). Caroline Matilda Kirkland, *A New Home – Who'll Follow? Or, Glimpses of Western Life* (New York, 1839, repr. 1855), 115. Lydia Maria Child, *The Mother's Book* (2nd edn, Boston, 1831), 4.

3 　이 문단과 다음 여섯 문단에서 주요 자료는 다음의 현장조사 보고서에 있다. Madeline Kerr: *The People of Ship Street* (London, 1958), esp. 15 ('mother-dominated', unlikeliness of break); 50–51 (cooking, mother/mum); 192–5 (details of everyday life); 196–7 (Mrs U); 104, 198 (Eunice). 거리 명을 포함한 모든 이름은 작가에 의해 변조되었다.

4 　민데와 그녀의 친척들에 대한 내용은 이 장을 통틀어, 젊은 크리족 여성이 행한 다음 두 건의 인터뷰에서 따온 것이다. Freda Ahenakew, in the late 1980s: Freda Ahenakew and H. C. Wolfart (ed. and trans.), *Their Example Showed Me the Way: A Cree Woman's Life Shaped by Two Cultures, Told by Emma Minde* (Edmonton, 1997), esp. xi (*nisikos*); 59 (Justine); 67 ('difficult time'); 79–83 (work); 91 (raising granddaughter); 131–5 (diapers, laundry, 'picnic'); and Ahenakew and Wolfart (ed. and trans.), *Our Grandmothers' Lives, As Told in Their Own Words* (Saskatoon, 1992), 26 (Cree values); 97 (seaplanes, canoes); 241 ('babysitter'); 224 ('suckling'); 325–7 (moss). See also David G. Mandelbaum, *The Plains Cree: An Ethno-*

graphic, Historical, and Comparative Study (1940, repr. Regina, 1979), based on fieldwork from 1934 and 1935, 140 (moss), 142–3 (weaning); Jane Willis, *Geniesh: An Indian Girlhood* (Toronto, 1973) (adoption); Regina Flannery, *Ellen Smallboy: Glimpses of a Cree Woman's Life* (Montreal, 1995), 32 (cross-feeding). 17세기 마이애미어와 몬타네어 사용자에 대해서는 다음을 보라. Sarah M. S. Pearsall, 'Native American Men – and Women – at Home in Plural Marriages in Seventeenth-Century New France', *Gender and History* 27 (2015), 591–610, quotations at 596.

5   Patricia Hill Collins, *Black Feminist Thought* (New York, 1990, repr. 2000), 131–2; and her 'The Meaning of Motherhood in Black Culture and Black Mother–Daughter Relationships', in Patricia Bell-Scott et al. (eds.), *Double Stitch: Black Women Write about Mothers and Daughters* (Boston, 1991).

6   이 문단과 다음 네 문단에 조사된 위니 잭슨의 세계에 대해서 나는 다음의 책들에 빚을 졌다. Richard S. Dunn, *A Tale of Two Plantations: Slave Life and Labor in Jamaica and Virginia* (Cambridge, MA, 2014), esp. 46, 51, 53, 107–12, 209–14; supplemented by Dell Upton, 'White and Black Landscapes in Eighteenth-Century Virginia', in Robert Blair St George (ed.), *Material Life in America, 1600–1860* (Boston, 1988), 357–69, esp. 360, 367; Laura Croghan Kamoie, *Irons in the Fire: The Business History of the Tayloe Family and Virginia's Gentry, 1700–1860* (Charlottesville, 2007), esp. 95, 99–100.

7   Frederick Douglass, *My Bondage and My Freedom* (1855, repr. New Haven, 2014), 46–7, 61, quotation at 47; Katy Simpson Smith, 'Black Aunts', in *We Have Raised All of You: Motherhood in the South 1750–1835* (Baton Rouge, 2013), 231–41, esp. 233–4; Stephanie J. Shaw, 'Mothering under Slavery in the Antebellum South', in Evelyn Nakano Glenn et al. (eds.), *Mothering: Ideology, Experience and Agency* (New York, 1994), esp. 250 (Aunt Mandy).

8   Collins, 'Meaning of Motherhood', 47 (Brooks).

9   Virginia Woolf, *A Room of One's Own* (London, 1929).

10   이 문단에서 울프에 대한 논의는 다음을 보라. Alison Light, *Mrs Woolf and the Servants* (London, 2007).

11   이 세 문단에서 미혼의 앨리스 피셔에 대해서는 그녀와의 인터뷰를 보라. 'Interview with Mrs Field', SN2000 The Edwardians, 1870–1913, accessed online 22 August 2016; P. Thompson and T. Lummis, *Family Life and Work Experience Before 1918, 1870–1973* (7th edn, UK Data Service, 2009).

12   이 다섯 문단에 대해서는 다음을 보라. Martha Haygood Hall, 'The Nurse-maid: A Socio-Psychological Study of an Occupational Group' (MA thesis, University of Chicago, 1931), esp. iii, 123 (Haygood Hall), 8, 32 (meals), 25–7 (European origins), 36–42 (conditions and turnover), 171 (marcelling); quotations at 60, 68 (Kathie), 103 ('wanderers'), 110 ('get along', 'good feelings', 'grudge', 'likes me'), 153 (Lisa), 182–3 (Anna).

13   이 문단과 다음 문단에 대해서는 다음을 보라. Mrs William Parkes, *Domestic Duties or, Instructions to young married ladies* (2nd edn, London, 1825), esp. 155; Eliza Warren, *How I Managed My Children from Infancy to Marriage* (London, 1865), 25–6 (Hester).

14   Mary Ann Ashford, *Life of a Licensed Victualler's Daughter. Written by Herself* (London, 1844), reprinted in Claudia Nelson and Susan B. Egenoff (eds.), *British Family Life, 1780–1914* (5 vols, London, 2013), iv, 159–77, quotations at 162.

15   특히 이 부분에 조사된, 아기에 대한 아빠 노릇의 역사에 대해서는 다음을 보라. Shawn Johansen, *Family Men: Middle-Class Fatherhood in Early Industrializing America* (New York, 2001), 73–9, quotations at 75–6 (Lincoln Clark, John Wesley and Ann North); Lynn Abrams, '"There Was Nobody Like My Daddy": Fathers, the Family and the Marginalisation of Men in Modern Scotland', *Scottish Historical Review* 78 (1999), 219–42, esp. 233 ('change a nappy'); Laura King, '"Now You See a Great Many Men Pushing Their Pram Proudly": Family-Oriented Masculinity Rep-

resented and Experienced in Twentieth-Century Britain', *Cultural and Social History* 10 (2013), 599–617, quotations at 607 ('Jessie', 'thumb'), 608 (Rochford, pub); Julie Smith, 'The First Intruder: Fatherhood, A Historical Perspective', in Peter Moss (ed.), *Father Figures: Fathers in the Families of the 1990s* (Edinburgh, 1995), 17–26, esp. Figure 1 (Avon), 19 (Woman's Hour). Further details in Lynn Jamieson and Claire Toyn-bee, *Country Bairns: Growing Up, 1900–1930* (Edinburgh, 1992), 110 (Mrs West on her father). Lincoln Steffens, 'Becoming a Father at 60 is a Lib-eral Education', *American Magazine* 106 (Aug 1928), 48. Johan de Brune, *Emblemata of zinne-werck* (Amsterdam, 1661).

18. 종이꽃

1   Viola Paradise, *Maternity Care and the Welfare of Young Children in a Home-steading County in Montana* (Washington, DC, 1918), chapter title.

2   근대 초 영국을 그려내기 위해서 나는 특별히 다음의 책을 참조하였다. Barry Stapleton, 'Inherited Poverty and Life-Cycle Poverty: Odiham, Hampshire, 1650–1850', *Social History* 18 (1993), 339–55; Amanda Flather, *Gender and Space in Early Modern England* (Woodbridge, 2007), ch. 3; Patricia Crawford, *Parents of Poor Children in England, 1580–1800* (Oxford, 2010); supplemented by Linda Oja, 'Childcare and Gender in Sweden c. 1600–1800', *Gender and History* 27 (2015), 77–111.

3   이 두 문단에 나온 20세기 정부 공여 농지에 대해서는 다음을 보라. Para-dise, *Maternity Care and the Welfare of Young Children*; Deborah Fink, *Agrar-ian Women: Wives and Mothers in Rural Nebraska, 1880–1940* (Chapel Hill, 1992); Julie Jones-Eddy, *Homesteading Women: An Oral History of Colorado, 1890–1950* (New York, 1992).

4   베티 서덜랜드가 그녀의 본명이다. 그 증거가 1976-78년에 한 인류학자 가 행한 그녀의 아들과 며느리와의 인터뷰에서 나왔다. Nancy C. Dorian,

The Tyranny of Tide: An Oral History of the East Sutherland Fisherfolk (Ann Arbor, 1985), esp. 7 (foot-rocking), 15 (flagstone floor), 30–31 (widows, carrying), 34 (shoes), 35 (barter), 49 (kinds of fish), 51 (shopping), 80 (relatives).

5   이 네 문단에서 뉴욕의 이탈리아인 공동주택의 홈워크에 대해서는 다음을 보라. Mary Van Kleeck, *Artificial Flower Makers* (New York, 1913), esp. 86–7 (how income is spent), 90 (relative numbers of factory and home workers), 95 (the process of manufacture), 97–8 (anonymous case of skilled homeworker, the working 'half the night'), 110 (violet), photograph facing p. 143; Elizabeth Ewen, *Immigrant Women in the Land of Dollars: Life and Culture on the Lower East Side, 1890–1925* (New York, 1985), esp. ch. 1 (southern Italy), photographs at 105–6 (nursing, white box); Eileen Boris, *Home to Work: Motherhood and the Politics of Industrial Homework in the United States* (New York, 1994), esp. 104 (income), 106 (Italian trade). 이 설정을 넘어 다음을 보라. Boris, *Home to Work*, esp. 191; Shelley Pennington and Belinda Westover, *A Hidden Workforce: Women Homeworkers in England, 1850–1985* (New York, 1989).

6   이 문단과 다음 세 문단에 대해서는 다음을 보라. Xialoan Bao, *Holding Up More than Half the Sky: Chinese Garment Workers in New York City, 1948–1992* (Urbana, 2001), 122 (slang), 125–7 (quotations, the case of Mrs Lee, a pseudonym).

7   Mary H. Blewett, *Men, Women, and Work: Class, Gender, and Protest in the New England Shoe Industry, 1780–1910* (Urbana, 1988). 여기서 자세한 것은 다음을 보라. esp. 6–9 (kitchen shoemaking); 12 (shoes for enslaved people); 14–15, 30–31 (shoe binding); 51–3 (Guilford and McIntire); 144, 156 (kinds of shoes); 150 (factory description); 209, 213 (wives in 1870s); quotation at 17 (Gilmans).

8   무시되어온 화제인 주간 탁아의 출현과 역사에 대해선 다음을 보라. Patricia E. Malcolmson, *English Laundresses: A Social History, 1850–1930* (Chicago, 1986), 34–5 (the London evidence), quotation at 35; Elizabeth Rob-

erts, *A Woman's Place: An Oral History of Working-Class Women, 1890–1940* (Oxford, 1984), 144 (bush telegraph); Elizabeth Rose, *A Mother's Job: The History of Day Care, 1890–1960* (New York, 1999).

9   Sherna Berger Gluck, *Rosie the Riveter Revisited: Women, the War and Social Change* (Boston, 1987), 128–50, esp. 143–4, 146–7 (Loveless).

10   Sheila Patterson, *Dark Strangers: A Sociological Study of the Absorption of a Recent West Indian Group in Brixton, South London* (Bloomington, 1964), 310–11 ('Miss Thelma L'), with other quotations at 316 (US colour bar); Elyse Dodgson, *Motherland: West Indian Women to Britain in the 1950s* (London, 1984), quotation at 31 (giving out); Nancy Foner, *Jamaica Farewell: Jamaican Migrants in London* (Berkeley, 1978), esp. 60 (education), 80–83 (work and childcare), quotation at 82 ('grandmother or aunties').

11   버렐 부인(가명)과 랭커셔 북부의 다세대 역사에 대해서는 다음을 보라. Elizabeth Roberts, *Women and Families: An Oral History, 1940–1970* (Oxford, 1995), esp. 135 (quotations); Roberts, *A Woman's Place*.

12   Rachel Thomson, 'Making Motherhood Work?', *Studies in the Maternal* 2 (2011), 1; Jodi Vandenberg-Daves, *Modern Motherhood: An American History* (New Brunswick, 2014), 249; Boris, *Home to Work*, 347, suggesting half of all mothers with babies under a year worked for wages in 1987.'

19. 오크 세탁통

1   Jane Lazarre, *The Mother Knot* (Boston, 1976), 109–10.

2   Daniel Thomas Cook, *The Commodification of Childhood: The Children's Clothing Industry and the Rise of the Child Consumer* (Durham, 2004), 100–104 (pink and blue).

3   Ann Oakley, *From Here to Maternity: Becoming a Mother* (Harmondsworth, 1979), 250 (Diggery).

4   이 문단과 다음 문단은 다음을 참조하라. Colette A. Hyman, *Dakota Wom-*

en's Work: Creativity, Culture, and Exile (St. Paul, 2012), esp. 17–18 (cradle-board), 27 (painting); John C. Ewers, *Plains Indian History and Culture: Essays on Continuity and Change* (Norman, 1997), 76, fig. 4.7.

5   Frances Densmore, *Chippewa Customs* (1929, repr. St. Paul, 1979), 48–9, plate 22.

6   James S. Chisholm, *Navajo Infancy: An Ethological Study of Child Development* (New York, 1983), esp. 78 (diaper, cliffrose).

7   Robert Holt, 'Extract from an account of a charity, for assisting the female poor, at the period of their lying in', *Reports of the Society for Bettering the Condition and Increasing the Comforts of the Poor* (London, 1798), i, 120–1; Mary Chamberlain, *Growing Up in Lambeth* (London, 1989), 95 (binders and flannelette).

8   Stuart Campbell, 'Work and Play: The Material Culture of Childhood in Early Modern Scotland', in Janay Nugent and Elizabeth Ewan (eds.), *Children and Youth in Premodern Scotland* (Woodbridge, 2015), 67–8.

9   Christian August Struve, *A Familiar Treatise on the Physical Education of Children During the Early Period of Their Lives* (trans. A. F. M. Willich, London, 1800) ('sucking bags'); Albertine de Saussure, *Progressive Education Commencing with the Infant* (Boston, 1835), 335 (sugar-rag, discussed by translator Almira Phelps); John and Elizabeth Newson, *Patterns of Infant Care in an Urban Community* (London, 1963), 57–60 (terminology for dummies).

10   Laurie A. Wilkie, *Creating Freedom: Material Culture and African American Identity at Oakley Plantation, Louisiana, 1840–1950* (Baton Rouge, 2000), esp. 189–92; Newbell Niles Puckett, *Folk Beliefs of the Southern Negro* (Chapel Hill, 1926).

11   요람, 아기침대 등에 대한 두 가지 주요 역사가 이 부분에서 사용되었고, 양쪽 다 백인 중상층에 초점을 맞췄다. Karin Calvert, *Children in the House: The Material Culture of Early Childhood, 1600–1900* (Boston, 1992), esp. 27–9, 65–9, 132–5; and Sally Kevill-Davies, *Yesterday's Children: The An-*

tiques and History of Childcare (Woodbridge, 1991), esp. 106–24.

12   John Henry Mole, *Minding Baby* (1852).

13   Kevill-Davies, *Yesterday's Children*, 106 ('kept rocking').

14   Isabella Beeton, *Mrs Beeton's Book of Household Management*, ed. Nicola Humble (Oxford, 2000), 496 ('squaws', 'mummying').

15   Anne Winters, 'Night Light', *The Key to the City* (Chicago, 1986), 25.

16   George Frederic Still, *The History of Paediatrics; The Progress of the Study of Diseases of Children up to the End of the XVIIIth Century* (London, 1931), 265 ('wax candle'); Harriet Connor Brown, *Grandmother Brown's Hundred Years, 1827–1927: Settling the Midwest* (Boston, 1929), 97 (feathers, 'poppies'); Oakley, *From Here to Maternity*, 170 (Brady).

17   Steve Humphries and Pamela Gordon, *A Labour of Love: The Experience of Parenthood in Britain 1900–1950* (London, 1993), 58 (Siddall); Michele Felice Corne, *Hanging Out the Wash* (1800), reprinted in Kathleen M. Brown, *Foul Bodies: Cleanliness in Early America* (New Haven, 2009), 219.

18   Amanda Vickery, *The Gentleman's Daughter: Women's Lives in Georgian England* (New Haven, 1998), 117 (Parker); John Spargo, *The Bitter Cry of Children* (New York, 1909), 28 (clothes basket); Charles A. Le Guin (ed.), *A Home-Concealed Woman: The Diaries of Magnolia Wynn Le Guin, 1901–1913* (Athens, GA, 1990), 71 ('cracker-box', pallet); Elizabeth Roberts, *A Woman's Place: An Oral History of Working-Class Women, 1890–1940* (Oxford, 1984); 150–1 (banana box); Chamberlain, *Growing up in Lambeth*, 96 (flour bags and old drawers); Margaret Jarman Hagood, *Mothers of the South: Portraiture of the White Tenant Farm Woman* (1939, repr. New York, 1972), 97 (kiddie-coop); Regina Flannery, *The Gros Ventres of Montana: Part 1 Social Life* (Washington, DC, 1953), 141 (stiffened leather).

19   Chisholm, *Navajo Infancy*, 79 (baby bottles).

20   Margaret Mead, 'On Having a Baby' (1972), extracted in Wendy Martin (ed.), *The Beacon Book of Essays by Contemporary American Women* (Boston, 1996), 207.

20. 마당 아기, 무릎 아기

1   Sylvia D. Hoffert, *Private Matters: American Attitudes toward Childbearing and Infant Nurture in the Urban North, 1800–1860* (Urbana, 1989), 132 (Cabot).

2   American Indian Studies Research Institute, Indiana University, Assiniboine Dictionary.

3   *OED*, 'weanling'; George Thornton Emmons, *The Tlingit Indians*, ed. Frederica de Laguna (Seattle, 1991), 257, 260.

4   Margaret Jarman Hagood, *Mothers of the South: Portraiture of the White Tenant Farm Woman* (1939, repr. New York, 1972), 68, 139.

5   이 문단과 다음 문단은 다음을 참조하라. Marie Campbell, *Folks Do Get Born* (New York, 1946), 192–203, quotations at 202–3.

6   Isaac Williams, *Aunt Sally, Or, They Cross the Way to Freedom. The Narrative of the Slave-Life and Purchase of the Mother of Rev. Isaac Williams, of Detroit, Michigan* (Cincinnati, 1858), 10 and 63–4 (carrying the infants), further details at 31, 35, 59, 60, 61.

7   Shepard Knapp (ed.), *Gideon Lee Knapp and Augusta Murray Spring, His Wife* (privately printed, 1909), 66.

8   Charles A. Le Guin (ed.), *A Home-Concealed Woman: The Diaries of Magnolia Wynn Le Guin, 1901–1913* (Athens, GA, 1990), quotations at 7–8, 16 (Askew); 11, 28 (Fred), 44–5 (Jane Miller), 53 ('no time').

9   Viola Bankes and Pamela Watkin, *A Kingston Lacy Childhood: Reminiscences of Viola Bankes* (Wimborne, 1986), 7–9.

10   Mary Chamberlain, *Growing Up in Lambeth* (London, 1989), 94.

11   John and Elizabeth Newson, *Patterns of Infant Care in an Urban Community* (London, 1963), 52; Philippa Mein Smith, 'Mothers, Babies, and the Mothers and Babies Movement: Australia through Depression and War', *Social History of Medicine* 6 (1993), 70–71.

12   Jean Radford, 'My Pride and Joy', in Katherine Gieve (ed.), *Balancing*

Acts, On Being a Mother (London, 1989), 137–44, quotations at 137 ('English mother'), 141 ('miracle').

13   Susan Abbott, 'Holding On and Pushing Away: Comparative Perspectives on an Eastern Kentucky Child-Rearing Practice', *Ethos* 20 (1992), 33–65, esp. 55–8 (quotations); 다음도 참조하라. Deborah Madansky and Craig Edelbrock, 'Cosleeping in a Community Sample of 2- and 3-Year-Old Children', *Pediatrics* 86 (1990), 197–280, on Worcester, MA in the same decade.

14   Philippa Maddern and Stephanie Tarbin, 'Life-Cycle', in Sandra Cavallo and Silvia Evangelisti, *A Cultural History of Childhood and Family in the Early Modern Age* (Oxford, 2010), 114–15.

15   같은 책, 124 (Shepard); Nancy C. Dorian, *The Tyranny of Tide: An Oral History of the East Sutherland Fisherfolk* (Ann Arbor, 1985), 6, 10–11, 50, 54.

16   Maddern and Tarbin, 'Life-Cycle', 130 (Le Jeune).

17   Laurie A. Wilkie, *The Archaeology of Mothering: An African-American Midwife's Tale* (New York, 2003), 66–9.

18   M. Inez Hilger, *Chippewa Child Life and Its Cultural Background* (Washington, DC, 1951), ix ('just old', 'sense'), 39.

19   Peter Wheeler, *Chains and Freedom: Or, The Life and Adventures of Peter Wheeler* (New York, 1839), 21; Katy Simpson Smith, *We Have Raised All of You: Motherhood in the South 1750–1835* (Baton Rouge, 2013), 46 (Catawba).

20   Linda Pollock, *Forgotten Children: Parent–Child Relations from 1500 to 1900* (Cambridge, 1983), 107 (rope); Carolyn Steedman, *Labours Lost: Domestic Service and the Making of Modern England* (Cambridge, 2009), 48; 이 부분과 다음 문단은 다음을 참조하라. Martha Haygood Hall, 'The Nursemaid: A Socio-Psychological Study of an Occupational Group' (MA thesis, University of Chicago, 1931), 143 ('happy', 'read', 'maid'), 145 ('nothing', 'tell'), 147 ('tricks').

21. 시간을 항해하기

Sara Ruddick, *Maternal Thinking: Towards a Politics of Peace* (Boston, 1989), 75.

2   이 역동성에 대해선 다음을 보라. Gerda Lerner, *The Grimke Sisters from South Carolina* (New York, 1971) and Lois W. Banner, 'Elizabeth Cady Stanton: Early Marriage and Feminist Rebellion', in Linda K. Kerber and Jane De Hart-Mathews (eds.), *Women's America: Refocusing the Past* (New York, 1987), 201–12; Adrienne Rich, *Of Woman Born: Motherhood as Experience and Institution* (New York, 1976).

3   이 문단과 다음 세 문단에 대해서는 다음을 보라. Annelise Orleck, *Common Sense and a Little Fire: Women and Working-Class Politics in the United States, 1900–1965* (Chapel Hill, 1995), 215–40, quotations at 218 ('in the home'), 220 (Gerson); Julie Guard, 'A Mighty Power against the Cost of Living: Canadian Housewives Organize in the 1930s', *International Labor and Working-Class History* 77 (2010), 27–47.

4   이 문단과 다음 두 문단의 논의는 다음을 참조했다. Katherine M. B. Osburn, *Southern Ute Women: Autonomy and Assimilation on the Reservation, 1887–1934* (Albuquerque, 1998), 3–7, and ch. 4, esp. 73–5; Emily K. Abel and Nancy Reifel, 'Interactions between Public Health Nurses and Clients on American Indian Reservations During the 1930s', *Social History of Medicine* 9 (1996), 89–108.

5   이 문단과 다음 문단에 대해서는 다음을 참조하라. Daniel W. Rivers, *Radical Relations: Lesbian Mothers, Gay Fathers, and Their Children in the United States since World War II* (Chapel Hill, 2013), 176–8, quotation at 178.

연구 방법에 대하여

i   Annabel Patterson, 'Anecdotes', *Early Modern Liberalism* (Cambridge,

1997) 153–82; Michael McKeon, *The Secret History of Domesticity: Public, Private, and the Division of Knowledge* (Baltimore, 2005), quotation of Antoine Varillas at 470–1 ('Men in Public'). 일화는 가장 최근에 그리고 꾸준히, 문화사적 분석에서 전형적인 틀 만들기의 도구나 도입 장면으로 부상했다.

ii   Ruth H. Bloch, 'American Feminine Ideals in Transition: The Rise of Moral Mother, 1785–1815', *Feminist Studies* 4 (1978), 111; Amanda Vickery, *The Gentleman's Daughter: Women's Lives in Georgian England* (New Haven, 1998), 110; Anthony Fletcher, *Growing Up in England: The Experience of Childhood 1600–1914* (New Haven, 2008), 106; Linda Oja, 'Childcare and Gender in Sweden c. 1600–1800', *Gender and History* 27 (2015), 78, 82. 위 9장의 논의도 참조하라.

iii Lisa Baraitser, *Maternal Encounters: The Ethics of Interruption* (Hove, 2009), 12 ('constant attack', 'punctured').

iv   Eve Kosofsky Sedgwick, *Tendencies* (Durham, 1993), 25.

v   Linda A. Pollock, *Forgotten Children: Parent–Child Relations from 1500 to 1900* (Cambridge, 1983), 98.

vi   Joan W. Scott, 'Rewriting History', in Margaret Higonnet et al (eds.), *Behind the Lines: Gender and the Two World Wars* (New Haven, 1987), 19–30, quotations at 22.

vii Ellen Ross, *Love and Toil: Motherhood in Outcast London* (New York, 1993); Judith Walzer Leavitt, *Brought to Bed: Childbearing in America, 1750–1950* (New York, 1986, repr. 2016).

찾아보기

옮긴이 후기

'나는 엄마다.' 이 문장을 영어로 쓰면 'I am a mother.'이다. 알다시피 여기서 mother는 명사다. 그런데 이 책에서는 동사라고 정의한다. 엄마라는 말에 임신하고, 태동을 느끼고, 출산하고, 아기를 씻기고 먹이고 재우며 돌보는 행위가 모두 포함되어 있다는 의미다. 이것이 바로 마더링mothering이다. 엄마 되기! 엄마 노릇 하기! 이 단어가 이 책의 핵심이다. 어머니, 모성, 모성다움이라는 말의 맥락과 함의는 사회에 따라, 시대에 따라 다르고 계속 변화한다. 지금 우리는 어머니를 어떻게 정의하는가?

역사 분야에서 모성을 주제로 하거나, 어머니 역할을 연구한 논문이나 책은 다른 주제에 비해 아주 적다. 사실 학문 연구의 대상이 된 지도 얼마 되지 않았다. 사소하고 진부한, 누구나 다 아는 이야기로 치부된 탓이 크다. 대부분 남성 작가(때로는 여성도 마찬가지로)

들이 '위대한' 어머니를 칭송하고 그리워했다. 평생 희생을 감내하며 자식들 위해 무엇이든 다 내주는, 그래서 언제나 그리운 어머니! 우리가 계속 객체화하고 박제된 초상화로 어머니를 그려왔다면, 이 책은 그러한 '일반적인' 어머니가 아닌 어머니 각각을 담담하게 서술한다. 임신과 출산 그리고 양육이라는 엄마의 '의무'로 여겨진 역할이 미국과 영국에서 역사적으로 어떤 과정을 거쳐 변해왔는지를 17세기부터 추적하여 쓴 책이기도 하다. 여성사 연구의 문제점은 늘 사료의 부족이라고 말한다. 그러나 저자는 여성들의 기록으로 비하하여 역사가들이 제대로 취급하지 않았던 일기와 편지, 구술 자료에 주목했고, 과거의 어머니들이 남긴 파편화된 기록을 끌어 모아 자신의 경험과 섞어 직조해내듯 글을 썼다. 이 과정에서 아프리카에서 노예로 끌려온 여성들을 찾아내 미국의 역사에 기입하기도 했다.

영장류 연구가이자 진화 생물학자인 세라 허디(Sarah Hrdy)는 여성 대 남성의 구도를 자연대 문화로 보는 것을 거부한다. 자연에 존재하는 어머니는 육아에만 헌신하는 어머니가 아닌 일하는 어머니라는 것이다. 1981년에 출간한 『여성은 진화하지 않았다』에서 그는 자연계의 암컷 영장류들이 경쟁적이고 성적으로 독단적이며 능동적인 전략가라는 사실을 입증해 다윈 이래 생물학을 지배하고 있던 성적으로 수동적인 존재, 수줍은 존재로서의 여성상을 전복시켰다. 따라서 현대의 수많은 일하는 어머니를 괴롭히는 모성 대 야망의 구도 역시 근대의 산물일 뿐 아이를 키우는 것이야말로 지극한 헌신이나 보살핌만이 아닌 치밀한 전략이나 기업가 정신을 필요로 하는 일이라고 주장한다. 여기에 남성/여성의 역할이 따로 있는가?

옮긴이로서 가장 공감이 가는 부분은 12장, '방해받은 시간들'이었다. 아이를 낳고 키우는 일은 여성 모두에게 집 안으로 소외되고, 일터에서 배제되는, 정말로 방해·중단·단절의 연속이 아닐까? 아이를 키우면서는 다른 일을 전혀 할 수 없다. 그래서 사회는 모성이 위대하다고 치장을 했는지도 모른다. 여성들이여, 위대한 일이니 아이를 키우시오! 그런데 이 책은 어떤 주장을 제시하거나 기존의 편견이나 선입견을 고치려 들지 않고 자신의 경험을 역사적 사실과 같이 나열하면서 생생한 정보를 제공한다. 책을 쓰면서 동시에 '엄마 되기'를 경험한 저자의 노력에 감탄을 금치 못하게 된다. 저자는 어떻게 아이를 기르면서 책까지 쓸 수 있었을까? 이는 역사학의 귀퉁이에서 어렵게 구색을 맞춰오고 있는 여성사의 또 다른 연구 가능성을 제시해준다.

이 책은 옮긴이가 세상에 내놓는 두 번째 번역서이다. 무엇이든 처음이 어렵다고들 하는데, 이 두 번째 작업 또한 결코 만만치 않았다. 번역 과정에서 어휘를 선택하느라 나 자신의 오래전 임신과 출산, 양육의 경험을 불러와야 했다. 당연히 아이를 키워준 나의 어머니가 생각났다. 그야말로 자식을 위해 모든 것을 내어준 어머니였다. 어머니가 키워준 아이는 이제 스스로 독립적인 존재가 되었지만, 돌아보면 순간순간 아득할 때도 많았다. 그리고 출산과 양육은 인간인 여성을 넘어 포유류로서, 한 마리 짐승으로서의 시간을 경험하게 했다. 적어도 나에게는. 그 많은 과정들이 아름다움이니 덕목이니 하는 말로 얼마나 포장되었는지.

요즘 나오는 책들은 그 포장을 걷어내 '드러내기'를 많이 하고 있는데 이 책 역시 영미 문화권에서 엄마 되기의 모든 과정을 사료를 통해 가감 없이 보여준다. 엄마가 되고자 하는 이, 이미 엄마가 된 사람, 엄마가 되지는 않을 것이지만 간접 체험을 해보고 싶은 사람, 입양을 계획하는 이, 아니 '모든' 사람이 성, 인종, 계급, 성적 지향을 떠나 이 책을 읽어보길 권한다. 그래서 이렇게 쓸 수도 있겠다. 아이를 낳으려는 자, 이 책을 읽어라. 아이를 낳지 않으려는 자, 이 책을 읽어라. 그동안 잊었거나 잊고 지낸 것들에 대한, 어쩌면 한 사람의 일생이 어떻게 시작하는가에 대한 근원적인 탐구와 사색의 시간을 갖게 될지도 모른다.

언제나 그렇듯, 번역은 재미있고 힘들었다. 번역원고를 교정하고 편집하느라 애쓴 하지순 편집주간과 박은경 편집자에게 감사드린다. 이들에게 많은 빚을 졌다. 그럼에도 오역이나 매끄럽지 못한 부분이 있다면 전적으로 옮긴이의 몫이다. 언제나 나에게 길을 알려주시는 곽차섭 선생님께 감사드린다. 늘 같이 고민하면서 같은 길을 가고 있는 부산대학교 사학과 대학원의 여성 동지들에게도 힘내라고 전하고 싶다. 내 어머니의 딸로 태어나 너무나 자랑스럽고 감사했으며, 지금 내 아이의 어머니로 살 수 있어 여간 축복이 아니라고 생각한다. 딸에게 고맙다는 말을 전한다. 마지막으로 독자들에게, 특히 소외된 학문인 여성학이나 여성사를 공부하는 동료와 후학들에게 이 책이 조금이나마 도움이 된다면 더없는 영광이겠다.

부산대 캠퍼스에서
이진옥

옮긴이 이진옥

서강대 사학과를 졸업하고 동대학원과 부산대 대학원에서 석사와 박사학위를 받았다. 서강대를 거쳐 현재 부산대에서 강사로 재직 중이다. 석사논문으로 「메리 울스턴크래프트의 페미니즘 연구」를 쓰고, 「18세기 영국 블루스타킹 서클 연구」로 박사학위를 받았다. 관심 분야는 여성사, 미시사, 신문화사이며, 역서로 『완벽한 아내 만들기: 피그말리온 신화부터 계몽주의 교육에 이르는 여성 혐오의 연대기』가 있다. 논문으로는 「만들어진 '모성': 18세기 영국의 여성 담론」, 「영국 여성들, 백화점에 가다: 자본주의와 페미니즘의 어떤 만남」, 「참정권에 반대한 영국 지식인 여성들: WNASL을 중심으로」가 있으며 현재 빅토리아 시기 '집안의 천사' 담론을 연구 중이다.

엄마의 역사

초판 1쇄 인쇄 2024년 2월 15일
초판 1쇄 발행 2024년 2월 22일

지은이 세라 놋
옮긴이 이진옥
펴낸이 이수철
주 간 하지순
교 정 박은경
디자인 최효정
마케팅 오세미, 전강산
영상콘텐츠기획 김남규
관 리 전수연

펴낸곳 나무옆의자
출판등록 제396-2013-000037호
주소 (10449) 경기도 고양시 일산동구 호수로 358-39 동문타워1차 703호
전화 02) 790-6630 팩스 02) 718-5752
전자우편 namubench9@naver.com
페이스북 @namubench9
인스타그램 @namu_bench

ISBN 979-11-6157-163-8 03300